전쟁과 섭리

성경과 함께 읽는 고대 중근동 전쟁사

전쟁과 섭리

지은이 | 이재호
초판 발행 | 2016. 9. 27
등록번호 | 제1988-000080호
등록된 곳 | 서울특별시 용산구 서빙고로65길 38
발행처 | 사단법인 두란노서원
영업부 | 2078-3352   FAX 080-749-3705
출판부 | 2078-3331

책 값은 뒤표지에 있습니다.
978-89-531-2643-5   04230
978-89-531-2644-2   04230 (세트)

독자의 의견을 기다립니다.
tpress@duranno.com   www.duranno.com

W A R

전쟁과　섭리

이재호 지음

아브라함 BC 1801 부터 예루살렘 성 멸망 BC 586 까지

A N D

P R O -

성 경 과　함 께　읽 는　고 대　중 근 동　전 쟁 사

VIDENCE

두란노

차례

제1부

찬란한 고대제국과 이스라엘
아브람부터 사사 시대까지기원전 1801-1120년

제4부

바벨론의 부상과 이스라엘의 멸망

요시야부터 시드기야까지<small>기원전 620-586년</small>

일러두기

1 이 책에 수록된 각 전쟁은 구약성경에 언급된 내용이며, 순서는 연대기 순이다(카데시와 갈그미스 전투는 제외: 성경에 언급되지 않았지만, 구약 시대 이스라엘을 둘러싼 주변 국가의 정세를 이해하는 데 대단히 중요한 전쟁이기에 포함시켰다).

2 이스라엘의 역사를 다룰 때, 현대 기독교 역사가들은 크게 두 가지 연대기에 의존한다. 하나는 윌리엄 올브라이트(William F. Albright, 1891-1971), 에드윈 틸레(Edwin R. Thiele, 1895-1986) 등이 주장하는 전통적 연대기이고, 나머지는 거손 갈일(Gershon Galil), 케네스 키친(Kenneth A. Kitchen, 1932~) 등이 주장하는 새로운 연대기다. 이 책에서는 틸레의 연대 구분 방법을 부분적으로 인용한다. 왜냐하면 그는 열왕기상·하, 역대기상·하에 근거하여 이스라엘의 the non-accession system[1]과 유다의 the accession method[2]를 잘 적용해 두 왕조 동시대 왕들의 재임기간을 설득력 있게 도출했기 때문이다.[3] 또한 그의 방법론은 성경과 성경 외 사료, 유대력(曆)을 면밀히 분석하여 왕의 즉위 시기, 공동 통치 기간 그리고 각 왕국의 멸망 시기 등을 비교적 정확하게 나타냈다.

---

1 왕의 첫 즉위 해를 재임 1년으로 간주하는 방법. 이 경우, 전임 왕과 후임 왕의 재임년도가 1년이 겹치는 문제가 생긴다.

2 전임 왕의 마지막 재임년도와 후임 왕의 즉위년도가 겹치지 않도록 계산하는 방법.

3 Edwin R. Thiele, *The Mysterious Numbers of the Hebrew Kings*, 3rd ed (Grand Rapids: Zondervan, 1983).

3 성경에 나온 지명 외에 근동 지역의 지명은 가능한 한 영어식 표현을 사용했다.

4 성구(聖句)는 New King James Version과 New American Standard Version에서 인용했다.

5 각 전쟁에서 언급된 부대 편성, 전쟁 방식 등은 성경에 기록된 양 진영의 부대 규모를 근거로 독자들의 이해를 도모하기 위해 저자가 생성한 독창적 아이디어임을 밝혀둔다.

    역사를 보는 눈은 '관점'[1]에 따라 다르고 '법칙성'[2]에 따라 구분
된다. 그러나 큰 맥락에서 보면, 역사 연구의 흐름은 정신세계를 중
시하는 '관념론적 역사관'(觀念論的 歷史觀)과 역사의 사실성에 무게를
두는 '실증주의적 역사관'(實證主義的 歷史觀)으로 나눌 수 있다. 이러
한 다양한 역사학 연구 방법의 시도들은 '인간의 이성'에 방점을 찍
은 르네상스 정신의 산물로서 철저히 기독교 사상의 핵심을 배제한
다. 즉 관념론자들은 전지전능한 신(神, Omnipotent God)의 자리에 그들

---

1   역사를 보는 관점은 역사의 주체에 따라 '영웅사관'과 '민중사관'으로 구분한다. '영웅사관
이 어떤 '한 사람'을 역사의 주체로 인식하고 그것에 맞춰 해당 시대를 설명한다면, 민중사관은
민중을 역사의 주체로 보는 시각이다. 후자는 사회주의 유물론적 시각에서 역사의 주체를 민중
으로 보고 혁명적 계급투쟁의 흐름을 중시한다.

2   순환론적 사관, 기독교적 사관, 진보주의적 사관, 역사주의적 사관, 유물사관, 문명주의
적 사관 등이다. 각각의 사관에 대한 자세한 설명은 데이비드 베빙턴의 책을 참고할 것. David
Bebbington, *Patterns in History: A Christian Perspective on Historical Thought*(England: Inter-Varsity Press,
1979).

생각에 소위 '영웅적 창조 행위'를 할 수 있는 인간을 두었는데, 이것은 급기야 신에 의지하지 않고 자유롭게 살아가도록 운명 지어진 주체적 인간을 강조하는 철학사조로 발전하게 되었다. 한편, 실증주의자(Positivists)들은 감각 경험과 실증적 검증에 기반을 둔 것만이 확실한 지식이라 주장한다. 그래서 과학의 이론과 관찰이 일치하지 않는다는 이유로 신, 영혼, 우주관을 다루는 형이상학(Metaphysics)을 과학적 방법으로 대체해야 한다고 역설한다.

이에 비해, 성경적 역사관은 하나님께서 모든 것을 창조하시고 '섭리'로써 보존하시며 다스리고 통치하신다는 개념이다.[3] 이에 대

---

3 이러한 섭리론은 계몽주의 이후에 기계론적 우주관을 가진 이신론(理神論)으로부터 배격당하고 인류의 무한한 진보를 강조한 역사주의로부터도 외면받기에 이른다. 인간의 합리성을 강조한 계몽주의자들은 하나님이 인간의 역사에 개입하신다는 것이 과학적 사고에 맞지 않다고 말한다.

해 프로테스탄트 정통주의의 핵심 교리를 담은 웨스터민스터 신경은 '하나님의 섭리'(Of Providence)를 다음과 같이 정의한다.

> 만물의 위대하신 창조자 하나님은 모든 피조물, 활동, 사물을 가장 큰 것에서부터 가장 작은 것에 이르기까지 보존하시고, 지휘하시고, 배치하시고, 통치하시는데, 자기의 지극히 지혜롭고 거룩한 섭리로 하시고, 자기의 틀림없는 예지를 따라, 자기 뜻의 자유롭고 변하지 않는 계획을 따라 하시며, 자기의 지혜, 능력, 공의, 선하심, 긍휼하심의 영광의 찬송이 되도록 그렇게 하신다.[4]

'섭리'란 세상과 우주 만물을 다스리는 '하나님의 뜻'으로 이해된다. 즉 섭리(攝理)는 '하나님의 자유로운 의지'에 의한 것으로, 창조주인 하나님이 피조물을 구제하기 위한 영원한 계획을 정하고, 만물을 모두 이 계획대로 지배하는 통치 개념이다. 그러므로 세상에 존재하는 모든 피조물이 완전히 하나님의 손안에 있으므로 그분의 뜻을 거슬러 일어나거나 되는 일은 하나도 없다는 것이다.

'전쟁'은 하나님께서 부패하고 불순종하는 그분의 백성을 징계하기 위한 많은 수단 중 가장 강력하고도 유용하게 사용하시는 방

---

4 웨스터민스터 신경 5장, "섭리에 관하여": "God the great Creator of all things does uphold, direct, dispose, and govern all creatures, actions, and things, from the greatest even to the least, by His most wise and holy providence, according to His infallible foreknowledge, and the free and immutable counsel of His own will, to the praise of the glory of His wisdom, power, justice, goodness, and mercy." *The Westminster Confession*, Chapter 5 "Of Providence."

법이다. 이 맥락에서, 구약성경에 나타난 '전쟁'은 하나님의 속성 (Attributes) 중 '공의'(צְדָקָה, Righteousness or Justice)와 '사랑'(אַהֲבָה, Love)의 표현이자 집행수단이었다. 두 개념은 상호 모순된 언어학적 표현이지만, 구속사적 의미에서는 동일선상에 위치시키는 것이 해석학적으로 유용하다. 그러나 여기에 의문이 있을 수 있다. 자신의 형상을 따라 인간을 창조하신 선(善)과 사랑의 하나님께서, 왜 그들 마음에 악(惡)을 허락하여 하나님의 뜻에 역행하는 삶이 가능하도록 하셨으며, 동시에 불순종한 대가로 주어진 징계는 부당한 것 아니냐는 것이다.

성경적 답을 구해 보면, 하나님은 세상을 창조하실 때 인간에게 어떤 것을 선택할 수 있는 '자유의지'를 부여하셨다. 자유의지를 인간의 마음에 내재시킨 목적은 가장 높으신 선(Goodness), 즉 진리의 본질인 하나님을 알게 하기 위함이었다. 하나님은 그분이 택한 백성, 즉 이스라엘 자손에게 부단히 그분이 '유일하신 참 하나님'임을 선포하시고, 이를 마음으로 믿어 순종할 것을 요구하셨다. 즉 피조물의 자유의지를 하나님의 선의지(善意志)에 맞춰 살기 원하신 것이다. 그런데 이스라엘 백성은 하나님과의 '동행'보다는 '역행'을 선택했다. 하나님의 선물로 부여받은 자유의지를 하나님을 아는 지식에 사용한 것이 아니라 자신들을 향한 저급한 욕망으로 사용했다. 이로부터 창조주의 '내재된 의지'(Immanent Will)와 피조물인 인간의 '자유의지'(Free Will) 사이에 충돌이 일어나게 되었다.

구약성경은 모든 인류를 대표해 선택받은 민족인 이스라엘 백성이 삶의 목적으로서 하나님을 향유하지 못하고, 자신들의 자유의지를 현상에 대한 수단으로 잘못 사용함으로써 하나님과 인류의 속성이 대립되는 구도로 처음부터 끝까지 묘사하고 있다. 따라서 구약성경에 일어난 많은 전쟁의 서사시를 잘못 이해하면, 하나님의 속성에 대해 그릇된 이해를 하게 될 위험이 있다. 다시 말해, 택한 백성을 향한 그분의 자애로움과 사랑 대신 잘못에 대해 징계하기를 즐기고 그릇된 행위에 '분노하는 하나님'으로 잘못 해석될 수 있는 것이다. 이러한 해석 방법은 성경이 전하는 하나님의 뜻을 올바르게 전달할 수 없다.

전쟁을 통해 보여 주신 하나님의 속성은 '공의'와 '사랑'의 조화다. 하나님은 그분의 '공의'를 훼손하지 않도록 현실 속에서 일어날 수 있는 갖가지 재앙으로 반역하는 인류에게 채찍을 드셨다. 한편으로는, 그들의 마음에 감추어진 가식을 스스로 인지하도록 인내하고 지켜보시며, 다른 한편으로는 그들의 영혼이 부패되어 하나님에게서 멀어져 갈 때 고통을 가하시며 그들이 돌아오기를 바라시는 깊은 자애로움과 사랑을 보이셨다.

그러므로 크리스천은 역사에 대해 다음 세 가지 개념을 견지해야 한다.

(1) 하나님은 인간 역사에 직접 개입하신다.
(2) 그분은 역사의 시작과 끝이므로 역사를 선형적(Linear)으로 이끌어 가신다.
(3) 그분이 작정하고 계획하신 대로 인류의 역사는 마무리될 것이다.

이 세 가지 전제가 '하나님의 섭리'에 대한 교리의 핵심이다.

전쟁에 대한 일반적 그리고 성경적 견해
—

전쟁은 어떻게 정의할 수 있는가? 클라우제비츠는《전쟁론》에
서 다음과 같이 설파했다.

> 전쟁은 나의 의지를 관철하기 위해 적에게 굴복을 강요하는
> 폭력 행위다(War therefore is an act of violence to compel our opponent to
> fulfil our will).[5]

다분히 목적 달성을 위한 적대적 의도성을 강조한 개념이다. 동
양사상에서 나타난 전쟁의 개념은 손무의 병법에 잘 묘사되어 있다.
손무는《손자병법》에서 전쟁이란 '인간 사회의 일반적인 현상'으로
서 그 승패의 결과가 나라와 민족의 흥망에 직결되는 중대사라고 설
파했다.[6] 동서양을 불문하고 전쟁은 그 자체로 목적성 또는 동기가
있기 때문에, 인류의 역사는 전쟁의 역사와 함께 갈 수밖에 없다. 이
견해를 뒷받침하듯, 미국의 역사학자 로널드 웰즈(Ronald A. Wells)는
다음과 같이 주장한다.

---

5 클라우제비츠(Carl von Clausewitz, 1780-1831)는 나폴레옹 시대의 탁월한 전략가 중 한 명이자 서
양 최초의 군사 사상가로 불린다. Carl von Clausewitz, *On War*, ed. and trans. Michael Howard and
Peter Paret(Princeton: Princeton University Press, 1976), 12.

6 손무,《손자병법》, 유동환 번역(서울, 홍익출판사, 2013), 55.

전쟁의 역사는 인류의 역사가 될 수 없지만, 전쟁을 언급하지 않고서는 인류의 역사를 논할 수 없다.[7]

　이는 '이데올로기 전쟁,' '냉전전쟁' 등은 20세기의 유물이 되었지만, 21세기에 들어와서도 명분만 제공된다면 전쟁의 불씨는 언제라도 지펴질 수 있다는 역사적 진리를 보여 주는 것이다. 이에 반해, 성경은 전쟁을 승인하거나 적극적으로 격려하지 않는다. 그러나 성경은 불가피한 전쟁의 현실과 역사를 인정한다. 다시 말해, 동기가 선하고 하나님의 뜻을 성취하기 위한 전쟁은 하나님께서 이를 허용하시어 역사 속에서 그분의 뜻과 경륜을 이루어 가신다는 사실을 분명히 하고 있다. 이는 종교적 위치를 빙자한 인간들의 판단에 의해 저질러진 전쟁과는 엄연히 구별된다. 대표적인 예가 11~12세기에 나타난 십자군전쟁이다. 성지 탈환의 명분으로 반대편의 무수한 인명을 잔인하게 살육하고 삶의 근거를 파괴한 행위는 비록 종교를 빙자했다고는 하나, 결코 그 동기와 방법에 있어 선함이 표현되었다고 할 수 없다.

　성경은 '의로운 전쟁'을 두 가지 요소에 근거를 두어야 함을 직시한다. 첫째는 그리스도인들의 본질인 '거룩함'을 지키기 위한 전쟁이다. 거룩함은 '성별', '구분'의 개념으로, 속(俗)적인 것이 이 영역을 침범하면 전쟁의 수단으로 방어되어야 할 그리스도인의 본질

7　"While the history of war is not the history of mankind, mankind's history cannot be studied fully without reference to war." Ronald A. Wells. *The Wars of America: Christian Views*, ed(Grand Rapids: William B. EERDMANS Publishing Co., 1981), 1.

이다. 둘째는, '하나님의 뜻'에 의거한 전쟁이다. 하나님의 뜻은 세상에 대한 그분의 불변하는 계획을 주권적으로 성취하시는 것이다. 그러므로 인간의 자유의지에 의해 결정된 전쟁, 즉 지도자의 개인적인 영달을 위한 도발전쟁, 인간의 탐욕에서 발로된 자원전쟁과 영토전쟁 등과는 엄연히 구분된다. 이렇듯 성경은 역사의 주인되시는 하나님께서 세상을 통치하시는 섭리 가운데 한 수단으로서 전쟁을 이해하게 한다.

구약성경에 나타난 전쟁사
—

종교인을 포함한 일반인들이 구약성경에 나타난 전쟁사를 올바르게 이해하지 못하는 이유는 크게 세 가지로 요약할 수 있다.

첫째, 이스라엘 왕국의 '정체성'(Identity)과 하나님의 '속성'(Attribute)을 도외시한 결과다. 구약성경은 세상적인 역사 서적이 아니라 택함받은 백성들에 대한 '구원의 역사'를 기록한 책이다. 그러므로 일반 역사 서적들처럼 전쟁과 관련된 모든 상황을 분야별로 상세하게 설명하지 않는다.

하나님이 직접 인간사에 개입하신 한 형태로서 전쟁은 원칙적으로 두 가지 경우로 표현된다. 우선, 이스라엘 백성에게 하나님의 영광을 드러내기 위해서다.[8] 이는 구약성경에 반복적으로 언급되는 주제로서, "내가 여호와인 줄 너희가 알리라"[9]는 메시지로 선포되었

---

8 "이 백성은 내가 나를 위해 지었나니"(사 43:21a).

9 열왕기상 20:13; 에스겔 6:10, 13, 14; 7:27; 11:10, 12; 12:15; 16:20; 13:9, 14, 21, 23; 14:8;

다. 그분의 영광을 위해 이스라엘에 승리를 안겨 주심으로 그들의 보호자이며 구속자임을 지속적으로 각인시키신 것이다. 다음으로, 선민들의 죄를 징치하기 위한 도구로서의 전쟁이다. 이스라엘 백성과 맺은 언약에 기반해, 이 약속을 파기한 죄는 반드시 여호와의 '공의'를 위해 단죄되어야 했다. 열방 중에 택한 이스라엘 백성의 죄 값을 묻기 위해 "내가 내 백성을 이방인의 손에 넘기리라"는 말씀과 함께 주변 이방 민족들을 사용해 이스라엘에 고통을 가하셨다. 그러나 이 징치는 궁극적으로 그들의 회복이 목적이었다.

이렇듯 하나님은 전쟁이라는 수단을 통해 그분의 '거룩성'과 '공의'를 훼손하지 않으면서 이스라엘 백성을 전쟁, 즉 세상의 회초리로써 바른 길로 인도하시려는 하나님의 사랑과 자비를 보여 주셨다.

둘째, 이스라엘과 직·간접적으로 연관된 주변 국가와의 관계, 즉 당대의 국제정세를 알지 못하는 데서 기인한다. 가나안 땅은 이스라엘 백성만 거주한 곳이 아니었다. 그들이 정착하기 전에 많은 이방 민족이 고유의 제례의식을 가지고 그들만의 문화를 가꾸며 살고 있었다. 주변 국가들과 이스라엘 왕국 간의 관계를 이해해야만 이스라엘과 관련된 일련의 전쟁을 합리적으로 이해할 수 있다. 동시에 팔레스타인 지역을 둘러싼 국제적 헤게모니도 간과할 수 없는 중요한 대목이다. 고대 바빌로니아-이집트-히타이트-앗시리아-신바빌로니아-페르시아로 이어지는 힘의 순차적 이동에서 알 수 있듯이, 근동 지역의 패권을 둘러싼 문명국들의 충돌은 수많은 전쟁을

15:7; 20:38, 44; 22:16; 23:49; 24:24, 27; 25:5, 7, 11, 17; 26:6; 28:24, 26; 29:6, 9, 16, 21; 30:8, 19, 26; 33:29; 35:4, 9, 15; 36:11, 23, 38; 37:6, 13, 28; 38:23; 39:6.

동반하였고, 지정학적으로 이해관계가 상충되는 곳에 위치한 이스라엘은 이러한 충돌의 중심에 있었다.

이렇듯 요동치는 혼돈의 상황에서 이스라엘은 주변국과 정치·외교적 수단으로 생존을 도모하여, 점진적으로 여호와의 사상, 즉 그들만의 단일한 종교적 순결성을 상실해 갔다. 이스라엘의 점진적 세속화의 결과는 하나님의 섭리에 기반한 전쟁이라는 고통으로 나타난다. 성경은 당대 근동 지역에서 발생한 전쟁과 이로 인한 국제질서의 변화는 이스라엘을 괴롭힌 민족들과 패역한 이스라엘 민족 자체에 대한 징계로 기록하고 있다. 그러므로 근동 지역에서 일어난 일련의 전쟁은 하나님께서 자신의 백성을 구속(救贖)하기 위해 인류 역사에 친히 개입하신 것이라 확증할 수 있다.

셋째, 전쟁 방식의 이해다. 구약성경의 전쟁사는 그 표현의 난해함으로 인해, 이성적 사고를 교육받은 현대인이 받아들이기에는 신화적·불가해한 요소가 있음을 부인할 수 없다. 이러한 이유로, 일부 신학자들조차 성경의 무오류성을 의심하며 본문 비평을 서슴지 않았고, 급기야 성경 본문의 동일 내용에 대해 다양한 해석(Hermeneutical Diversity)이 일정한 기준점이 되었다.

이러한 시대적 조류에 맞서, 이 책은 프랑스혁명 이후 각종 국제 전쟁에서 도출된 경험칙에 의거하고, 동서고금의 전쟁술의 원칙이 된 제반 요소들을 고려하여 성경에 언급된 전쟁과 전투를 가능한 한 성경 원문에 충실하게 재구성했다. 이는 구약성경에 기록된 전쟁의 역사적 사실을 증명하기 위함이다.

이 책의 목표와 방법론

—

이 책의 목표는 인간 영혼의 악한 경향성은 신의 속성과 배치되는 것으로, 이는 반드시 징계가 뒤따르며, 여러 징계 방법 중 전쟁은 하나님께서 사용하시는 가장 강력한 '수단'임을 보이고자 하는 데 있다. 성경은 '하나님을 버림'과 인간의 마음에 '여호와를 경외함이 없는 것'을 '더러움'과 '불의'로 간주해 그것을 악(惡, Evil thing) 또는 고통(Bitter thing)으로 지칭한다(렘 2:13, 19). 반면, 신(神)의 속성은 '거룩함'과 '공의'로 요약되며, 이는 시대를 넘어 하나님이 인간에게 동일하게 요구하는 절대적 '덕목'이며 '진리'다.

진리(Latin: Veritas, Hebrew: מֶאֱת)는 결코 인식 기반에 따라 달라지는 개념이 아님에도 불구하고 오감으로 경험해야 하고 이성에 근거한 과학적 방법으로 증명되어야 '공리'가 되고 '진리'가 된다는 그릇된 17세기의 '인식론'은 인간의 우주관, 영혼에 관한 생각, 신의 존재에 대한 전통적 인식을 흔들어 놓았다. 급기야 인간의 이성, 역사의 발전, 신의 권능에 대한 근본적인 회의가 생겨났고, 신보다는 인간의 주체성을 강조하는 사상적 변화가 대두되었다.[10] 다시 말해, 생수의 근원인 하나님을 버리고 인간은 자신의 자유에 모든 것을 걸고, 지

---

10 19세기 중엽 덴마크의 철학자 키에르케고르(Søren Kierkegaard, 1813-1855)에 의해 주창된 이 사상은 후에는 야스퍼스(Karl Jaspers, 1883-1969), 가브리엘 마르셀(Gabriel Marcel, 1889-1973) 등으로 대표되는 유신론적 실존주의와 하이데거(Martin Heidegger, 1889-1976), 사르트르(Jean-Paul Sartre, 1905-1980), 메를로-퐁티(Maurice Merleau-Ponty, 1908-1961), 보부아르(Simone de Beauvoir, 1908-1986) 등의 무신론적 실존주의의 두 가지 형태로 나타나게 되었다. John Macquarrie, *Existentialism* (Philadelphia: Westminster Press, 1972), 18–21; *Oxford Companion to Philosophy*, ed. Ted Honderich (Oxford: Oxford University Press, 1995), 259; Ronald Aronson, *Camus and Sartre* (Chicago: University of Chicago Press, 2004), 44-48.

성과 이성으로 모든 것을 극복하려는 실존주의적 휴머니즘이 18세기에 도래한 것이다.

그로 인해 '믿음으로 구원받는다'는 종교개혁자들의 주장과 한 인간으로서의 도덕적·실천적 윤리 사이에는 극복할 수 없는 부조리가 생성되어 종교 지도자들은 현대 신앙인들을 올바르게 이끌지 못하게 되었다. 이는 결과적으로 소위 자유주의자들에게 교권(敎權)을 쉽게 유린하게 만드는 기회와 빌미를 제공하게 된다.

이러한 상황에서 이 책은 인류 역사 전반에 일어난 전쟁을 '신의 섭리'의 관점에서 해석하고 그 가운데 계시(啓示, Revelation)된 '하나님의 뜻'을 조명하고자 한다. 이로써 불신앙의 시대를 살아가는 독자들에게 역사의 주관자로서 하나님의 존재를 분명히 알리는 데 기여하고자 한다.

이 목적을 구현하기 위한 방법론으로서, 자연현상계에서 나타난 '전쟁'이라는 실재와 그것을 해석하는 도구로서 '섭리'라는 관점으로 접근하고자 한다. 이 방법론은 자연·과학적 방법론과 근·현대의 상대주의에 의해 흔들리고 있는 성경의 절대적 진리를 보호하는 역할을 할 수 있다고 확신한다. 근대 역사학의 아버지라 불리는 독일의 역사학자 랑케(Leopold von Ranke, 1795-1886)는 "역사란 원(原)사료(史料)에 충실하면서 사실(fact)의 개성을 객관적으로 기술하는 데 그 바탕을 두어야 한다"고 주장했다. 그는 역사란 많은 사상이 상호 관련되어 발전·진행되므로, 발전된 사실을 있는 그대로 기술할 것(wie es eigentlich gewesen)과 각 시대에 존재하는 독자적인 개성 가치를 파악하는 것이 역사가의 책무라고 강조했다.[11] 이러한 맥락에서 이 글의 원사료(原史料)는 성경에 근거를 두고 있다.

성경의 무오류성을 선전하는 것이 아니라, 성경의 많은 역사적 사건은 이미 각종 비평(Criticism)과 고고학(Archeology)을 통해 과거에 발생했던 분명한 역사적 사실로 증명되었고 현재도 진행되고 있다. 특히 구약성경은 세상을 다스리는 하나님의 통치 방식에 대해 풍부한 자료들을 제공하는데, 그중 모세 5경, 역사서 12권 그리고 각종 대소 선지서는 신과 인간 사이의 언약을 다루고, 그것을 기반으로 인간의 역사를 진행해 나가는 하나님의 섭리를 장엄한 법칙과 서사적 이야기(내러티브) 형식으로 그려 내고 있다.

특히 '전쟁'은 이스라엘 백성의 하나님께서 그분이 택한 자들을 징계하는 수단으로서 시의적절하게 사용되었음을 알 수 있다. 따라서 역사서의 많은 부분이 전쟁을 도외시하고는 이해하기 힘들 뿐만 아니라 이해할 수도 없다. 또한 많은 경우, 전쟁의 발단 배경, 전개 장소, 시간, 규모, 관련 민족 또는 국가 등이 생략되어 있어 전후 맥락을 이해한다 하더라도 쉽게 접근하기 힘들고, 그 전쟁이 의미하는 바, 즉 전쟁을 허용하여 역사 속에서 뜻을 이루어 가시는 신의 의도를 간과할 수 있다. 그러므로 '섭리'라는 전체적인 숲을 기초로 시대별로 일어난 전쟁이라는 각각의 나무를 분석하는 방법은 독자들의 세계관을 바꿀 수 있는 매력적인 방법이라 생각한다.

---

11 Leopold von Ranke, "On the Epochs of Modern History," 1854. 이 소논문은 랑케가 바이에른의 막시밀리안 2세 앞에서 1854년에 강의한 내용이다. 독일 출신의 미국 철학자 한스 마이어호프(Hans Meyerhof, 1914-1965), 이탈리아의 철학자 크로체(Benedetto Croce, 1866-1952)가 역사적 개성을 중시하여 랑케이 노선을 이어 갔다

이 책의 주제

—

이 책의 주제는 일관되게 전쟁에 개입하시는 '하나님의 섭리'에 맞춰져 있으며, 다음 질문들에 대한 해답 찾기로 이 주제의 사실성을 부각시킬 것이다.

(1) 인류의 전쟁은 하나님의 '공의'를 세우기 위한 불가피한 수단인가?

(2) 전쟁이 악에 대한 징벌적 수단이라면, 하나님의 이름으로 치른 모든 전쟁은 성전(聖戰, Holy War)이라 칭할 수 있는가?

(3) 전쟁에 개입하시는 하나님은 자애로우신 분인가?

제 1 부

찬란한 고대제국과 이스라엘

아브람부터 사사 시대까지
기원전 1801-1120년

1. 첫 동맹군 전투 그리고 아브람

창세기 14장을 중심으로

성경에 따르면, 인류 최초의 국가 간 전쟁은 기원전 1800여 년경 지금의 이스라엘 지역에서 일어났다. 당시 가나안 땅 염해(Dead Sea) 남단에 위치한 '싯딤 골짜기'(Valley of Siddim)에서 벌어진 이 전쟁은 여러 도시국가가 동맹하여 치른 소위 '연합전쟁'이었다. 교전 규모가 상당한 수준이었음을 성경에 나타난 전투 편성으로 짐작할 수 있다. 세부적인 전투 내용과 그 결말을 언급하기에 앞서, 먼저 각 동맹국의 특성과 전쟁 발단 배경을 소개한다.

일명 '메소포타미아 동맹군'이라 불리는 동쪽 동맹군은 4개 도시국가로 편성되었으며, 시날(Shinar), 엘라살(Ellasar), 엘람(Elam) 그리고

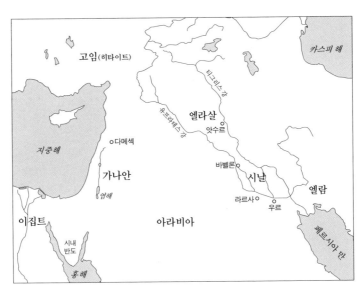

메소포타미아 동맹군

소부족 연합체인 고임국(Goiim)[1]이 이 동맹의 일원이었다. 각 도시국
가는 주로 티그리스와 유프라테스 강 상·하류 지역에 기반을 두었
고, 각 민족 고유의 신을 섬겼으며, 이는 백성을 단합시키는 영적 구
심점 역할을 했다. 따라서 신권이 왕권보다 우위에 있는 정치체제,
즉 신정체제가 국가 통치의 형태로 자리매김했으며 점진적으로 문
명국으로 발전하고 있었다. 지리적으로는 메소포타미아 지역의 북
쪽으로부터 히타이트 족속(Hittites), 앗수르(Ashur), 중원 지역에는 바벨
론(Babylon), 라르사(Larsa), 그리고 동쪽으로는 엘람(Elam)이 자리 잡고

1　고임(נוים, Goiim, or Goyim)은 '나라들'(Nations) 또는 '이방 사람들'(Gentiles or Heathens)이란 의미이
며, 디달(Tidal) 왕이 다스렸던 왕국의 이름이다. 학자들 간에 많은 견해가 제시되고 있지만, 그
이름의 의미를 고려할 때, 고임국이 다양한 민족 배경을 지닌 부족들의 집합체였다는 견해가
지배적이다. 왕국의 위치는 히타이트(현 터키)국 일대였을 것으로 추측한다.

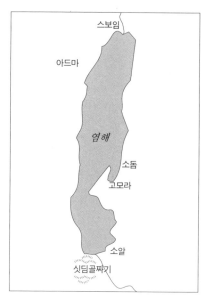

⇧ 싯딤 골짜기

⇦ 서쪽 동맹군과 싯딤 골짜기

있었다. 각 도시들은 활발한 무역을 통해 상호 필요를 충족하였으며, 지역에서 생산된 특산품은 국가에 막대한 부(富)를 안겨 주었다. 영토 분쟁보다는 경제적 안정을 추구한 이 시기 동쪽 동맹군의 각 도시국가는 힘의 균형을 유지하며 비교적 평화를 누리고 있었다.

그러나 기원전 2000년경, 엘람(지금의 이란)이 신(新)수메르 제국을 무너뜨리고 약 200년간 바빌로니아의 강자로 군림한다. 싯딤 골짜기 전투가 일어난 시점인 기원전 1785년경에는 그돌라오멜(Kudur-Nahhunte, 영어식 표현은 Kedorlaomer) 왕이 엘람을 통치하고 있었다. 그는 유능한 지도자인 동시에 전사(戰士)였으며, 이후 바벨론의 함무라비 대왕에게 패할 때까지(기원전 1763년), 강력한 중앙정부 체제를 갖추어 국가를 안정적으로 통치했다. 군사적으로도 메소포타미아 유역의 도시국가 중 가장 강성했다.

한편, 서쪽 동맹
군은 염해 평야 일대
에 형성된 5개 도시
국가들이었다. 고고
학적 증거에 의하면,
각 도시는 염해 서쪽
에는 위에서 아래로
스보임(Zeboiim), 아드

소돔과 고모라의 멸망

마(Admah), 동편에는 위에서 아래로 소돔(Sodom), 고모라(Gomorrah), 소
알(Zoar) 순으로 위치했다고 추측한다.[2] 이 지역은 당시(기원전 2000-
1500년경)에 농사를 지을 충분한 양의 신선한 물을 염해로 흘려보내
는 비옥한 땅이었다. 성경의 표현대로 그야말로 하나님의 동산 같은
땅이었고, 히브리 족장 아브람(Abram)의 조카 롯(Lot)이 땅 선택의 우
선권을 부여받았을 때, 지체 없이 이곳을 택할 정도로 비옥했다. 이
러한 지리적 이점이 농경시대에 이 지역 도시국가들에게 경제적 풍
요를 가져다주었지만, 소돔과 고모라의 타락에서 보듯이 배부름에
뒤따르는 도덕적 타락은 피할 수 없었다.

이 전쟁의 발단은 조공 문제였다. 군사적으로 약세인 서쪽 5개

---

2 이들 도시국가들의 존재 여부를 확인하기 위한 수많은 고고학적 탐사가 진행되었다. 가
장 일반적인 학설은 소돔과 고모라는 현재 염해 수면 아래에 위치하였고, 스보임과 아드마
는 서쪽 평원에서 성장한 도시였다는 것이다. W. F. Albright, "The Archaeological Results of an
Expedition to Moab and the Dead Sea," *Bulletin of the American Schools of Oriental Research*, no.
14(1924): 2-12; Yohanan Aharoni, *The Land of the Bible: A Historical Geography*, ed. and trans.
A. F. Rainey(Philadelphia: The Westminster Press, 1979), 21-22,76; Nate Wilson, "Sodom & Gomorrah:
Archaeological evidence that God punishes Sin," [on-line]; accessed 13 Sep. 2015; available from
http://www.natewilsonfamily.net/sodom.htm; Internet.

도시국가들이 경제적 풍요로움으로 국력이 성장하자, 동쪽 메소포타미아 도시국가, 특히 당시 가장 강대국인 엘람에 12년 동안 바치던 농작물과 지역 특산물을 더 이상 주지 못하겠노라고 선포한 것이다. 이에 동쪽 4개 도시국가들은 엘람 왕 그돌라오멜을 주축으로 이들 조공국을 징벌하기 위해 군사적 동맹관계를 맺는다. 하지만 대규모 군대를 이끌고 지리적으로 1150km이상 떨어진 곳을 이동하는 것은 당시 도로 사정을 고려할 때 결코 간단한 일이 아니었다. 그러나 국가의 위신과 경제적 이해관계가 맞물려 있기에 이들 동맹국은 전쟁의 당위성에 동의하고 1년 가까이 군사력 증강에 총력을 기울였다. 더불어 진군할 이동로를 포함한 식량 현지 조달 여부, 식수, 숙영지, 천연 장애물, 최초 전투전 개선 등 치밀한 작전 계획도 수립했다.

드디어 기원전 1784년에 메소포타미아 동맹군이 출전한다. 당시 동맹군을 구성할 경우, 관행상 최강국의 왕이 당연직(當然職)으로

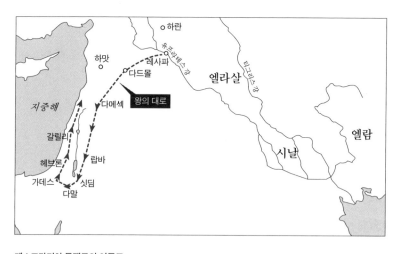

메소포타미아 동맹군의 이동로

총사령관이 되고 나머지
도시국가의 왕들이 동행
하는 식으로 구성되었다.
그러므로 엘람 왕 그돌라
오멜이 총사령관이 되고
각 국가의 왕들은 예하제
대의 지휘관으로 보직받

왕의 대로

아 축자적으로 대오를 유
지하며, 일명 '왕의 대로'(The Way of King)를 주 이동로로 선택하여 가
나안 지역 싯딤으로 이동했다.

첫 전투는 지금의 골란고원 옆에 위치한 아스드롯(Ashteroth-
Karnaim) 일대였다. 거주민 르바 족속(Rephaim)을 쉽게 제압한 후, 여세
를 몰아 함(Ham) 지역에서 수스 족속(Zuzim)을, 사웨-기랴다임(Shaveh-
Kiriathaim) 지역에서 엠 족속(Emim)을 연이어 항복시켰다. 그리고 이
기세를 몰아 남진 중에 축선상의 모든 전략적 요충지를 접수했다.
내친김에 염해 남단을 휘돌아 서진하여 가데스(Kadesh)에 거주하는
아말렉 족속 그리고 그 위쪽의 하사손다말(Hazazon-Tamar)의 아모리
족속마저 최종 굴복시켰다.

이즈음, 비옥한 평원에서 유유자적하던 5개 도시국가 왕들은 드
디어 올 것이 왔다고 판단하고 결전을 준비했다. 이들은 최초 전투
접촉점으로 국가의 초입(진입로)이 되는 염해 남단 싯딤 골짜기로 정
했다. 이 지역은 서쪽으로는 남과 북으로 연하는 산악과 동쪽으로는
60cm 정도 깊이의 역청 분지가 포함된 평지다. 지형지세를 효과적

으로 이용하면 해볼 만한 전투였다. 그러나 전투 경험이 풍부한 메소포타미아 동맹군과 농업국가로서 전술을 알 리 없는 서쪽 동맹군은 애초에 여러 면에서 견줄 대상이 아니었다.

　메소포타미아 동맹군은 전투력을 주공(主攻, main effort)과 조공(助攻, supporting attack)으로 나누어 상대를 분리, 각개격파 하는 전술을 구사하고자 했다. 즉 엘람군은 주공으로서 정면을 강타하고, 나머지 전력은 양 측면에서 대기하다가 결정적인 순간에 적의 허리를 절단하여 양쪽에 전선(Battle line)을 형성, 섬멸하는 작전이다. 이를 알 리 없는 서쪽 동맹군은 메소포타미아 동맹군이 길목 양편에 매복한 줄도 모르고 정면의 엘람군을 목표로 이동했다. 드디어 양 동맹군 간의 최초 접촉이 이루어져 시간이 갈수록 치열한 공방이 전개되고 있을 무렵, 메소포타미아 동맹군의 조공이 상대의 측면을 강타했다. 엘람 왕 그돌라오멜의 계획은 적중하여 서쪽 동맹군은 양쪽으로 절단되어 지휘 통제가 불가능해졌다. 전쟁은 동쪽 동맹군의 의지대로 진행되어, 사분오열된 소돔과 고모라 왕 그리고 그의 군사들은 역청 구덩이에 빠져 대오가 흐트러졌고, 나머지 동맹군은 전투 의지를 상실한 채 산으로 도망하고 말았다. 동쪽 동맹군의 일방적인 승리였다.

　전투 경험이 전무했던 서쪽 동맹군은 지휘 역량, 부대 배치 그리고 편제 운용에 있어 동쪽 동맹군의 기세에 완전히 압도되었지만, 무엇보다도 이 전투에서 결정적인 패인은 군형(軍形)의 실패라 할 수 있다. 산지, 골짜기, 늪지, 호수 등 네 가지 지형을 피해야 한다는 전투 배치 원칙마저 무시했던 것이다. 이런 곳은 지키더라도 실익이 없고, 자칫 적의 공격에 휘말려 병력이 몰살될 수 있었다. 장기간 원정으로 지친 적군을 충분히 상대해 볼 수 있었음에도 불구하고, 잘못된 지형의 선택으로 서쪽 동맹군은 패했다. 전투에서 이긴 메소포타미아 동맹군은 많은 전리품과 포로를 얻고 기세를 몰아 북쪽으로 진군, 아람국의 '다메섹'(다마스쿠스)까지 진격했다.

전쟁의 패배로 말미암아 이 지역에 거주하던 이브람의 조카 롯이 포로가 되었다. 이 소식을 들은 아브람은 그의 사병 318명을 인솔해 추격에 나섰다. 통상 부대 이동 제대는 선두에 전투부대가, 이어서 지원부대 그리고 후방에 보급부대를 편성하게 된다. 그리고 후방부대가 전리품과 포로 취급을 담당한다. 메소포타미아 동맹군은 너무 많은 전리품과 포로, 식량, 물자로 인하여 이동 대형이 길어졌고 이동 속도 또한 느려졌다. 그런 탓에 경량화되고 소수 정예화된 아브람 사병들은 단시일 내에 적 후방 지역에 근접할 수 있었다.

여기서 우리는 아브람의 지혜를 발견한다. 아브람은 계곡을 감지할 수 있는 고지 일대에 병력을 매복시킨 후, 정탐병을 보내 적의 동정을 살피게 했다. 동시에 적의 무장 상태, 포로수용소 위치, 보급품 저장소 등을 주도면밀하게 파악할 것을 지시했다. '싸우기 전에 신중히 계획하라'는 전쟁의 첫 번째 원칙이 잘 적용된 것이다. 드디어 야간 기습공격을 감행하여 아브람은 롯을 포함한 포로들을 구하고 더불어 많은 전리품도 탈취한다. 후방부대만 공격했다면 가능한 작전이다. 그러나 성경 기록은 우리를 당황스럽게 만든다. 창세기의 "아브람이 그돌라오멜과 그와 함께한 왕들을 쳐부수고 돌아올 때에"(창 14:17)라는 구절 때문이다. 동쪽 동맹군 전체를 격파했음을 암시하고 있는 것이다.

가능성은 두 가지다. 첫째, 호바(Hobah)라는 곳은 갈대가 무성한 늪지대였기 때문에 대규모 병력이 기동 및 전투를 하기엔 거의 불가능하다. 따라서 아브람은 게릴라전으로 적을 혼란에 빠뜨리고 현지에서 괴멸시켰을 것이다. 둘째, 적의 병참부대가 아브람으로 인해 전멸되었기 때문에 정상적인 보급을 받지 못한 적의 전투부대가 시간이 지날수록 전투 의지를 상실하여 와해되었을 것이라고 예측할 수 있다.

'싯딤 골짜기 전투'와 이어지는 아브람의 '롯' 구출 작전을 살펴보면, 전쟁은 '하나님께서 예비하신다'는 영적 교훈을 얻을 수 있다. 보편적인 분쟁에선 힘의 논리에 근거한 정치·군사적 역량과 국민 총화의 결집이 전쟁의 승패를 좌우한다. 이는 싯딤 골짜기 전투에서 군사적 우위에 있던 메소포타미아 동맹군의 일방적 승리에서 증명되었다. 이에 비해, 아브람의 소수 병력이 동쪽 동맹군의 정규군을 상대로 승리한 전투는 그야말로 하나님께서 자신의 존재와 영광을 드러내시기 위한 사건이었다. 이는 전투 후 아브람을 축복한 살렘 왕 멜기세덱의 말에 잘 표현되어 있다.

> 천지의 주재이시요 지극히 높으신 하나님이여 아브람에게 복을 주옵소서 너희 대적을 네 손에 붙이신 지극히 높으신 하나님을 찬송할지로다(창 14:19-20).

이방 국가들의 전쟁인 싯딤 골짜기 전투에서는 군사적으로 강한 자에게 승리를 안겨 주셨지만, 그분이 택한 아브람에게는 적은 병사로 대군을 이기게 하심으로써 하나님은 아브람에게 약속한 '축복의 언약'[3] 을 지키셨다. 하나님의 언약의 배경에는 보이지 않는 영원한 하나님의 작정(The eternal decrees of God)이 설계되어 있다. 인류에 대해, 그들의 삶과 구원에 대해, 이 모든 것의 궁극적 운명에 대해 그분은 분명한 계획과 목적을 가지고 계신다는 것이다. 이 작정에 근거하여 하나님은 그분이 하신 모든 일들, 일어나게 하신 모든 일들 그리고 미래에 일어날 모든 일들을 통제하신다. 이것이 하나님의 섭리다.

1900년 후, 바울은 택함 받은 백성에 대한 구원의 섭리를 다음과 같이 재해석하여 선포했다.

> 하나님이 우리를 구원하사 거룩하신 소명으로 부르심은 우리의 행위대로 하심이 아니요 오직 자기의 뜻과 영원 전부터 그리스도 예수 안에서 우리에게 주신 은혜대로 하심이라(딤후 1:9).

그러므로 아브람의 자손으로 택함 받은 성도들은 하나님의 작정 가운데 (1) 자신들의 의지와는 상관없이 하나님의 자녀 됨과 (2) 값없이 주시는 은혜로 그리스도 안에서 구속됨을 전심으로 감사해야 할 것이다.

---

3 "내가 너로 큰 민족을 이루고 네게 복을 주어 네 이름을 창대하게 하리니 너는 복이 될지라 너를 축복하는 자에게는 내가 복을 내리고 너를 저주하는 자에게는 내가 저주하리니 땅의 모든 족속이 너로 말미암아 복을 얻을 것이라 하신지라"(창 12:2-3).

중근동의 국제정세
(기원전 1500-1000년)

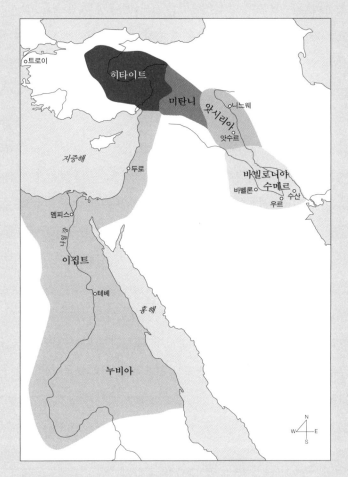

근동 지역의 민족국가(기원전 1500-1000년)

문명의 지정학적 분포(기원전 1500-1000년)

기원전 1500년에서 1000년까지 500년간 근동 지방에는 큰 변화가 있었다. 이 지역의 전통적인 강국들인 이집트, 히타이트, 앗수르(앗시리아) 그리고 바빌로니아는 소위 말하는 '바닷사람'(Sea People)과 같은 외부 세력의 갑작스런 침입으로 국토가 유린되고 그들의 약탈과 방화로 국가가 황폐화되었다. 전통 강국들의 급작스런 침체는 지중해 서쪽 연안의 페니키아(Phoenicians)와 이스라엘 왕국과 같은 새로운 국가의 등장을 가능케 했으며, 이 같은 국제질서의 변화는 향후 인류 역사에 커다란 영향을 미치게 된다.

세계 문명에 있어 네 가지 기념비적인 발전은 주로 이 시기 중근동 지역에서 태동했다.

첫째, 철기 시대의 도래다. 소아시아 지역(지금의 터키)에서 철기 사용이 촉발되었다. 값비싼 청동을 대용한 철기 가공기술의 발달로 농업의 보습도구뿐만 아니라 군사력 건설에도 상당한 발전을 가져왔다. 예를 들어, 당시로선 파격적인 전투 장비인 전차를 포함한 창, 활, 칼 그리고 화살촉을 철재로 제작, 전투에 사용함으로써 인마살상의 범위와 정도 그리고 전투 기동력이 비약적으로 향상되었다. 이러한 철기의 사용법은 페니키아 상인들을 통해 지중해 연안 지역을 거쳐 중동 내륙으로 전파되었다.

둘째, 소아시아 지역에서 알파벳이 발명되었다. 이 알파벳은 상인들 사이에서 매매(賣買) 기록 수단으로 이용되다가, 이들의 이동 경로를 따라 무역이 이루어지는 주요 도시국가들에 퍼져 나갔다.

셋째, 이 시기에 가장 눈에 띄는 변화는 역사의 전면에 등장한 이스라엘 민족과 '여호와'라는 강력한 단일신 숭배사상이다. 많은 도시국가들이 자연신과 인공신 등 다신교를 숭배했는데, 이스라엘 백성은 그들만의 유일신을 믿었다.

마지막으로, 인간이 길들인 낙타가 사막을 횡단하는 대상(隊商)들의 주요한 교통수단으로 이용되었다. 따라서 사막으로 가로막혔던 동서 간의 벽을 무역로의 개척으로 허물었으며, 더불어 상호교류를 활성화시켜 많은 문화와 사상을 공유하게 되었다.

또한 이 시기는 중근동의 많은 도시국가들이 작은 규모의 부족국가에서 강력한 군사력을 보유한 민족국가로 발돋움하는 '웅비의 시대'라고도 할 수 있다. 기원전 1500-1000년경, 독특한 문명을 형성하며 시대를 풍미했던 핵심 국가들은 다음과 같다.

엘람(Elam, 현 이란)
—

엘람의 위치

엘람의 역사는 원시, 고(古), 중(中), 신(新)엘람 시대로 구분하는데 기원전 1500-1000년경은 중(中)엘람 시대에 속한다. 엘람인은 자신들의 나라를 '할타므티'(Haltamti)라 불렀고 할타므티는 수메르어로 '고지대' 또는 '산악'이라는 뜻의 엘람(Elam)이다. 히브리어 성경《타나크》(Tanakh, תנ״ך)[4]에서 할타므티는 셈의 맏아들인 엘람의 자손인 것으로 나온다. 엘람족은 중앙아시아의 서쪽 평원에서 현 이

---

4 유대교의 경전으로 기독교의 구약성경을 지칭한다. 구약성경을 구성하는 토라(Torah, תורה: 율법서), 네비임(Neviim, נביאים, 예언서), 케투빔(Ketuvim, כתובים, 시, 지혜문학)의 첫 글자를 따서 약칭(Acronym)으로 타나크라 부른다. "Tanach", *Random House Webster's Unabridged Dictionary* ed. Stuart Berg Flexner(New York: Random House Reference,1993).

란 지역으로 이동하여 정착한 여러 유목민의 혼합체다. 이들은 인도-유럽계 언어를 사용하였으며 유목민 중 가장 강성한 부족은 '메대'(Medes)였다. 메대는 지정학적으로 앗시리아와 인접하여 잦은 물리적 충돌을 야기하였으며 후일 앗시리아를 멸망시키는 한 축을 담당했다. 또 다른 강력한 부족은 파르수(Parsu, 기원전 7세기부터 '페르시아 Persia'라고 불림)라고 불리는 유목민으로, 이들은 엘람의 남쪽 지역을 차지하여 엘람의 또 다른 구성원이 되었다.

중(中)엘람 시대(Middle Elamite period, 기원전 1500-1000년)는 메소포타미아 지역의 카시트 왕조(Kassite Dynasty, 기원전 1531-1155년)가 지배하는 바빌로니아 제국과 동시대였다. 이때 엘람은 기원전 1500년경 안샨을 중심지로 성장한 안샨 왕조(Anshanite dynasty) 시대였는데, 카시트 왕조와 안샨 왕조는 지역의 패권을 두고 잦은 군사적 충돌을 일으켰다. 양국 사이에 발생한 전쟁을 연대기 순으로 정리하면 다음과 같다.

먼저, 바빌로니아 카시트 왕조의 쿠리갈주 2세(Kurigalzu II, 기원전 1332-1308년)는 기원전 1320년경에 엘람을 선제공격하여 일시적으로 엘람 전 지역을 통제했다. 그러나 엘람의 키딘 쿠트란 1세(Kiddin-Khutran I)는 기원전 1224년에 카시트 왕조의 왕이었던 엔릴 나딘 슈미(Enlil-nadin-shumi, 기원전 1224년)를, 기원전 1227-1217년경에는 역시 카시트 왕조의 왕이었던 아다드 슈마 이디나(Adad-shuma-iddina, 기원전 1222-1217년)를 연이어 격퇴함으로써, 카시트 왕조 세력, 즉 당시에 메소포타미아를 지배하고 있던 바빌로니아 제국의 세력을 엘람에서 몰아내는 데 성공했다.

슈트루케스 왕조(Shutrukid dynasty, 기원전 1200-970년) 시대에서 엘람 제국은 전성기를 맞이했다. 슈트루크 나훈테(Shutruk-Nahhunte I, 기원전 1185-1155년)는 메소포타미아의 도시들인 아카드, 바벨론, 에시눈나를 급습하여 바벨론의 수호신 마르둑 상, 아카드 제국의 왕이었던 마니시투슈의 상, 함무라비 법전, 아카드 제국의 왕이었던 나람신의 전승비와 같은 전리품을 자신의 나라인 엘람 제국의 수산으로 가져갔다. 그리고 기원전 1158년경 슈트루크 나훈테는 카시트 왕조를 완전히 패배시켰는데, 그는 바벨론 카시트 왕조의 왕 엔릴 나딘 아히(Enlil-nadin-ahi, 기원전 1157-1155년)를 죽인 뒤 자신의 맏아들 '쿠티르 나훈테'(Kutir-Nahhunte II, 기원전 1155-1126년)를 왕위에 앉혔다. 하지만 쿠티르 나훈테는 당시에 이신(Isin)의 왕이었던 느부갓네살 1세(네부카드네자르Nebuchadnezzar I, 기원전 1126-1103년)에게 패해, 엘람 제국의 세력은 메소포타미아에서 완전히 쫓겨났다. 후텔루테시 인슈시나크(Hutelutush-Inshushinak) 이후 엘람 제국의 힘은 점차 쇠약해졌고, 엘람은 이후 3세기 이상 동안 고대 근동의 역사에서 별로 이름 없는 세력으로 남게 되었다.

종교 면에서 엘람인들은 다신교를 믿었고 우상을 숭배했다. 여러 신들 중 엘람인이 가장 중요하게 숭배한 신은 키리리샤(Kiririsha)라고 불린 여신이다. '키리리샤'는 엘람어로 '위대한 여신'(Great Goddess)을 뜻하는데, 그녀의 남편인 훔반(Humban)은 키리리샤 다음의 지위를 가졌으며 또 다른 남신(男神)인 인슈시나크(Inshushinak)가 그 뒤를 이었다. 이렇게 훔반과 카리리샤 그리고 인슈시나크가 엘람 최고위의 삼주신(三主神, triad)을 형성했다.

바빌로니아(Babylonia, 현 이라크)
—

기원전 2000년경, 수메르족(Sumerians)과 아카드(Akkadians)족의 여러 도시들이 메소포타미아의 주도권을 두고 치열한 전투를 벌이던 때에, 유프라테스 강 서쪽에서 이동해 온 셈족의 아모리인(Amorites)이 바벨론을 세웠다. 원래 도시국가 중 이신(Isin)이 가장 강력한 도시였으나, 아모리인의 도시인 바벨론(Babylon)이 중심 세력으로 두각을 나타내어 결국 첫 번째 바빌로니아 제국을 세우게 되었다. 바빌로니아인들은 시리아와 가나안 등지의 여러 서부 도시들과 정기적인 무역을 하였고, 지속적으로 바벨론을 메소포타미아의 정치, 상업의 중심지로 발전시켰으며, 마침내 남부 지역을 시작으로 전 메소포타미아 지역의 패권을 장악했다.

바빌로니아인들은 왕을 마르둑(Marduk) 신의 대행자로 믿었고, 바벨론은 '신성한 도시'로서, 모든 왕은 그곳에서 왕권을 인정받아야 한다고 믿었다. 왕권을 강화하기 위해, 바빌로니아는 관료제도를 정비하고 세금제도를 도입하였으며 제대로 된 중앙정부 체제를 갖추었다. 왕국이 정착한 뒤에는 군사력 증강에 국력을 집중하여 이를 바탕으로 활발한 정복 활동을 펼쳤다. 함무라비 시대에 이신(Isin), 엘람(Elam), 우루크(Uruk) 등의 수메르 도시국가와 마리(Mari) 왕국과 라르사(Larsa)까지 무너뜨리고 마침내 전 메소포타미아를 석권하고 서쪽으로는 지중해까지 영역을 확대한 대국이 되었다.

그러나 기원전 1555년에 히타이트 왕 무르실리 1세(Mursili I, 기원전 1556-1526년)가 자그로스 산맥(지금의 루리스탄 지방)이 본거지인 카시트인(Kassite)과 연합해 바빌로니아를 정복했다. 무르실리 1세는 아모리족이 세운 바빌로니아의 11번째 왕인 삼수 디타나(Samsu-Ditana)를 폐위시키고, 카시트족이 바빌로니아를 통치하도록 위임했다. 카시트 왕조(기원전 1531-1155년)는 바벨론의 이름을 '카르 두니아쉬'(Kar-Duniash)로 바꾸고, 바빌로니아 지역을 376년간 지배했다.

카시트족 통치의 마지막 몇 세기 동안, 앗시리아가 바빌로니아의 지배에서 떨어져 나가 독립된 제국을 건설해 바빌로니아의 카시트 왕조를 위협했고 몇 차례 일시적으로 지배하기도 했다. 엘람도 점점 강성해져 결국 바빌로니아의 대부분을 잠식하여, 기원전 1155년경, 엘람 왕 슈트루크 나훈데(Shutruk-Nahhunte, 기원전 1185-1155년)가 카시트국을 침공, 마지막 왕 엔릴 나딘 아히를 죽임으로써 카시트 왕조를 무너뜨렸다. 계속된 전쟁 속에서 바빌로니아 제4대 왕조인 이신 왕조(Isin)가 세워졌다.

그러나 바빌로니아는 북쪽에서 점점 세력을 확장하는 앗시리아에게 100여 년간 끊임없는 침략을 당하여 나라가 황폐화되어 버렸다. 설상가상으로, 기원전 11세기 말경 바빌로니아 서쪽의 아람족이 침략해 결정적인 타격을 가함으로써 바빌로니아 이신 왕조는 몰락하고 말았다. 이어서 시랜드 왕조(Sealand Dynasty)가 일시적으로 지배하나 왕위 찬탈을 위한 모반과 암살이 이어지고 설상가상으로 나라 전체에 기근이 들어 기원전 11세기 말에 왕조 자체가 종말을 고했다.

히타이트(Hittites, 현 터키)

—

기원전 18세기경, 갑바도기아(카파도키아) 고원에서 발원한 히타이트는 점점 세력을 확장해 기원전 14세기경 수필룰리우마스 1세(Suppiluliumas I, 기원전 1344 - 1322년) 시대에 가장 위세를 떨쳤다. 후르리인(Hurrians)에게 말 기르는 법을 습득한 히타이트인은, 말이 끄는 6개의 바퀴살을 가진 전차를 이용하여 정복전쟁을 계속했다. 전쟁의 주된 목적은 포로과 영토 확장 그리고 무역로 확보였다. 그 결과 히타이트는 시리아, 팔레스타인 지방 그리고 미탄니를 포함한 메소포타미아 북부까지 세력을 넓혀 이집트와 자웅(雌雄)을 겨루는 강국이 되었다.

히타이트의 남진정책과 이집트의 북진정책이 서로 부딪쳐, 마침내 두 강국의 일전은 피할 수 없게 되었다. 기원전 1274년경, 가장 호전적이던 히타이트의 무와탈리스 2세(Muwatallis II, 기원전 1295-1272년)와 이집트의 람세스 2세가 시리아의 카데시에서 전투를 벌였다. 전쟁은 상호 무승부로 종결되었다. 전쟁이 종료된 지 15년 후, 무와탈리스 2세가 죽고 그의 형제 하투실리 3세(Hattusilis III, 기원전 1267-1237년)가 기원전 1258년에 이집트와 화약(和約)을 맺는다. 더불어, 하투실리 3세의 딸이 람세스 2세와 결혼하면서 두 나라는 공식적으로 우호관계를 맺었다. 그러나 무와탈리스 2세 이후 히타이트는 국내 정치가 불안해지고 군사력이 약화되어 약체화되었는데, 이 시기에 동편에서는 앗시리아가 서서히 부상하여 히타이트를 압박하고, 서편에서는 그리스계 해상 민족인 '바다 민족'이 침공하여 히타이트

를 괴롭혔다. 더 이상 버틸 여력이 없었던 히타이트는 기원전 1178
년경 수필룰리우마스 2세(Suppiluliuma II, 기원전 1207-1178년)를 마지막
으로 멸망하고 말았다.

이집트(Egypt)
—

고대 이집트의 역사에서 기원전 16세기부터 기원전 11세기까
지의 시기를 신(新)왕조(기원전 1570-1070년)라 한다. 이 왕조는 이집트
본토 출신이 아닌 이방인이 지배하던 제2중간기 그리고 제3중간기
사이에 성립된 왕조다. 이방인 힉소스 왕국을 무너뜨리고 이집트를
재통일한 신왕국은 이집트 제국이라고도 하며, 18, 19, 20왕조로 이
어진다. 이집트의 최고 번영기다.

신왕조는 지중해와 중근동 지역의 국가 중 가장 강력한 권력과
왕권을 구축하였으며, 동시에 최대의 영토를 보유했다. 제18대 왕조
의 3대 왕이었던 투트모세 1세(Thutmose I, 기원전 1520-1492년)는 남부
에서 독립하기 위해 저항하는 누비아인들을 진압하고 팔레스타인까
지 영토를 확장했다. 그 후 투트모세 2세(기원전 1492-1479년)가 파라
오가 된 지 14년 만에 죽자, 그의 부인인 하트셉수트(Hatshepsut, 기원
전 1479-1458년)가 통치하게 되었는데, 이때 이집트에서 전쟁이 일어
나지 않은 평화의 시기를 보냈다. 이어 파라오가 된 투트모세 3세(기
원전 1458-1425년)는 이집트 역사상 가장 많은 전쟁을 치른 왕이다. 수
많은 정복전쟁을 통해 그는 히타이트, 앗시리아, 크레타 섬, 그리고
팔레스타인 지역의 도시국가들을 이집트의 속국으로 만들었다. 그

러나 그의 사후(死後)에 왕의 권력 강화를 반대하던 사제들과 귀족들의 끊임없는 반란으로 18대 왕조는 호렘헵(Horemheb, 기원전 1320-1292년) 왕을 끝으로 막을 내리게 되었다.

호렘헵이 후사가 없이 죽자, 그 뒤를 이어 람세스(Ramesses, 기원전 1292-1290년)가 19대 왕조(기원전 1292-1190년)를 열었다. 그는 강력한 군사력에 집중하였던 바, 그의 노력은 3대 왕 람세스 2세(기원전 1279-1213년)에 빛을 발했다. 람세스 2세는 재위기간 중 쉴 새 없이 정복전쟁을 벌여, 북쪽으로는 팔레스타인, 시리아, 남으로는 누비아까지 영토를 확장했다. 또한 전쟁에서 약탈한 부(富)를 바탕으로 '룩소르'(Luxor)와 '왕의 계곡' 내에 거대한 신전을 건설하는 등 대형 국가사업을 진행했다. 이 시기에 이집트는 가장 번영하였으며 그 세력이 절정에 달했다. 그러나 기원전 1200년 이후, 고대 문명에서 가장 찬란한 역사를 꽃피우던 문명은 쇠락의 길을 걷기 시작한다. 왕위 찬탈, 섭정 등 지도 세력의 다툼으로 인하여 왕조의 마지막 여왕 타우스렛(Tausret, 기원전 1191-1190년)을 끝으로 제19대 왕조는 문을 닫았다.

이집트 제20왕조(기원전 1190-1077년)는 이집트 신왕국 시대의 마지막 왕조다. 이 시기에 이집트는 내부 분열과 외부 세력의 침입에 시달렸으나 국력의 약화로 효과적으로 국란에 대처하지 못했다. 그 결과, 이집트는 팔레스타인, 누비아 그리고 시리아에 대한 영향력을 거의 잃게 된다. 기원전 1150년부터 이집트는 정복국가로서의 명성을 잃고 피정복국가로 전락하게 된다.

이집트 20왕조가 몰락하자 이집트는 두 세력에 의해 상·하로 분할 통치된다. 즉 이방 민족인 리비아인이 하(下)이집트의 타니스

(Tanis)에 정착하여 소위 21왕조를 세우고, 아문 대사제단은 상(上)이 집트의 테베(Thebes)를 거점으로 독자적인 세력을 구축한 것이다. 그러나 기원전 10세기 중반까지 이집트의 실질적인 권력은 테베의 아문 대사제단에게 있었다. 이집트가 이처럼 국내 문제로 골머리를 앓는 덕분에 이스라엘의 사울-다윗-솔로몬 왕은 안정적인 내치와 주변 부족들에 대한 정복전쟁을 순조로이 진행할 수 있었다.

아람(Aram, 현 시리아)
—

수세기 동안 중동의 다른 국가와 마찬가지로 아람도 우여곡절을 겪는 격동의 시기를 보냈다. 15세기 무렵, 아람은 두 거대 제국, 즉 히타이트 제국과 이집트 신왕조에 의하여 양분되어 분할 통치되고 있었다. 기원전 13세기경, 즉 기원전 1274년에 아람 지역인 카데시(Kadesh)에서 두 제국이 충돌했다. 비록 어느 편에도 완전한 승리를 안겨 주지는 않았지만, 이 전쟁 후 두 제국의 국력이 급격히 쇠퇴했다.

이 무렵, 새 민족이 아람 땅에 출현하여 도시국가를 형성하게 되는데, 이들은 아람 서편 해안에 정착했다. 이 민족의 선원과 상인들은 바다를 이용하여 광범위한 지중해 해상 교역로를 개척했다. 그리고 중근동과 지중해 연안을 연결하는 해상무역으로 막대한 부를 축적했다. 또한 이들의 활동으로 중동의 문명이 그리스와 서유럽 각 지역에 널리 전파되었다.

기원전 1406년경, 아람의 남쪽, 즉 가나안 땅에는 한 민족이 대규모로 이주하여 원주민과 갈등 관계에 있었다. 이들이 바로 이스라엘 민족이다. 12부족 연합체로 운용되다가, 기원전 11세기 중엽(기원전 1151년) 강력한 왕국을 건설했다. 이 민족은 '여호와'라는 단일신을 경배했다. 이 종교가 현재의 유대교 신앙의 모태이며, 기독교와 이슬람교의 뿌리다. 지중해 서편, 즉 근동이라 불리는 지역에 자리 잡은 페니키아인과 이스라엘 국가는 향후 전 세계의 문명에 깊은 영향을 미친다.

아라비아(Arabia, 현 사우디아라비아)
—

기원전 16세기경 아라비아 반도는 사막 지역으로 사람이 살지 못했다. 유목민들은 그들의 주요 식량 공급원인 양 떼와 염소를 방목하기 위해 초지가 있는 사막 변두리와 물이 있는 오아시스에 집단으로 거주하며 촌락을 이루었다. 그러나 이들은 다루기 힘든 낙타를 길들여 사막을 횡단하기 시작했고 그러면서 많은 부족민이 목축 대신 상인이 되어 대상을 이루었다. 아라비아 반도의 대상 루트는 이 시기에 개척되었다. 대상들은 긴 사막을 횡단하여 동서 간에 물물교환을 함으로써 막대한 이윤을 남겨 부를 축적했다.

전통적인 '베두인'(Bedouin)족의 삶의 형태가 이 무렵에 형성되기 시작했다. 새로운 문명이 서남아라비아에서 일어났는데, 이는 사막에서 물을 항상 공급할 수 있는 대규모 관개(灌漑)시설을 개발해 삶의 질을 개선한 덕분이었다. 이 획기적인 관개시설의 고안은 메마른 토지를 생명이 넘치는 풍요로운 땅으로 바꾼 문명의 대약진이었다.

팔레스타인(Palestine)
—

초기 청동기 시대(기원전 3000-2000년)에 셈족이 이 지역에 처음 나타났으며, 중기 청동기 시대(기원전 2000-1550년)에 이르러 역사가 문자로 기록되기 시작했다. 북동쪽에서 유입된 셈족 계통의 아모리족(Amorites)이 이 지역 인구의 대부분을 이루었다. 그밖에 이집트인과 힉소스족, 후르리족(구약성경의 호리족) 등이 이 지역으로 이주했다. 구약성경에서 언급된 가나안 족속이란 이렇게 팔레스타인에 상주하게 된 다양한 민족들을 포괄하여 호칭한 것이다. 후기 청동기 시대(기원전 1550-1200년)에는 아나톨리아의 히타이트족(구약성경에서는 헷 족속)이 도전해 오기도 했지만, 주로 이집트가 지배하던 기간이 많았다. 이들 가나안인들은 이집트와 시리아 등 주변 지역과 무역을 했으며, 고대 이집트, 시리아, 페니키아 및 메소포타미아 문명의 영향을 받았다.

기원전 15세기 말에서 14세기쯤부터 구약 시대가 시작되는데, 이 무렵 히브리인들은 이집트의 치세에서 벗어나 가나안 땅으로 이주했다. 성경에 따르면, 히브리 민족은 기원전 1406년에 가나안 땅에 진입했으며, 이후로 사사(Judges)들의 통치를 받으며 기존의 거주민과 치열한 전쟁을 치렀다.

기원전 13세기 말에 가나안 남쪽 지역에 대한 이집트의 지배는 약화되고 히타이트족은 해양 세력의 침입으로 멸망하게 되자, 1250년경 가나안은 일부 영토를 외세에 빼앗기게 된다. 남부 그리스에서 필리스틴인(Philistine: 한글성경에서는 블레셋 사람이라고 호칭)이 가나안 서

남부 해안을 무력으로 탈취, 정착한 것이다. 이들은 가나안 남서부 연안에 5개의 도시국가를 이루고 강력한 연합체를 결성했다. 이들은 팔레스타인에서 살고 있던 사람들에게 최초로 마차와 철제 무기들을 소개했다. 성경에 의하면, 이들은 히브리인들이 가나안 지역에 입성한 후 히브리 백성을 줄기차게 괴롭혔던 부족이다.

기원전 12세기 초반에 히타이트가 멸망하고, 동시에 이집트 세력이 약해지자, 이스라엘은 가나안의 고지대와 남쪽 지방에 정복전쟁을 통해 통일국가의 발판을 마련했다. 기원전 1051년경, 사울이 통일 이스라엘의 왕으로 등극하여 가나안 땅에서 최초의 이스라엘 민족국가를 세웠다. 사울이 죽은 뒤 기원전 1010년에 2대 통일 이스라엘 왕이 된 다윗은 예루살렘을 이스라엘의 수도로 정했다. 이후 다윗 왕은 지속적인 정복전쟁을 벌여, 주변 모든 부족들을 복속시키고 많은 전리품을 획득하여 국가를 부강하게 하였으며, 이스라엘 역사상 최대의 영토를 확보했다.

그리스와 발칸 국가들
—

미케네 문명은 기원전 1400년경에 크레타의 미노아(Minoa) 문명을 무너뜨리고 탄생했다. 이후 계속 번영하여 서그리스를 무역의 중심으로 삼고 동지중해의 상권을 장악했다. 또한 미케네는 정복전쟁으로 남이탈리아, 시칠리아, 소아시아, 이집트 그리고 팔레스타인 지역까지 세력을 넓혀 그 영향력을 행사했다.

그러나 기원전 1100년경, 미케네 문명이 급속도로 쇠락하는데,

그 원인은 중앙 유럽인들의 민족 이동, 특히 도리아인의 침략에 기인한다. 이 외부 세력들이 수많은 도시들을 무자비하게 약탈하자 수많은 미케네인들이 다른 그리스 섬들, 아나톨리아 또는 키프로스 섬으로 도주했다. 이 때문에 그리스는 인구 감소를 겪었으며 그동안 쌓아 올린 많은 사적들도 소실되었다.

이로써 그리스에서 미케네 문명이 이룬 고도의 문화유산이 자취를 감추었고 이에 따라 유럽에서 발생한 첫 문명이 사라지고 말았다. 따라서 기원전 11세기에 접어들어 그리스는 소부족으로 전락하고 문맹국이 되었다. 그러나 그리스 연안과 에게 해는 아람 출신의 페니키아 상인들이 상품 거래를 위해 빈번하게 출입하여 도시국가로서 명맥을 유지하고 있었다. 이 상인들에 의해 그리스인들은 근동과 중동에서 발전한 새로운 문명을 접할 기회를 가지게 된다.

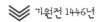

2. 이집트 탈출 작전 1
: 탈출 배경
출애굽기 1, 12, 13장을 중심으로

본래 '불가사의'(不可思議)란, 사전적 의미로 '말로 표현하거나 마음으로 생각할 수 없는 오묘한 이치'를 뜻한다. 그런데 지금까지 인류가 치른 수많은 전쟁 중에는 이 의미가 적용된 예(例)가 적지 않았다. 다시 말해 전투의 국면마다 상식을 초월하는 많은 반전이 있었던 것이다. 그런 점에서 이스라엘 백성의 극적인 이집트(애굽) 탈출은 현대전 개념으로는 이해가 불가한 또 하나의 불가사의한 사건이었다.

기원전 1876년경, 가나안 땅에 거주하던 야곱은 이집트의 총리가 된 아들 요셉의 초청을 받아, 식솔 70명을 거느리고 이집트의 고센 땅으로 이주한다. 이때는 이집트 12대 왕조의 다섯 번째 파라오(Pharaoh), 세뉴스레트 3세(Senusret III, 기원전 1878-1839년)가 치세하던 때였다. 이즈음 이집트는 이 파라오의 탁월한 통치 능력으로 군사력과 경제력 면에서 전성기를 구가하고 있었다. 아울러 파라오는 이집트 인과 차별 없이 야곱의 자손, 즉 히브리인에게도 우호적이었다.

이러한 평화도 잠시, 기원전 17세기 중엽, 이집트 땅에 기근과 각종 질병이 창궐하여 국력이 쇠잔해지자, 각종 신무기로 무장한 셈 족(Semitic) 계통의 북방 유목민이 나일 강 하류 델타 지역 일대를 점령, 왕국을 건설했다. 이는 이집트의 두 번째 과도정부로서 13대 왕조(기원전 1802-1710년)에서 17대 왕조(기원전 1650-1550년)까지 약 250여 년간 왕조별로 이집트를 상·하로 분할 통치하였다. 이들 왕조 가운데 제15대 왕조는 힉소스(Hyksos, 기원전 1674-1535년) 왕조라고도 불리며, 셈족계 민족으로서 이스라엘 초기 역사와 관련이 깊다. 힉소스 왕조는 상당히 전투적이었음에도 불구하고, 인종적 친밀감 때문인지 전(前) 왕조와 마찬가지로 히브리인들을 선대했다.

이즈음 남부 테베 지역에 거주하던 본토 이집트인들은 왕권 회복을 위해 착실하게 준비하고 있었다. 힉소스인들에게 조공을 바치면서도 그들이 소유하고 있던 전차와 강궁 제작법 등을 익히면서 서서히 이들을 물리칠 치밀한 계획을 세운 것이다. 기원전 1570년경부터 본격적으로 테베의 이집트 사람들이 지속적으로 반란을 일으켜 이방인 힉소스 왕조를 위협했다. 기원전 1549년, 드디어 이집트의 아모세 1세(Ahmose I)가 힉소스를 이집트에서 완전히 쫓아낸 후 이집트의 신왕국을 수립, 제18왕조의 첫 번째 왕이 되었다.

히브리인이 이집트에 정착한 지 430년쯤 되었을 때 이들의 인구는 200만이 웃돌았다. 당시 이집트 전체 인구가 300만에서 350만이었던 것을 고려할 때, 히브리인의 폭발적 인구 증가는 이집트의 파라오에게는 잠재적 위협이 되었을 것이다. 게다가 이들은 신체적으로 건강하고 근면하여 농사와 목축업에 뛰어났으며, 이로 인해 이집트에서 상당한 부도 축적했다. 히브리인들의 유래를 알지 못하는 이집트 신흥왕조로서는 강성해져 가는 이들을 마냥 좌시할 수 없었다.

마침내 18왕조 3대 왕 투트모세 1세(Thutmose I, 기원전 1503-1493년)는 히브리인을 힉소스의 잔존 세력으로 간주하고, 점진적으로 인종차별 정책을 실시했다. 이러한 차별정책은 강제 부역에서 나타났다. 왕조의 존엄을 과시하기 위해 두 국고성 비돔(Pithom)과 라암셋(Rameses)을 건설하는데, 히브리인들이 이 대형 국가사업에 강제 징용되어 혹독한 노동 착취를 당한 것이다. 흙 이기기, 벽돌 굽기 그리고 농사일까지 삶 자체가 고통이었다. 이 고통이 얼마나 컸으면, 후일 그들이 이집트를 기억할 때 '쇠풀무 애굽 땅'이라 했을까?

이 무렵, 투트모세 1세의 공주 하트셉수트(Hatshepsut, 기원전 1508-1458년)가 나일 강에 버려진 아이를 발견한다. 이복오빠(투트모세 2세, 기원전 1493-1479년)와 결혼한 공주는 이 아이를 입양한 후, 아이의 이름을 '이는 내가 그를 물에서 건져 내었음이라'(I drew him out of the water)는 뜻에서

모세를 발견한 하트셉수트 공주

모세(Moses)라 불렀다.[5] 이 아이가 성장하여 후일 히브리인의 정치적, 영적 지도자로서 이스라엘 역사의 전면에 등장하게 된다. 하지만 하트셉수트의 양아들 모세는 왕의 반열에 서지 못한다. 투트모세 2세가 후궁 이세트(Iset)를 맞아들여 아들 투트모세 3세를 얻었기 때문이다. 설상가상으로 모세는 40세쯤 되던 해에 핍박받는 동족(히브리인)의 일에 연루되어 이집트인을 살인함으로써 졸지에 쫓기는 몸이 된다. 40년간의 긴 도피기간 중 시내 산에서 그의 나이 80세에 '스스로 있는 자'(여호와)로부터 소명을 받는다.

> 내 백성 이스라엘 자손을 애굽에서 인도하여 내라(출 3:10).

모세는 신(神)적 능력으로 투트모세 3세(기원전 1479-1425년)의 면전에서 9가지 재앙을 내려 이집트를 경악케 한다. 파라오는 계속 고집을 부렸다. 이집트 모든 생물의 맏이를 멸하는 것이 마지막 수단이었다. 이로써 문설주에 어린 양의 피를 바른 히브리인들의 장자는 살아남았고 모든 이집트인의 첫 소생은 생명을 잃었다. 이 사건은 영원히 기념될 이스라엘의 유월절(Passover) 예식이 된다. 공황에 빠진 파라오는 마침내 히브리인들에게 이집트를 떠날 것을 허락하여 이들은 노예생활에서 해방되어 참된 자유를 찾은 듯했다. 이때가 기

---

5 모세(히브리어: חשֶׁמ)는 레위 가계의 고핫 자손인 아므람(Amram)과 요게벳(Jochebed) 사이에서 태어났는데, 성경에 의하면 모세의 부모는 친남매지간이었다(출 6:20). 모세는 이집트 바로의 히브리인 영아 학살을 피하여 갈대 바구니에 넣어져 나일 강가에 버려졌으나, 강에서 목욕하던 바로의 딸, 하트셉수트에 의해 구출되어 왕궁에서 양육되었다. 모세의 본명은 '요김'으로 '야훼께서 세우신 자'라는 뜻이며, '모세'는 이집트 바로의 딸이 지어 준 이름이다. 출애굽기 2:1-10 참고.

원전 1446년경이다.

하지만 기뻐하기에는 아직 일렀다. 그들 모두가 이동하기에는 인원과 물량이 너무 많았다. 성경의 기록을 보면, 보행 가능한 장정만 60만 명이니 부녀와 노약자를 고려하면 족히 200만 명이 넘었을 것으로 추정된다. 더구나 가축도 데려가야 했다. 도로가 따로 없던 그 당시 이 무리가 이동하면 행군 길이만 무려 110km이상이었을 것이다. 이 같은 규모의 이동은 어떤 신적인 도움 없이는 통제가 불가능하다. 모세 한 사람으로는 불가함을 알기에 '스스로 있는 자'가 역사에 직접 개입한다.

이 탈출기는 너무나 방대한 분량이라 2단계로 나누어 스토리를 전개하는 것이 독자들의 이해를 도울 수 있을 듯하다. 즉 1단계는 이집트 고센(Goshen)에서부터 비하히롯(Pi-hahiroth)까지의 노정이고, 2단계는 추격 및 홍해(Red Sea) 도하작전이다. 이제 본격적으로 이동로 분석에 들어가 보자.

당시 이집트에서 가나안으로 가는 길은 세 가지가 있었다. 첫 번째는, 지중해변을 따라가는 소위 블레셋 길(The Way of Philistines)로 가장 빠른 길이다. 그러나 블레셋 길에는 중요 지점마다 이집트의 전초기지(Migdol)가 설치, 운용되고 있었다. 이 군사기지는 외부 세력의 이집트 진입을 사전에 차단하고, 대상로(隊商路)를 보호하며, 팔레스타인이나 아라비아 반도로 진출하기 위한 중간 기지로서 이용되고 있었다.

두 번째는, 고센에서 수에즈 만의 북단을 거쳐 시내 북부를 통과하여 가나안으로 진입하는 길이다. 첫 번째 길보다 멀기는 하나

노정에 큰 장애물은 없다. 이 두 길 중 하나를 택한다면, 행군 여정이 그다지 고달프진 않을 것이다. 그러나 여호와 하나님은 히브리인들이 강한 적을 만날 경우, 겁에 질려 이집트로 되돌아갈 것을 미리 아시고 다른 길을 예비하셨다. 모세로 하여금 이스라엘 자손을 인솔하여 행군하게 한 길은 시내 반도를 가로질러 홍해(아카바 만Gulf of Aqaba)를 건넌 후, 미디안(Midian, 지금의 사우디아라비아)을 거쳐 가나안으로 북행하는 우회로였다. 많은 인원과 가축이 이동하기에는 최악의 루트였다. 그러나 여호와는 두려워하는 모세에게 '낮에는 구름기둥으로, 밤에는 불기둥으로 [이 길로] 그들을 인도하겠다'고 약속하셨다.

드디어 히브리인들은 430년간의 이집트 생활을 마감하고, 모세의 영도로 탈출 및 이동을 시작한다. 이들은 대오를 지어 질서정연하게 이동했다. 고센 땅 라암셋에서 숙곳까지 360km를 9일 만에 도착했다. 통상 무장한 보병이 시간당 4~5km 속도로 8시간을 행군할 경우 하루 40km를 이동한다. 히브리인들은 오늘날 보병이 이동하는 속도와 동일하게 행군하였음을 보여 준다. 그리고 홍해를 건너기 전 에담(Etham), 믹돌(Migdol)까지 160km를 순조롭게 이동했다. 이들에게 주어진 양식(현대전의 비상식량[C-Ration] 개념)은 누룩을 넣지 않는 빵이 전부였다. 그런데도 이들은 이때까지는 불평불만 없이 잘 견뎠다.

에담에서 믹돌까지 30km를 행군한 다음, 믹돌 감제고지에 경계병을 두고 바알스본이 마주보이는 비하히롯에서 전 백성이 숙영했다. 이곳은 종심이 9km, 폭이 5km로(서울 여의도의 5배 규모) 모든 인원과 생축을 수용할 수 있는 천혜의 지형이다. 긴 행군 끝에 처음으로

이스라엘의 이동 경로

만끽하는 달콤한 휴식이었다. 이즈음 신탁이 계시된다. 여호와 하나님은 이집트인과 히브리인 모두에게 '그의 영광'을 보이고자 하셨다. 이집트의 고센 땅을 벗어난 후, 이스라엘 자손들은 마치 전장을 향하는 군인들의 행진처럼 보무도 당당하게 주야로 부지런히 걸었다. 하나님께서 그들만의 새로운 삶의 터전을 주셨으므로 하루라도 빨리 그 풍요로운 땅을 보고 싶은 희망으로 가슴이 벅찼다. 행군으로 인한 고달픔은 그들에게 이 순간만큼은 사치였다.

그러나 이스라엘 자손에게 첫 도전과 시련이 기다리고 있었다. 단조로운 행군에서 오는 권태로움으로 인하여, 이들이 여호와 하나님을 잊을까 염려하시어 미리 한 사건을 섭리 가운데 준비하셨다. 긴 행군 대열이 홍해에 이르기 전, 이집트의 파라오가 예전의 완악한 마음을 회복함으로써 이스라엘 백성을 보내기로 한 자신의 결정을 후회한 것이다. 국가의 역사(役事)를 감당할 큰 자산, 즉 주요 노동력인 이스라엘 백성을 해방한다는 것은 현재 거의 마무리되고 있는 국고성 건축, 나아가 향후 건축할 각종 국가적 프로젝트를 중단해야 한다는 의미였기에 그로서는 상상도 못할 일이었다. 그리하여 이미 3주 전에 떠났지만, 기마부대와 전차부대가 추격한다면 충분히 따라잡을 것이라 판단하고, 즉시 추격 명령을 함과 동시에 자신이 직접 추격전을 지휘할 것을 결심했다.

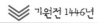

3. 이집트 탈출 작전 2
: 추격 및 홍해 도하 작전
출애굽기 14-15장을 중심으로

이집트의 투트모세 3세

이집트 왕 투트모세 3세의 추상같은 명령에 의거, 선발대 즉 전차 600승과 기병 1200명으로 구성된 기동부대는 지체 없이 이스라엘의 후미를 향하여 맹렬한 속도로 이동했다.[6] 이어 바로의 지휘하에 십만 병력과 나머지 전차로 본대를 편성하여 선발대를 후속했다. 이들의 이동 속도는 일일 80km로서 당시로서는

---

6 투트모세 3세의 전쟁 기록과 관련된 고고학적 유물이 이집트, 시내 반도, 그리고 가나안 땅에서 발견되었다. Rivka Gonen. "The Late Bronze Age" in *The Archaeology of Ancient Israel* ed. Amnon Be-Ror and trans. R. Greenberg(Grand Rapids, Yale University Press, 1992), 212-13.

엄청난 기동력이었다. 숙영 8일째, 그러니까 이집트를 탈출한 지 24일째 되는 날, 믹돌(Migdol)의 255m 고지에서 망을 보던 이스라엘 경계병은 이집트군의 선발대를 발견하고 혼비백산하여 모세에게 이를 보고했다.

예상치 못한 이집트군의 출현으로 바닷가 옆 넓은 평원에서 휴식을 취하고 있던 이스라엘 백성은 이내 공황상태에 빠졌다. 이 상황이 두 진영의 군사적 충돌이었다면, 후일 중국의 한(漢)나라 한신 장군이 '정형전투'(井型戰鬪)에서 사용했던 배수진의 선례가 되었을지도 모를 일이다. 하지만 이 형국은 비무장 상태의 이스라엘 백성 수백만 명이 중무장한 이집트군과 홍해 사이에 갇혀 몰살될 수도 있는 절체절명의 순간이었다.

두 민족 사이에서 여호와 하나님은 이스라엘 자손과 맺은 언약, 즉 '그들과 함께하겠다'는 약속을 지키고 또한 그 약속이 이뤄지는 중에 '자신의 영광'을 드러내고자 이집트를 상대로 두 가지 기적을 보이신다. 주로 지상전 위주의 인마살상이 고작이던 당시에 하나님이 직접 지휘하신 전투 방식은 참으로 '역전적 발상'(paradigm shift)이었는데, 현대전 개념으로 표현하자면, 첫 전투 계획은 차단 작전(interdiction)이었다. 이스라엘 백성의 전방에서 행군 대열을 안내하던 구름기둥을 옮겨 그들 뒤편에 위치시킴으로써, 이집트군 진영과 이스라엘 백성 사이를 가로막은 것이다. 다시 말해, 이집트군과 이스라엘 백성 사이에 '구름'과 '흑암'을 두어 이집트군의 시야를 가림으로써 그들의 진군을 방해한 것이다.

두 번째는 도하작전(River-Crossing Operation)이다. 현대전 개념으로 통상 도하작전은 아군과 적이 하천을 두고 대치하는 상황에서 선택의 여지가 없을 때 공격부대가 위험을 감수하고 실시하는 '차선'(alternative)의 방책이다. 즉 도하작전은 방어부대가 이미 대안(對岸)[7]의 주요한 감제고지를 점령하고 시야를 확보했을 때 공격부대로서는 많은 희생을 감수해야 하는 대단히 위험한 작전이다. 그러므로 일명 탄막사격(집중포화로 적이 움직이지 못하도록 하는 사격)을 집중적으로 실시하여 방어부대를 묶어 둔 다음, 부교와 문교를 이용하여 병력과 장비를 이동시켜야 하기에 물자, 장비 면에서도 많은 사전 준비를 요했다. 기원전 3500년 전에 실시된 이스라엘의 홍해 도하작전은 아마도 인류 최초의 도하작전이기는 하나, 현대전의 군사교리로서는 설명이 되지 않는, 그야말로 기적이라는 말 외에는 달리 표현할 수 없는 작전이었다.

먼저 이스라엘 자손이 건너게 될 홍해 지역의 지형을 분석해 보면, 차안(此岸)은 비하히롯, 대안(對岸)은 바알스본(Baal zephon)이다. 바다의 폭은 족히 13km, 평균 깊이는 1.5km에 달한다. 이런 곳을 도하한다는 것은 현대전에서도 불가능하다. 그러므로 20세기 이래 홍해 도하사건의 역사적 사실성을 증명하기 위해 기독교 국가를 중심으로 많은 탐사가 있었다. 그중 독자의 이해를 돕기 위해 론 와이어트 (Ron E. Wyatt, 1933-1999년)[8] 지휘하에 실시된 영국 해군 탐사팀의 고증

---

7 군사용어로 강의 이쪽 편을 차안(此岸), 반대편을 대안(對岸)이라 한다.

8 와이어트 사후에 그를 기념하기 위해 세운 와이어트 고고학 연구재단(Wyatt Archaeological Research)은 노아의 방주와 홍해 도하 사건을 집중적으로 연구하여 세계적으로 명성을 쌓았다. 발굴한 유물들을 전시한 박물관도 개관하고 있다. Ron E. Wyatt, "The Red Sea Crossing Site,"(Prepared by Wyatt Archaeological Research, [on-line]; accessed 16 May 2016; available from http://www.wyattmuseum.com/red-sea-crossing.htm; Internet, 참고로 뮐러 박사가 저술한 The Exodus Case 도 상당한 연구물이므로 추천하고자 한다. Lennart

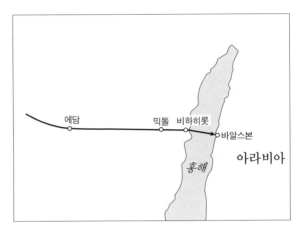

에담　　　　　믹돌　비하히롯

바알스본

홍해　　　　아라비아

홍해 도하 지역

을 인용하여 홍해 도하작전을 설명하기로 한다.

　대략은 다음과 같다. 이스라엘 백성이 건넜던 바다에는 골짜기에서 내려온 퇴적물이 바다로 흘러들어 쌓이면서 수면 아래 둑이 생겨 맞은편 해안까지 연결된 천혜의 바닷길이 형성되었다. 바다 밑의 둑이 6도 경사로 완만하게 내려갔다가 다시 맞은편 해안으로 완만하게 오르는 구조다. 맞은편 사우디아라비아 쪽 해안에서도 골짜기 사이로 같은 작용이 일어나 생긴 현상이다. 말하자면, 양쪽의 퇴적물로 인해 폭 6km의 둑이 바다 밑에 형성된 것이다. 둑으로부터 수면까지 이르는 수심은 가장 깊은 곳이 120m 정도라고 탐사팀은 보

Möller, *The Exodus Case*(Copenhagen, Denmark: Scandinavia Publishing House, 2002), 178-197. 또한 영국 케임브리지 대학의 물리학자인 험프리 박사의 저서도 권할 만하다. 출애굽의 출발지인 고센으로부터 홍해를 횡단한 사건까지 아카데믹하게 고증한 것이 강점이다. Colin J. Humphreys, *The Miracles of Exodus: A Scientist's Discovery of the Extrordinary Natural Causes of the Biblical Stories*(New York: HarperCollins Publishers, 2003), 244-260.

갈라진 홍해를 건너는 이스라엘 백성

고했다. 그러나 둑을 벗어나면 갑자기 깊어져 수심 1.5km에 달한다. 퇴적층이 형성되어 얕아진 이곳의 바닷물을 하나님께서 말리셨던 것이다. 이스라엘 백성은 질서 있게 홍해를 건넜다. 200만 명의 대규모 행렬이 이동하는 동안, 하나님의 구름기둥이 여전히 이집트군 앞에서 그들을 가로막고 있었다.

　이스라엘 백성이 홍해를 무사히 건넜다. 가로막고 있던 구름기둥이 걷히자, 시야를 회복한 이집트 전차와 기병부대가 홍해길로 들어섰다. 그러나 바다의 지면은 평탄치 않아 병거 바퀴가 갖은 장애물에 걸려 진출이 쉽지 않았다. 대오가 흐트러진 가운데 모든 전차와 기병부대가 홍해 길에 진입하자, 갈라졌던 바다가 본래의 수면으로 합쳐지면서 모든 이집트군은 수장되고 말았다. 이미 홍해를 건넌 이스라엘 백성은 바닷가에 떠다니는 이집트 전사들의 시체를 보면서 경악을 금치 못했다. 이 기적에 힘입어, 모세는 이스라엘의 지도자로서 기반을 공고히 하였을 뿐 아니라, 그를 통해 현현(顯現)하신 여호와의 영광을 체험했다. 그리고 그 유명한 '모세의 노래'를 불렀다.

여호와여 신 중에 주와 같은 자가 누구니이까 주와 같이 거룩함으로 영광스러우며 찬송할 만한 위엄이 있으며 기이한 일을 행하는 자가 누구니이까(출 15:11).

홍해를 건너자 황량한 광야(The Wildness of Shur)가 눈앞에 펼쳐진다. 사흘 길을 행군하여 마라(Marah)-엘림(Elim)을 경유, 또 다른 광야(The Wildness of Sin)에 다다랐다. 이곳에서 일주일을 머물렀다. 이때가 오늘날 월력으로 5월 초 무렵이다. 이스라엘 백성은 다시 행군을 재개했다. 풀 한 포기 없는 황량한 사막에서의 행군이란 고통 그 자체였다. 30℃를 웃도는 뙤약볕 아래 계속되는 강행군은 그들의 육체를 지치게 했지만, 무엇보다 '하나님의 생명'을 그들에게서 떠나가게 만들었다. 영혼이 부패하니 그들의 자아는 이미 육체에 종속돼 버려 이제는 자그만 육체적 가시에도 견디지 못하게 되었다.

이스라엘 백성의 점진적 부패는 배고픔이라는 인간의 기본적 생리욕구에서 시작되었다. 이집트를 탈출할 당시 휴대하던 전투식량(무교병)은 이미 고갈되었고 황량한 사막뿐인 곳에서 200만 명의 인구와 가축을 먹일 식량과 물을 구할 수가 없었다. 젖과 꿀은 고사하고, 곧 객지에서 굶주려 죽을 것만 같았다. 얼마나 배고픔과 갈증을 참기 어려웠던지, 이집트에서의 노예생활이 더 좋았다며 그들을 인솔하는 모세를 탓하는 등 이스라엘 백성의 입에선 불평불만이 거침없이 쏟아져 나왔다. 이 같은 인간의 생태적 한계로 말미암아, 출애굽 1세대는 이 황량한 사막에서 죽어야 할 운명으로 내몰린다. '그들과 함께하겠노라'는 구원적 선포로 그들의 안전을 보장하였음에도 불구하고, 이스라엘 자손은 여호와 하나님을 의뢰하지 않았다. 이런 죄악된 성격은 출애굽 사건부터 향후 40년간의 광야생활에서 적나라하게 노출된다. 이스라엘 백성의 모습을 통해 인간의 '죄의 성격'과 '그 내용'이 무엇인지를 정확하게 보여 주신 것이다.

이스라엘의 이집트 탈출 사건을 통해 그리스도인이 발견해야 할 영적 교훈을 정리해 본다. 출이집트의 방법은 '하나님의 섭리'로서 이 땅에 사는 성도들의 구원 방법과 동일하다. 400여 년 동안 이집트에서 종살이하던 이스라엘 백성 앞에 모세가 등장하여 하나님께서 그들을 이집트의 속박에서 해방시키리라고 전한 것은, 현 인류를 죄의 속박에서 구속(redemption)해 주시겠다는 예수 그리스도의 십자가 복음과 동일한 것이다. 비유적으로 해석하자면, 마지막 재앙의 서막인 집 문설주 인방에 바른 희생양의 피는 그리스도의 십자가 보혈을 나타낸다. 이스라엘 백성이 어린 양의 피로 출이집트가 가능했던 것처럼 현 인류는 오직 예수 그리스도의 피로써만 죄의 사슬에서 풀려날 수 있다는 진리를 예표한 것이다.

이어서, 홍해를 건넌 사건은 침례(또는 세례)를 통해 거듭나게 되는 성도의 영적 상태를 나타낸다. 어린 양의 피를 통해 죄의 속박에서 벗어난 성도들은 반드시 침례를 통해 세상과 성별된 하나님의 자녀로 거듭나야 한다. 이는 육신의 거듭남이 아니라 '영적(靈的)인 거듭남'이다. 영적인 거듭남은 성도의 진정한 회개와 이에 뒤따르는 그리스도를 구주(The Saviour)로 믿는 믿음에서 시작된다.

광야의 여정은 유월절(Blood)과 홍해(Water) 사건으로 거듭난 이스라엘 자손이 과연 약속의 땅에 들어갈 만한 자격을 갖추었는가를 시험하는 것이었다. 일상의 현실 앞에서 낱낱이 드러나는 이스라엘 백성의 죄된 속성은 결국 하나님의 새로운 결심을 유도하게 된다. 즉 그들에 대한 영적 훈련의 필요성이다. 인류의 본성을 예표하는 그들은 더욱 성숙해질 필요가 있었고 그것은 모진 연단에 의해서만 가능하다고 판단하신 것이다. 이 연단을 통해 여호와께서 그들의 하나님이시며 모든 신 중에 '참 하나님'이심을 지성과 경험으로 그들의 마음에 새기려 한 것이다. 이 하나님의 계획은 광야에서의 고된 행군과 전쟁을 통해 구체화된다. 드디어 이스라엘 백성은 지금까지 겪어 보지 못한 이방인과의 첫 전쟁에 직면하게 된다.

4. 르비딤 전투

출애굽기 15-17장; 신명기 25장을 중심으로

이집트를 탈출한 지 25일째 되던 날, 이스라엘 자손은 그들의 눈앞에 펼쳐진 기적에 힘입어 홍해의 아카바 만을 무사히 건넜다. 하지만 안도의 한숨도 잠시, 또다시 황량한 산을 에두르는 끝없는 사막이 그들을 기다렸다. 그럼에도 이집트군에 쫓긴 긴장 탓에 사막의 뙤약볕 아래 6일 동안 정신없이 걸었다. 마라-엘림을 거쳐 새로운 광야, 즉 신 광야(The Wildness of Sin)에 도착하니 온 백성이 기진맥진했다. 연일 계속된 강행군에 몸도 마음도 지쳐 버린 것이다. 이내 온 백성이 지도자 모세와 아론을 향해 불평을 터뜨렸다.

우리가 애굽 땅에서 고기 가마 곁에 앉아 있던 때와 떡을 배불리 먹던 때에 여호와의 손에 죽었더라면 좋았을 것을 너희가 이 광야로 우리를 인도해 내어 이 온 회중이 주려 죽게 하는도다(출 16:3).

이런 상황에서도 하나님은 이스라엘 백성에게 자신의 영광을 나타내시고자 저녁에는 메추라기 고기를, 낮에는 만나를 공급함으로써 그들의 육체적 곤고를 채워 주셨다.

그들은 신 광야에서 7일을 숙영한 다음, 다시 행군을 재개했다. 이틀 길을 걸어 호렙 산(Mt. Horeb)에서 약 50km 남쪽에 위치한 르비딤(Rephidim)에 도착했다. 이집트를 떠나온 지 41일째였다. 이곳은 이스라엘 백성이 목마르다고 불평할 때 모세가 지팡이로 반석을 쳐 물을 낸 곳으로 맛사(Massah) 또는 므리바(Meribah)라고 불리는 곳이기도 하다. 여기서 모처럼 평안히 휴식을 취하려는데 생각지도 않은 문제가 생겼다. 여태까지 본 적도 없던 이방인 아말렉이 그들을 공격한 것이다.

여기서 잠시 아말렉 족속의 배경을 살펴보자. 야곱의 형 에서(Esau)의 후손들은 부족 단위로 지중해와 세일(Seir) 산 사이에서 유목 생활을 하고 있었다. 그중 아말렉('골짜기의 거주자'라는 뜻) 족속은 에서의 장자 엘리바스(Eliphaz)와 그의 첩 딤나(Timna) 사이에서 태어난 막내아들이었다. 주로 페트라(Petra) 일대 골짜기 내의 동굴이나 장막에 거주하면서 계절별로 초지(草地)를 따라 이동할 때 타 부족 약탈도 서슴지 않는 호전적인 민족이었다. 어느 날 아말렉 족속은 이스라엘 자손이 이집트를 탈출한 후 홍해를 건너 자기들의 영역인 르비딤 땅에 진입했다는 사실을 한 목동에게서 전해 들었다.

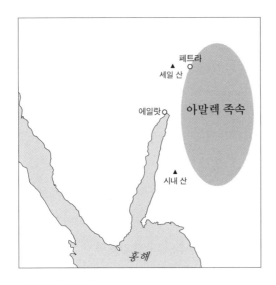

아말렉 족속 거주지

블레셋 족속과 달리, 아말렉 족속은 이스라엘 백성이 그들과 가까운 혈족(血族)이라는 것을 알았다. 게다가 이스라엘 백성의 최종 목적지는 그들이 사는 광야가 아니라 가나안 땅이라는 것도 이미 알고 있었을 것이다. 그럼에도 그들은 200만여 명의 인구가 그들의 영토를 지나가는 것이 탐탁지 않았다. 그렇게 큰 무리가 지나가려면 사막에서는 목숨과 같은 물과 귀한 초지의 손실을 피할 수 없었기 때문이다. 이는 같은 혈족이라도 용납이 안 되는 일이었다. 그리하여 페트라(Petra)에 있는 그들의 본거지로부터 100km 남진하여 이스라엘 백성의 이동을 사전에 차단하기로 했다.

하지만 아말렉 족속은 엄청난 규모의 인구, 또한 전투 가능한 장정 60만 명을 보유한 이스라엘 백성을 상대하는 것이 적잖이 부담스러웠다. 무장하지는 않았으나 수적인 면에서 결코 가볍게 볼 상대는 아니었던 것이다. 그렇다면 이들이 선택할 수 있는 방책은 무엇일까?

　성경 기록에 의하면, 아말렉 족속이 선택한 공격 방식은 이스라엘의 배후를 강타하는 것이었다. 이스라엘 숙영지에서 취약하다고 할 만한 후방을 교란해서 대오를 흐트러뜨리는 전략인 것이다. 그러나 이 전략은 여호와의 섭리를 거스르는 잘못된 방책이었다. 이 졸렬한 방책, 즉 후방 타격으로 인해 아말렉 족속은 후일 이 땅에서 영원히 사라질 운명에 처해진다. 여호와의 분노를 직접 들어 보자.

　　　너희는 애굽에서 나오는 길에 아말렉이 네게 행한 일을 기억하라 곧 그들이 너를 길에서 만나 네가 피곤할 때에 네 뒤에 떨어진 약한 자들을 쳤고… 그러므로 … 너는 천하에서 아말렉에 대한 기억을 지워 버리라 너는 잊지 말지니라(신 25:17-19).

　아마도 이러한 하나님의 진노로 인하여 오랫동안 기독교 문명에 노출되었던 유럽은 결투 시 뒤에서 공격하는 것을 피하였던 같다.

　한편, 르비딤 255m 감제고지에서 경계 근무 중이던 이스라엘 병사가 시내 광야 북단에서 공격대형을 갖춰 남진하는 아말렉군을 발견한다. 그리고 4km 정도로 근접하였으므로 1시간가량이면 도달할 것이라고 모세에게 보고한다. 그러나 적의 척후병은 이미 도달해서 이스라엘 숙영지의 후방을 타격한다. 아비규환이다. 절체절명의 순간, 모세는 외부의 적보다 내부의 적이 더 두려웠다. 자신이 인솔하고 있는 이 백성은 배고픔과 목마름만으로도 자신에게 거칠게 항거했다. 되풀이되는 기적을 보기는 하였으나, 현실 앞에 서면 이내 그 영광을 잊어버렸다. 지금까지 이들의 소행으로 미루어 보건대, 만일 적의 공격에 직면하게 되면 겁에 질린 나머지 이집트로 돌아가겠노라고 떼를 쓸 게 빤했다. 더구나 향후 목적지인 가나안에 이르기까지 수많은 전투가 그들을 기다리고 있을 것이므로, 그 시작점이 될 이 전투는 절대 소홀할 수 없는 중대한 일전(一戰)이었다. 모세는 전면전(全面戰)을 피하고, 장정 중 정예요원을 편성하여 적의 지휘부를 강타할 것을 계획한다. 일명 기동타격대를 급조한 후, 모세는 여호수아(Joshua)를 그 지휘관으로 임명했다.

　적의 허리를 끊어 양분한 다음, 양 방향으로 적을 몰아 타격할 작전 계획을 세웠다. 다시 말해, 고지대의 양편에 대기했다가 아말렉 족속의 전 부대가 계곡으로 진입했을 때 중앙을 기습공격하여 적의 주공과 조공을 차단하는 공세작전이다. 이에 여호수아와 그의 부대는 2제대로 나누어 르비딤 평원을 가로질러 적의 중심부를 돌파한다. 그리고 치열하게 싸운다. 그 순간, 모세는 르비딤 평원 왼쪽 고

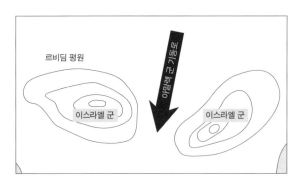

아말렉군의 기동로와 여호수아의 군사 배치

지에 올라가 이 격렬한 전투를 관망했다.

피가 마르는 순간, 모세가 손을 들면 이스라엘이 이기고, 피곤하여 손을 내리면 아말렉 족속이 우세했다. 모세조차도 이 상황을 이해하지 못할 정도로 승패의 향방이 참으로 기묘했다. 옆에서 지켜보던 두 명의 동행자, 즉 아론(Aaron)과 훌(Hur)이 갑자기 모세를 돌 위에 편히 앉히고, 각각 양편에 서서 모세의 손을 부여잡았다. 모세의 손이 내려가지 못하게 한 것이다.

신적인 능력 앞에서 중과부적(衆寡不敵)은 통하지 않았다. 여호수아가 이끄는 이스라엘 정예부대는 대담하고도 무모할 정도로 용기 백배해서 이방인과의 첫 전투에서 이스라엘에 대승을 안겨 주었다. 전쟁에 개입하시는 하나님의 섭리(攝理)를 보여 준 이 전투를 지켜본 뒤 이스라엘 백성은 그들의 신을 '기묘자'(The Wonderful Counselor)라 불렀다. 그리고 이 르비딤 전투의 승리를 기념하는 제단을 쌓고 그 이름을 '여호와는 나의 깃발'(Yehowah Nissi)이라 호칭했다. 지금도 이 전통은 이어져 전쟁에 임한 모든 군대는 예외 없이 부대 특성에 맞는 고유의 기(旗)를 보유하고 있으며, 이 부대기는 소속 부대원들에게 전쟁에서 반드시 승리한다는 자긍심과 사기를 고취시키는 역할을 하고 있다.

모세의 양손을 들고 있는 아론과 훌

5. 이스라엘의 민족 형성기
: 자유의지, 좌절 그리고 연단
출애굽기 18, 19, 33장; 민수기 1-2, 9-14장; 신명기 1장을 중심으로

시내 광야에서 치른 르비딤 전투는 이스라엘 자손에게 많은 변화를 가져다주었다. 그것은 일종의 일깨움이었으며 또한 무질서에서 질서로의 진화였다. 성경 기록에 의하면, 이 시기에 이스라엘 백성은 부족에서 규모 있는 민족국가로 거듭난다. 효율적인 백성 통제와 이방 부족들과 구별되는 삶을 위해 백성들이 지켜야 할 생활규칙, 관습, 제사의식 그리고 도덕·윤리규범 등이 이 무렵에 제도화되었다. 그리하여 기원전 18세기경에 이미 도시국가를 형성하여 함무라비 법전을 제정한 바벨론을 제외하면, 근동의 부족국가 중 소위 와이크라(ויקרא)[9]라고 불리는 성문법 체계를 가진 유일한 민족국가로

---

9 와이크라(ויקרא)는 그리스어로는 Λευιτικόν이며 '레위기'라고 불린다. 레위기라는 이름은 율법 가운데 제사와 종교를 관장하는 레위인의 이름이 그 기원이며, 이스라엘 백성이 지켜야 할

백성의 송사를 듣고 있는 모세

발돋움하게 된다.

르비딤 전투 후, 이스라엘 백성은 시내 산(또는 호렙 산)으로 이동했고, 이곳에서 모세가 십계명을 받았다. 그리고 시내 광야로 나아와 성막을 짓고 1년 남짓 체류한다. 그런데 전쟁이라는 위급한 상황을 벗어나니, 이제는 동족 간에 다툼이 부쩍 잦아졌다. 모세 단독으로 200만 명 이상의 백성을 통제하는 것이 현실적으로 불가능해졌다. 아직까지 국가라는 기본 틀이 형성되지 않았고 야지에서 생활하다 보니, 특히 '기본 생존권'과 관련된 충돌이 많았다.

문제는 시간이 지날수록 사소한 개인 간 분쟁이 점진적으로 이웃 간의 소유권 분쟁, 나아가 윤리적 문제로 비화되었다는 데 있었다. 비로소 강력한 질서 체계의 필요성이 대두된 것이다. 그리하여 모세는 두 가지 계획을 세웠다.

첫째, '피라미드식 조직관리 체계'를 적용해 모든 백성을 효과적

종교, 생활, 관습, 제사의식 등 여러 가지 율법에 대한 내용을 기술하고 있다.

으로 관리, 통제하기로 한 것이다. 모세는 장인 이드로(Jethro)의 조언을 받아, 백성들 중 유능한 자를 선발하여 그들에게 천부장, 백부장, 오십부장 그리고 십부장이라는 호칭을 부여하고, 이들로 하여금 관할 백성들의 송사(訟事)를 담당하게 했다. 일의 규모와 사건의 경중(輕重)에 따라, 오십부장-백부장-천부장 순으로 업무를 처리하게 했으며, 국가적 중요한 사건은 모세가 직접 주관하기로 했다. 이는 오늘날 3심제도와 맥락을 같이하는 것이었다.

둘째, 유사시에 백성을 보호할 '군사체계'를 조직하는 것이었다. 강력한 군사력 확보는 가나안 땅 입성 전후에 필연적으로 맞닥뜨릴 외부의 적을 대비한 포석이었고, 이는 가나안에 이르는 여정 동안 민족의 안전한 이동을 보장하기 위한 절대적 가치였다. 이에 이집트를 탈출한 지 13개월 되던 달에 모세는 레위 지파를 제외한 모든 지파 중 20세 이상의 전투 가능한 남자 장정을 파악하기 위해 인구조사를 지시한다. 최종적으로 가용 인원을 집계하니 총 60만 3550명이었다. 현재의 한국군 병력과 거의 같은 수준이다. 이 병력을 4개 제대로 편성했다. 그리고 각 제대는 3개 지파로 구분했다. 숙영이나 행군 때 반드시 제대 단위로 행동하게 했으며, 이를 통제할 지휘관도 지파별로 세웠다.

소규모 작전을 효과적으로 지휘하기 위해 송사사건을 담당하는 것과 같은 규모로 오십부장, 백부장, 천부장을 군사 지휘관으로 세웠다. 이러한 관리체계는 가장 효과적인 지휘 통솔 체계로 각종 전투에서 검증되어, 후일 로마군, 나폴레옹군 그리고 오늘날에도 각국에서 연대장-대대장-중대장-소대장-분대장 개념으로 대체되어 사용되고 있다. 그리고 은나팔(Silver Trumpet)을 만들어 신호 규정에 따라 지휘관 그리고 각 제대가 행동할 통제 규칙도 정했다. 더불어 제대별 군기(軍旗)도 제작해 선두에서 각 부대를 인솔하도록 했다. 이제 본격적인 가나안 정복전쟁을 수행할 수 있는 전투 편성이 이뤄진 것이다.

이집트를 탈출한 지 2년째에 새롭게 조직된 이 편성으로 이스라엘 백성은 시내 광야(The Wilderness of Sinai)를 출발하여 바란 광야(The Wilderness of Paran)로 행군했다. 행군은 유다 지파를 선봉으로 잇사갈(Issachar)-스불론(Zebulun)-성막(게르손 자손+므라리 자손)-르우벤(Reuben)-시므온(Simeon)-갓(Gad)-성소기구(고핫 자손)-므낫세(Manasseh)-베냐민(Benjamin)-단(Dan)-아셀(Asher)-납달리(Naphtali) 순(順)으로 진행했다. 보름을 행군하여 바란 광야 가데스 바네아(Kadesh Barnea)에 도달했다. 이곳은 오아시스가 있는 성읍으로서 가나안 땅에 곧장 진입할 수 있는 남쪽의 초입이다. 여기서 헤브론까지는 불과 80km로 20일이면 족히 도달할 수 있는 거리였다.

가데스 바네아는 모세와 이집트를 탈출한 이스라엘 백성 1세대들에게 구속사적으로 상당히 중요한 의미가 있는 곳이다. 다시 말해, 택함 받은 백성이 여호와께 '불순종'하는 것이 얼마나 치명적 결과를 가져오는지를 보여 준 징벌의 장소였다. 그 징계의 대상은, 가장 먼저 이스라엘 백성 1세대였으며, 그 뒤를 모세가 이었다. 우선 이집트에서 탈출한 1세대가 '광야에서 죽을 징계'를 받은 곳은 '가데스 바네아'였다. 그들의 보호자 하나님 여호와께서 '이 땅을 너희 앞에 두셨으니 올라가서 얻으라, 두려워 말라, 주저하지 말라'고 하셨으나, 그들은 이를 의심해 자체적으로 정탐병을 운용했다. 신탁이 아닌 사람의 눈으로 '어느 길로 올라가야 할 것과 어느 성읍으로 들어가야 할 것'을 직접 확인하고 행동하겠다는 지극히 인간적인 생각의 발로였다. 얼핏 보기에 합당한 것 같으나, 이들의 행위는 하나님께 불순종한 것으로 간주되어, 온전히 순종한 여호수아와 갈렙을 제외한 나머지 백성은 40년 동안 광야에서 유리하다가 죽게 되는 심판을 받게 되었다. 하나님께서는 그것이 공의였다.

그토록 충성스럽던 모세가 단 한 번의 불순종으로 말미암아 하나님으로부터 약속의 땅에 들어갈 수 없다는 벌을 받은 곳도 바로 이곳 '가데스 바네아'였다. 백성들이 목마르다고 아우성쳤을 때, 하나님께서 모세에게 반석에게 명하여 물을 내라고 하셨건만 그는 지팡이로 반석을 쳐 물을 냄으로써 이 같은 기적이 마치 자신의 능력인 양 그의 의(義)를 드러냈다. 이로 인해 모세는 가나안 땅을 밟기 전에 죽을 것이라는 징계를 받았다.

아무튼, 하나님이 백성의 요구를 수용함으로써 모세는 정탐꾼을 운용하기로 한다. 각 지파별로 12명을 선발하여 이들이 수집해야 할 구체적 임무를 부여하고 40일 내에 임무를 종료하고 그 결과를 보고할 것을 지시했다. 그리고 40일 후 정찰병 12명이 무사히 임무를 마치고 돌아와 정탐 결과를 보고했다. 그러나 동일한 지역을 다녀왔음에도 불구하고, 2명의 의견과 나머지 10명의 정탐 결과가 매우 달랐다. 전자(前者)의 2명, 즉 여호수아와 갈렙은 '당장 올라가서 그 땅을 취하자. 우리가 능히 가나안 족속들을 이길 수 있다'고 주장한 반면, 나머지 10명은 '그 땅 거민은 강하고 성읍은 심히 견고하고 광대

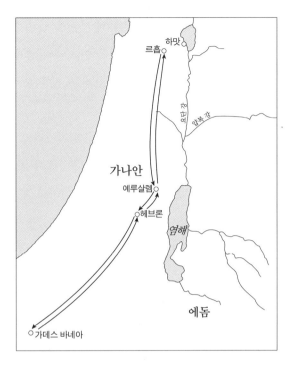

해 이길 수 없다'고 한 것이다. 그러자 백성들 사이에서 갑론을박이 이어진다. 백성들은 가나안 족속이 그들보다 강하다는 말을 듣고 삽시간에 동요했고, 심지어 '이집트로 돌아가자'며 모세에게 대적하는 무리도 있었다.

이즈음 예전보다 막강한 군대를 보유하게 된 이스라엘은 지금까지 '낮에는 구름기둥 가운데서 밤에는 불기둥 가운데서' 그들을 인도하신 그들의 수호자 '여호와 닛시'를 잊고 있었다. 이 백성은 아직도 인간의 근본적인 문제가 해결되지 않은, 그리고 훈련되지 않은 인간의 전형을 보여 주고 있다. 수많은 구원의 표적과 기적을 목도하고도, 그들을 향한 엘로힘의 사랑을 알지 못하는 이 가련한 이스라엘 백성을 어찌할까? 성경은 여호와의 영광이 이스라엘을 떠날 때, 그들의 무가치함과 무능력을 작은 전투(skirmish)를 통해 보여 주었다. 예를 들어 보자.

그들의 의심으로 말미암아, 이제 이스라엘 백성은 직접 가나안 땅으로 들어갈 수 없게 되었다. 하나님께서 이들에게 행군 대열을 돌려 홍해 길로 하여 광야로 다시 들어가라 명령했기 때문이다. 목이 곧은 이 백성이 다 죽을 동안 정처 없이 광야에서 유랑하라는 것이다. 이 말을 곧이들을 이스라엘 백성이 아니었다. 모세의 만류에도 불구하고, 가나안으로 속히 입성하고 싶은 마음에 이들은 산길을 택하여 가나안 땅의 진입을 시도했다. 그 결과 그들은 아말렉 족속과 가나안 거주민에게 불의의 일격을 당하여 졸지에 쫓기는 신세가 되었다. 군대가 없을 때도 힘 한번 쓰지 않고 이집트 대군으로부터 무사했건만, 60만 대군을 보유했음에도 더구나 강도 떼 같은 족속에게 맥없이 무너졌다. 이 사건은 하나님의 섭리였다.

광야에서 나타난 이스라엘 백성의 모습을 통해 '인간의 기본적 틀'(소위 말하는 '인간론')을 살필 수 있다. 곤고한 상황에서 보여 준 이스라엘 백성의 행위는 모든 인류의 저변에 깔린 보편적 속성을 예표한다. 이 속성의 핵심은 자긍하는 마음, 즉 스스로 자신을 높이고자 하는 것인데, 이는 자신에게 순종할 것을 명령한 하나님의 가르침에 대해 이스라엘 백성이 정면으로 또한 지속적으로 거역하도록 만든 근원적인 원인이었다. 또한 이 자긍심은 불순종을 낳게 한 원천적 죄의 바탕이 되어, 이스라엘 자손이 자신들의 자유의지로 모든 문제를 해결하려는 원인자 역할을 하게 된다. 마찬가지로 오늘날 성도들의 신앙생활을 방해하는 가장 큰 장애요소는 자긍하는 마음, 즉 하나님보다 스스로를 높이는 마음일 것이다. 끊임없이 하나님보다 자신을 높이며, 하나님의 뜻보다는 자신의 뜻대로 살아가려는 '자유의지'의 그릇된 발동은, 결국 그들의 마음을 부패시켜 하나님에게서 멀어지게 한다. 이 부패한 본성인 자긍심이 인간의 마음에 존재하는 한, 하나님에 대한 온전한 순종은 절대적으로 불가하다는 것을 성경은 광야생활에 임하는 이스라엘 백성의 삶을 통해서 잘 조명해 주고 있다.

이를 간파한 중세 종교개혁가 칼뱅(Jean Calvin, 1509-1564년)은 인간의 죄된 속성을 언급하며 "우리 자신을 살펴서 신적인 진리가 요구하는 것을 추구하며, 자기의 능력을 믿는 모든 것을 무용하게 하며, 자신 안에 있는 자랑할 만한 모든 원인을 없이하여, 우리를 복종으로 인도하는 지식을 구하라"[10]고 설파했다.

이러한 인간의 태생적 한계 속에서 '그렇다면 하나님과 한 개인의 관계를 회복하게 하는 신앙생활의 요체는 무엇인가?'라는 질문에 봉착하게 된다. 해답은 자신의 비참함과 무능함을 바르게 아는 것이다. 이것은 신앙의 기초를 놓는 데 대단히 중요한 사실이다. 올바르게 자신을 안다는 것은 자신을 더욱 알아 갈수록 자신의 곤핍함

---

10 "In examining ourselves, the search which divine truth enjoins, and the knowledge which it demands, are such as may indispose us to every thing like confidence in our own powers, leave us devoid of all means of boasting, and so incline us to submission." John Calvin, *Calvin: Institutes of the Christian Religion,* ed. John T. McNeill, trans. Ford Lewis Battles(Louisville, Westminster John Knox Press, 2006), 2.1.2.

과 연약함을 아는 것이고, 인생을 바르게 살아갈 역량이 자신에게는 전혀 없다는 것을 깨닫는 것이며, 이로써 오직 하나님만 의지하며 그분의 은혜로만 살아가려고 하는 신앙이 확립되는 것이다.

이집트를 떠난 지 2년여 사이에 일어난 일련의 사건들은 '자유의지'가 강한 이스라엘 자손들을 단련시키는 시간이었다. 다시 말해, 그들로 하여금 신의 의지에 초점을 맞추도록 하는 보정기간이었다고 할 수 있다. 그들의 끊임없는 불평과 회의, 하나님이 세운 지도자에 대한 도전 그리고 하나님의 계획까지 부정하는 참으로 완악한 국민적 근성은, 결국 여호와께서 직접 인간사에 개입하여 그 세대 전체를 백성 가운데서 잘라 내는 결단을 하시도록 만들었다. 그들은 실존주의 철학자가 말하는 소위 '자유의 부조리'의 대상자가 아직은 아니었던 것이다. 여기서 독자들이 올바르게 이해해야 할 역사적 조명이 있다. 그것은 이 징계로 인하여 하나님과 이스라엘의 관계가 단절된 것이 아니라, 그분의 계획이 단지 한 세대에 순연(順延)되었다는 사실이다. 이것만이 그분의 공의를 지킬 수 있는 유일한 방법이었기 때문이다.

6. 가나안 정복 전쟁 1
: 여리고 성, 아이 성 전투
신명기 34장; 여호수아 1-8장을 중심으로

인류의 전쟁사(戰爭史)는 이스라엘 정복전쟁에 관하여 전혀 언급하지 않는다. 그 이유는 두 가지로 설명될 수 있다. 첫째, 가나안 땅에 거주하던 대부분의 소부족들이 이스라엘과의 전쟁에서 패한 후 역사에서 사라졌기 때문에 부족의 실재 존재 여부, 전쟁의 사실성을 규명하기가 거의 불가능하다는 것이다. 둘째, 국가로서 명맥을 유지한 부족과 도시국가들조차도 제대로 된 국가 틀을 갖추지 못하였기에 왕명의 출납과 국가적 사건을 기록하는 체계적인 사관 기능이 없었다. 따라서 사료(史料)에 근거한 국가적 분쟁과 전쟁의 내용을 확인할 방법이 없는 것이다. 이런 이유로, 높은 문화적 수준으로 문자를 개발한 이집트와 바빌로니아, 앗시리아 등을 제외하고는, 가나안 땅 내에서 이스라엘과 전쟁을 치른 부족 또는 도시국가들에 관한 전

느보 산에서 바라본 약속의 땅

쟁 기록은 성경 기록 외에는 발견하기가 어렵다. 이러한 맥락에서 여기에 소개할 여리고(Jericho) 성 전투와 아이(Ai) 성 전투 역시 성경에만 언급된 많은 전쟁 중 한 국면으로 이해될 수 있다.

천신만고 끝에 이스라엘 자손은 이집트의 라암셋을 떠난 지 40년 만에 염해 북동쪽인 모압 평원에 도착했다. 이 기간 동안 광야에서 숙영한 장소만 해도 숙곳(Succoth)을 포함해 33곳에 이른다. 한 세대가 모두 사라질 때까지 지금의 사우디아라비아 동북부 사막 일대를 속절없이 유랑한 것이다. 불순종의 대가를 한 세대 전체의 몸값(Ransom)으로 보속(Satisfaction)한 이스라엘 백성의 광야생활은 계획된 하나님의 섭리였다. 철저히 낮아짐을 통해 예측 불가능한 인간의 자유의지를 적나라하게 노출시키고, 유비적으로 그들에게 전능자의 도움 없는 인생길이 얼마나 고통스러운 것인가를 이 기간을 통해서 보여 주셨다.

가나안 땅에 들어가기 전, 이스라엘 민족은 오랫동안 그들을 영도한 두 명의 지도자를 잃었다. 제사장 아론은 그의 나이 123세에

호르 산(Mount Hor)에서, 이어서 모세는 120세에 모압 땅 느보(Nebo) 산에서 눈을 감았다. 모세에 이어 여호수아가 민족의 지도자직을 승계받았다. 여호수아는 40년간 모세를 보필하면서 이스라엘 백성의 완악한 마음을 보아 왔기에, 그들의 지도자가 된다는 것이 두렵기만 했다. 이제 본격적으로 적진으로 들어갈 텐데, 혹시라도 적의 기습을 받는다면 이 백성의 아우성과 성토를 어떻게 통제할 것인가? 예측할 수 없는 앞날로 인해, 여호수아는 감당하기 힘든 심적 중압감을 느꼈다. 그러나 모세 사후에 그는 여호와의 직접적인 소명을 받았기에 이내 스스로 마음을 굳게 다잡았다.

> 이제 너는 이 모든 백성과 더불어 일어나 이 요단을 건너 내가 그들 곧 이스라엘 자손에게 주는 그 땅으로 가라(수 1:2).

우선, 여호수아는 백성의 지도자를 소집하여 3일 후에 출발할 것임을 공표했다. 이어서 요단 강 건너편의 상황을 정확하게 탐색하기 위해 정찰병을 보냈다. 복귀한 정찰병의 보고 내용인즉, 이스라엘 백성의 전면 요단 건너편에 아모리 족속 9명의 왕과 가나안 족속 24명의 왕이 연합하여 여리고 평원에 견고한 방어망을 구축하고 있다는 것이었다. 아벨싯딤(Abelshitim) 평원에서 요단 강 건너편 적진을 바라보는 여호수아 장군은 의외로 강한 적을 마주하고 긴장했다. 이 순간, 그의 유일한 위로자 여호와는 반복해서 여호수아를 격려했다.

> 강하고 담대하라 두려워하지 말며 놀라지 말라 네가 어디로 가

듣지 네 하나님 여호와가 너와 함께하느니라(수 1:9).

1차로 요단 강을 건너야 한다. 홍해에 비할 바가 아니지만 도보로 도하하기엔 수심이 깊었다. 그러나 홍해 도하 때 경험한 기적의 재현(再現)으로 강을 쉽사리 건넜다. 그리고 여리고 동쪽 경계인 길갈(Gilgal)에 본영(本營)을 설치했다. 가나안 땅 진입을 위해 여리고 성은 반드시 정복해야 할 첫 관문이었다. 길갈에서 여리고까지는 12km 남짓, 공성 장비가 없는 이스라엘로서는 산을 배경으로 견고하게 축성된 여리고 성을 격파하기엔 역부족이었다.

여리고 성에 거주하는 백성은 이스라엘 백성의 포위에 대해 이미 충분한 대비를 했다. 가을 수확이 끝나자마자, 성안에 곡식을 충분히 저장하였고 물을 공급할 수 있는 샘도 여러 군데 확보했다. 이러한 상황으로 유추해 볼 때, 전쟁을 장기간 지속할 수 있는 충분한 식량과 물이 있고 성 외곽 또한 견고하였으므로, 아마도 여리고 성 백성은 이스라엘의 공격을 그다지 두려워하지 않았을 것이다.

전투 전(前)의 승패는 이미 결정되어 있었다. 여호와께서 여호수아에게 "보라 내가 여리고와 그 왕과 용사들을 네 손에 넘겨주었으니"(수 6:2)라고 말씀하셨기 때문이다. 성경 기록에 의하면, 하나님은 여호수아에게 독특한 여리고 성 공격 방법을 가르쳐 주셨다. 하나님의 방법대로 여호수아는 군사들로 하여금 여리고 성 주위를 6일간은 하루에 한 번씩, 7일째 되는 날은 일곱 바퀴를 돌게 했다. 그리고 제사장들이 양각나팔 소리를 길게 울릴 때, 모든 백성이 있는 힘을 다해 일제히 함성을 지르게 했다. 그러자 견고한 여리고 성이 일순

여리고 성 주위를 행군하는 이스라엘 군사와 나팔 부는 제사장들

무너지는 여리고 성

간 무너졌고, 이스라엘군은 그 성을 향해 돌진, 난공불락의 여리고 성을 함락했다.

숨 돌릴 틈도 없이 이스라엘군은 이어서 아이(Ai) 성을 공략한다. 여리고 성 전투와는 달리 아이 성 전투는 현대전의 모범이 될 만한 뛰어난 전략이 투사된 전투였다. 기만작전, 유인작전, 매복작전, 포위작전 등이 총체적으로 적용된 전쟁이었다. 먼저 여호수아는 3만 명의 보병을 야간에 은밀히 이동시켜 아이 성과 인근 벧엘(Bethel) 사이에 매복시켰다. 그리고 다음 날, 직접 군사를 진두지휘하여 아이

성 정면으로 이동했다. 성문 앞에 이르러 모든 병사로 하여금 성안에 있는 적을 향하여 조롱과 격한 야유를 퍼붓도록 했다. 적의 화를 돋워 그들 스스로 성문을 열고 나오도록 하는 일종의 유인책이었는데, 이 계략은 적중하여 마침내 성문이 열렸다.

그러자 이스라엘군이 혼신의 힘을 다해 후퇴해 버린다. 이에 아이 왕은 이스라엘군의 퇴각에 득의양양하여 전(全) 병사와 민간 백성까지 동원하여 여호수아군을 추격한다. 아이 왕이 여호수아의 유인책에 속은 것이다. 만일의 사태에 대비해, 적어도 성안에 경계병과 예비대(豫備隊, reserve)는 남겨 두었어야 했으나 그것도 잊고 추격했다. 그런데 이것은 이스라엘의 구속사 측면에서 볼 때 아이 왕의 실책이 아니라 '하나님의 섭리'라 해야 옳을 것이다.

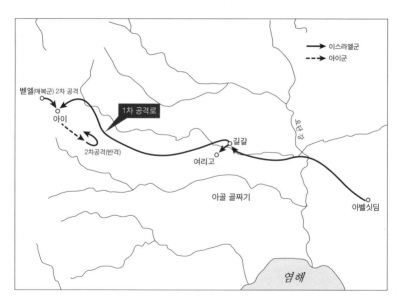

여리고 전투와 아이 성 전투

내가 아이 왕과 그의 백성과 그의 성읍과 그의 땅을 다 네 손에
넘겨주었으니(수 8:1).

아이 성이 빈 사이 반대편에서 매복하고 있던 이스라엘의 3만
병사가 보무도 당당하게 무혈 입성했다. 점령 완료했다는 신호로 봉
화를 올리니 후퇴하던 이스라엘 병사들이 급속히 180도 회군하여
추격하던 아이군과 정면으로 맞부딪친다. 동시에 아이군의 뒤편에
서는 성을 점령한 이스라엘군이 돌진하여 아이군의 후방을 압박함
으로 아이군은 이스라엘군에 완벽히 포위되고 말았다. 전쟁사를 볼
때, 이 같은 포위작전에 걸린 진영은 예외 없이 전멸했다. 이 전투에
서 아이 거민 1만 2000명이 죽임을 당했다고 성경은 기록하고 있다.
여리고와 아이 성 전투는 인간의 판단과 이성으로서는 이해가
불가한 전쟁이었다. 이 전쟁은 역사를 통치하시는 '하나님의 섭리'
의 관점에서 이해해야만 한다. 이 전투를 통해 하나님은 인간 이성
의 한계와 능력을 초월하신, 그리고 전지(Omniscience)전능(Omnipotence)
하신 우주의 통치자임을 나타내셨다. 하나님의 주권적인 통치는 자
신이 택한 지도자 여호수아에게 '너의 생각으로 전쟁의 승패를 염려
하지 말고 나에게 온전히 맡겨라. 그리고 내가 전쟁을 지휘함을 믿
어 모든 것을 나에게 의지하고 너는 단지 마음을 강하게 하고 담대
하라'(수 1:6, 7, 9)는 반복적인 메시지에서 잘 나타나 있다. 그리고 "내
가 여리고와 그 왕과 용사들을 네 손에 넘겨주었으니"(수 6:2)라는 전
쟁의 결말까지 예고하시어 전쟁의 승패는 하나님 자신에게 달려 있
음을 확증하셨다.

당대의 막강한 요새였던 여리고와 아이 성은 하나님의 섭리대로 계획, 집행 그리고 종결되었다. 전쟁터에서 당연히 치러야 할 희생이 적어도 이스라엘 군사들에게는 없었다. 자연의 모든 가용한 방법을 이용한 하나님의 전쟁이었기에 그들은 털끝 하나 손상됨이 없게 하셨다. 이스라엘 백성이 깨달아 그들이 의지할 '참 하나님 되심'을 믿게 하려 하신 것이다. 혹자는 하나님이 전쟁의 상대가 된 이방인에게 참으로 무자비하시다고 생각할 수도 있다. 그러나 여호와 하나님의 속성을 올바르게 이해하면, 십계명을 어긴 이 살벌한 살육도 '섭리'라는 개념에서 이해될 수 있다. 환언하면, 하나님은 변개치 않는 신실하신 분이기에 그의 백성과 한번 맺은 언약("가나안을 너에게 기업으로 주리라")은 반드시 이루고 지키셔야 했다. 그러므로 약속의 땅에 입성하는 과정에서 이스라엘 자손을 방해한 민족들은 하나님의 계획을 방해하는 것으로 간주되어 어떤 경우에도 심판을 받아야 했다. 다음으로 하나님은 이스라엘 백성의 '거룩성'을 염두에 두셨다. 만일 이방 족속들을 살려 둘 경우 이스라엘 자손들은 시간이 흐를수록 이웃이 된 이방인과 통혼(通婚)할 것이며, 그 결과 그들은 하나님을 잊고 아내들의 우상을 경배하여 타락할 것임을 미리 아셨던 것이다. 그러므로 하나님은 사전에 이를 예방하시고자 모세에게 온 이스라엘 앞에서 다음과 같이 훈시하도록 명령하였다.

네 하나님 여호와께서 네게 넘겨주신 모든 민족을 네 눈이 긍휼히 여기지 말고 진멸하며 그들의 신을 섬기지 말라 [그렇지 않으면] 그것이 네게 올무가 되리라(신 7:16).

7. 가나안 정복 전쟁 2
: 미완의 정복
여호수아 11-13장을 중심으로

전투에 있어 소탕(掃蕩)작전은 정규 작전에 버금갈 만큼 중요하다. 효과적으로 남은 적(敵)을 없애 버리지 않으면, 차후에 이들이 결집하여 아군 진영을 교란, 치명상을 입힐 수 있기 때문에, 작전 후 잔여 세력 소탕작전은 차후 지속적이며 성공적인 전쟁을 위해 현대전에서도 반드시 고려해야 할 계획이다. 그러나 하나님의 작전 계획은 달랐다. 차후를 대비하여 후보 계획을 예비하신 것이다. 즉 그분이 택한 자녀들을 향후 혹독하게 시험, 평가하기 위해 가나안 족속 중 일부를 남겨 두게 하셨다.

이스라엘군은 여호수아의 지휘 아래 난공불락의 여리고 성과 아이 성을 성공적으로 제압했다. 길갈 본영에서 잠시 전열을 재정비한 다음 '내가 그들을 네 손에 붙였나니'라는 신탁에 힘입어 다음 공격 목표를 남쪽 가나안 족속에 두었다. 이 무렵, 중남부 가나안 땅은 아모리 족속(Amorites)이 거주하고 있었는데, 주로 기브온(Gibeon), 아세가(Azekah), 립나(Libnah), 라기스(Lachish), 에글론(Eglon) 그리고 막게다(Makkedah) 일대에 흩어져 각기 왕을 세워 독립 부족국가를 형성하고 있었다.

이스라엘의 가나안 진입 소식을 접한 이들 부족의 왕들은 긴급 회동을 가졌다. 예루살렘 왕 아도니세덱(Adonizedek)이 주도한 가운데 헤브론 왕, 야르뭇 왕, 라기스 왕 그리고 에글론 왕이 자신들의 입장에서 무단 침입자인 이스라엘군을 대적하기 위해 군사동맹을 맺었다. 동맹군은 즉각 군사를 소집하여 각기 군대를 인솔하여 기브온(Gibeon) 산지 일대에 진을 치고 이스라엘군을 기다리고 있었다.

이에 이스라엘군은 지휘본부가 위치한 길갈을 출발하여 기브온까지 16km거리를 야간에 은밀히 이동하여 적의 턱밑까지 접근했다. 여호수아가 밤눈이 밝은 병사를 대동하고 적진을 살펴보니, 기브온 산지 8부 능선 일대에 진지를 편성한 가나안 동맹군의 군사들은 일부 보초병을 제외하고 모두 깊은 잠에 빠져 있었다. 주도면밀한 지형을 분석한 끝에 드디어 공격 방향을 찾아냈다. 연합군 형태로 구성된 군대는 국가 간 경계인 전투지경선이 가장 취약한 법이기에, 부족 사이를 종심(縱深)[11] 깊이 타격하여 적을 분리, 섬멸하기로 작전 계획을 수립했다. 작전 개시 시간은 적이 기상하기 전인 새벽 여명으로 정했다.

---

11 종심(縱深)이란 적진 후방의 깊숙한 곳을 말한다.

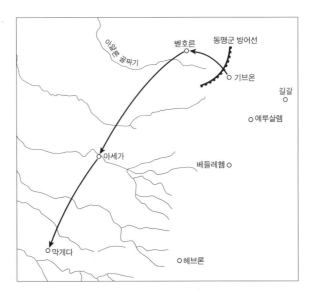

남가나안 소탕작전 시 이스라엘군 진군로

여명이 밝아 오는 순간, 이스라엘군은 일제히 함성을 지르며 기습적으로 적진으로 돌격했다. 적 부대의 협조점을 돌파하여 종심 깊이 진격, 적의 전투 의지를 순식간에 마비시켜 버렸다. 이에 가나안 동맹군은 혼비백산하여 대오가 무너지고 전투에 임할 겨를도 없이 무기와 장비, 보급품 등을 버려두고 사방으로 흩어져 도망가 버렸다. 이스라엘군은 후퇴하는 적을 계속 압박하여 벤호른(Beth-Horon)-아세가(Azekah)-막게다(Makkedah)까지 추격, 적을 완전히 괴멸시켰다. 이어 막게다 동굴에 숨어 있던 아모리 족속의 다섯 왕, 즉 아도니세덱(Adonizedec, king of Jerusalem), 호함(Hoham, king of Hebron), 비람(Piram, king of Jarmuth), 야비아(Japhia, king of Lachish), 드빌(Debir, king of Eglon)을 찾아 그들의 목을 밟아 죽인 다음 그 시체를 나무에 매달아 모든 이스라엘 병사 앞에 전시했다.

　이제 남은 적은 북가나안 일대에 산재해 있는 산지 족속들이다. 남가나안 족속의 패배를 들은 이들은 각자도생(各自圖生)으로는 이스라엘군을 대적할 수 없음을 알고 소도시 왕과 부족들이 연합군을 결성한다. 이 연합군의 중심 인물은 하솔(Hazor) 왕 야빈(Jabin)이다. 북가나안 부족들은 거칠고 전투적이었다. 북남쪽의 평원 지역에 본거지가 있는 마돈(Madon) 왕, 시므론(Shimron) 왕, 악삽(Acshaph) 왕 그리고 서쪽의 산악지대에 거주하는 부족의 왕들이 군사동맹에 적극적으로 동참했다. 아직 왕이 없었던 부족 가운데 아모리 족속, 헷 족속(Hittites), 브리스 족속(Perizzites), 여부스 족속(Jebusites) 그리고 헤르몬 산기슭에 거주하는 히위 족속(Hivites)이 동맹군에 추가로 가담했다.

　북가나안 연합군은 메롬 물가(Water of Merom)를 거점으로 정하고 모든 병력을 그 일대에 집결시켰다. 사면이 산으로 둘러싸인 천혜의 전투 대기 지점이다. 병사들의 수가 헤아릴 수 없을 정도로 빼곡하다. 적이 메롬에 집결되어 있음을 정탐병에게서 보고받은 후, 여호수아는 즉각 군대를 이끌고 길갈에서 28km북쪽 지점에 위치한 메롬을 향하여 밤중에 급속행군했다. 동틀 무렵, 메론 평야가 아래로 보이는 고지에 도착, 즉시 병력을 산개시키고 매복하게 했다. 적진을 관측해 보니, 수많은 전차(chariot)가 한 장소에 질서정연하게 정렬되어 있고, 그것을 견인할 많은 말들이 임시로 만든 마구간에 묶여 있었다.

　눈앞에 진을 치고 있는 적에 비하면 병력과 장비 면에서 턱없이 열세였으므로 정면공격으로는 승산이 없었다. 이에 여호수아는 수

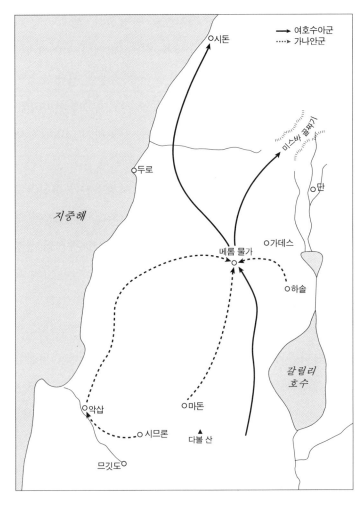

북가나안 소탕작전

개의 습격조를 편성했다. 이들로 하여금 적진으로 은밀하게 침투하
여 묶여 있는 말들의 아킬레스건을 모조리 끊게 하고, 불을 내어 모
든 전차를 불태우게 했다. 명령하달이 끝나기가 무섭게, 이들 습격

조는 기민하고도 내밀하게 적진으로 잠입했다. 적의 군영 내 마구간에 진입, 일사천리로 모든 군마를 불용처리했다. 이어서 밀집되어 정차된 전차에 불을 놓자, 때마침 불어온 강풍에 휩쓸려 불이 적의 숙영지 막사에 옮겨 붙었다. 적진이 일순간 아수라장이 되었다. 심지어 어둠과 혼돈으로 인해 피아(彼我)를 구분하기 어려워지자, 적군끼리 죽이고 죽임을 당하는 대살육이 일어났다.

이때 고지에서 이를 지켜보고 있던 여호수아가 총공격 명령을 내리고, 모든 보병과 창병이 일제히 공격하여 사분오열된 적을 큰 희생 없이 전멸시켰다. 여호수아는 가나안 전쟁 종식의 상징으로, 북가나안 동맹군의 총사령관이던 하솔 왕을 사로잡아 그의 목을 치고, 나머지 모든 부족의 왕과 잔여 세력도 처단했다.

이스라엘의 가나안 정복전쟁을 분석해 보면, 이스라엘군의 야전전술은 다음과 같은 요소들로 나눌 수 있다. 척후병을 활용한 정보 수집, 전장 선택권 유지, 소규모 부대의 유기적 움직임, 이를 바탕으로 한 포위섬멸전, 각종 기만전술 등이 그것이다. 그리고 무엇보다도 이를 가능하게 한 것은 모든 용사들의 마음에 새겨 있는 강인한 '믿음'이었다. 그것은 전쟁을 이기게 하시는 하나님이 그들과 '함께 하신다'는 믿음이었다.

가나안 정복전쟁 기간 중에 여호수아에게 정복되고 죽임을 당한 왕은 여리고 왕을 포함하여 총 33명이었다. 하지만 전쟁이 끝난 뒤에도 가나안 땅 도처에는 아직 정복되지 않은 30여 부족들이 산재해 있었다. 그중 블레셋 족속(Philistines)의 5개 부족, 즉 가사족(Gazathites), 아스돗족(Ashdodites), 아스글론족(Ashkelonites), 가드족

(Gathites) 그리고 에그론족(Ekronites)은 향후 바벨론에 의하여 멸망하기 전까지 두고두고 이스라엘에겐 옆구리의 가시 같은 존재였다.

그러나 이것 역시 하나님의 섭리였다. 남겨 둔 이 족속들은 하나님이 이스라엘 자손들을 시험하여 그들의 조상이 받은 하나님의 계명을 지켜 행하는지 아니하는지를 확인하기 위한 '하나님의 계획'이었다. 가나안 땅 진입 전에 이미 하나님은 이스라엘 백성이 멸하여야 할 가나안 땅 부족들을 일일이 열거하셨으나 몇몇 족속들은 차후 계획을 위해 제외시키셨다.[12] 그러나 가나안 땅에서 멸하라고 언급한 민족들에 대해서는 그 치리 방법과 이스라엘 백성의 행동지침을 다음과 같이 구체적으로 제시하셨다.

> 그들과[가나안 족속] 어떤 언약도 하지 말 것이요 그들을 불쌍히 여기지도 말 것이며 또 그들과 혼인하지도 말지니 네 딸을 그들의 아들에게 주지 말 것이요 그들의 딸도 네 며느리로 삼지 말 것은 그가 네 아들을 유혹하여 그가 여호와를 떠나고 다른 신들을 섬기게 하므로 여호와께서 너희에게 진노하사 갑자기 너희를 멸하실 것임이니라 오직 너희가 그들에게 행할 것은 이러하니 그들의 제단을 헐며 주상을 깨뜨리며 아세라 목상을 찍으며 조각한 우상들을 불사를 것이니라(신 7:2-5).

---

12 신명기 7장 1절에 의하면, 이스라엘이 멸해야 할 일곱 민족은 다음과 같다. 헷 족속 (Hittietes), 기르가스 족속(Girgashites), 아모리 족속, 가나안 족속(Canaanites), 브리스 족속, 히위 족속, 여부스 족속.

그런 다음 계속해서 그렇게 해야 하는 당위성, 즉 하나님이 이스라엘 백성을 선택한 이유, 이들이 선민으로서 하나님의 법도를 준수해야 할 의무 그리고 그 이행 여부에 따른 징계와 축복을 장엄하게 선포하셨다.

> 너는 여호와 네 하나님의 성민이라 네 하나님 여호와께서 지상 만민 중에서 너를 자기 기업의 백성으로 택하셨나니 여호와께서 너희를 기뻐하시고 너희를 택하심은 너희가 다른 민족보다 수효가 많기 때문이 아니니라 너희는 오히려 모든 민족 중에 가장 적으니라 여호와께서 다만 너희를 사랑하심으로 말미암아, 또는 너희의 조상들에게 하신 맹세를 지키려 하심으로 말미암아 자기의 권능의 손으로 너희를 인도하여 내시되 너희를 그 종 되었던 집에서 애굽 왕 바로의 손에서 속량하셨나니 그런즉 너는 알라 오직 네 하나님 여호와는 하나님이시요 신실하신 하나님이시라 그를 사랑하고 그의 계명을 지키는 자에게는 천 대까지 그의 언약을 이행하시며 인애를 베푸시되 그를 미워하는 자에게는 당장에 보응하여 멸하시나니 여호와는 자기를 미워하는 자에게 지체하지 아니하시고 당장에 그에게 보응하시느니라 그런즉 너는 오늘 내가 네게 명하는 명령과 규례와 법도를 지켜 행할지니라(신 7:6-11).

이것은 구속사적(救贖史的)으로 대단히 중요한 지시문이다. 특별하게 주목해야 할 문맥은 "너는 알라 오직 네 하나님 여호와는 하나님이시요 신실하신 하나님이시라 그를 사랑하고 그의 계명을 지키는 자에게는 천 대까지 그의 언약을 이행하시며 인애를 베푸시되 그를 미워하는 자에게는 당장에 보응하여 멸하시나니"이다. 향후 계속되는 전쟁을 통해서, 독자들은 이스라엘 지도자와 백성들이 그들의 '하나님을 사랑하고 그의 계명을 지키는 자'가 되지 못하였음을 발견하고 이를 애석하게 생각할 것이다. 그러나 그들이 하나님과의 올바른 관계 설정에 실패함으로 말미암아 하나님의 구원의 은혜가 이방인들에게 전가되는 놀라운 '하나님의 섭리'가 드러나게 된다.

이스라엘 백성에게 이 말씀이 선포된 지 1470년이 지난 뒤 사도 바울은 기독교의 핵심 교리이며 생명과 같은 '진리'를 전파했다. 즉 이스라엘 백성은 율법의 올무에 걸려 하나님의 법도를 지키지 못하고 멸망을 당하고 버림을 받았으나, 그리스도를 구주로 믿는 자는 예수 그리스도를 믿는 믿음으로 인하여 하나님과의 올바른 관계를 회복할 수 있고 그 상급으로 구원에 이를 수 있다는 것이다(롬 10:2-9). 이는 구원받기를 소망하는 모든 기독교인들은 '하나님 말씀의 진행성'과 예수 그리스도를 구주(The Saviour)로 믿는 믿음의 '효력과 가치'를 무겁게 받아들여야 함을 암시하는 기독교의 본질적 교리(Essential Doctrine)다.

8. 카데시 전투 1
: 두 문명의 충돌

내가 하나님의 명령을 받들어 왕에게 아뢸 일이 있나이다
(삿 3:20).

카데시(Kadesh or Qadesh)는 지금의 서부 시리아 오론테스 강
(Orontes River)에 위치한 고대 도시의 이름이다. 이곳 지명을 딴 카데
시 전투는 시리아의 오론테스 강 지역에서 이집트의 람세스 2세와
히타이트 제국의 무와탈리스 왕(Muwatallis II, 기원전 1295-1272년) 사이
에 치러진 전쟁이다. 당시 두 강대국을 둘러싼 국제적, 군사적 상황
을 고려할 때, 두 제국의 충돌은 피할 수가 없었고, 동시에 이 두 강
국의 충돌은 가나안 땅에 정착한 이스라엘과도 지리상으로 밀접한
관련성이 있기 때문에 연구할 가치가 있다.

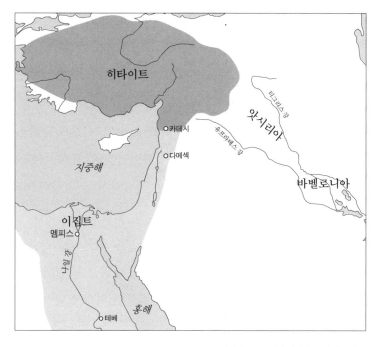

  기원전 13세기경, 그러니까 왼손잡이 사사(士師) 에훗이 이스라엘을 통치하던 때에, 히타이트는 이미 인류 최초로 철제 가공 기술을 습득, 전쟁에 필수적인 창과 칼을 제작하여 강력한 군사력을 보유하게 되었다. 이를 뒷받침하듯, 성경은 "씰라는 두발가인을 낳았으니 그는 구리와 쇠로 여러 가지 기구를 만드는 자요"(창 4:22)라고 기록하고 있다. 이때 '두발카'란 지명은 현재 터키 타우르스 산맥 지방의 히타이트 영토를 의미한다. 한편, 이집트는 나일 강의 비옥함을 기반으로 경제적 풍요로움을 누리고 있었으며, 파라오들은 자신들의 위상을 신(神)의 반열에 올리며 신전 건설과 인접 국가 정복 전

투에 몰두하고 있었다.

종교적으로는 두 제국 모두 영토 내 거주민들이 그들의 토착신 또는 자연신을 숭배하는 것을 인정했다. 그러나 히타이트 왕족은 제국의 안정을 도모하는 차원에서 '태숩'(Teshup)이라는 '전쟁의 신' 또는 '승리의 신'을 주신(主神)으로 숭배했다. 반면, 이집트 왕족은 63개의 신 중에서 '아몬'(Amon, 렘 46:25에 언급)을 신들 중의 신이라 간주하였으며, 여기에 '라'(Ra)라고 불리는 '태양신'을 결합한 '아몬-라'라는 신을 민족의 수호신으로 신봉하고 있었다. 각기 다른 신의 보호 아래 이 두 제국은 기원전 15~14세기에 걸쳐 시리아 일대의 영토 문제로 간헐적인 국지전을 벌였으나, 기원전 1274년경, 마침내 각 제국의 운명을 건 일전을 양국의 접경 지역인 카데시(Kadesh in Syria)에서 치르게 된다.

먼저, 히타이트 제국의 상황을 보자. 기원전 18세기경, 히타이트는 현재 터키가 위치한 아나톨리아(Anatolia) 일대에서 국가를 세워 세력을 확장하여 오다가, 기원전 1595년에 당시의 최강대국 메소포타미아의 바벨론 제국을 무너뜨리고 강력한 민족국가를 세웠다. 기원전 15~14세기경, 히타이트는 청동기 말기에 타민족에 앞서 이미 철기 무기를 보유하게 되었고, 강력한 군사력을 바탕으로 지금의 터키 일대와 시리아 지역 일대까지 통제하는 세기의 절대 강자로 부상했다. 이후 지속적으로 주변 왕국을 대상으로 정복전쟁을 치르면서, 제국의 세력을 히타이트의 동쪽 그리고 남쪽 방향으로 확장하고 있었다.

한편, 기원전 15세기경 이집트의 투트모세 3세는 군사를 일으켜 북으로 가나안과 시리아를 침공하여 복속시켰고, 남으로는 누비아(Nubia, 지금의 에티오피아)를 정복하여 이집트의 속국으로 만들었다. 그러나 가나안 지역 부족들의 끊임없는 반란은 투트모세 3세로 하여금 다섯 차례나 출병하게 하였으며, 이는 이집트의 국력을 점진적으로 소모케 했다. 이 때문에 투트모세 3세가 죽고 나서 아멘호테프 4세(Amenhotep Ⅳ, 기원전 1351-1334년)와 투탕카멘(Tutankhamun, 기원전 1332-1323년), 아이(Ay, 기원전 1323-1319년)로 이어지는 치세를 거치면서 가나안과 시리아 지역에서 이집트의 영향력은 눈에 띄게 약화되었다. 이 와중에 북방의 전략적 요충지인 카데시가 히타이트 제국의 수중에 넘어가 버렸다.

이후 제19대 왕조 두 번째 왕인 세티 1세(Seti Ⅰ, 기원전 1290-1279년)가 적극적인 아시아 원정으로 카데시를 재탈환했다. 여세를 몰아, 시리아 북쪽 지방에 있는 아모리 왕국인 아무루(Amurru or Amorite Kingdom)도 무리 없이 복속시켰다. 그러나 람세스 2세가 즉위했을 때 히타이트가 카데시를 재점령하였고, 아무루는 히타이트의 군사적 동맹국이 되었다. 그런데 이집트의 람세스 2세가 즉위한 지 4년째 되던 해인 기원전 1275년경, 아무루 왕국이 히타이트를 배반하고 다시 이집트와 동맹을 맺는 사건이 벌어졌다. 히타이트로서는 지정학적으로 제국의 턱밑에 있는 아무루국이 이집트와 결탁하는 것은 제국의 유지에 치명적이기 때문에 결코 용납할 수 없는 일이었다.

아무루 왕국은 히타이트 제국에게 두 가지 측면에서 중요했다.

첫째, 아무루 왕국을 통제한다는 것은 무역로, 곧 시칠리아와 메소포타미아 왕국과의 해상 무역로를 통제할 수 있는 안전판이었다.

둘째, 북시리아는 히타이트의 무기 생산에 필요한 주요 철 원료 공급지였다. 이 지역을 확보하는 것은 철의 지속적인 공급을 보장하는 것이므로, 어떤 의미에서는 제국을 유지하는 근간이었다.

이렇게 전략적으로 중요한 아무루 왕국이 배반을 했으니 히타이트의 무와탈리스 2세는 아무루국의 평정을 위해 군사를 움직이지

히타이트 중전차 구성원(전차병, 방패병, 창병)

이집트의 2인승 경전차와 보병

이집트가 제작한 칼(일명 코페쉬)

않을 수 없었다. 히타이트는 막강한 군사력을 앞세워 신속하고도 전격적으로 아무루국을 공략, 복속시키고 이집트령의 카데시 성도 점령해 버렸다. 이로써 이집트에게 전쟁의 빌미를 제공했다.

이집트의 전략적 요충지인 카데시가 점령되었다는 소식을 들은 람세스 2세는 본격적인 전쟁 준비에 돌입했다. 강성해진 히타이트 제국이 계속 남하를 시도하여 풍요로운 이집트를 노리는 것을 염려하였던 람세스 2세는 이 기회에 히타이트의 침략 의지를 꺾고, 동시에 이집트의 강력한 군사력을 과시하고 싶었다. 그는 나일 강 삼각주 어귀에 있던 부왕 세티 1세의 여름 왕궁 일대를 대대적으로 확장하여 피람세스(Pi-Ramesses)라 불리는 새로운 도시를 건설했다. 이 도시는 히타이트 제국과 전쟁 시 물자 공급을 위한 후방 공급 기지로 활용할 계획이었다. 따라서 이곳에 많은 공장을 세워 집중적으로 무기 생산을 독려했다.

자료에 의하면, 이 공장들은 일주일에 1000개 이상의 활과 칼, 125대의 경전차, 750개의 방패를 제작할 수 있었다고 한다. 8개월 동안 이전보다 비거리를 개선한 복합궁(Composite Bow), 새로운 형태의 치명적인 칼(일명 코페쉬Khopesh), 그리고 2500대의 경전차를 생산했다. 이렇게 전쟁에 필요한 각종 무기를 제작한 뒤, 람세스 2세는 기원전 1275년 추수가 끝난 늦가을 제사장 파세르(Paser)와 네 아들을 대동하여 드디어 신도시 피람세스를 출발, 카데시까지 무려 1600km에 달하는 긴 원정길에 올랐다.

9. 카데시 전투 2
: 무승부 그리고 평화협정

기원전 1274년 2월경, 히타이트의 무와탈리스 2세는 제국의 운명을 건 이 전쟁의 중요성을 마음에 새기며 카데시에서 람세스 2세를 기다리고 있었다. 히타이트군은 보병 3만 5000명, 중(重)전차 3500승(전차병 1만 500명, 각 전차는 마부, 궁수, 방패막이 등 3명으로 구성)으로 편성되었다. 효과적인 작전을 구사하기 위해, 오론테스 강 북동쪽으로 보병 1만 8000명과 2500승의 전차부대를 배치시키고, 카데시 성 일대에는 예비대 1만 7000명과 전차 1000승을 대기시켰다.

한편, 람세스 2세의 이집트군은 길고 고달픈 행군을 계속하고 있었다. 군대의 행군 길이는 무려 25km에 이른다. 람세스 2세는 그의 군을 병력 2만 명, 경전차 2000승으로 구성하였고, 병력 2만 명 중 4000명은 경(輕)전차 운용 요원으로 활용하고, 나머지 1만 6000명은

4개 사단으로 편성하여 최일선의 전투를 담당케 했다. 각 사단의 이름은 이집트 신의 이름을 본따 각각 '아몬'(Amon), '라'(Ra), '세트'(Set), 그리고 '프타'(Ptah)라 명명했다. '아몬' 사단은 이집트의 주력부대로서 람세스 2세의 호위부대를 뒤따르도록 했고, 이어서 '라' 사단, '프타' 사단 순으로 편성하였으며, 이들 3개 사단은 내륙의 주 이동로로 이동했다. 나머지 '세트' 사단은 예비대로서 해안도로인 가사-욥바-시돈-비블로스를 따라 카데시를 향해 북상했다.

람세스 2세가 이 전투에서 그 위력을 선보일 경전차는 총 2000승으로 각 보병사단에 400승씩 배치하고 나머지 400승은 람세스 2세가 직접 지휘했다. 각각의 경전차에는 2명이 탑승했는데, 1명은 전차를 조정하는 마부, 나머지 1명은 적에게 활을 쏘는 궁수였다. 이 경전차는 시속 20km로 달렸는데 히타이트의 그것에 비해 상대적으로 기동성이 뛰어났다.

40일간의 힘든 행군 끝에, 마침내 선두에서 이동하던 람세스 2세의 호위부대와 아몬 사단은 카데시 남쪽 20km 지점의 로바위 숲 언덕에 도착했다. 심한 안개로 인하여 히타이트군의 위치를 식별하기가 불가능했다. 이때 이집트군 정찰대가 히타이트군 소속 사수족(Shasu) 탈영병 2명을 생포했다. 이들을 심문하여 히타이트군이 신의 아들 람세스 2세의 명성과 이집트군의 용맹함에 놀라, 이미 카데시에서 철수하여 200km 북쪽에 위치한 알레포(Aleppo)에 주둔하고 있다는 정보를 입수했다.

이에 뒤따르던 예비 부대들이 상당히 뒤처져 있음에도 불구하고, 람세스 2세는 부대로 하여금 지체 없이 카데시 성을 지나쳐 알레포로 진군시켰다. 그 결과 각 부대의 간격이 크게 벌어졌다. 뒤따르던 주력부대 '아몬' 사단은 람세스 2세로부터 3km 후방에, '라' 사단은 '아몬'으로부터 8km, '프타' 사단은 '라' 사단으로부터 10km, '세티' 사단은 해안도로에서 아직 내륙으로 합류하지 못한 상황이었다. 이제 서로의 상황을 알 수 없게 되었다.

이는 람세스 2세의 결정적 패착이었다. 히타이트 총사령관 무와탈리스 2세가 운용한 위장 포로의 거짓 진술을 액면 그대로 믿어 버린 치명적인 실수였다. 히타이트군이 매복해 있던 카데시 성을 평정

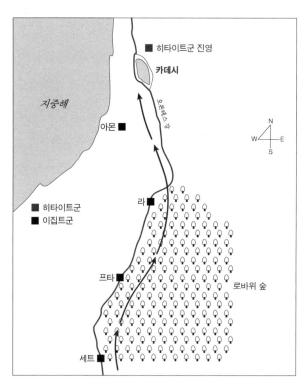

로바위 숲과 이집트군의 이동로

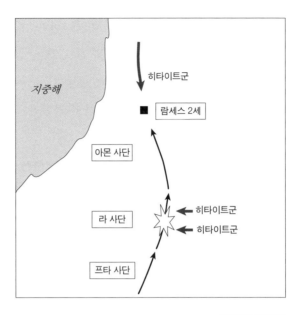

히타이트군 공격도

하지 않고 지나침으로써 군(軍)의 배후를 히타이트군에게 적나라하
게 노출시켜 버린 것이다. 이로써 람세스 2세의 호위부대와 '아몬'
사단은 히타이트군에게 곧 포위될 위기에 봉착했다.

타메나(Ltamenah) 고지에서 이집트의 이동을 지켜보고 있던 무와
탈리스 2세는 람세스의 호위부대와 '아몬' 사단이 오론테스 강을 완
전히 도하하도록 내버려 두었다. 그리고 한참 뒤처져서 이동 중인
'라' 사단이 오기를 기다렸다. 이 부대를 먼저 격파한 다음, 군사를
돌이켜 앞서간 람세스 2세와 '아몬' 사단을 배후에서 포위할 계획이
었다. 드디어 행군에 지친 이집트의 '라' 사단이 오론테스 강에 도착,
도하를 시도하고 있었다. '라' 사단이 도하에 집중하고 있을 무렵, 무
와탈리스 2세는 매복 중이던 보병 1만 명과 중전차 1500승을 서서

히 기동시켜, 카데시 요새를 방어벽으로 삼아 남동쪽으로 은밀히 이동시켰다. '라' 사단이 강을 완전히 건널 즈음, 공격 개시 신호와 함께 처음으로 선보인 중전차 부대가 굉음을 올리며 이집트군의 측면을 강타했다. 워낙 은밀하고 신속한 타격이라 제대로 반격도 못한 채 '라' 사단은 순식간에 궤멸되었다.

한편, 카데시 성을 지나쳐 전진하던 람세스 2세는 전방의 적정이 너무 고요한 것을 수상히 여기고 곧 적의 기만작전에 말려들었음을 알게 되었다. 그리고 무리한 진군 탓에 자신의 부대가 고립되었음을 직감했다. 이에 람세스 2세는 즉시 전령을 보내 후속 부대의 급속 행군을 지시했다. 그러나 이때는 '라' 사단을 궤멸시킨 히타이트군이 공세를 유지하며 이미 이집트 '아몬' 사단의 배후를 집중 타격하고 있었다. 설상가상으로 카데시 성 북서쪽에서 대기하던 히타이트 전방 전력 8000명과 중전차 1000승이 람세스 2세를 전면에서 압박해 오고 있었다. 람세스 2세와 '아몬' 사단은 히타이트군에 완전히 포위당하는 상황이 되고 말았다. 대경실색한 병사들이 앞다투어 대오를 이탈하자, 이집트군의 지휘 체계는 순식간에 무너져 버렸다.

이집트의 카데시 전투 공식 기록물인 '펜타우르의 시'(The Poem of Pentaur)는 람세스 2세의 절체절명의 순간을 다음과 같이 묘사하고 있다.

> 내 곁에는 왕자도 전차의 마부도 보병 장교도 전차병 장교도 없다. …나의 보병과 전차병은 나를 적에게 내맡기고, 누구도

적에 대항해 끝까지 싸우려 하지 않았다.[13]

이어서 람세스 2세는 절규했다.

나의 아버지 아몬이시여, 당신은 어디에 있습니까? 정녕 나를 잊으셨나이까? 어찌된 일입니까? …제가 한 모든 행위는 당신의 말을 따른 게 아니었습니까? 제가 당신의 말을 거슬렀습니까? …아몬이시여, 이 아이사인들(히타이트인)은 당신에게 무엇입니까? 이들은 신을 모르는 비열한 자들 아닙니까? …아버지시여, 저는 나의 아버님이신 아몬을 부릅니다. …생명의 호흡을 주셔서 우리를 구하옵소서. 이 싸움에서 우리를 구하옵소서….[14]

전후(戰後)에 람세스 2세의 무용담을 미화한 시(詩)였겠지만, 절박한 순간의 그의 심정과 가슴에서 우러나오는 절규를 잘 웅변하고 있다. 그런데 펄펄 날던 히타이트 주력부대의 공세가 갑자기 둔해졌다. 아울러 히타이트군 총사령관 무와탈리스는 카데시 성 일대에서 대기하던 예비전력을 움직이지 않았다. 이 예비대에게 공격 명령을 내렸다면, 이미 전열이 사분오열된 이집트군은 궤멸되어 전쟁은 쉽게 히타이트의 승리로 끝났을 것이다. 람세스 2세의 실수에 버금가

13 Miriam Lichtheim. *Ancient Egyptian Literature. II: The New Kingdom* (Berkeley: University of California Press, 1976), 65.

14 Eva March Tappan, ed., *The World's Story: A History of the World in Story, Song and Art*, vol. 3, trans. W. K. Flinders Petrie (Boston: Houghton Mifflin, 1914), 154–162.

히타이트군의 포위망을 뚫고 있는 이집트 람세스 왕

는 무와탈리스 2세의 결정적 패착이었다.

'아몬' 사단 진영에서 히타이트군과 이집트군이 혈투를 벌이는 중에 람세스 2세가 포위망 돌파에 성공했다. 동시에 이집트에 예속된 도시 튜닙(Tunip)에서 긴급 편성된 용병 '나하룬'(Naharin)군이 적시에 도착하여 히타이트군 주력부대를 측면에서 강타했다. 이에 놀란 히타이트군은 오론테스 강 동쪽으로 일시 퇴각했다. 이로써 전투는 일시 종결되었으나, 양 진영은 서로의 힘에 압도되어 재차 맞붙을 엄두를 내지 못하고 지구전으로 돌입하게 된다.

후일《손자병법》은 '병귀승 불귀구'(兵貴勝, 不貴久, 전쟁이란 속히 이기는 것을 중요하게 여기지, 오래 끄는 것을 싫어한다)를 강조하고 있다. 손자병법이 아니더라도, 두 탁월한 지휘관은 대치 상태가 지속되면 서로에게 불리함을 잘 알고 있었다. 이집트는 본토에서 너무 멀리 떨어져 보급품 조달이 어려웠고, 병사들이 피로해 있었으며, 장기간 전쟁 준비와 지원으로 나라의 곳간이 비워지고 있었다. 히타이트의 사정도 마찬가지여서, 제국의 동편에서 서서히 세력을 키우고 있는 신흥 앗시리아가 제국의 안보에 위협적일 정도로 성장하고 있었다. 더 이상 이 전쟁에 마냥 매달릴 수 있는 처지가 아니었다. 마침내 기원전 1274년 여름, 람세스 2세가 먼저 평화협정을 제의했다.

무와탈리스 2세가 응답함으로써 전투는 종료되었으나, 이집트와 히타이트 사이의 공식적인 평화조약이 체결된 것은 전투에서 무려 16년이 지난 기원전 1258년의 일이었다. 이때 이집트 왕은 여전히 람세스 2세였지만 히타이트 왕은 새로 즉위한 하투실리 3세였다. 협정문에 기록된 내용은 다음과 같다.

히타이트의 위대한 지배자는 결코 이집트 땅을 침범하지 않는다. 이집트의 위대한 왕인 람세스는 결코 히타이트의 땅을 침범하여 약탈하지 않는다.[15]

흥미로운 사실은 다음 진술이다.

이 조약을 보증하기 위해 양국 간에 체결된 조약은 은으로 된 탁자에 기록하며, 1000명의 하티 신과 여신, 1000명의 이집트 신과 여신이 증인이 된다. …만약 누구든지 조약을 어기는 자는 저주받아 그 나라와 신하들이 멸망하며 조약을 지키는 자는 축복을 받으리라.[16]

---

15   David J. Bederman. *International Law in Antiquity*(Cambridge, England: Cambridge University Press, 2001), 147. James B. Pritchard, ed., *Ancient Near Eastern Texts Relating to the Old Testament*. 3rd ed(Princeton, Princeton University Press, 1974), 200.

16   Bederman, *International Law*, 150; Pritchard, Ancient Near Eastern Texts Relating to the Old Testament, 200-01.

두 나라가 신정국가임을 반증하는 대목이다.

하나님은 카데시 전투에서 두 제국 중 어느 편에도 서지 않으셨다. 이 전쟁 후 이방신을 믿는 히타이트 제국에 대해서는 기원전 1237년경 앗시리아의 살만에셀 1세(Shalmaneser I, 기원전 1263-1234년)를 일으켜 본격적으로 채찍을 드신 후 종국에는 서쪽 바다 민족들로 하여금 이 제국을 역사 속으로 사라지게 하셨다. 반면에, 이집트에 대해서는 그들이 이방신을 섬기기는 하였으나 그분의 장차 목적을 위해 남겨 두셨다.

> 여호와께서 애굽을 치실지라도 치시고는 고치실 것이므로 그들이 여호와께로 돌아올 것이라(사 19:22).

10. 이스르엘 계곡 전투
: 기드온 특수부대

사사기 1-3장(예비 지식); 6-8장을 중심으로

가나안 땅을 정복한 후 200여 년 동안 이스라엘 자손은 그때까지 정복되지 않은 가나안 원주민들과 잘(?) 융화되었다. 주변의 낯선 족속들과 혼인관계도 맺고, 이방 아내들이 가져온 다양한 신들을 거리낌 없이 섬기기까지 했다. 220여 년 전, 모세가 그들에게 전한 여호와 하나님의 말씀은 이미 잊혀져서 그들의 마음은 나날이 부패해 갔다(신 7:3). 동시에 민족의 거룩성은 물론 동족 간 결속력도 현저히 약화되었다. 그 결과, 이스라엘 백성은 또 다른 시련을 겪게 된다. 즉 지금의 사우디아라비아 지역에 거주하던 미디안 족속(Midianites)이 점점 세력을 키우더니 급기야 가나안 땅을 넘어와 수확기에 이른 이스라엘 백성의 농작물을 약탈해 갔다. 심지어 변방 지역의 일부 주민들을 포로로 잡아가 강제노역을 시키더니 종국에는 이스라엘 전

민족을 완전히 속국으로 만들어 7년 동안 노예살이를 시켰다.

하나님은 자신이 택한 백성이 겪는 고통을 더 이상 방관하지 않으셨다. 그들을 미디안 족속으로부터 해방시킬 지도자를 예비하셨는데, 그가 바로 기드온(Gideon)이다. 그는 이스라엘의 12지파 중 므낫세 지파에 속하였으며 당시 오브라(Ophrah)라는 작은 성읍에 거주하고 있었다. 이 무렵, 그는 미디안 사람들에게 발각되지 않으려고 포도주 틀에서 곡식을 떨고 있었는데, 한 천사가 나타나서 그에게 다음과 같이 고지했다.

> 큰 용사여 여호와께서 너와 함께 계시도다… 너는 가서 이 너의 힘으로 이스라엘을 미디안의 손에서 구원하라(삿 6:12-14).

100년 전 이스라엘의 지도자로서 사명을 받은 모세가 그런 것처럼, 기드온은 동족을 피탈하는 야만적인 적에게서 민족을 구출하기에는 자신의 능력이 부족함을 느껴 두려워했다. 그래서 그는 자신의 집안이 보잘것없다는 것과 자신은 집안사람 중에서도 가장 약한 자라면서 이 임무를 회피하고자 했다. 천사로부터 여호와께서 그와 함께하실 것임과 이 말씀을 전한 이가 여호와의 천사임을 여러 가지 표징으로 확인한 후에야 그는 이스라엘을 구하는 것이 하나님의 뜻이요 자신의 사명임을 확신하게 되었다. 자신감을 회복한 기드온은 여호와 살롬(Jehovah-shalom, 평강의 하나님)을 의지하여 마침내 민족 회복 작전을 결행하게 된다.

미디안 족속의 압제에서 민족을 구하기 위해 기드온이 치러야 할 이 전쟁은 일명, '이스르엘 계곡(Valley of Jezreel) 전투'다. 이스르엘 계곡은 이스라엘 북단 므깃도(Megiddo) 우편에 위치해 있다. 역사상 많은 고대 전투가 이곳에서 치러졌을 정도로, 이곳은 대규모 부대가 집결하고 기동하기에 더없이 적합한 장소다. 따라서 기드온은 이곳으로 적을 유인한 후, 차후 작전에 돌입하기로 한다. 첫 과제로서 적을 단시간에 자극할 수 있는 방책을 착안해야 했다.

기드온은 장고(長考) 끝에 묘안을 찾았다. 적의 민족적 중심(重心)을 폄하하기로 한 것이다. 즉 미디안 족속이 가장 신성시 하는 신상을 훼파하여 그들의 정서를 자극한 다음, 선제 군사도발을 부추길 계획이었다. 이것은 현대전의 '전쟁의 원칙' 중 '창의성'(Creativity)에 해당하는데 잘만 하면 의외로 성공률이 높다. 기드온은 즉각 실행에 옮겼다. 휘하의 부하 10명을 인솔하여 마을에 세워진 미디안 족속이 신성시 하는 '바알 제단'(The Alter of Baal)과 '아세라 상'(The Asherah Pole)을 모조리 파괴해 버렸다.

이에 대한 적의 반응은 예상보다 신속했다. 미디안 족속은 기드온의 행위에 심히 분노하여, 이 기회에 이스라엘을 아예 처단하려고 대규모 군사를 일으킬 계획을 세웠다. 그리하여 그들 주변에 거주하던 아말렉 족속과 요단 강 동쪽에 거주하던 여러 소부족들을 설득하여 이들과 군사동맹을 맺었다. 이어서 각 족속의 군사지휘관들은 함께 모여 집결지와 이동 방법을 토의했다. 이스르엘 계곡이 위치한 모레 산(Mt. Moreh) 앞의 평지를 집결지로 결정하였고, 이동로의 수용 능력보다 병력이 지나치게 많으므로 혼잡을 피하기 위해, 각 족속 단위로 집결지에 모일 것을 약조했다. 이렇게 해서 수일 후 지정된 집결

다볼 산과 모레 산 앞 이스르엘 평야

지에 도착한 미디안 연합군의 총 병력은 도합 13만 5000명이었다.

적의 이러한 움직임에 대응하여, 기드온은 동족 므낫세, 아셀, 스불론, 납달리 지파에게만 전령을 보내어 병력 지원을 요청했다. 지리적으로 이스르엘 골짜기 가까이에 거주한 까닭에 소집에 즉각 응할 수 있었기 때문이다. 적은 이미 집결해서 전투태세에 있었으므로 기드온으로서는 최대한 시간을 단축시켜야 했다. 다른 지파의 도움을 생각할 겨를이 없었던 것이다.

이스라엘 각 지파의 지휘관들은 이스르엘 골짜기 남단의 하롯 샘(The Well of Harod)으로 병력을 인솔했다. 기드온이 집결한 병력을 점호하니 총 3만 2000명으로 규모 면에서는 미디안 동맹군의 1/4 수준밖에 되지 않았다. 게다가 아군이 집결지로 선택한 하롯 샘가는 작전 지역으로서 두 가지 문제를 안고 있었다. 우선, 장소가 지나치게 협소해서 공격 대기 지점으로는 부적합했다. 적이 일시에 몰아치면 아군이 한 장소에서 동시에 몰살할 수도 있었다. 또 다른 문제는, 진영의 우편과 뒤편이 산맥으로 둘러싸여서 아군의 퇴로가 보장되지 않았다. 혹여 적이 동시다발로 압박할 경우, 피해야 할 공간이

있어야 하는데 이곳은 일단 갇히면 마치 '독안에 든 쥐' 같은 형국이
될 수 있었다.

최선의 방책이 무엇인가? 하나님은 기드온에게 기발한 전략
을 주셨다. 그것은 위장작전을 병행한 '기만작전'이었다. 이번 전투
에서 기만작전의 핵심은 미디안 연합군의 공동 최고사령관인 세바
(Zebah)와 살문나(Zalmunna)로 하여금, 이스라엘군이 이스르엘 평지에
서 정면 공격할 것이라고 오판하게 만드는 것이었다. 그도 그럴 것
이 미디안 연합군의 맞은편에 3만 2000여 명의 이스라엘 병력이 순
차적으로 속속 집결함으로써 이를 지켜보는 적에게 더욱더 정면 공
격할 것이라는 믿음을 심어 주고 있었다.

이 작전을 수행하기 위해 기드온은 정예의 특공부대 운용을 계
획한다. 병사 3만 2000명 중 물을 먹을 때 '손으로 움켜 입을 대고
핥는 자' 300명을 선발한 것이다. 이는 현대군의 3개 중대 규모의 병
력이다. 이들에게 칼과 창 대신에 '나팔'과 '횃불을 넣은 항아리'를
휴대토록 했다. 그리고 다음과 같이 작전 지시를 했다.

　(1) 세 방향으로 나누어 적의 숙영지로 침투하여 최대한 근접
　　　한 곳에서 매복하고 대기할 것.
　(2) 공격 개시 시간은 적의 경계병이 교대할 시간인 새벽 1시임.
　(3) 공격 신호는 '나팔' 일성임.

기드온이 인솔하는 특수부대가 선두로 행동을 개시하여 적의
숙영지에 다다랐다. 적의 보초병이 서로 교대하는 틈을 이용해 기드

기드온과 300용사

온은 신속하게 신호를 보냈다. 삼면에 매복해 있던 용사가 일제히
뛰쳐나오며 나팔을 불고 휴대한 항아리를 깨뜨렸다. 그리고 항아리
에 보관하였던 횃불을 들고 사방으로 힘차게 휘저었다. 잠결에 항아
리가 깨지는 소리에 놀란 적병은 비몽사몽간에 천막 밖으로 뛰쳐나
왔다. 그리고 온 천지가 깜깜한데 횃불이 생물처럼 여기저기 움직이
는 것을 보고 대규모의 적이 야습한 것으로 착각했다. 일순간 수많
은 병사들이 무질서하게 소리 지르며 방향 감각을 잃고 급격하게 대
오를 이탈했다.

　전장(戰場)의 상황이 파악되지 않은 상태에서 도망병이 속출하
는 등 군의 질서가 삽시간에 붕괴되자, 미디안 동맹군의 지휘 체계
는 통제 불능이 되고 말았다. 그러자 동맹군의 지휘부도 사태의 심
각성을 인지하고 병사들과 급히 전장을 탈출했다. 기드온은 이 상황
을 놓치지 않고 전령을 급파하여 돌려보낸 이스라엘 병사들과 에브
라임 지파로 하여금 퇴각하는 적을 끝까지 추격하여 섬멸토록 명령
했다.

　무질서하게 퇴각하던 미디안 보병부대는 이내 이스라엘군에 추

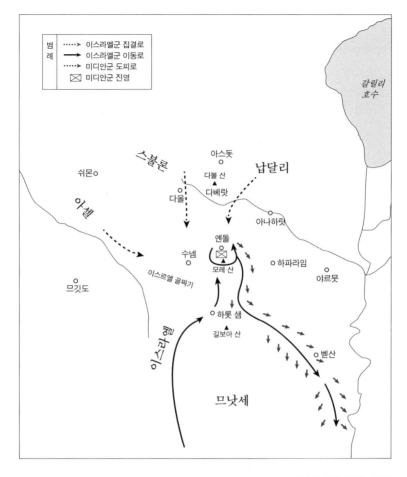

범
례 ┈┈▶ 이스라엘군 집결로
　　━━▶ 이스라엘군 이동로
　　┈┈▶ 미디안군 도피로
　　⊠ 미디안군 진영

갈릴리
호수

스불론
아스돗
쉬몬ㅇ
다볼 산
납달리
다울
다베랏

아셀
아나하랏

엔돌
수넴
하파라임
모레 산
야르뭇
므깃도
이스르엘 골짜기

이스라엘
ㅇ하롯 샘
길보아 산

벧산

므낫세

진영 편성 및 미디안 퇴각로

격당하여 전투를 제대로 치러 보지도 못한 채 전멸당하고 말았다. 이때 죽은 미디안 병사가 무려 12만 명이었다고 성경은 기록하고 있다(삿 8:10). 이런 중에도 미디안의 두 왕 '세바'와 '살문나'는 그들의 호위부대와 정예부대 1만 5000명과 함께 요단 강을 건너 모압 땅

121

갈골(Karkor)까지 퇴각하여 숨을 고르고 있었다. 이들이 잠시 넋을 놓고 있는 사이 기드온은 이들의 측면으로 접근, 기습하여 두 왕을 사로잡고 그의 모든 잔여 군대를 격파했다. 이로써 민족을 미디안 노예생활에서 해방시키는 기드온의 임무는 성공적으로 마무리되었다.

요약하면, 기드온은 매사에 신중한 일개 촌부(村夫)에 불과했다. 매사에 돌다리도 두드려 보고 건널 만큼 소심한 인물이었다. 성경은 그가 군의 지도자가 되기에는 얼마나 미약한 사람이었는지를 여러 가지 사례를 통해 증거하고 있다. 즉 여호와께서 "내가 반드시 너와 함께하리니 네가 미디안 사람 치기를 한 사람을 치듯 하리라"(삿 6:16)고 말씀하셨음에도 불구하고 그는 여호와께서 직접 하신 말씀인지 의심하여 증표를 요구했다. 천사와 대면하여 스스로 여호와의 계시를 인정했으면서도, 여전히 의심하여 자신이 이 전쟁의 지도자가 되는 것이 하나님의 뜻인지를 증명할 것을 재차 요구했다. 하나님의 뜻임을 확인한 후에도 의구심을 버리지 못해 양털 시험을 요구하였고, 300명의 정예용사를 선발한 후에도 "하나님이 미디안과 그 모든 진영을 그[기드온]의 손에 넘겨주셨느니라"(삿 7:14)는 친구의 꿈 해몽을 듣고서야 비로소 전쟁에 임했다.

이렇듯 나약한 기드온이 이스라엘의 장수(將帥)로 변신한 것은 강한 자를 약하게, 약한 자를 강한 자로 사용하시는 하나님의 전형적인 용병술이었다. 인간은 스스로 영웅 만들기를 좋아하기에, 강한 자가 전쟁에서 이길 경우 필연적으로 자신의 의를 드러내며 하나님의 존재를 잊어버린다. 그런 까닭에 하나님은 지혜 없는 이스라엘 백성의 행위를 미리 아시고, 가장 작은 자를 택하여 그분이 자신의 백성과 함께하시며 뒤에서 돌보고 있음을 알게 하시고, 그분의 영광을 나타내고자 하신 것이다. 이것은 인간사를 통제하시는 그분만의 통치 방법이다.

약한 자 중 가장 미약한 자인 기드온을 이스라엘군의 지휘관으로 삼고 미디안 동맹군의 2%에 불과한 소규모의 병력 수준으로 엄청난 규모의 미디안 동맹군을 패배시킨 것은, 이 전쟁의 시작과 끝은 여호와의 주권적 통치 행위인 '하나님의 섭리'였음을 보여 주신 것이다. 이 전쟁을 통해 여호와 하나님은 그가 택한 백성에 대한 변함없는 사랑과 애정을 보여 주셨을 뿐만 아니라 그분의 영광도 밝히 드러내셨다.

그러나 이 전쟁 이후 이스라엘의 지도자가 된 기드온과 그의 백성은 어느덧 하나님의 은혜를 잊어버리고 만다. 승리에 도취된 기드온은 그의 백성이 바친 금으로 에봇을 만들어 이스라엘의 우상이 되게 하였고, 그 백성은 바알 브릿(Baal-Berith)을 자기들의 신으로 삼아 우상숭배의 길로 빠졌다. 이것은 이스라엘의 올무가 되어 또 다른 시련이 그들을 향해 다가오고 있었다.

11. 바빌로니아 대 엘람 전쟁

'바빌로니아'라는 이름은 기원전 2000년경 메소포타미아 지역에 세워진 도시국가 바벨론(Babylon)에서 유래했다. 바벨론(Babylon)은 유프라테스 강의 서쪽, 즉 아라비아에서 온 셈족 계통의 아모리인(Amorites)이 수메르 지방을 점령한 후 세운 국가였다. 이 지역은 두 강이 제공하는 풍부한 용수로 인하여 경작이 용이하고, 동시에 동서 교역의 중심지로서 상업적, 전략적으로 중요한 요충지였다. 바빌로니아 이전, 이 지역은 남동쪽의 수메르 제국(Sumer Empire)과 북서쪽의 아카드 제국(Akkad Empire)으로 양분되어 통치되고 있었다. 따라서 메소포타미아 패권을 둘러싸고 두 제국 간에 싸움이 끊이지 않았다.

바빌로니아의 출현으로 남부의 수메르 문명은 국가로서는 완전히 사멸되었으나, 그 종교와 문화는 바빌로니아에게 많은 정치적,

메소포타미아 문명의 분포(기원전 20세기경)

문화적 유산을 남겨 주었다. 이를 기반으로 바빌로니아는 점점 강성해져 기원전 18세기경에는 메소포타미아 전 지역을 통합하는 제국으로 성장하게 된다. 이러한 발전에 가장 큰 공헌을 한 왕은 바벨론 제1왕조 6대 왕 함무라비(Hammurabi, 기원전 1792-1750년)였다.

그러나 함무라비가 죽은 후 바빌로니아 제국은 계속 쇠퇴의 길을 걸었다. 기원전 1531년, 히타이트 제국의 무르실리 1세(Mursili I, 기원전 1556-1526년)가 바빌로니아 왕 삼수 디타나(Samsu-Ditanah, 기원전 1562-1531년)를 축출하고 바빌로니아 동쪽의 산악 지역 출신인 카시트인(Kissites)을 왕으로 옹립해 왕조를 세우도록 했다. 그 후 이 왕조는 동쪽에 위치한 엘람에 의해 멸망하기 전까지 376년간 지속되었다.

한편, 기원전 13세기경 메소포타미아 북쪽에서 세력을 키우던 앗시리아가 당시의 군사 강대국 히타이트 제국을 무너뜨리고 새로운 강자로 부상하고 있었다. 국경을 맞대고 있는 바빌로니아의 카시트 왕조는 당연히 앗시리아의 다음 전쟁 목표가 되었다. 설상가상으로 동쪽의 엘람 왕 할루투스(Hallutush-Inshushinak, 기원전 1200-1158년)가 강력한 군사력을 기반으로 바벨론을 수시로 약탈했다. 이때 함무라비 법전도 빼앗겼다. 마침내 기원전 1160년경, 엘람이 대규모로 공격하여 바빌로니아 카시트 왕조를 무너뜨렸다.

바벨론이 정복된 지 5년 후, 정복자 엘람 왕 수트루크 1세(Shutruk-Nahhunte I, 기원전 1185-1155년)가 죽자 우여곡절 끝에 메소포타미아 이신(Isin)이라는 지역에서 마르둑(Marduk-Kabit-ahheshu, 기원전 1155-1140년)이 바빌로니아 왕조를 재건했다. 그러나 제1대 왕 마르둑 이후 세 번째 왕 니누르타(Ninurta-nadin-sumi, 기원전 1132-1126년)까지 앗시리아와 엘람의 계속적인 침입과 약탈로 백성의 생활은 피폐해졌고, 무엇보다 정치적 불안정으로 국가의 틀을 제대로 갖출 수가 없었다. 특단의 대책을 강구하지 않는 한 나라의 존립이 위험할 지경이었다. 특히 앗시리아와 엘람의 만행 중 후자의 정도가 더 심했다.

그렇다면 엘람은 왜 그토록 바빌로니아를 괴롭혔을까? 간단하다. 이제 갓 철기시대로 진입한 농경사회였던 만큼 충분한 식량을 공급할 비옥한 땅이 필요했던 것이다. 그런데 이집트의 델타 지역처럼 유프라테스 강과 티그리스 강 하류에 형성된 삼각주는 엘람이 탐낼 만큼 비옥했고 충분한 식량을 생산해 냈다. 또한 바벨론은 당시 엘람 상인들이 교역을 위해 서쪽 지중해로 나갈 때 반드시 거쳐야

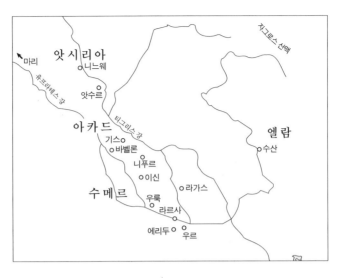

메소포타미아 지역의 소도시국가들

하는 중요한 대상로(隊商路)였다.

기원전 1124년경, 느부갓네살 1세(네부카드네자르 1세Nebuchadnezzar I, 기원전 1124-1103년)가 바벨론 4대 왕조(바벨론이 아닌 이신Isin 지역에 세움)의 네 번째 왕으로 등극했다. 그는 정치가이자 훌륭한 장군이었다. 민족이 당한 굴욕의 역사를 회복하고 과거의 영광을 재현하고자 즉위 즉시 군사력 증강에 총력을 기울였다. 그러던 중 한 사건이 터졌다. 엘람이 또다시 침략해서 이번에는 바벨론의 민족 수호신인 '마르둑'(Marduk) 신상과 여신상 '알리야'(Il-Aliya)를 가져가 버린 것이다. '마르둑'은 바벨론의 느부갓네살 1세 때 50개의 이름을 가진 최고의 신이었으며, '에사길라'(Esagila) 신전 내에 있는 지구라트(Ziggurat) 꼭대기 사당(祠堂)에 존치되어 있었다. 엘람에 의해 자행된 이 신성모독 행위는 바벨론의 자존심을 건드렸고, 그동안 참아 왔던

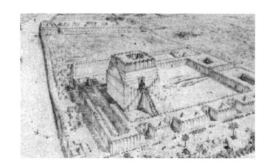
마르둑을 존치한 지구라트

엘람에 대한 분노를 폭발시켰다.

이제 두 나라의 전쟁은 피할 수 없게 되었다. 왕위에 오른 지 4년 후, 드디어 느부갓네살 1세는 그동안 착실히 준비해 온 군사를 일으키고 엘람을 향해 총공격을 결심했다. 전력 보강을 위해 과거에 엘람에 의해 멸망했으나 아직 일부가 남아 있는 카시트족을 설득해 군사동맹을 맺었다. 이때가 기원전 1120년경이다. 사사 엘리(Eli)가 가나안에서 이스라엘을 통치하고 있을 때였다.

느부갓네살 1세는 먼저 공격 목표를 엘람의 수도 수산(수사Susa)으로 정했다. 군사들의 사기를 진작시키기 위해 전쟁의 명분인 국가의 신성을 모독한 죄를 분명하게 숙지시켰다. 바벨론에서 수산까지 420km. 기원전 1120년, 바빌로니아 언어로 '두무지'(Dumuzi)라는 뙤약볕이 기승을 부리는 한여름에, 느부갓네살 1세의 10만 대군은 보무도 당당하게 엘람의 수산을 향해 출정했다.

엘람으로 가는 길은 예상보다 혹독했다. 풀 한 포기 없는 사막길을 행군하노라니 초반에 말과 병사가 쉬 지쳐 버렸다. 얼마나 힘들었던지, 바벨론의 전쟁 기록물인 '락 티 마르둑 카두루'(LAK-ti Marduk kudurru)는 당시 상황을 다음과 같이 묘사하고 있다.

손에 든 도끼가 불같이 뜨겁다. 그리고 땅은 불꽃같이 달아 살을 태운다. 우물에 물이 없다. 어디에서도 물을 구할 수 없다. 말은 늘어지고, 용감한 병사의 다리는 나날이 약해져 간다.[17]

출정한 지 10일 만에 국경선을 넘어 수산에 도착했다. 이어서 북에서 남으로 흐르는 울라이(Ulai) 강 서편에 엘람군을 마주하고 진을 쳤다. 총사령관 느부갓네살 1세는 다시 한 번 병사들에게 칙령을 내려, 엘람의 만행을 역설하고 전쟁의 승리를 독려했다. 부대를 주공과 조공 그리고 예비대로 편성하고, 조공으로 하여금 주공인 것처럼 가장하여 정면에서 적을 공격토록 하여 관심을 유도하고, 주공은 측면에서 적을 강타하게 했다. 그리고 용맹한 카시트족은 시티-마르둑(Šitti-Marduk)을 지휘관으로 하는 특공대를 편성하여 적의 지휘부를 타격하도록 했다.

3일간의 대치 끝에 느부갓네살 1세는 전군 총 공격명령을 내렸다. 엘람군은 바벨론 군대의 기세에 눌려 순식간에 방어망이 무너져버렸다. 공격 기세를 유지한 가운데 그동안 엘람의 만행에 대한 보복의 일환으로, 바벨론 민족의 원한을 담아 엘람의 수도 수산을 재

---

17 D. J. Wiseman, "XXXI: Assyria and Babylonia, c. 1200-1000 BC," ed. I. E. S. Edwards, *Cambridge Ancient History, vol 2, Part 2, History of the Middle East and the Aegean Region, c. BC 1380-1000* (Cambridge: Cambridge University Press, 1975), 454-457.

건이 불가능할 정도로 초토화시켜 버렸다. 그리고 약탈당한 그들의 수호신 '마르둑' 신상과 여신상 '알리야'를 다시 품에 안았다. 민족의 자존심을 회복한 전쟁이었기에 이 전쟁은 바벨론에게 실로 값진 승리였다.

하나님의 계획은 우리가 측량할 수 없을 정도로 광대하고 깊다. 이번 전쟁에서 바벨론에게 승리를 안겨 주셨지만, 바벨론의 의도대로 엘람을 영원히 소멸시키지는 않으셨다. 이 두 나라는 장차 이스라엘의 연단을 위해서 필요했기 때문이다. 가나안 땅 입성 후, 끝없이 타락하는 자신의 택한 백성을 채찍질하기 위해, 군사적으로 강대한 이 두 이방 국가를 남겨 두신 것이다. 하나님의 이 은밀한 계획은 380년 후 이사야 선지자를 통해 밝혀지게 된다.

제 2 부

해양 세력의 부상과 통일왕국의 길

사무엘부터 르호보암까지
기원전 1048-926년

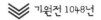

12. 믹마스 전투

사무엘상 8-15장을 중심으로

기원전 12세기경 '바다 민족'이 근동 지역 일대를 야만적으로 침탈하자 이집트, 히타이트 등 전통 강대국들이 막대한 피해를 입게 되었고, 이에 따라 그들의 힘도 서서히 약화되었다. 이스라엘이 가나안 땅에 정착한 지도 어느덧 4세기가 지나고 있었다. 그동안 이스라엘 백성은 그 땅에 잔존하는 세력의 끊임없는 침입을 받았는데, 그중 이스라엘과 국경을 맞대고 있는 아말렉, 미디안, 에돔, 암몬, 모압, 소바 그리고 블레셋의 괴롭힘이 날이 갈수록 심했다.

이 무렵, 대부분의 도시국가 또는 부족들은 왕정체제를 갖추고 국가를 운영하게 되었다. 인구가 증가함에 따라 영토와 자원 확보가 필요해졌고 이에 따라 주변국들과 쉴 새 없이 전쟁을 치러야 했다. 이는 필연적으로 전쟁에서 뛰어난 능력을 발휘하는 강력한 왕(王)을

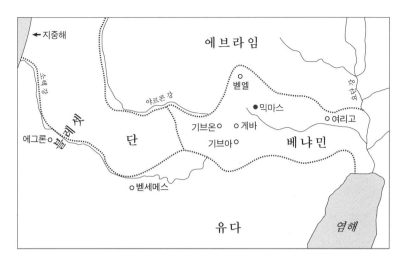

믹마스 주변 도시

필요로 했다. 이스라엘은 이 시기에 사사(士師, Judges)들이 통치하고 있었는데, 외세의 끊임없는 도전에도 불구하고 민족을 용케 유지하고 있었다.[1]

사무엘이 이스라엘을 치리할 때였다. 어느 날 이스라엘의 모든 장로가 당시 라마(Ramah)에 거주하고 있던 사무엘을 방문했다. 그리고 "모든 나라와 같이 우리에게 왕을 세워 우리를 다스리게 하소서"(삼상 8:5) 하며 국가 통치체제를 시대정신에 맞게 개혁하자고 요구했다. 즉 신정체제에서 왕정체제로 가자는 것이었다. 가나안 땅에

---

[1] 사사제도(士師制度)는 하나님이 사람을 통해 민족 또는 국가를 직접 통치하시는 제도였는데, 이스라엘에 적용된 이 통치 방식은 모세로부터 사무엘까지 300여 년간 이어졌다. 당시 이스라엘은 12개 지파가 연합한 공동체 부족사회였는데, 각 지파 단위로 일상적인 삶을 살다가 민족적 위기가 닥치면 하나님께 택함 받은 사람이 등장해 12지파를 연합해 위기를 극복하는 방식으로 영위되었다(삿 2:15-16, 18). 이 제도의 장점은 (1) 각 지파 간에 느슨한 연합을 유지하면서 각 지파가 자유와 자율성을 누릴 수 있다는 것과 (2) 권력 세습으로 인한 부정부패가 없다는 것 그리고 (3) 공동체를 영적으로 동일체화할 수 있다는 것이었다.

살아 보니 사사건건 보이지 않는 신에게 '어떻게 할까요?'라고 물어 보는 것보다, 강력한 왕의 영도하에 나라의 안녕을 확보하는 것이 훨씬 좋아 보인 탓이다. 이스라엘 자손은 더 이상 눈에 보이지 않는 그들의 왕, 여호와 하나님의 통치를 받고 싶어 하지 않았다. 다른 민족들처럼 그들을 통솔할 멋진 홀을 손에 든 인간 왕을 원했다. 오래전 여호와께서 이스라엘 민족의 이 같은 행태를 염려하여 너희들이 타민족을 본받으면, "그것이 네게 올무가 되리라"(신 7:16. 참고 삿 2:3)고 하셨는데, 이 말씀이 현실이 되는 순간이었다. 여호와 하나님은 자기 백성과 사랑으로 맺은 계약을 한결같이 지켜 주실 것이며, 영원히 그들과 그들 자손을 축복하겠다고 약속하셨는데, 이스라엘 백성의 마음은 세월이 갈수록 어두워져 하나님의 가르침을 잊고 있었던 것이다. 가르침을 어기는 것, 즉 배교는 하나님 앞에 큰 죄악이었다.

사무엘은 백성의 대표로 구성된 장로단의 청(請)이 마치 자신의 지도력을 폄하하는 것 같아 마음이 언짢았으나, 여호와께서 "그들이 너를 버림이 아니요 나를 버려 자기들의 왕이 되지 못하게 함이니라"(삼상 8:7)며 그들의 원(願)을 들어주라고 하셨다. 이에 사무엘은 왕정체제의 문제점을 백성에게 경고한 후 그들의 소원대로 중인총중(衆人恩中)에 베냐민 지파의 사울(Saul)을 이스라엘 왕으로 선택했다. 그러나 왕정제도에 익숙지 않은 탓인지, 초반부터 말도 많고 탈도 많았다. 게다가 사울이 왕으로서 이렇다 할 능력을 보여 주지 못하니, 일부 세력은 그를 왕으로 인정하지 않으려는 조짐도 있었다.

이 와중에 사울이 지도자로서 인정받을 기회가 찾아왔다. 암몬 족속의 나하스(Nahash) 왕이 이스라엘 땅 갓(Gad)에 있는 길르앗 야베스(Jabesh Gilead)을 침범하여 이스라엘 백성을 모욕한 사건이 발생한 것이다. 사울이 이스라엘 부족 공동체 병력 30만 명, 유다 부족 3만 명으로 군을 편성, 암몬 족속을 일거에 격파함으로써 민족의 영웅이 되었다. 이 일 이후 사울은 비로소 민족의 지도자로서 그리고 왕으로서 권위를 인정받게 되었다. 그의 나이 40세 때였다.

사울이 왕이 된 지 2년째 되던 해, 이 무렵 블레셋 족속은 이스라엘 서편 가사, 아스글론, 아스돗, 에그론, 가드 그리고 이스라엘 동편 요단 강 일대에서 유목생활을 하며 빈번히 이스라엘을 괴롭히고 있었다. 게다가 향후 지속적인 약탈을 위해 이스라엘 베냐민 지파 땅 내 게바(Geba)에 자체 '수비대'를 설치하고 이스라엘을 공격하는 전진기지로 삼았다. 블레셋 수비대가 위치한 게바는 주위보다 다소 높은 요새 지역으로, 블레셋은 이곳을 선점함으로써 이스라엘을 관측하고 감시할 수 있게 되었다.

이스라엘로서는 국가의 안위와 평화를 고려할 때 국가의 심장부에 적의 군대가 주둔하고 있는 현실을 마냥 좌시할 수 없었다. 그리하여 사울은 블레셋 수비대를 이스라엘 땅에서 몰아낼 계획을 수립하는데, 이것이 '믹마스 전투'의 발단이었다. 이 계획을 성공시키기 위해 사울은 이스라엘 사람 중 3000명을 선발해 강도 높게 훈련시켰다. 그리고 전투를 능히 수행할 수준으로 전투력이 향상되자, 사울은 전장 주변에 병력을 투입했다. 계곡(현재 와디 스웨니 Wadi Suweinit Ravine)을 경계로 북쪽의 벧엘 산(Mt. Bethel)에는 자신이 직접 2000명의 병사를 인솔하여 주둔하고, 남쪽의 기브아(Gibeah)에는 그의 아들 요나단(Jonathan)이 나머지 1000명을 인솔해서 진을 치도록 했다.

　작전 투입 후, 육안으로 관측 가능한 거리에서 대책 없이 적만 바라보자니 젊은 요나단은 좀이 쑤셨다. 이에 총지휘관인 부왕 사울의 허락도 받지 않고 독단으로 게바에 올라가 블레셋 수비대를 기습 공격했다. 예상치 못한 일격에 블레셋 진영도 이스라엘군도 혼란에 빠졌다. 특히 블레셋은 오합지졸에 불과한 이스라엘군에게 불의의 일격을 당하자 자존심이 상해서 대규모 군사를 일으켜 이스라엘을 치고자 믹마스를 향해 이동했다.

　블레셋은 철을 가공하는 기술력을 가지고 있어서 전쟁에 필요한 칼, 창, 심지어 전차도 생산할 수 있을 만큼 군사적으로 강한 부족이었다. 이날 믹마스에 집결한 블레셋의 전투력은 전차가 3만 승, 기병이 6000명 그리고 병력은 셀 수 없을 정도로 많았다고 성경은 기록하고 있다.

　블레셋이 이렇게 대규모 군사를 일으켜 믹마스로 이동하자 사울은 2000명의 병사를 이끌고 급히 길갈로 피신했다. 동시에 이스라엘 온 백성은 블레셋군의 규모에 기겁하여 피할 곳을 찾아 뿔뿔이 흩어졌다. 그의 부하들도 절반 이상이 시나브로 떠나 버려, 수하에 기껏 600명밖에 남지 않았다. 블레셋군의 규모와 이에 따른 이스라엘 백성의 동요를 목격하고, 이스라엘 왕 사울은 몹시 초조해졌다. 그래서 사사 사무엘이 "너는 나보다 앞서 길갈로 내려가라…내가 네게 가서 네가 행할 것을 가르칠 때까지 칠 일 동안 기다리라"(삼상 10:8)고 했음에도 스스로 제사장이 되어 '제사의식'을 치르고 출정을 결행했다. 사울은 사무엘의 말대로 7일 동안 기다렸지만 사무엘이 오지 않자 불안했고, 조금 더 지체했다가는 그나마 남아 있는 병사마저 도망칠 것 같았던 것이다. 하지만 이 일로 사울은 하나님에게 버림받게 된다.

드디어 블레셋군이 믹마스에 집결했다. 믹마스 계곡은 천혜의 자연 방어물이었다. 그런데 문제는 사계 식별이 용이하여 이를 놓고 대치할 경우 상대를 선제공격할 수 없다는 공격상의 문제를 안고 있었다. 이를 알기에, 블레셋 왕은 일부 경계 병력만 남겨 놓고 본대는 철수시켜 후방 지역에 거주하는 이스라엘 백성을 대대적으로 약탈하라고 지시했다. 블레셋군은 세 방향으로 흩어져 제1제대는 북쪽 오브라(Ophrah) 방향으로 진군하여 수알(Shual) 땅으로, 제2제대는 서쪽 벧호른(Beth-horon) 방향으로, 제3제대는 동쪽 스보임 골짜기(Zeboim Valley)로 이동했다.

한편, 사울은 잔여 병력 600명을 데리고 길갈에서 기브아로 이

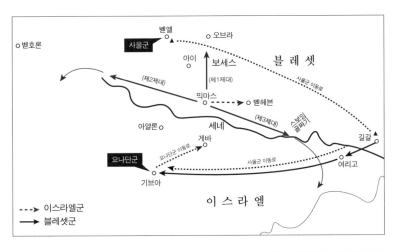

이스라엘/블레셋군의 병력 이동

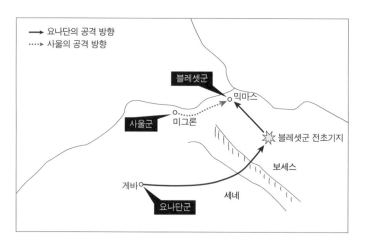

이스라엘군의 이동로

동하여 블레셋군의 동향을 살폈다. 그리고 병력을 미그론(Migron) 일대로 이동시켜 적의 지근거리까지 접근했다. 같은 시간, 블레셋의 수비대를 격파한 후 요나단은 게바에 대기 중이었다. 사울의 공격 명령을 기다리고 있었지만 코앞의 적을 마냥 지켜보기가 답답했다.

전쟁은 위세와 역량의 결정이다. 특히 험난한 지세를 사이에 두고 적이 혹시 방심하고 있을 때 예상치 못한 기습공격을 감행하면 전세를 유리하게 전개시킬 수 있었다. 요나단은 단 한 명의 부하만 대동하고 야간에 믹마스 계곡을 건너기로 작정했다. 블레셋 경계병을 제거할 계획인 것이다.

보세스(Bozez)와 세네(Seneh)라 불리는 험준한 믹마스 계곡의 바위를 손과 발로 기어올라 적진에 진입, 반경 25m에 있던 적의 경계병 20여 명을 순식간에 제거해 버렸다. 불의의 기습을 당한 블레셋군은 이내 큰 혼란에 빠졌다. 칠흑 같은 밤이라 아군과 적군을 구별

믹마스 계곡   세네와 보세스

할 수 없었던 그들은 각각의 칼로 자기 동료들을 마구잡이로 내리치고 있었다.

요나단이 블레셋군을 기습공격 하였음을 감지한 사울은 자신과 함께한 백성에게 즉각 적진을 향해 공격을 명령했다. 블레셋군에 배속되어 군인 생활을 하던 히브리인들도 민족을 위해 이스라엘군의 편에서 블레셋에 칼을 겨누었다. 겁이 나 산지로 도망하던 이스라엘 백성들도 전장으로 돌아와 블레셋군과 싸워 그야말로 민(民)과 군(軍)의 총력전을 벌였다. 결과는 이스라엘의 대승리였다.

미스바 전투 이후 대(對)블레셋 전투에서 오랜만에 거둔 승리였다. 하지만 전쟁은 이제부터 시작이었다. 이미 약탈을 위해 이동해 버린 블레셋군 3개 본대를 추격해야 했다. 사울은 공격 기세를 유지하며 북편(벧아웬Beth-Aven)과 서편(아얄론Aijalon)으로 진출한 블레셋군을 추격, 괴멸시켰다. 사울이 워낙 급박하게 몰아붙이므로 쉴 새 없이 전투에 몰입하던 이스라엘 병사들은 지치고 배가 고팠다.

그런데 이때 사울이 느닷없이 뜬금없게도 전 병사에게 금식령을 내렸다. 이 명령은 그에게 첫 번째 올무, 즉 스스로 제사를 드린

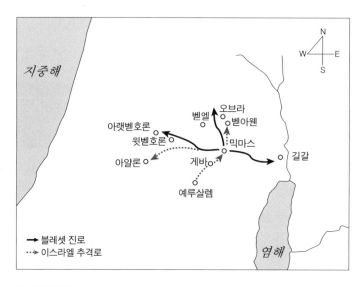

이스라엘의 반격

죄에 이어 두 번째 올무가 되었다. 시간이 지날수록 배고픔을 참지
못한 병사들의 불평불만이 이만저만이 아니었다. 게다가 밤낮으로
치른 전쟁으로 인해 피로가 누적돼 전투 의지도 점점 상실해 갔다.
이 와중에 아들 요나단이 부지불식간에 부왕의 명령을 위반하여 꿀
을 먹고 말았다. 군의 영(令)을 세우기 위해 사울은 아들을 처단해야
하는 기로에 섰다. 그러나 백성이 완강하게 반대하고 나서자 그는
군법을 어긴 아들 요나단을 법에 따라 공정하게 집행하지 못하고 사
면해 주었다. 이것이 군(軍)과 백성에게 알려지자 병사들은 이제 군
법을 가볍게 여기게 되었고, 마침내 군의 기강이 나락으로 떨어졌
다. 전장의 군기가 악화되자, 사울은 스스로 '기름 부음 받은 왕'으로
서의 권위를 내세워 이 상황을 돌파하고자 했다. 즉 자신이 이끄는

모든 전쟁은 바로 하나님께서 지시한 것이므로 모든 백성은 이에 마땅히 따라야 한다는 것이었다.

그러나 다가온 블레셋과의 전쟁에 임하기 전, 대제사장 아히야 (Ahijah)의 권유로 그가 직접 하나님께 "주께서 그들을(블레셋) 이스라엘의 손에 붙이시겠나이까?"라고 물었지만, 하나님은 아무런 대답도 하지 않으셨다. 사울의 왕으로서의 권위와 전쟁에서의 승리는 여기까지였다. 결정적인 순간마다 여호와를 의지하기보다는 자신의 능력을 신뢰한 사울은 그의 행동과 말이 오히려 올무가 되어 백성의 신망을 잃고 말았다. 군사들이 따르지 않자 이스라엘군은 추격을 멈출 수밖에 없었고, 살아남은 블레셋군은 본거지로 무사히 돌아갈 수 있었다. 왕으로서 사울의 운명도 서서히 끝을 향해 달려가고 있었다.

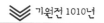

13. 길보아 산에 떨어진 별 1
: 블레셋의 도발
사무엘상 15-27, 29장(예비지식), 28장을 중심으로

성경에 의하면, 블레셋만큼 이스라엘을 괴롭힌 족속도 없다. 그들은 가나안 땅 안팎의 많은 부족 중 가장 호전적인 민족이었던 것 같다. 오죽했으면, 이들로 인해 하나님께서 고센에서 가나안까지 3~4일이면 족히 도달할 길을 제쳐두고, 모세로 하여금 홍해 길로 이스라엘 백성을 인도하게 하셨을까? 가나안 땅에 진입한 후에도 블레셋 족속은 간단없이 이스라엘을 괴롭혔다. 그러나 구속사적 관점에서 보면, 블레셋은 하나님의 유용한 도구였다. 끊임없이 패역하는 이스라엘 백성을 채찍질하시고자 할 때, 가나안 땅의 어느 부족보다도 이 블레셋 족속을 유용하게 사용하셨다.

길보아 전투는 기원전 1010년경, 이스라엘 북단 길보아 산(Mt. Gilboa)에서 이스라엘과 블레셋 족속 간에 벌어진 대규모 전투다. 서쪽의 므깃도와 더불어 길보아 산은 기름진 이스르엘 평야 동쪽에 위치한 전략적 요충지다. 이스라엘 측 총사령관은 초대 왕 사울이었고, 블레셋 측의 지휘관은 아기스(Achish)였다. 이 전투에서 사울 왕과 그의 왕자 세 명이 전사하는 등 이스라엘은 대패했다.

먼저, 전쟁 전(前) 이스라엘의 상황을 살펴보면, 가나안 땅 진입 후 이스라엘은 주변 부족들로부터 끊임없는 침략과 약탈을 당해 왔는데, 이러한 주변국들의 괴롭힘은 사사 시대까지 지속되었다. 견디다 못한 이스라엘 백성은 보이지 않는 그들의 하나님 대신에 눈에 보이는 용감한 왕을 원했다. 전투 시에 칼을 들고 최전선에서 그들을 진두지휘하는 왕을 동경했던 것이다. 신탁을 받아, 사울이 그의 나이 40세에 이스라엘의 초대 왕으로 선택되었다. 이후, 사울 왕의 대활약으로 미스바와 믹마스에서 치른 블레셋과의 전투, 베섹(Bezek)에서 암몬과의 전투, 아말렉과의 전투에서 이스라엘은 연전연승을 거두었다. 백성은 하나님 대신 사울 왕 '만세'를 외쳤다.

그러나 순종보다 제사를 선택한 행위로 인하여, 사울은 하나님에게서 버림을 받는다. 이스라엘을 통치하는 그의 소임은 수명을 다해 가고 있었다. 성경의 기록으로 미루어 볼 때, 사울은 여호와로부터 버림받은 후 측은할 정도로 심리적·정신적 쇠약함을 겪은 것 같다.

> 여호와의 영이 사울에게서 떠나고 여호와께서 부리시는 악령이 그를 번뇌하게 한지라(삼상 16:14).

이러한 사울의 심리적 불안정은 초기 그의 남성다운 용맹성과

의협심 그리고 하나님에 대한 경외심도 사라지게 했다. 사울의 심령에 들어간 악령은 무시로 사울을 번민케 했고, 주변 인물을 의심하게 했으며, 마침내 자신의 마음을 스스로 통제하지 못할 지경에 이르게 했다. 이것은 그와 다윗의 관계에서 가장 잘 나타난다. 한마디로 미증유의 '애증'(愛憎)의 관계인 것이다. 아끼면서도 죽여야 한다는 강박관념에 사로잡혀 사울은 13차례나 다윗을 죽이고자 했다. 질투, 증오 그리고 후회의 연속이었다. 끝없이 쫓고 쫓기는 긴장관계에서 사울의 아들 요나단은 둘 사이의 중재자가 된다. 또한 '하나님의 영'은 다윗에게 사울에 대한 진실한 마음을 주어, 어떠한 경우에도 주군(主君)의 몸에 손을 대지 못하게 한다. 다시 말해, 하나님은 '기름 부음 받은 자'가 '기름 부음 받은 자'를 피 흘리게 하지 않으셨다.

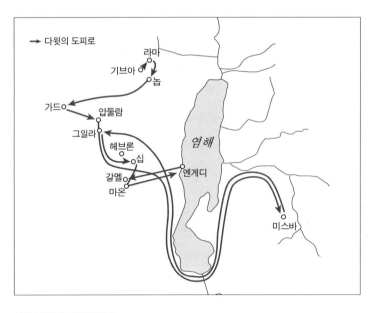

사울의 추격과 다윗의 도피로

사울을 죽일 기회가 두 번이나 있었음에도 그에 대한 적심(赤心)을 보여 주었던 다윗은 근거지를 정하지 못하고 정처 없이 도피생활을 하고 있었다. 가나안 땅과 요단 강 동쪽 모압 땅을 방랑하던 어느 날, 다윗은 그의 추종자 600명과 함께 가드에 있는 블레셋 왕 아기스에게 투항한다. 블레셋 족속이 누군가? 이스라엘을 대적하는 철천지원수가 아닌가?

다윗의 행동은 '역전적인 발상'이었다. 이스라엘 땅에 기거하는 한 사울의 위협이 그치지 않을 것이므로, 오히려 이스라엘이 두려워하는 블레셋 땅에 들어감으로써 생명을 보전하기로 한 것이다. 다윗의 생각은 적중하여 사울의 추격은 그날 이후로 중지되었다. 다윗은 영악했다. 능숙한 언변으로 시글락(Ziklag) 땅을 하사받아 독립적인 주거지를 확보하였으며, 그 땅에 사는 동안 블레셋 왕이 의심할 행동은 전혀 하지 않음으로써 무려 1년 4개월간 '적과의 동침'을 했다.

기원전 1010년경, 이스라엘 사사 사무엘이 죽은 지 4년째에, 가드에 있던 블레셋 왕 아기스가 이스라엘을 치기 위해 군사를 일으켰다. 그는 다윗을 불러 이 전쟁에 동참하여 그동안 진 신세를 갚으라고 강권한다. 아기스 왕의 위압적인 제안에 동의하여, 다윗은 부하들과 블레셋군에 배속되어 중간 집결지인 아벡(Aphek)까지 이동한다. 그러나 아벡에 도착하자마자 아기스 왕을 기다리고 있던 방백(예하 군사지휘관)들이 다윗을 보고 왕에게 집단적으로 항명한다. 이유인즉, 다윗의 마음이 돌변하여 전장에서 이스라엘 편을 들어 블레셋에 대항하면 어쩌겠냐는 것이었다. 아기스 왕의 설득에도 불구하고, 다윗을 믿지 못하는 방백들의 성화에 못 이겨 다윗은 결국 아벡에서 철수해 본거지인 시글락으로 복귀하게 된다. 이것은 하나님의 섭리였다. 아직까지는 다윗이 나설 때가 아니었으므로 하나님이 블레셋의 방백들을 통해 다윗을 보호하신 것이다.

이즈음 사울은 에브라임과 베냐민 땅 일대에 거주하던 모든 이

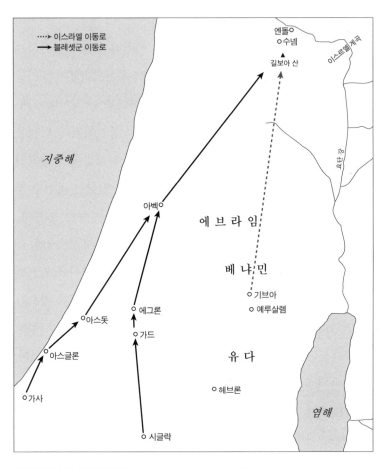

이스라엘군과 블레셋군의 이동로

스라엘 장정을 긴급 소집하여 군대를 편성했다. 곧이어 가드와 아벡 일대를 정찰하고 돌아온 첩자로부터 블레셋의 동향을 보고받았다. 블레셋군이 상대적으로 방어가 취약한 에브라임 일대를 먼저 점령한 후 예루살렘이 있는 베냐민 땅으로 남하할 것 같다는 보고였다.

사울 왕은 하나님의 법궤가 있는 이스라엘의 중심지인 베냐민에서 전쟁하는 것만은 피하고 싶었다. 그리하여 핵심 군지휘관들과 난상토론 끝에 적을 유다 땅에서 멀리 이격된 이스르엘 평원으로 유인하여 결전을 벌이기로 최종 결론을 내렸다. 이에 사울과 예하 지휘관들은 촌각을 다퉈 조상 기드온이 미디안 족속과 일전(一戰)을 치러 승리를 거둔 이스르엘 골짜기(Jezreel Valley)로 병력을 신속히 이동시켰다. 이어서 블레셋군이 도착하기 전에 해발 520m의 길보아 산을 선점하여 수넴 일대가 내려다보이는 고지능선에 집중적으로 군사를 매복시키고 적이 오기를 기다렸다.

이때 블레셋군은 아벡에서 대기하고 있었다. 이스라엘군이 이미 북상하여 이스르엘 골짜기의 길보아 산에 진쳤다 함을 듣고, 아기스 왕은 2000승으로 편성된 전차부대, 6000명의 기병부대 그리고 12만 명의 보병부대를 이끌고 여유 있게 이스르엘 평원으로 진입했다. 그리고 길보아 산을 마주하는 수넴(Shunem)이라는 곳에 진을 쳤다. 길보아 산 고지에서 수넴 일대에 진을 친 적의 규모와 위세를 보고, 사울 왕은 그저 두렵기만 해서 어떤 전략도 떠올릴 수 없었다. 당시 나이 72세로 연로하여 용기도 없었고, 열정도 식었으며, 무엇보다 판단력이 예전 같지 않았다. 여호와께 의뢰해도, 신하들에게 물어도 묵묵부답이었다.

사울 왕은 외로웠다. 아들 세 명이 동행했으나 다윗의 문제로 예민해져서 사소한 일에도 역정을 내는 아버지께 선뜻 다가서지 못했다. 사울은 신하에게 신접한 여자(Witch)를 찾도록 한다. 수소문한 결과 길보아에서 30분 거리에 있는 엔돌(Endor)에 영매자가 있다 하여 사울은 한밤중에 평민으로 변장해서 호위병 2명을 대동하고 그녀를 찾았다. 사울 왕의 부탁으로 신접한 무당은 이미 죽은 사사 사무엘의 영혼을 불러낸다. 현현(顯現)한 사무엘의 영혼을 향해 애절하게 도움을 부탁하는 이스라엘 왕 사울, 그러나 사무엘의 대답은 사울을 혼절시킬 만큼 단호했다.

네가 여호와의 목소리를 순종하지 아니하고… 여호와께서 이스라엘을 너와 함께 블레셋 사람들의 손에 넘기시리니 내일 너와 네 아들들이 나와 함께 있으리라(삼상 28:18-19).

14. 길보아 산에 떨어진 별 2
: 사울의 죽음
사무엘상 28, 31장을 중심으로

사울과 엔돌의 신접녀

사울이 심히 다급하여 영매자로 하여금 죽은 사무엘을 불러내도록 했으나 뜻밖의 진언(眞言)에 사울은 거의 까무러칠 뻔했다. '여호와께서 사울을 떠나 그의 대적이 되었다'는 말과 '나라를 자신의 손에서 떼어 다윗에게 주었다'는 말도 가히 충격적이려니와 내일 있을 중요한 전투에서 '그와 그의 아들들이 사무엘의 영혼과 함께한다는 것'은 그야말로 혼절할 일이었다. 그것은 곧 이스라엘의 패배와 그의 죽음을 의미하는 것이 아닌가!

이 말을 듣고 사울은 식음을 전폐할 만큼 심중의 고통이 컸다. 승패의 결과가 어찌되었든 이미 블레셋과의 전쟁은 피할 수 없기에 사울은 정신을 가다듬은 후 그날 밤 길보아 산 지휘부로 돌아왔다.

길보아 산을 선점한 이스라엘군의 사울 왕은 방어 위주로 전투를 편성했다. 중무장한 블레셋군을 효과적으로 상대하기 위해선 가능한 한 아군의 희생은 줄이고 적의 기동력을 약화시키는 방어 위주의 산악작전이 유리할 것이라는 판단에서였다. 총사령관 사울 왕은 지휘부를 고지 정상(520m)에 주둔시키고 평원에 진 친 블레셋군의 움직임에 따라 융통성 있게 대응하기로 했다. '하나님의 영'이 함께할 때는 승승장구하던 사울이었지만, 예하 지휘관들이 보기에 이번 전투는 어쩐지 불완전한 측면이 있었다.

고지의 전면에는 가파른 절벽이 좌우로 펼쳐져서 천연적인 방어망이 되는 반면에, 고지의 좌우는 완만한 구릉 지대여서 적의 전차부대와 기마부대가 접근하기 좋았다. 이를 염려한 일선 지휘관이 측면 보강을 건의했으나 사울은 듣지 않았다. 고지의 8부 능선에 배치된 병력을 적의 화살로부터 엄폐하기 위해 참호 구축을 건의했으나 이마저도 사울은 묵살했다. 게다가 공격하는 적의 허점을 강타할 수 있는 별도의 예비대도 편성하지 않았다. '완고한 것은 우상숭

길보아 산과 이스르엘 평야

배의 죄와 같다'고 했던 사무엘의 말처럼, 전투에 임하는 사울 왕의 태도는 패장의 전형을 보여 주는 듯했다.

다음 날, 수넴 일대에 진을 쳤던 블레셋군이 서서히 움직이며 공격대형을 갖추었다. 블레셋군이 험준한 지형을 이용하지 않고 평지에 진을 쳤다는 것은, 이스라엘군에 비해 유리한 기동력과 철기무기로 무장한 보병의 강력한 타격력에 대한 강한 자신감을 보이는 것이었다. 블레셋군의 총사령관 아기스 왕은 이번 전투에서 측면 돌파 작전을 구상했다. 이는 빠른 기동력을 이용해 상대적으로 방어가 취약한 측면을 강타하는 것이 이 전투에서 주효할 것이라는 예하 지휘관과 참모들의 건의를 받아들인 결과였다.

이 작전을 위해 아기스 왕은 전차부대를 2개 제대로 편성해 공격부대의 선두에 배치시켰다. 이 전차부대는 전방으로 신속하게 이동하다가 제1제대는 길보아 산 좌측을, 제2제대는 우측을 향해 진격해 이스라엘군의 측면을 와해시켜 통로를 확보하는 것이 임무였다. 또 다른 막강한 전력인 기병부대는 전차부대를 후속(後續)하다가 이스라엘의 측면이 돌파되어 공간이 확보되면, 신속히 이스라엘군의 종심 깊숙이 진입해 지휘부와 핵심 병력들을 타격하도록 했다. 그리고 궁병들은 정면에서 집중적으로 이스라엘군을 향해 화살을 퍼부어 기동부대가 효과적으로 접근할 수 있도록 이스라엘군의 시선을 전방에 묶어 놓도록 했다. 마지막으로 보병부대는 기병부대를 후속하여 이스라엘 진에 진입, 백병전으로 생명 있는 모든 것을 살육하도록 했다.

총사령관 아기스의 일제 공격 나팔소리가 떨어지자, 블레셋군은 이스라엘을 향해 선제공격을 개시했다. 험난한 절지(絶地)임에도 불구하고 블레셋군의 전차와 기병은 측면의 완만한 구릉을 올랐고, 블레셋 궁병은 정면에서 이스라엘군을 향해 화살을 비처럼 퍼부어 댔다. 그리고 칼과 창으로 무장한 보병은 기동부대를 후속하여 함성을 지르며 길보아 산 측면으로 물밀듯 쳐들어갔다.

적의 기세에 눌린 이스라엘군은 완전히 전의(戰意)를 상실해서 사분오열되어 통제 불능 상태가 되었다. 무수히 많은 이스라엘 병사가 쓰러져 갔다. 혼신의 힘을 다해 최전선에서 싸우던 사울의 세 아들, 요나단(Jonathan), 아비나답(Abinadab), 말기수아(Malchishua)가 차례로 적의 활과 칼에 맞아 쓰러졌다. 사울 왕을 호위하던 친위부대도 블레셋의 막강한 전차부대에 완전히 와해되어, 살아남은 경호원 한 명만이 사울 곁을 간신히 지키고 있었다. 아니나 다를까, 사울 왕도 블레셋 궁병들이 무작위로 쏜 화살에 가슴을 맞고 이내 쓰러지고 만다.

사울의 죽음

심한 출혈로 정신이 가물가물하지만, 이스라엘의 왕으로서 야만적인 블레셋 족속의 포로가 되는 수치는 면해야겠다는 위엄은 아직 남아 있었다. 결국 사울은 스스로 칼에 몸을 실어 자결하고 만다. 이로써 여호와의 말씀에 두 차례나 순종하지 않았던 사울은, 사무엘의 예언대로 길보아 전투에서 비극적으로 그 생을 마감했다.

전투가 종료된 다음 날, 블레셋군이 전리품을 획득하고자 이스라엘 진영으로 들어왔다. 사울 왕의 시체를 찾아 아기스 왕에게 보고하자, 사울을 참시(斬屍)해서 목을 벤 다음 그 목을 자신들의 신을 모신 바알과 아스다롯 신전에 보내어 전시하게 함으로써 대(對)이스라엘전의 승리를 모든 백성에게 알리게 했다. 또한 사울의 시체는 벧산(Bethshan) 성벽에 못 박아 오고가는 뭇 백성들의 조롱거리가 되게 했으며, 그의 갑옷은 아스다롯 신전에 보관하게 하여 전승(戰勝) 기념물로 삼았다.

그러자 이스르엘 골짜기 주변에 거주하던 이스라엘 백성이 그 화(禍)가 자신들에게까지 미칠까 두려워 성읍을 버리고 도망갔다. 이로써 여호수아 장군이 이스라엘 백성을 이끌고 가나안 땅에 진입

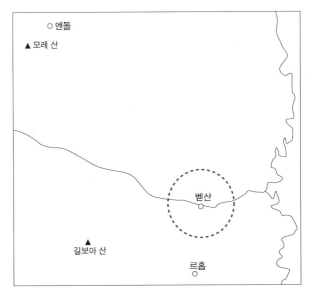

사울의 시체가 못 박힌 벧산

한 지 300여 년 만에 이스라엘은 이방인 블레셋에 의해 처음으로 북쪽 땅을 잃게 되었다.

지금까지의 상황을 분석해 보면, 이스라엘군은 전략상 유리한 고지인 길보아 산을 점령하여 방어체계를 구축하였음에도 블레셋군에 완전히 참패를 당했다. 이는 두 가지 측면, 즉 '전술적 측면'과 '구속사적 측면'으로 구분하여 해석할 수 있다. 우선, 이스라엘군의 전술적 측면에서 그 실패를 분석하면 세 가지로 살펴볼 수 있다.

(1) 블레셋군의 우월한 기동성, 즉 전차와 기병부대에 효과적으로 대처하지 못했다는 점이다. 이미 고지를 점령해 방어체계로 전략을 수립했으면, 가장 먼저 블레셋군의 전차 기동로를 폐쇄하거나 장애물을 설치해 적의 기동을 무력화했어야 했다.

(2) 심리전에서 이미 지고 시작한 전투였다. 이스라엘군은 싸우기 전에 블레셋군의 위세에 눌려 사기가 극도로 저하되어 있었다. 총사령관인 사울 왕조차 영매를 찾았을 만큼 두려움에 사로잡혀 있었다.

(3) 적의 강궁(强弓)의 위력에 대비하지 못했다. 당시 블레셋은 이미 이집트로부터 군사무기 제조법을 배워서 강궁의 사거리가 110m일 정도로 위력적이었다고 한다. 후일(後日) 사울과 요나단의 죽음을 애도한 다윗이 "그것을 유다 족속에게 가르치라 하였으니 곧 활 노래(The Use of the Bow)라 야살의 책(이스라엘의 전쟁책)에 기록되었으되"(삼하 1:18)라고 명령

했는데, 이는 블레셋군의 활의 위력이 위협적이었음을 묘사한 내용이다.

구속사(救贖史)적 관점에서 살펴보면, 길보아 전투는 처음부터 사울의 죽음과 이스라엘의 패배로 귀착된 '하나님의 섭리'였다. 세상 왕을 구하는 자체가 저들의 왕이 되신 하나님을 온전히 의지하지 못하는 일종의 범죄 행위임에도 불구하고, 여호와께서는 이스라엘 백성의 청을 들어 저들에게 조건적 '세상 왕'을 허락했다. 그 조건은 이스라엘 백성과 그들을 다스리는 왕이 '여호와 하나님을 따라야 한다는 것'이었다. 그리고 부대조건으로서 이 조건을 충족하지 못할 경우 이스라엘 백성과 그들의 왕이 다 '멸망할 것'이라고 경고했다 (삼상 12:25).

불행하게도 사울은 '여호와 하나님을 따라야 한다'는 조건을 충족하지 못했다. 그의 입술로 스스로 고백했듯이, 그는 하나님에 앞서 백성을 따랐다. 블레셋군의 침공으로 백성이 두려워 그를 떠나자, 백성을 달래기 위해 자신이 제사장이 되어 불법 제사를 드린 것이다. 아말렉 족속의 모든 소유를 진멸하라고 하였음에도 백성이 좋아할 만한 것은 남겨 두기도 했다. 백성의 비위를 맞춘 것이다.

사울의 이러한 행위는 여호와 하나님의 공의를 훼손한 것으로서 반드시 그 책임을 물어야 했다. 사울의 '순종하지 못함'에 대한 책임은 죽음이 필연적으로 동반되는 '전쟁'터에서 지게 되는데, 그 것은 이스라엘군의 일방적인 패배, 사울 일가의 비참한 죽음 그리고 죽은 후 블레셋군에게 그 시체가 철저히 능멸당하는 모습으로 나타났다. 그야말로 '멸망'이었다.

사울을 죽음으로 이끈 길보아 전투는 우리에게 매우 중요한 두 가지 영적 교훈을 제공한다.

첫째, 어떤 경우에도 하나님의 말씀은 지켜져야 한다는 것이다. 그분의 경륜(administration), 즉 우주를 통치하시는 개념은 한 치의 착오도 없어야 하기에 기록되고 예언된 모든 말씀은 지켜져야 했다. 이 논리하에 사울은 선지자 사무엘을 통해 대변된 하나님의 지시를 어김으로써 하나님의 통치 질서를 깨뜨린 징계를 받아야 했다.

둘째, 사울의 마음에서 '하나님의 영'이 떠난 것은 다윗을 세우기 위한 '하나님의 섭리'였다. 여호와께서 다윗의 몸에서 날 자식을 세워 그의 나라를 세우고, 하나님 자신을 위해 다윗의 위를 견고히 하겠다는 그분의 '언약'은 참으로 일방적이고 주권적이어서, 이후로도 변경되지 않고 마침내 천 년 후 다윗의 가문에서 '그리스도'가 이 땅에 나심으로 실현되었다. 이처럼 모든 것을 다스리시는 하나님의 계속적인 활동, 곧 모든 역사적 사건들을 그 마음의 원대로 주관하시는 '하나님의 작정'은 이 세상의 전쟁을 통해 향후로도 부단히 나타나게 된다.

15. 피의 전쟁 1
: 통일왕국으로 가는 길
사무엘하 2-8장을 중심으로

사울이 길보아 전투에서 전사한 후, 그 뒤를 이은 다윗은 유다 지파의 추대로 왕이 되었다. 기원전 1010년경의 일이다. 초대 왕으로서 주로 주변 이방 족속의 침략에 응전(應戰)해야 했던 사울과는 달리, 다윗은 왕이 된 후 나라의 내·외부적 도전을 동시에 치리해야 했다. 언약에 기반한 영원한 국가를 세우기 위한 길고도 혹독한 여정이 그를 기다리고 있었던 것이다. 다윗은 그 과업을 위해 선택된 하나님의 용사였다. 그러므로 하나님은 선지자 나단을 통해 다윗에 대한 그분의 각별함을 다음과 같이 계시했다.

네가 가는 모든 곳에서 내가 너와 함께 있어 네 모든 원수를 네 앞에서 멸하였은즉 땅에서 위대한 자들의 이름같이 네 이름을 위대하게 만들어 주리라(삼하 7:9).

그리고 이어서 다음과 같은 결정적인 언약을 주셨다.

나는 그에게 아버지가 되고 그는 내게 아들이 되리니(삼하 7:14).

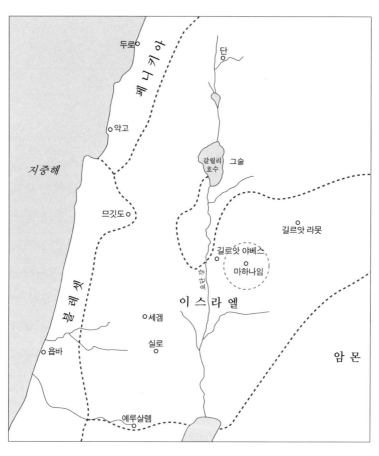

이스보셋의 이스라엘 국가

먼저 다윗이 당면한 국내 문제를 진단해 보면, 사울이 전사한 후 유다 지파를 제외한 이스라엘 10개 지파의 지도자가 궐석이 되었다. 그러자 사울 왕의 국방장관이던 아브넬(Abner)이 사울의 넷째 아들인 이스보셋(Ishbosheth)을 데리고 요단 강 동쪽 마하나임(Mahanaim) 땅으로 건너가 이스보셋을 유다를 제외한 10개 지파의 왕, 즉 이스라엘의 왕으로 세운다. 하나님이 기름 부으신 다윗은 단일 지파, 즉 유다 지파만을 이끄는 소수 세력의 리더로 전락했다. 이스라엘 왕국 내에 형성된 이 같은 정치적 대립 구도는 앞으로 펼쳐질 동족 간의 반목과 외부 세력을 끌어들여 형제국을 군사적으로 압박하여 점진적으로 이스라엘 민족의 거룩성을 더럽히는 단계로 발전하게 된다.

북이스라엘 왕국의 실력자로 군림하던 아브넬 장군은 서서히 이스라엘 전체를 지배할 야심을 드러낸다. 기회 있을 때마다, 다윗에게 군사적 도발을 감행하여 간헐적 국지전을 자행했다. 그러나 다윗은 동족의 무력 행위에 대해 감정적으로 대응하지 않았다. 가능한 한 민족 간의 공분(公憤)을 자아낼 행위는 자제하면서도, 유다 백성의 안전을 위협하는 군사적 침략 행위에 대해서는 같은 동족이라도 과감하게 대처하는 정책을 구사했다. 이러한 다윗을 백성은 신뢰했고, 다윗 가(家)는 점점 강성해진 반면 사울 가(家)는 점점 쇠락의 길을 걸었다.

어느 날, 아브넬이 이스보셋의 계모, 즉 죽은 사울 왕의 첩 리스바(Rizpah)를 범했다. 이는 이스라엘의 율법(레 18:6)을 어기는 것으로서 당시는 죽을죄로 간주되었다. 이스보셋이 이를 힐난하자, 아브넬은 사울의 딸인 다윗의 전처 미갈(Michal)을 데리고 다윗에게 투항한다. 그런데 얼마지 않아 아브넬은 구원(舊怨)을 품고 있던 다윗의 장수 요압에게 살해되고, 이스라엘 왕 이스보셋마저 자신의 휘하 두 장군 레갑(Rechab)과 바아나(Baanah)에 의해 암살당하고 만다. 사울 왕의 마지막 남은 아들 이스보셋의 죽음으로, 최초로 왕이 통치하는 이스라엘 통일왕조를 열었던 사울의 계보는 종말을 고했다. 동시에 기원전 1010년경 다윗은 그의 나이 30세 되던 해에 마침내 온 이스라엘과 유다를 다스리는 통일 이스라엘의 왕이 되었다. 그리고 예루살렘에 거주하고 있던 여부스 족속(Jebusites)을 몰아내고 그곳을 통일 이스라엘의 수도로 삼았다.

비록 이스라엘이 통일되었다고는 하나, 가나안 땅 거주 이후 끊임없는 외세의 침략에 대비할 만한 군사력이 없음으로 인해 정치·사회적으로는 여전히 안정을 찾지 못하고 있었다. 주변국과 지속적인 군사적 마찰이 있는 상황에서는 한 명의 유능한 장수가 귀한 법이다. 다행히도 다윗의 곁에는 소규모 국지전으로 전투 경험을 축적한 장수들이 시간이 지날수록 늘어 갔다. 그중 아디노(Adino), 엘르아살(Eleazar), 그리고 삼마(Shammah)는 전장에서 일당(一當) 천(千)을 할 수 있는 용기와 지략을 겸비한 장군으로 성장했다. 이들 외에 33인의 뛰어난 용사가 있었는데, 이들은 다윗과 이스라엘을 위해 자신의 생명을 바칠 충직한 군인들이었다. 그들은 전투에서는 부하들보다 먼저 돌진했고, 자신보다 전체의 유익을 생각했으며, 작은 일에도 주군(主君)인 다윗에게 충성을 다했다. 그 결과 다윗의 치세 동안 이스라엘은 군사적으로 강성해졌고, 동시에 엄청난 국가적 부(富)를 축적해 여러 면에서 민족의 발전을 위한 군건한 터전을 다질 수 있었다.

통일왕국 전후로 다윗 왕이 치른 주변국과의 전쟁을 연대순으로 고찰해 보는 것이 통일 이스라엘의 건국 초기를 이해하는 데 도움이 될 것이다.

통일왕국을 이룬 뒤 다윗이 치른 첫 전쟁은 다름 아닌 블레셋과의 전쟁이었다. 지난 장에서도 언급하였듯이, 길보아 전투에서 사울왕을 죽인 블레셋 족속은 다윗 왕에게도 가장 위협적이었다. 그들은 철기로 제작된 칼, 방패, 화살로 무장했고, 전차와 기병을 보유하여 뛰어난 기동력을 확보하였으므로 이스라엘로서는 여간 버거운 상대가 아니었다.

다윗이 이스라엘의 왕이 되었다는 소식을 들은 블레셋 족속이 그를 시험하고자 예루살렘에서 서쪽으로 7km가량 떨어진 르바임 골짜기(Valley of Rephaim)로 침공했다. 이곳은 예루살렘에 진입하는 길

르바임 골짜기

목이며 넓은 평원이다. 블레셋군은 전차와 철기도구로 가공한 칼과 방패로 무장하고 드넓은 평지에 진을 쳤다. 유능한 장수와 사기가 충천한 병사들로 구성된 군대는 반드시 승리를 쟁취한다는 것이 동서고금의 전쟁술이다. 목전(目前)의 무수한 블레셋군을 주시하면서 다윗은 비록 수적으로는 중과부적(衆寡不敵)일지라도 블레셋군에 위축되지 않았다. 이미 "내가 반드시 블레셋 사람을 네 손에 붙이리라"는 신탁을 받았기에 그는 이 전투의 승리를 확신했다. 사기충천한 이스라엘군이 바알브라심(Baal Perazim)으로 돌격하자 기세에 압도당한 블레셋군은 사방으로 흩어져 버렸다. 다윗은 이때의 상황을 다음과 같이 은유적으로 묘사했다.

> 여호와께서 물을 흩음같이 내 앞에서 내 대적을 흩으셨다(삼하 5:20).

그러나 블레셋은 얼마나 집요한 족속인지 곧이어 더욱더 많은 군사를 이끌고 르바임 골짜기에 집결했다. 이번에도 이스라엘은 신탁에 근거해 블레셋군과 정면 대결을 피하고 적의 배후로 이동한 후 기습공격을 감행해 대승을 거두었다.

이 전쟁을 승리로 이끈 후 이스라엘 백성과 다윗은 한동안 태평성대를 구가했다. 그리고 선지자 나단(Nathan)은 그가 받은 묵시(vision)대로 다윗과 그의 가문에게 임할 위대한 여호와의 언약을 선포했다.

내가 너를… 이스라엘의 주권자로 삼고… 내가 또 내 백성 이
스라엘을 위하여 한 곳을 정하여 그를 심고 그를 거주하게 하
고… 너를 모든 원수에게서 벗어나 편히 쉬게 하리라… 내가
네 몸에서 날 네 씨를 네 뒤에 세워 그의 나라를 견고하게 하리
라… 네 집과 네 나라가 내 앞에서 영원히 보전되고 네 왕위가
영원히 견고하리라(삼하 7:8-12, 16).

나단에게서 장래 일을 들은 다윗은 한껏 고무되어 이제까지 행
하던 전쟁 방식을 변경한다. 수세적·방어적 전투 태세에서 적극적
인 공세작전으로 전환한 것이다. 다윗의 전쟁 기록에 의하면, 이러
한 공격적 전투 방식의 첫 희생양은 그 지긋지긋한 이스라엘의 천적
블레셋군이었다. 다윗이 선제 공격하여 블레셋군의 강력한 주둔지
중 하나인 메덱암마(Metheg Ammah or Gath)를 차지해 버린 것이다. 이
어 요단 강 동편으로 눈을 돌려 모압족을 쳐서 속국으로 만들고 조
공을 바치게 했다.

다음으로, 북벌정책의 일환으로 지금의 레바논 지역을 다스리던
소바 왕(king of Zobah) 하닷에셀(Hadadezer)을 쳐서 마병 1700명과 보병
2만 명을 포로로 잡고, 전차 100대의 말(馬)만 남기고 나머지 말들은
발의 힘줄을 끊어 버려 다시는 전쟁에 활용하지 못하도록 했다. 계
속해서 소바국 도시를 약탈하여 그곳 특산물인 엄청난 양의 놋(brass)
을 확보했다. 이에 놀란 하닷에셀의 동맹군 하맛(Hamath) 왕(지금의 레
바논 지역) 도이(Toi)는 스스로 이스라엘과 화친을 제의하고, 금, 은 그
리고 놋을 진상한다. 또한 아람국(시리아)이 소바 왕과 동맹을 맺고

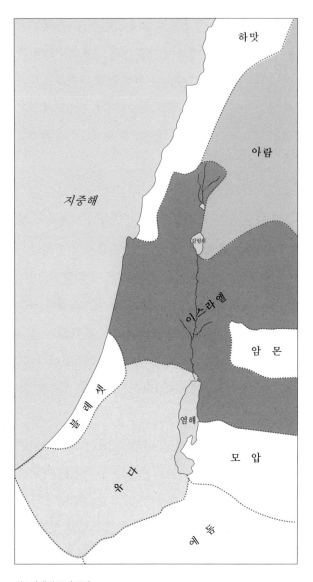

하맛

아람

지중해

갈릴리

이스라엘

암몬

블레셋

염해

유다

모압

에돔

이스라엘의 주변 국가

군사를 움직이자 다윗은 아람군을 선제 공격하여 병사 2만 2000명을 살육했다. 그리고 추가적인 도발을 억제하는 차원에서 아람에 국경수비대를 설치하고 이스라엘에 조공을 바쳐 속국으로서 예를 갖추도록 했다. 이렇듯 다윗이 어디를 가든지 여호와께서 대적을 그에게 붙여 이기게 하셨다. 이러한 정복전투는 가나안 땅의 모든 이방 위협 세력이 완전히 정벌될 때까지 계속된다.

16. 피의 전쟁 2
: 영원한 왕국 건설
사무엘하 8-18, 20장을 중심으로

이제 다윗은 관심을 이스라엘 남쪽으로 돌려 에돔을 공격한다. 소금 골짜기(Valley of Salt)라 불리는 평원에서 격전을 치른 끝에 에돔 군 1만 8000명을 살해했다. 그리고 아람국과 마찬가지로 에돔에 국경수비대를 설치하여 이 족속이 다시는 이스라엘에 반기를 들지 못하도록 군사적으로 무장 해제시키고 이스라엘의 속국으로 만들었다. 수많은 전쟁의 승리로 다윗이 획득한 전리품은 상상을 초월할 정도였다.

그러나 아직 요단 강 동편 산지의 암몬 족속이 남아 있었다. 암몬 왕 나하스(Nahash)가 죽자 다윗은 죽은 자에 대한 예의와 화친을 목적으로 왕의 조문단을 보냈는데, 새로 즉위한 암몬 왕 하눈(Hanun)이 다윗의 사절단을 모욕한 사건이 발생했다. 조문단의 수염을 자르고 옷을 볼기까지 자른 것이다. 당시의 관습으로 볼 때, 히브리인의 수염을 자르고 긴 솔기 있는 옷을 자른다는 것은 능멸과 조롱의 행위였다. 사실은 이 사건이 일어나기 전부터 암몬 족속은 과거 이스라엘에게 패한 데 대한 원한이 있던 아람과 소바 그리고 주변 군소 족속들과 동맹을 맺고 이스라엘과 일전을 겨룰 준비를 하고 있었다. 그러던 차에 이스라엘에 먼저 도전장을 내민 것이다. 이에 다윗은 직접 전투에 참전하는 대신 요압 장군을 총사령관에 임명한 후 이 족속의 평정을 명령했다.

예루살렘에서 출발해 요단 강을 건너 북동쪽에 위치한 랍바를 향해 행군하여 거의 목표 지점에 도달할 무렵, 이스라엘군의 이동을 간파한 암몬 동맹군은 그 길목에서 매복하고 있었다. 이스라엘군은 이를 알지 못한 채 암몬 동맹군의 덫으로 더 가까이 들어가고 있었다. 이스라엘군의 본대가 완전히 함정으로 진입하자 암몬 동맹군은 신호와 함께 앞뒤에서 포위, 압박했다. 그러나 요압 장군은 이런 상황에서도 침착하게 군(軍)을 2개 제대로 나누고, 1제대는 아비새 장군의 지휘하에 정면의 암몬 군을, 2제대는 자신이 맡아 배후의 아람 동맹군을 각각 선제공격하기로 했다. 이것을 전문 군사 용어로 '모공전략'(謀攻戰略)이라고 한다. 적의 병력이 아군보다 2배 정도 우세하면 나누어 공격하는 원칙이다.

요압 장군이 이끄는 2제대가 먼저 공격을 개시하자, 이스라엘군의 기세에 눌려 아람군의 전선(戰線)이 일순간 무너졌다. 정면에서 압박하던 암몬군도 전투를 피하여 성으로 패주해 버렸다.

그럼에도 이스라엘에 대한 주변국의 모반(謀反)은 이후로도 계속되었다. 이스라엘 정복에 대한 미련을 버리지 못한 소바 왕 하닷에셀이 아람군과 또다시 연합하여 소박(Shophach)을 총사령관으로 임명하여 암몬의 북편 헬람(Helam)에 진을 치고 시위하자, 이번에는 다윗이 친히 군대를 지휘하여 전투에 임했다. 이 전투에서도 다윗이 이끈 이스라엘 군대는 적장(敵將) 소박을 포함한 전차병 700명과 기병 4만 명을 살육하고 대승을 거두었다.

　겨울이 다가오자 다윗은 지루하고도 끝없는 정복전쟁을 잠시 멈추었다. 해가 바뀌어 춘삼월(유대력으로 아빕월)이 도래할 무렵, 다윗은 다시금 전쟁을 재개하여 불패의 장군 요압에게 암몬의 잔여 세력이 주둔하고 있는 랍바를 재공략하도록 임무를 주었다. 다윗 왕이

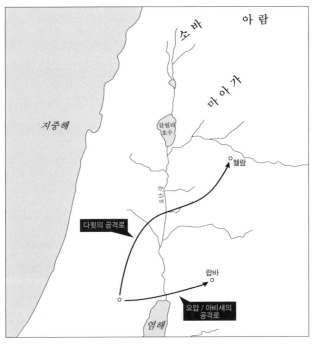

헬람 및 랍바

자신의 충성스런 부하 우리아(Uriah)의 아내 밧세바(Bathsheba)에 마음을 빼앗겨 그녀와 정겨운 시간을 보내고 있을 무렵, 우리아와 이스라엘 병사들은 전장에서 그들의 왕 다윗과 민족을 위해 목숨을 건 치열한 전투를 치르고 있었다. 이 전투에서 우리아는 암몬군이 성벽 위에서 던진 바위에 머리를 맞아 전사했지만, 이스라엘군은 요압 장군의 효과적인 포위작전으로 암몬 족속을 최종 굴복시켜 이스라엘의 조공국으로 만들었다.

마침내 다윗은 이스라엘을 괴롭히던 모든 주변국을 평정하여 하나님께서 아브라함과 모세에게 약속하신 가나안 땅에서 이스라엘 왕국을 세우게 되었다. 이때가 기원전 1000년경, 다윗이 불혹의 나이 40세에 들어설 무렵이었다. 그동안 이스라엘이 정복한 족속들은 동서남북의 모든 국가, 즉 아람, 모압, 암몬, 블레셋, 아말렉, 에돔, 소바, 마아가, 돕 등으로 이들 도시국가들은 이스라엘에 적지 않은 부(富)를 안겨 주었다. 이들에게 받은 조공과 전쟁의 승리로 획득한 무수한 전리품으로 말미암아 이스라엘 백성의 삶은 풍요로워졌고 국력은 나날이 강성해졌다. 그러나 이들 피정복 국가들은 다윗의 아들 솔로몬 왕 이후 거룩성을 잃어 가는 이스라엘 자손들을 괴롭히는 가시와 같은 존재로 다시금 부활하게 된다.

통일왕국을 이룬 기쁨도 잠시, 다윗의 셋째 아들 압살롬이 역모를 꾸민다. 백성의 마음을 빼앗고 부왕의 책사 아히도벨(Ahithophel)을 매수하여 유다 지파를 제외한 대부분의 이스라엘 지파를 끌어들여 군대를 구성하고 난을 일으킨 것이다. 다윗은 속수무책으로 밀려 요단 강을 건너 마하나임으로 피신해 겨우 목숨을 보전하지만, 백성이

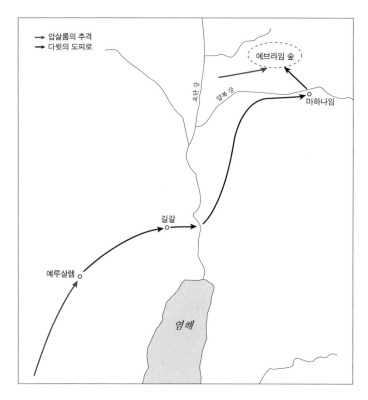

다윗의 피신과 압살롬의 추격

부자지간의 싸움으로 이처럼 갈리는 것에 대해 고통스러워했다. 사사로운 일보다는 국사(國事)가 중요하기에 다윗은 요압, 아비새 그리고 잇대(Ittai) 장군에게 명령하여 아들 압샵롬을 제압하도록 한다. 다만, 아들의 목숨만은 보전하라는 부탁과 함께….

　전투는 마하나임 서북쪽에 위치한 에브라임 숲에서 치러졌다. 압살롬이 통솔하는 이스라엘 10지파의 군대는 수적으로 너무 많아 행동반경이 제한되는 숲속 전투에는 부적절했다. 부대는 서로 엉켜 방향감각을 잃어버려 전투는 고사하고 길을 헤매며 생존조차 보장할 수 없는 지경이었다. 총사령관인 압살롬도 친위부대의 경호에서 멀어져 방향을 잃고 혼자 노새를 타고 헤매다가 상수리나무에 머리털이 걸렸다. 노새가 빠져나갔기에 그는 나무에 매달려 바둥거렸는데, 이를 요압 장군의 부하가 발견하고 요압 장군에게 보고했다. 요압은 그때까지 생명을 부지하고 있던 압살롬을 창으로 찔러 죽여 버린다. 이어서 그의 묵시적 허락하에, 요압의 호위병들이 압살롬의 시신을 무자비하게 난도질했다.

이는 "나를 위하여 젊은 압살롬을 너그러이 대우하라"(삼하 18:5)는 다윗 왕의 명령을 무시한 무자비한 처사였다. 요압 장군은 이후로도 계속 독단적인 행동을 일삼았는데, 그보다 의로운 아브넬과 아마사를 칼로 죽였다. 이는 후일 그로부터 '하나님의 영'이 떠나는 동시에 불행한 죽음에 이르는 근거가 된다.

압살롬의 죽음

> 그들의 피는 영영히 요압의 머리와 그의 자손의 머리로 돌아갈지라(왕상 2:33).

"수풀에서 죽은 자가 칼에 맞은 자보다 많았다"는 성경 기록으로 볼 때, 압살롬군은 이 지형에 익숙지 않아 효과적인 지휘 통제가 이뤄지지 못한 채 지리멸렬했던 것 같다. 압살롬의 반역으로 발발한

이 전투에서 압살롬이 지휘한 이스라엘 10개 지파군은 다윗의 유다
군에게 패하여 무려 2만 명의 병력을 잃었다. 집안싸움이 된 이 전
투는 누가 이기더라도 부끄러운 싸움이었기에 승자가 없었다. 그런
까닭에 성경은 "그날의 승리가 모든 백성에게 슬픔이 되었다"고 기
록하고 있다. 아들의 죽음으로 인한 아비 다윗의 피를 토하는 비통
한 심정은 세 마디에 잘 녹아 있다.

"압살롬아! 내 아들아! 내 아들아."

다윗이 마하나임에서 수도 예루살렘으로 귀환하며 요단을 건너
는 것을 모든 유다 족속이 맞이했다. 이때 유다 지파는 편협적이며
배타적인 행동을 보였다. 다윗이 유다 지파인 것을 믿고 이스라엘
10지파를 노골적으로 하대한 것이다. 이를 뒷받침하는 성경 기록을
보자.

> 이스라엘 사람이 유다 사람에게… 너희가 어찌 우리를 멸시하
> 여 우리 왕을 모셔 오는 일에 먼저 우리와 의논하지 아니하였
> 느냐 하나 유다 사람의 말이 이스라엘 사람의 말보다 더 강경
> 하였더라(삼하 19:43).

이런 일로 이스라엘 10지파는 다윗에게 등을 돌려 베냐민 지파
인 세바(Sheba)를 수장으로 옹립해 또 다른 반란을 일으킨다. 다행히
도 요압 장군과 아벨 땅에 거주하는 지혜로운 여인의 처신으로 피
흘림 없이 반란은 무난히 진압되었다.

지금까지 치러진 모든 전쟁을 요약하면, 다윗의 치세 40년간은

전쟁의 역사였다고 해도 과언이 아니다. 전쟁은 철저히 하나님의 보호 아래 치러졌으며, 하나님은 그가 택한 다윗을 사울의 손과 모든 대적의 손에서 구원하셨다. 전쟁을 통해 하나님은 곤고한 백성 이스라엘 편에 서서 스스로 교만하고 강한 주변 민족들을 자비 없이 격파하심으로 이스라엘의 하나님이 신들 중의 으뜸임을 드러내셨다. 전쟁 종결 후 용사이자 시인인 다윗은 그와 함께하시는 여호와께 '감사의 노래'를 지어 바쳤다.

> 여호와는 나의 반석이시요 나의 요새시요 나를 위하여 나를 건지시는 자시요 내가 피할 나의 반석의 하나님이시요 나의 방패시요… 주께서 내게 전쟁하게 하려고 능력으로 내게 띠 띠우사 일어나 나를 치는 자를 내게 굴복하게 하셨사오며 주께서 또 내 원수들이 등을 내게로 향하게 하시고 내게 나를 미워하는 자를 끊어 버리게 하셨음이니이다(삼하 22:2-3, 40-41).

밧세바와 동침하고 우리아를 죽음으로 내몬 죄에도 불구하고 "그가 만일 죄를 범하면 내가 사람의 매와 인생의 채찍으로 징계하려니와 내가 네 앞에서 물러나게 한 사울에게서 내 은총을 빼앗은 것처럼 그에게서 빼앗지는 아니하리라"(삼하 7:14-15)는 하나님의 약속으로 말미암아 하나님은 다윗을 버리지 않으셨다. 이로써 우리는 하나님은 인류의 역사를 이루어 가시는 가운데 전쟁이라는 방법을 통해 그가 선택한 백성과 맺은 언약을 신실하게 지키심을 알 수 있다.

통일 이스라엘 분열 전 국제정세
(기원전 1051-931년)

기원전 11-10세기 고대 중근동 지역 국가

바빌로니아(Babylonia)

—

기원전 1155년경, 카시트(Kassite) 왕조가 엘람에게 멸망하고, 이신(Isin) 왕조가 바빌로니아에 세워졌다. 이 왕조에서 가장 뛰어난 왕은 느부갓네살 1세(네부카드네자르 1세Nebuchadnezzar I, 기원전 1126-1103년)인데, 그는 엘람에 대한 보복을 단행하고, 북쪽 앗시리아의 위협에 잘 대처했다. 느부갓네살 1세가 죽자, 바빌로니아는 국력이 다시 약화되어 앗시리아, 아람, 갈대아 민족이 바빌로니아의 지배권을 놓고 서로 치열하게 전쟁을 벌였다. 결국 바빌로니아의 이신 왕조는 외부 세력의 침입을 견디지 못하고 아람군에 의해 기원전 1025년경에 멸망하게 된다.

이후 아람이 세운 제5왕조(기원전 1025-1004년)는 바벨론 지역을 무자비하게 착취했는데, 때마침 발생한 극심한 기아로 인해 20년 만에 멸망했다. 제6왕조(기원전 1004-985년)는 비트 바시(Bit-Bazi) 왕조라 불리는데, 정확한 그 기원을 알 수 없다. 이 무렵, 대부분의 신성한 왕권을 부여받은 셈족 왕들은 바빌로니아에서 사라졌으나, 바벨론은 여전히 제국의 수도이자 서아시아의 신성한 도시로서 기능을 잃지 않았고, 성직자들은 강력한 권력을 유지하고 있었다.

이렇듯 바빌로니아는 국내 정치가 끊임없이 불안정함으로 인해 외부 특히 이스라엘을 넘볼 여유가 없었다. 사울, 다윗 그리고 솔로몬으로 이어지는 통일 이스라엘 왕국은 이 같은 주변 전통 강대국의 약세로 인해 가나안과 주변 부족들에 대한 정복전투에 집중할 수 있었고, 안정적 내치를 이루어 갈 수 있었다.

이집트(Egypt)

—

상·하 이집트로 분리 통치되던 이집트는 제21왕조의 3대 왕 프수센네스 1세(Psusennes I, 기원전 1047-1001년) 때 파라오로서 약간의 위세를 떨치긴 했으나 이집트 전반에 미치지는 못했다. 그 이유는, 외형상으로는 하(下)이집트의 왕이 전 이집트의 지배자로 자칭했으나, 실질적인 영향력은 상(上)이집트를 지배한 '테베의 대사제단'에 있었기 때문이다. 이렇듯 이등분된 권력 구조에 기인한 국력의 분산으로 이 시기 이집트의 왕권은 미미했다.

통일 이스라엘의 사울-다윗-솔로몬 치세와 맞물려 눈여겨보아야 할 이집트 왕조는 제3중간기의 첫 왕조인 21왕조(기원전 1077-943년)다. 사울이 통일 이스라엘 왕으로 선택되었을 때인 기원전 1051년경 이집트는 권력의 과도기였다. 즉 21왕조 초대 왕 스멘데스 1세(Smendes I, 기원전 1077-1051년)와 2대 왕 아메넴니수(Amenemnisu, 기원전 1051-1047년) 사이에 수평적 권력 승계가 이뤄진 것이다. 그리고 기원전 1010년경, 다윗(기원전 1010-970년)이 이스라엘 왕으로 등극할 시기에는 이집트의 프수센네스 1세(Psusennes I, 기원전 1047-1001년)가 왕권을 강화하기 위해 신권을 강조한 사제들과 치열한 권력 다툼을 벌이고 있었다.

다윗 왕 후기에 이집트에 변화가 생겼다. 강한 이집트를 주창하며 한 왕이 혜성같이 등장했는데, 그가 바로 21왕조의 6대 왕인 시아멘 또는 시아문(Siamun, 기원전 986-967년)이다. 용맹하고 영민한 왕이었던 시아문은 이집트의 옛 명성을 회복하고자 서서히 군사력을 증강하며 기회를 엿보고 있었다. 다윗 왕의 탁월한 지도력과 이스라엘의 강한 군사력을 경계하여 한동안 이스라엘을 넘보지 못하다가 마침내 이스라엘 침공의 기회를 포착하게 된다. 기원전 970년 다윗이 죽자, 후계자인 솔로몬 왕 초기에 드디어 오랫동안 꿈꾸던 북벌 계획을 실행에 옮긴 것이다.

기원전 969년경, 시아문 왕은 군사를 일으켜 과거에 이집트가 통제하던 블레셋과 팔레스타인 남서부를 침공하여 상당한 영토를 차지했다. 그리고 이스라엘과 화친조약을 맺고, 그의 딸을 솔로몬과 정략적으로 결혼시켜 상호 동맹관계를 맺었다. 성경에 의하면, 시아문은 팔레스타인 지역에 있는 게셀을 침공, 탈취한 후 그 성읍을 자기 딸 솔로몬의 아내에게 결혼 예물로 주었다(왕상 9:16).

이 사건 이후 기원전 967년경, 시아문이 아들 없이 죽자 아문 대제사장의 아들 프수센네스 2세(Psusennes II, 기원전 967-943년)가 그 뒤를 이었다. 그런데 전임 왕과 마찬가지로 프수센네스 2세도 후사(後嗣)가 없었다. 왕의 군사령관이던 시삭(셰숑크 1세Sheshonk I, 기원전 943-922년)은 자기의 아들(Osorkon I, 기원전 922-887년)을 왕의 딸과 결혼시켜 왕실과 사돈관계를 맺고 왕권 찬탈의 기회를 노렸다. 마침내 프수센네스 2세가 죽자, 시삭은 제21왕조의 종말을 선언하고 부바스티스(Bubastis)를 본거지로 본인이 새로운 왕조의 왕임을 선포한다. 이집트 사료는 이 왕조를 이방인 리비아가 세운 제22대 왕조라 칭한다. 통일 이스라엘의 솔로몬 시대는 이집트 21왕조의 마지막 왕 프수센네스 2세(Psusennes II, 기원전 967-943년)의 통치 시대와 거의 맞물리는데, 후일 시삭 왕은 통일 이스라엘이 분열되자 이스라엘을 침공했다. 솔로몬 왕 치세 후반기에 이집트의 권력이 21왕조에서 군사

정권인 22왕조로 넘어감에 따라 이집트는 솔로몬 사후 이스라엘을 서서히 압박하는 세력으로 부상하게 된다.

레반트(Levant) 지역
—

레반트는 역사적으로 근동과 중동의 일부 지역을 가리킨다. 특정 지역을 명확하게 가리키는 용어라기보다는 문화적, 역사적 배경을 지닌 지역을 아우르는 용어로서, 대략 그 범위는 북쪽으로 타우루스 산맥, 서쪽으로 지중해, 남쪽으로 아라비아 사막, 동쪽으로 북서 현 이라크를 경계로 한다. 팔레스타인, 이스라엘, 레바논, 요르단, 시리아, 넓게는 북서부 이라크가 여기에 해당한다.

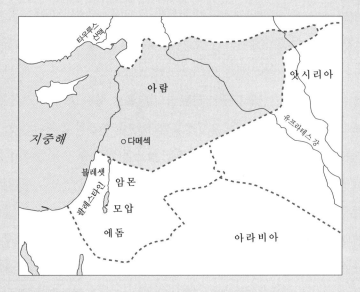

레반트 지역 국가

통일 이스라엘 시대에 레반트에 거주하던 국가와 부족은 성경의 많은 부분에서 언급된다. 이스라엘이 가나안 땅에 입성한 후, 이스라엘은 이들 부족국가들과 혹독한 전쟁을 치렀다. 특히 다윗 왕 치세 40년(기원전 1010-970년) 동안은 '전쟁의 시대'라고도 불릴 만큼 주변 국가들과 치열하고도 피비린내 나는 전투를 치렀다.

성경에 언급된 대표적인 주변 도시국가는 아람, 암몬, 모압, 에돔 그리고 블레셋이다. 이들 주변 국가는 이스라엘과 때로는 동맹관계를 맺거나 때로는 적대적 긴장관계를 맺으면서 역사에서 사라지기도 하고 살아남기도 했다. 따라서 레반트에 터전을 잡은 이스라엘의 주변 국가를 먼저 짚어 보는 것이 성경의 역사적 사실성을 이해하는 데 도움이 된다.

아람(Arameans)

아람은 기원전 11~8세기경에 시리아 북부 지방에 거주하였는데, 히브리인들과 형상이 비슷했다. 성경에는 기원전 16세기경부터 하란 지방 근처 시리아 북부에 거주한 것으로 알려져 있다. 아람 족속 중 일부는 메소포타미아의 광대한 지역을 장악하기도 했다. 기원전 11세기 말경, 아람인들은 비트 아디니(Bit-Adini)라는 나라를 갈그미스(Carchemish) 아래에 위치한 유프라테스 강 기슭에 세웠으며 아나톨리아, 시리아 북부 그리고 다메섹을 포함하는 레바논 지역을 점령하기도 했다.

기원전 1030년경, 아람 지역의 소바(Zobah) 왕 하닷에셀(Hadadezer)이 이스라엘의 다윗 왕에 의해 정벌당하자, 아람은 두려움을 느끼고 군사를 일으켜 하닷에셀을 원조했다. 그러나 이스라엘과의 첫 전투에서 다윗 왕에게 크게 패함으로써 군사 2000명과 금방패, 놋 등 많은 귀중품을 잃고, 아람은 이스라엘의 조공국으로 전락했다. 이후 다윗은 아람이 재차 반란을 일으키지 못하도록 아람에 국경수비대를 설치하여 통제했다.

이후에도 아람은 암몬과 연합하여 이스라엘에 대항했으나, 이스라엘의 요압 장군과 아비새 장군에 패배하여 더 이상 반기를 들지 않았다. 아람이 왕정제도를 정립하고 본격적으로 성장하기 시작한 것은 통일 이스라엘 왕국의 왕권이 약해지던 솔로몬 왕 말기 무렵이었다. 자신이 섬기던 소바 왕 하닷에셀을 버리고 이집트로 도망갔던 르손(Rezon)이 반란을 일으켜 다메섹과 수리아의 왕이 되고, 이어서 아람의 왕이 되었다. 그리고 동쪽으로 바빌로니아까지 세력을 확장해 바빌로니아의 이신 왕조를 무너뜨리고 나부슘리불(Nabu-shum-libur, 기원전 1033-1025년)이라는 아람 출신 왕을 세우기도 했다.

모압(Moabites)

통일 이스라엘 시대에 모압 족속은 여전히 요단 강 동편 고원지대에 거주하고 있었다. 위로는 암몬 족속이 있었고 동쪽으로는 아라비아 사막이 있으며 아래쪽에는 에돔 족속이 거주하고 있었다. 이스라엘과는 요단 강과 염해로 경계를 나누고 있었다.

사사 시대(기원전 1390-1050년)에 모압 왕 에글론은 암몬과 아말렉과 연합군을 형성하고 이스라엘을 공격하여 18년 동안 이스라엘을 지배했다. 이후 통일 이스라엘의 초대 왕인 사울은 모압과 그 인근 부족국가와 전쟁을 벌여 오히려 대승리를 거두었다. 그 일을 계기로 모압 왕은 사울을 적으로 간주하여 사울에게 쫓기던 다윗의 요청으로 그의 부모를 모압의 미스바(Mizepeh)에 살도록 허락해 주었다.

사울이 죽은 후, 다윗이 이스라엘 왕으로 다스릴 때에 이스라엘과 모압 사이에 전쟁이 재개되었다. 이때 다윗은 모압 족속을 철저히 굴복시켜 이스라엘의 조공국으로 만들었다. 그러나 이후로도 모압이 계속해서 이스라엘에 반기를 들자, 다윗은 모압 족속을 잔인하게 집단 학살했다. 즉 모압군을 땅에 일렬로 엎드리게 한 다음, 병력의 2/3를 구별해 모조리 죽여 버렸다. 다윗이 모압 족속에게 가한 이 징벌은 400여 년 전 발람이 이스라엘을 괴롭히던 모압의 최후를 예언한 것이 성취된 것이라 볼 수 있다.

> 한 별이 야곱에게서 나오며 한 규가 이스라엘에게서 일어나서 모압을 이쪽에서 저쪽까지 쳐서 무찌르고 또 셋의 자식들을 다 멸하리로다(민 24:17).

다윗 사후, 그가 생전에 정복했던 수많은 국가를 효과적으로 다스릴 방책이 필요했다. 이에 솔로몬은 군사적으로 통제하는 대신 피정복 국가의 왕실과 혼인관계를 맺음으로써 화평관계를 유지하는 데 초점을 맞췄다. 이에 따라 솔로몬은 속국이 된 국가의 많은 이방 여자를 아내로 맞았는데, 여기에 모압 여인들도 포함되었다. 한동안 이스라엘과 모압은 우호적인 관계를 유지했지만, 솔로몬이 치세 후반에 모압 출신 아내를 위해 모압신 그모스(Chemosh)에게 바치는 산당을 지어 주고 제사도 허락하여 이스라엘을 종교적으로 타락시키는 동기를 제공하게 된다. 이는 왕국 분열의 길을 재촉하여 결국 그의 사후 이스라엘은 분열되고 만다.

왕국 분열 후 모압은 이스라엘과 우호적 관계를 청산하고 적대국으로 돌아섰고, 이들의 약탈은 유다 왕국이 패망하는 데 결정적 역할을 했다.

암몬(Ammonites)

암몬 족속은 현 요단 강 동쪽 지역에 거주하였으며, 통일 이스라엘과 오랫동안 전쟁을 치렀다. 이들의 중심지는 당시 라밧-암몬(랍바)이라 불리는 현 요르단의 수도인 암만(Amman)이었다. 암몬 족속은 성격이 잔인무도하고 싸움을 좋아했으며 밀곰(Milcom)을 숭상했는데, 통일 이스라엘 왕국의 솔로몬의 처이자 르호보암의 어머니 나아마(Naamah)는 암몬 여인이었다.

그리스어 성경인 〈70인역〉(Septuagint)[2]에 따르면, 사울이 통일 이스라엘 왕으로 등극한 지 약 한 달 후에 암몬의 '나하스 왕'은 길르앗의 도시 야베스를 포위하고서 그 도시의 항복을 요구하였으나, 오히려 사울의 33만 대군에 대패했다. 사울의 뒤를 이은 다윗에 의해 암몬 족속은 그 세력이 크게 위축되었고, 후에 아람인들과 동맹을 맺고 다윗에게 반란을 일으켰으나 도리어 정벌당했다.

---

2 〈70인역〉은 기원전 300년경에 본국에서 초청된 72명의 유대인들이 이집트의 알렉산드리아에 모여 히브리어로 된 성경을 고대 그리스어인 헬라어로 번역한 구약성경(또는 히브리 성경)을 말한다.

유대 역사가 플라비우스 요세푸스(Flavius Josephus, 37-100년)는 그의 저서 《유대 고대사》에서 나하스는 사울의 군대에 의해 전투 중에 죽임을 당했다고 기록하고 있다. 그러나 성경에는 암몬 왕 나하스가 다윗 시대에도 언급된다. 요세푸스의 기록이 정확하다면, 여러 해 후에 다윗에게 친절을 베푼 '나하스'는 사울에게 패배한 나하스 왕과는 다른 인물일 것이다. 다윗과 관련된 나하스 장군이 죽자, 다윗은 나하스의 아들 하눈에게 조문사절을 보냈는데, 하눈은 다윗의 순수한 의도를 오해하고 사절단에게 큰 모욕을 주었다. 이 일로 인해 결국 암몬 족속은 아람군과 마아가 왕의 군, 돕 족속(Ishtob)의 군과 연합하여 대적하였으나, 이스라엘의 요압, 아비새 장군에게 패했다.

한편, 암몬은 연전연패에도 불구하고 이스라엘에 굴하지 않고 지속적으로 저항한다. 이에 다윗은 자신은 예루살렘 왕궁에 머물고, 요압 장군에게 정예요원을 주어 이 기회에 암몬을 완전히 멸하도록 명령한다. 이때 다윗과 밧세바의 불륜 사건이 일어났다. 그러나 이 전쟁에서 암몬은 이스라엘에 패하여 속국이 되었다.

다윗의 용사들 가운데 암몬 사람 셀렉(Zelek)이 있었다는 사실을 볼 때, 암몬 사람들이 모두 이스라엘의 적이었던 것은 아닌 것 같다. 그 예로, 솔로몬 왕의 이방 아내들 가운데는 암몬 여자들이 더러 있었다. 암몬 족속은 솔로몬 치세 말기에 독립했다. 그리하여 후일 앗시리아의 침공을 막기 위해 이스라엘과 연합하기도 하고, 때로는 모압, 에돔과 연합하여 유다 왕국을 침략하기도 했다.

에돔(Edomites)

에돔은 에서의 후손들로 이스라엘과는 형제국이었다. 지리적으로 통일 이스라엘의 남쪽 지역, 즉 염해 남단에 위치한 제러드 강(Wadi Zered)에서 시작하여 염해와 홍해까지 연결하는 아카바 만(Gulf of Aqaba)까지 지배했다. 하지만 에돔은 이스라엘이 이집트를 탈출하여 가나안 지역으로 이동할 때 그들의 지경에 발을 들이지 못하게 할 만큼 이스라엘에 공격적이고 적대적이었다.

에돔과 이스라엘의 공식적인 첫 전쟁은 사울이 통치할 때 일어났는데, 이 전쟁은 이스라엘의 승리로 끝났다. 하지만 사울은 에돔 사람을 완전히 적대시하지 않고 오히려 이스라엘 왕국의 관직에 등용하기도 했다. 성경 기록에 의하면, 사울은 에돔 사람 도엑(Doeg)을 등용하여 목자들의 우두머리직을 맡겼다(삼상 21:7).

다윗은 왕이 된 뒤 '소금 골짜기'(Valley of Salt)에서 에돔과 전투를 치러 에돔군 1만 8000명을 살육하는 등 대승리를 거두었다. 〈70인역〉에 언급된 시편 59편으로 짐작하건대, 다윗이 암몬 족속과 아람 족속을 공격하기 위해 북쪽으로 병력을 이동시켰을 때, 이때를 틈타 에돔 족속이 유다의 남쪽을 공격하였던 것 같다. 이에 다윗은 급히 휘하의 모압과 아비새 장군을 급파하여 에돔을 치도록 하고 다시는 반역을 못하도록 에돔의 모든 남자를 멸했다(대상 18:12, 왕상 11:15 참고). 이 전쟁 이후 다윗은 에돔 전역에 이스라엘군의 수비대를 설치 운용하여 에돔을 정치 군사적으로 이스라엘에 완전히 복속시켰다.

다윗을 이은 솔로몬 왕은 에돔에 대한 선왕의 철권통치와 대조적으로 유화정책을 구사했다. 그 일환으로 솔로몬은 에돔 여자들을 아내로 맞이하여 혼인관계를 맺어 전쟁 대신 화평을 도모했다. 그리고 홍해에 접한 에돔의 해안도시 엘랏(Elath)과 에시온게벨(Ezion Geber)에 대한 이스라엘의 지배권을 행사, 해상을 통해 막대한 부를 벌어들였다.

그러나 요압 장군이 에돔을 멸할 때 한 아이가 신하의 도움으로 이집트로 탈출한다. 이 아이는 에돔의 왕족 출신으로 이름은 하닷(Hadad)이었고, 이집트 왕의 배려로 왕궁에서 성장했다. 이집트 왕은 하닷을 그의 처제와 혼인시킬 정도로 아꼈다. 다윗과 요압 장군이 죽자 하닷은 조국 에돔으로 귀국했다. 이후 그와 그의 후손은 기원전 736년경 앗시리아 제국의 속국이 되기 전까지 이스라엘을 지속적으로 괴롭혔다.

블레셋(Philistines)

해양 민족으로 알려진 블레셋 족속은 기원전 2000년대 후반께 지중해 연안과 유럽 남동부 지역에서 팔레스타인 지중해 연안으로 민족 이동을 한 것으로 추정된다.

학자들에 의해 '바다 민족'(Sea Peoples)으로 불리는 이들은 에게 해(Aegean Sea)의 동부 지역을 비롯해 소아시아(Asia Minor), 시리아(Syria), 이집트에까지 손을 뻗었다. 이집트의 람세스 3세에 의해 격퇴된 후, 일부는 다시 바다를 건너가 크레타(그레데), 시칠리아, 사르데냐를 침략했고, 일부는 가나안의 남부 해안 지방을 약탈, 그리고 현지에 정착하여 다섯 도시국가(가사, 아스돗, 아스글론, 가드, 에그론)로 이루어진 블레셋을 세웠다.

사울이 통치하기 전으로 보이는 시기에, 블레셋인들은 이스라엘 영토 내에 수비대를 설치했다. 그리고 이스라엘의 군사적 무장을 방지하기 위해 이스라엘이 철을 가공하는 대장장이를 갖지 못하게 했으며, 농사를 위한 보습기구나 군사 무기를 제작하는 것을 근본적으로 제약했다.

블레셋의 강력한 통제로 인해 이스라엘 사람들은 자기들의 농기구를 벼릴 때도 블레셋인들의 통제를 상당 기간 받아야만 했다. 블레셋은 기원전 11~12세기에 팽창 정책을 펼쳐 바다에서는 가나안의 시돈, 두로, 비블로스와 해상무역의 주도권을 두고 다투었고, 내륙에서는 이스라엘의 12지파 연합체와 크고 작은 싸움을 끊임없이 벌였다.

블레셋 사람들이 이스라엘을 지배하던 때 삼손이 등장해 눈부신 활약상을 보이기도 했지만, 잇따른 패전으로 이스라엘 신앙의 중심이던 '여호와의 언약궤'를 빼앗기는 불운을 겪기도 했다. 20년 후 이스라엘 백성은 사무엘의 영도 아래 단합하여 미스바 전투에서 대승리를 거둠으로써, 그동안 블레셋에 위축되었던 이스라엘의 사기를 높였다.

하지만 상황은 곧 역전되어 사울의 치세 말에 길보아 전투에서 이스라엘군이 대패했고, 이때 사울 부자가 전사함으로써 블레셋은 이스라엘 북부와 중부를 완전히 장악하게 되었다. 이는 기원전 1010년경, 다윗이 유대와 이스라엘을 통일하고 왕으로 즉위했을 때 다시 역전되었다. '이스라엘이 다윗에게 기름 부어 왕으로 모셨다'는 말을 듣고 블레셋이 다윗을 징벌하려고 수차례 침공했으나 연전연패를 당한 것이다. 이어서 솔로몬 왕이 이집트 시아문 왕의 딸과 정략결혼하자, 두 나라 사이에 끼이게 된 블레셋은 비로소 무력화되어 더 이상 이스라엘에 위협을 주는 세력이 되지 못했다.

17. 이스라엘의 분열
: 분쟁의 서막
열왕기상 1-2장; 11-12장을 중심으로

통일 이스라엘 왕국의 2대 왕인 다윗의 생애는 끝없는 투쟁의 역사였다. "내가 주를 의뢰하고 적진으로 달리며 내 하나님을 의지하고 성벽을 뛰어넘나이다"(삼하 22:30)라고 스스로 고백할 정도로 다윗은 열심히 싸웠다. 전쟁마다 승리하여 이스라엘을 괴롭히던 수많은 주변 부족들을 복속시켜 조공국으로 만들었다. 전쟁의 승리는 이스라엘에게 엄청난 부(富)를 가져다주었으며, 다윗은 소국(小國) 이스라엘을 강대국의 반열에 올린 위대한 왕이 되었다.

기원전 970년경, 다윗이 나이 70세로 생을 마감하자, 솔로몬은 모후 밧세바와 선지자 나단의 지혜에 힘입어 통일 이스라엘 왕국의 제3대 왕으로서 왕권을 무사히 양위받았다. 신탁으로 부여받은 탁월한 지혜를 바탕으로, 솔로몬은 국가를 잘 다스려 이스라엘 역사상 최대의 영토를 확보했다. 그에게는 선왕보다 훨씬 많은 부와 명예도 따랐고, 이스라엘은 이웃 나라들이 부러워할 정도로 부강해졌다. 민족의 단합과 국가의 영원을 위해 성전을 건축했으며, 이 시기에 이스라엘은 명실상부한 하나님 중심의 신정국가 체제를 굳건히 했다.

다윗의 40년과 솔로몬의 40년을 분석해 보면, 다윗의 40년을 특징짓는 키워드는 '전쟁'과 '내환'이었다. 전쟁은 당시 국제정세와 관련된 것으로, 다윗의 치세 동안 이스라엘 주변국들은 다른 나라를 넘볼 여유가 없을 정도로 국력이 약해져 있었다. 군사 강대국 히타이트는 기원전 12세기 초에 멸망하였고, 그 뒤를 이은 패권국 앗시리아는 디글랏 빌레셀 1세(Tiglath-Pileser I, 기원전 1115-1076년) 이후 두각을 나타내지 못했다. 남방의 이집트도 제20왕조의 몰락 이후, 이 민족 리비아인이 과도정부를 세워 21~23왕조까지 아문 대제사장 그룹이 이끄는 상이집트와 별도로 하이집트를 분할 통치하여 국력이 분산된 상황이 지속되었다.

많은 학자들은 기원전 12세기경 바다 민족(Sea People, 리비아인들을 중심으로 메슈웨슈족, 베르베르족, 발칸 반도와 소아시아에서 온 5개 해양민족을 중심으로 연맹한 집단)의 침입을 지중해 동쪽 국가, 즉 히타이트, 앗시리아, 이집트의 강대국이 멸망 또는 국력이 약화된 원인으로 본다.[3] 이러한 강대국의 침체는 다윗에게 가나안 땅 내 아직 정복되지 않은 부족들을 정복하고 무력화할 수 있는 기회를 제공했다. 계속되는 정

---

3 Robert Drews. *The End of the Bronze Age: Changes in Warfare and the Catastrophe Ca. 1200 B.C*(Princeton: Princeton University Press, 1993), 48; "Sea People," in *Encyclopedia Britannica*. Retrieved 5 May 2016.

복전쟁의 성공으로 다윗의 통치 기간 동안 이스라엘 왕의 권위는 확고해졌고, 국력은 절정에 달했으며, 백성의 삶은 풍요로웠고, 국고는 넘쳐 났다.

내환은 '왕권에 대한 도전'을 말한다. 8명의 아내에게서 10명의 아들을 얻었으니, 바람 잘 날이 없었다. 집권 기간 동안, 두 차례의 '왕자의 난'을 겪었다. 첫 번째 왕자의 난에서 사랑하는 아들 압살롬을 잃었다. 그리고 다윗의 노년에 넷째 아들 아도니야(Adonijah)가 부왕의 심복 요압 장군과 제사장 아비아달을 매수하여 또다시 왕위 찬탈을 시도했다. 그가 직접 죽이지는 않았으나, 후에 솔로몬이 왕이 되어 이복형제 아도니야를 죽임으로써 다윗은 두 아들을 잃었다. 또한 유다 사람들의 동족에 대한 배타적 행위로 말미암아, 베냐민 족속 중 세바(Sheba)라는 자가 이스라엘 백성을 선동하여 아벨 벧 마아가(Abel Beth Maachah) 지역을 근거지 삼고 다윗에게 반란을 일으킨 사건도 있었다.

반면, "내가 그를 세워 이스라엘과 유다의 통치자로 지명하였느니라"(왕상 1:35)는 다윗의 교지(敎旨)에 따라 후계자가 된 솔로몬의 40년은 '평화'와 '번영'이 그의 치세를 상징하는 키워드였다. 평화는 국내 정치 상황과 국제정세와 관련된다. 다윗 시대와 같이 주변 강국이 여전히 소강상태에 있었기에 대외적인 국가 위협 요소가 없었다. 군사적으로도 강성했다.

전차는 이집트로부터 대당 600세겔(금 6.84kg)로, 말은 1필당 150세겔(금 1.71kg)로 구입해 총 1400승의 전차와 1만 2000명의 기병을 보유하게 되었다. 솔로몬은 이러한 전투장비를 각 병거성과 예루살

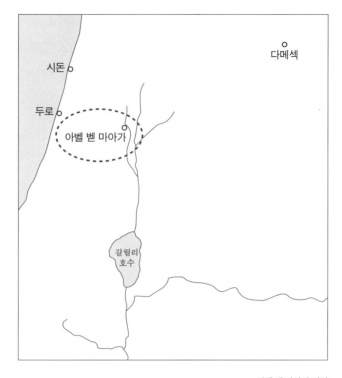

아벨 벧 마아가 지역

렘 성에 분리시켜 관리하게 했다. 솔로몬은 그야말로 태평성대를 구가한 왕이었다.

번영은 경제적 풍요를 의미한다. 솔로몬은 다윗이 정복지에서 획득한 전리품과 정기적인 조공 수납으로 엄청난 국가적 부(富)를 축적했다. 주변 조공국들로부터 한 해 동안 거두어들인 세입이 금의 무게가 무려 666달란트(약 30톤)였고, 상인과 무역상들이 바치는 관세, 아라비아 왕들이 바친 별도의 진상품 등 나라의 국고가 차고도 넘쳤다. 이 같은 부(富)를 기반으로 솔로몬은 그의 지혜와 통치 기술을 더해 많은 비용이 투입되는 국가적 프로젝트를 진행하게 된다. 일반 노동자 7만 명, 석공 8만 명 그리고 작업 감독자 3600명을 선발해 20년 계획으로 '여호와의 성전'과 자신을 위한 궁전을 건설한 것이다. 유사시를 대비해 이스라엘 전역을 요새화하기 위한 작업도 착수했다. 주요 거점이 되는 예루살렘, 하솔, 므깃도 그리고 게셀에 석조로 만든 요새를 구축해 전투에 필요한 장비와 무기를 현지에서 직접 관리하게 함으로써 전투에 유리하도록 조치했다. 이렇듯 정치·경제·사회안전 면에서 안정적인 통치체계를 구축한 이스라엘은 이제 인근 모든 국가가 인정하는 명실상부한 강대국이 되었다.

　　그러나 물질적인 풍요와 영적인 거룩함은 함께하지 못한다는 '진리의 화살'은 이스라엘도 피해 갈 수 없었다. 모든 면에서 차고 넘치도록 축복받았던 솔로몬은 말년에 많은 이방 여인을 아내로 맞이함으로써 우상숭배[4]란 치명적인 덫에 걸려 왕국 분열을 초래하게 된다. 솔로몬의 이 같은 과오는 무엇보다도 육체적 즐거움이 그의 영적 총명함을 흐려 놓았기 때문이다. 이 사실을 뒤받침하듯, 성경은 솔로몬이 그의 말년에 후궁 700명과 첩 300명을 거느렸고, 이들이 솔로몬의 마음을 돌이켰다고 기록하고 있다. 솔로몬은 이들을 사랑했으므로 이들이 각자 자신의 신을 섬기도록 허락했다. 심지어 거룩한 예루살렘 성전 인근에 이들의 신들을 위한 산당(山堂)을 지어 주기까지 했다.

4　솔로몬은 자신의 이방 아내들이 믿는 시돈의 여신 아스다롯(Ashtoreth), 암몬의 신 밀곰(Milcom), 모압의 신 그모스(Chemosh) 등을 공식적으로 이스라엘 땅에서 제사지내도록 허락했다 (왕상 11:2-8).

솔로몬의 마음은 이미 이스라엘의 하나님 여호와로부터 떠나 있었다. '다른 신을 좇지 말라'는 여호와의 명령을 지키지 않은 죄로, 다가올 다음 세대에 한 지파를 제외한 모든 나라를 빼앗길 것임을 계시받았다. 동시에, 그의 생전에 겪어 보지 않던 외부로부터의 위협도 받게 된다. 이는 그의 과오를 묵과할 수 없었던 하나님께서 에돔 사람 하닷과 아람 사람(Syria) 르손을 일으켜 솔로몬이 숨을 거두기 전까지 괴롭게 한 것으로 일종의 하나님의 징계였다. 이어서 선지자 아히야(Ahijah)를 통해 이스라엘의 분열을 예고하셨다.

아히야의 예언은 기원전 931년에 실현되었다. 솔로몬이 죽은 후, 그의 아들 르호보암(Rehoboam, 기원전 931-914년)이 보좌를 물려받았는데, 그는 과도한 부역을 줄여 달라는 백성의 청원과 국가 원로들의 정책적 조언을 무시하고 오히려 백성에게 연간 부역량과 세금을 더욱 무겁게 함으로써 민심의 급격한 이반을 초래했다. 급기야 북쪽 10개 지파가 왕국을 탈퇴하고 이집트의 피신길에서 돌아온 솔로몬의 궁정관리 여로보암을 초대 왕으로 옹립해 별도의 왕국을 세우게 되었다. 이로써, 통일 이스라엘은 사울 이후 120년 만에 분열되어, 솔로몬의 아들 르호보암은 유다와 베냐민 지파만 거느린 소국으로 전락하고 말았다. 이에 르호보암이 북쪽 지파를 회복하기 위해 군사 18만 명을 일으키나, 왕국의 분열은 '하나님이 계획한 것'이라는 신탁을 받고 민족전쟁을 포기하게 된다.

성경 기록에 따르면, 분열 이후 남유다 왕국과 북이스라엘 왕국 사이에 전쟁이 끊이지 않았다. 이러한 분쟁 중에 유다 왕 르호보암은 이스라엘 왕국과 주변국의 침략에 대비해 견고한 성읍들을 세우고 아들과 공신들로 하여금 그 성읍들을 관리하고 통치하도록 각 성읍에 파견 조치했다.

르호보암이 구축한 방어용 요새는 그림과 같이 예루살렘을 중심으로 동쪽으로 베들레헴(Bethlehem)-에담(Etam)-드고아(Tekoa)를 연하는 성(城)과, 남쪽의 벳술(Beth Zur)-헤브론(Hebron)-십(Ziph)-아

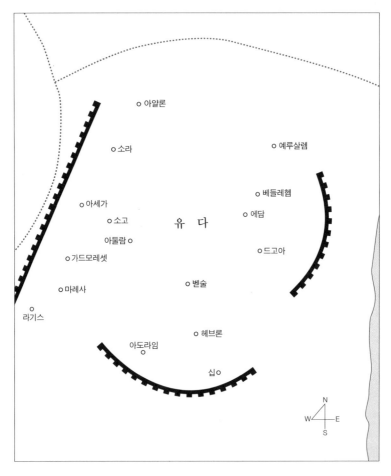

르호보암이 구축한 성

도라임(Adoraim), 서쪽의 아얄론(Aijalon)-소라(Zorah)-아세가(Azekah)-소고(Shocoh)-아둘람(Adullam)-가드모레셋(Moresheth Gath)-마레사(Mareshah)-라기스(Lachish) 성을 연결하여 나라의 핵심 지역을 방어하도록 했다. 또한 성읍들을 요새화할 뿐 아니라 그곳에 양식과 기름과 술을 비축하고, 말, 전차, 방패 그리고 창 등을 두어 상시 전투태세를 유지하도록 했다.

앞장에서 언급했듯이, 다윗과 솔로몬 시대에는 주변 모든 국가들이 바다 민족의 침입과 인구 이동으로 인해 혼란한 시기를 지나고 있었기에, 통일 이스라엘은 주변국으로부터 위협을 받지 않았다. 따라서 내환(內患) 외에는 비교적 안정적 시절을 보낼 수 있었다. 그러나 이 무렵, 동쪽의 앗시리아가 군사력을 키우기에 앞서 남쪽의 이집트가 국가의 분위기를 일신하여 외부로 눈을 돌리고 있었다.

18. 이집트의 유다 침공

열왕기상 14:25-26; 역대하 12:2-9를 중심으로

기원전 10세기경 이집트에는 새로운 왕조가 세워졌다. 이집트 제21왕조의 마지막 왕 프수세네스 2세가 왕위를 양위할 아들이 없이 죽자, 당시 왕의 군대사령관이던 리비아인 시삭(Sho Sheng I, 기원전 943-922년) 장군이 그의 아들 오소르콘 1세(Osorkon I, 기원전 922-887년)를 프수세네스 2세의 딸과 정략결혼시킴으로써 왕권과 친족관계를 맺고 역성혁명을 도모한다.

이집트 역사에서 시삭은 기원전 943년경 원하던 왕위에 올라 새 왕조, 즉 제22왕조를 열고 230년간 리비아인의 통치시대를 열었다. 시삭 통치하의 이집트는 제2의 전성기를 맞았으며, 이 시기는 이스라엘 솔로몬 왕의 후반기와 르호보암의 통치 기간과 맞물린다.

시삭은 재임 기간 중 두 가지 괄목할 만한 업적을 남겼는데, 첫

째는 본토 이집트를 외부 세력으로부터 확고히 보호하여 국내 정치를 안정화한 것이었고, 둘째는 이집트의 영토를 팔레스타인 북부까지 확장하여 이집트에 경제적인 부(富)를 창출했다는 것이다. 시삭이 왕에 오르자, 가뭄으로 인해 굶주림을 견디다 못한 베두인족이 시내 반도를 넘어 이집트로 대거 몰려왔는데, 이때 시삭이 '쓴 호수'(Bitte Lake) 지역에서 이들을 섬멸하여 일약 국민의 영웅이 되었다. '쓴 호수'에서 참패한 베두인족은 이후 '디아스포라'의 길을 걷게 되었고, 중동 지방과 북아프리카 등지의 사막으로 뿔뿔이 흩어져 유랑민으로 전락했다.

시삭 왕은 영토 확장의 첫 대상으로 이집트 북쪽에 위치한 유다 왕국을 주목했는데, 마침 솔로몬 왕의 궁중 관리였던 여로보암이 솔로몬으로부터 살해 위협을 느끼고 이집트로 망명했다.[5] 시삭 왕은 여로보암을 극진히 환대해서 그에게 기꺼이 피난처를 제공함과 동시에 그의 처제와 부부의 연을 맺게 함으로써 동서지간이 된다. 시삭은 영민한 군주였다. 솔로몬이 죽기를 기다려 통일 이스라엘의 분열을 획책하려는 복안을 가지고 있었다. 즉 여로보암을 앞세워 가나안 땅에 꼭두각시 정권을 세운 다음 시리아 일대에 영향력을 행사하여 과거 이집트의 영화를 회복하고 싶었던 것이다.

기원전 931년, 솔로몬이 죽자 여로보암은 즉각 귀국하여 10개 지파를 규합하고 북이스라엘 왕국의 왕이 되었다. 일설에 의하면,

---

5 여로보암이 솔로몬으로부터 살해 위협을 느끼고 이집트로 피신했을 때, 그를 환대하고 돌봐 준 왕이 시삭(세숑크 1세)이었다. 그리고 기원전 926년경, 르호보암 치세 5년 차에 시삭은 유다를 침공했다(왕상 11:40; 14:25).

여로보암이 왕이 된 후 이집트 왕 시삭에게 유다의 성읍들을 뇌물로 주면서 르호보암과 유다를 공격하도록 요청했다는 주장이 제기된다. 진위를 밝히기 전에, 이집트 왕 시삭의 침입으로 유다 왕국은 그 세력이 매우 약해진 것만은 사실인 것 같다. 이 일로 유다 왕국은 정치적으로 이집트와 북이스라엘 사이에 포위된 형국이 되었다. 시삭은 팔레스타인의 강국 중 하나인 유다 왕국을 굴복시킬 절호의 기회를 잡은 것이다. 기원전 926년경 드디어 그는 계획을 실행에 옮겨 군사를 일으켰다.

이집트의 시삭 왕이 군사를 일으킨 가장 주된 전략적 목적은 세 가지 각도에서 분석될 수 있다.

첫째, 대외적 군사적 성공을 기반으로 분할된 이집트를 통일하는 것이었다. 리비아 출신으로 22대 왕조를 열었으나, 이집트 본토 출신이 아니었으므로 이집트 전 지역을 통치하기에는 권력의 정통성에 약점을 가지고 있었다. 때문에, 전쟁의 승리를 대내적으로 선전함으로써 국민적 지지를 받는 가운데 신권보다는 왕권 우위의 국가체제를 구축하고자 한 것이다.

둘째, 이집트의 당면한 경제적 침체를 극복하기 위한 방편으로, 과거 속국이던 가나안 지역을 통제하에 둠으로써 이스라엘 북쪽의 동서를 잇는 해상과 육상의 무역로를 확보하는 것이었다. 사실 람세스 2세 치세까지 이집트는 가나안 땅을 정치적으로 예속시켜 팔레스타인 일대에 통치권을 행사해 왔다. 중근동으로 출입되는 무역의 거점을 확보함으로써 이집트는 엄청난 부를 축적할 수 있었는데, 히타이트와 카데시 전투(Battle of Kadesh, 기원전 1274년) 이후 이 지역에 대한 지배권을 상실하여 국가적 손실이 이만저만이 아니었다. 이번 기회에 무역로에 대한 통제권을 회복하고 경제적 돌파구를 마련하고자 했다.

셋째, 레반트 일대의 동쪽과 북쪽의 나라로부터 본토 이집트를 보호할 완충지대로서 팔레스타인 지역을 국가적 관심 지역으로 통제하는 것이었다. 이스라엘을 통제하는 것은 곧 북방의 침입으로부터 이집트 영토를 지킬 수 있는 완충지대를 확보하는 것이므로 이스라엘 지역 확보는 이집트로서는 상당한 군사적 가치가 있다고 판단한 것이다.

이런 까닭에 시삭 왕에게 이번 전쟁은 국가의 명운을 건 승부수나 다름없었다.

시삭 왕은 이번 정복전쟁에 자신이 직접 군을 진두지휘하기로 하고, 전차 1200승, 기병 6만 명으로 군대를 조직했다. 보병은 이집트 본토군에 외국 용병을 더해 제대를 편성했는데, 이들 용병에는 주로 리비아인(Lubims), 아라비안인(Sukkims) 그리고 에티오피아인(Ethiopians)이 참여했다. 아마도 현대군의 2개 군사령부, 즉 20만 명은 족히 넘었을 것 같은 규모다.

이 막강한 군대는 유다 왕국의 르호보암이 요새화한 성읍들을 별 저항 없이 쉽게 압도했다. 해안도로를 따라 가사(Gaza)를 접수하고 일부 부대를 동진시켜 아랏(Arad)을 점령하도록 하고 본대는 계속 북상해 게셀(Gezer)에 이르렀다. 게셀은 해안을 따라 지나가던 주 도로를 지키는 역할을 할 뿐 아니라, 아얄론 골짜기로 접근하는 길목을 관할할 수 있는 군사적 요충지였다. 이러한 전략적 중요성과 더불어 주변에는 풍부한 용수와 더 넓은 농지를 제공하는 평원이 있어 대규모 군사가 숙영하기에 최적의 장소였다.

솔로몬은 외부 침략에 대비하여 하솔, 므깃도와 더불어 게셀 땅을 요새화했는데, 시삭 왕은 이곳을 철저히 파괴해 버렸다. 그리고 동편으로 진군하여 빠른 속도로 유다 왕국의 수도인 예루살렘 성문에 이르렀다. 혼이 나간 유다 방백들이 대책을 논하기 위해 예루살

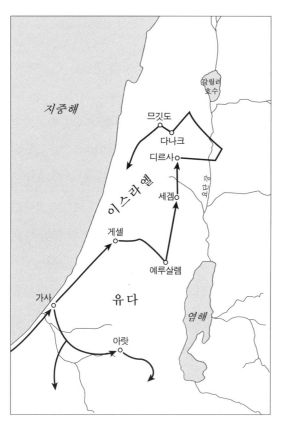

이집트 왕 시삭의 공격로

렘에 모였다. 신탁을 받은 선지자 스마야(Shemaiah)가 말하기를 여호와께서 "너희가 나를 버렸으므로 나도 너희를 버려 시삭의 손에 넘겼노라"(대하 12:5) 하셨다고 했다.

그런데 이집트 시삭 왕은 예루살렘을 완전히 파괴하지는 않았다. 선지자 스마야의 말을 듣고 르호보암과 유다 방백들은 이집트에 저항하는 대신, 순순히 항복함으로써 그의 환심을 사려고 애썼다. 성경은 이 대목을 다음과 같이 기록하고 있다.

> 여호와의 말씀이 스마야에게 임하여 이르시되 그들이 스스로 겸비하였으니 내가 멸하지 아니하고 저희를 조금 구원하여 나의 노를 시삭의 손을 통하여 예루살렘에 쏟지 아니하리라 (대하 12:7).

엄청난 규모의 이집트 군대에 대항할 능력이 없으므로 르호보암은 예루살렘 성문을 이집트의 시삭 왕에게 순순히 열어 줄 수밖에 없었다. 이집트군은 다윗과 솔로몬 시대에 확보한 성전 보물과 솔로몬이 그의 왕궁 근위대를 위해 만들게 한 금방패 500개(큰방패 200개, 작은 방패 300개)를 포함한 왕궁의 값비싼 보물을 철저하게 약탈했다. 항복(降伏)과 부(富)의 몰수(沒收)는 르호보암에게는 여호와의 노(怒)를 피할 길이었고, 예루살렘을 보전시킬 수 있는 방법이었다.

예루살렘을 약탈한 시삭 왕은 계속 북상했다. 북이스라엘은 당시 여로보암이 통치하고 있었으므로, 시삭이 굳이 동서지간인 여로보암과 전쟁을 치를 이유가 없었다. 그런데도 그가 이스라엘로 군사를 이동시킨 이유는 다분히 위에 언급한 세 가지 정치적 목적을 이루기 위함이었다. 따라서 시삭은 이스라엘의 세겜(Shechem)-디르사(Tirzah)-여라스(Jerash)-길르앗(Gildead)-다나크(Taarnach)-므깃도(Meggido)까지 군대를 이동시켜 군사적 무력시위를 계속하여 가는 곳마다 승전비를 세우고 자신의 위업을 과시했다.[6]

시삭은 귀환 후에 델타, 멤피스, 헤라크레오폴리스, 테베에 대규모 승전용 건축물들을 건축했다. 의심의 여지없이, 공사의 재정은 예루살렘의 성전과 왕궁 그리고 유다와 이스라엘의 다른 도시들에서 약탈한 것으로 충당했다. 테베(Thebes)의 카르나크(Karnak)에 있는 아몬사원의 벽에는 시삭 왕이 유다를 침공한 사건이 새겨져 있는데, 이에 따르면 시삭 자신이 이스라엘 성읍 180개를 취했다고 기록하고 있다. 한편, 그 성읍의 명단에는 북이스라엘의 성읍도 상당수 포함되어 있는데, 일부 학자들은 여로보암이 이 성읍들을 시삭에게 선물로 준 것으로 추측한다.

구속사적으로 이집트의 시삭 왕이 예루살렘을 침공한 것은 유다 왕 르호보암과 그 백성의 죄로 인함이다. 성경은 이 무렵 "유다가 여호와 보시기에 악을 행하되 그의 조상들이 행한 모든 일보다 뛰어나게 하여 그 범한 죄로 여호와를 노엽게 하였으니"(왕상 14:22)라고 기록하고 있어 이 역사적 사실을 뒷받침하고 있다. 근동에서 치러진 많은 전쟁들이 이스라엘과 관련되어 있고, 이 백성이 죄 가운데 있

---

6 이집트 왕 시삭의 팔레스타인 지역 침공은 이집트의 역사 문서에 잘 기록되어 있다. James B. Pritchard, *The Ancient Near East: An Anthology of Texts & Pictures*(Princeton: Princeton University Press, 2011), 239.

을 때, 하나님은 한 나라를 일으켜 전쟁이라는 수단으로 그들을 치리(治理)하셨음을 우리는 역사를 통해 배우게 된다.

제 3 부

견고한 앗시리아와 흔들리는 이스라엘

아비얌부터 아몬까지
기원전 911-677년

앗시리아 제국의 탄생과 멸망

(기원전 911-609년)

앗시리아 제국의 영토(기원전 9-7세기)

이스라엘의 분열은 당시 국제정세와 맞물려 국가의 존망을 결정할 정도로 이스라엘 역사에서 중요한 변곡점이 된다. 이 시기 북동쪽의 앗시리아, 남쪽의 이집트가 점점 세력을 키우고 있었다. 따라서 왕국 분열 이후 기록된 이스라엘의 역사서, 즉 열왕기상하, 역대상하, 그리고 대소 예언서는 당시의 국제질서를 이해하지 않으면 올바르게 이해할 수 없다. 북이스라엘과 남유다를 에워싸고 있는 주변국의 정치, 외교, 군사, 문화 그리고 군사력을 동시에 살펴보아야 비로소 전쟁을 통해 역사하시는 하나님의 섭리를 올바르게 이해할 수 있다. 동시에 하나님은 한낱 이스라엘의 하나님이 아니라, 온 우주를 다스리시는 분이라는 사실도 알 수 있다. 그러므로 다윗, 솔로몬 시기, 즉 기원전 1000년경부터 기원전 700년까지의 근동 지역의 헤게모니를 장악하고 있던 앗시리아를 잘 이해하는 것이 무엇보다도 중요하다.

앗시리아의 근원
—

앗시리아는 기원전 2450년에서 기원전 608년 사이에 메소포타미아 북부에 정착하여 고대 오리엔트 최초의 세계 제국을 세운 셈족계 국가다. 초기에 앗시리아라는 말은 티그리스 강 상류 지역을 부르는 말이었으며, 이곳에 도시가 세워지자 국가명(Assur)이 되었다. 앗수르는 앗시리아 최초의 수도였으나, 기원전 13세기 이후부터는 몇 차례 천도를 거쳐 니느웨(Nineveh)가 가장 중요한 수도가 되었다.

앗시리아인들은 상당한 기간 동안 상인으로서 메소포타미아와 소아시아 지역을 왕래하며 상품교역으로 생활했다. 앗시리아 북부 지역에는 지중해와 소아시아로 가는 무역로가 지나갔으며, 앗시리아가 치른 전쟁 중 다수는 이러한 무역로를 손에 넣거나 그 통제권을 유지하기 위한 것이었다. 앗시리아는 바벨론과 역사적으로 긴밀한 관계를 유지했는데, 지정학적으로 이 두 나라 사이에는 국경이 될 만한 천연 경계가 없어 거의 같은 공간을 공유했다. 인종적 기질은 앗시리아인이 바벨론인에 비해 더 정력적이고 공격적이었다.

앗시리아는 세 차례에 걸쳐 역사상 의미 있는 대제국을 이룩했는데, 각각 고대 앗시리아 제국(기원전 1905-1381년), 중기 앗시리아 제국(기원전 1380-912년), 신앗시리아 제국(기원전 911-608년)으로 분류된다. 그중에서 가장 강력하고 잘 알려진 것이 신앗시리아(Neo-Assyria) 제국이다. 신앗시리아는 히타이트를 뒤이어 북부 메소포타미아 전체와 이집트, 아나톨리아까지 지배한 대제국이었다.

기원전 13세기경, 살만에셀 1세(Shalmaneser I, 기원전 1263-1234년)가 앗시리아를 통치할 무렵, 앗시리아는 바벨론과 동맹을 맺고 후르리인(Harrian)의 미탄니(Mitanni)를 침공하여 속국으로 만든 후, 오리엔트의 패권을 놓고 히타이트, 이집트와 대등한 경쟁을 펼치기도 했다. 그러나 기원전 12세기경, 갑작스러운 '바다 민족'의 침공과 서유럽인들의 소아시아로의 민족 대이동으로 히타이트가 멸망하고 이집트가 위협받을 무렵, 앗시리아도 극도로 위축된 시기를 지나야 했다.

신앗시리아의 부상(기원전 911년)

―

기원전 1178년, '바다 민족'에 의해 히타이트 제국이 멸망한 후, 중근동의 전통적 강국들도 경제적 침체로 인해 혼돈과 암흑의 시대를 겪고 있었다. 앗시리아도 이 난국을 피해갈 수 없었다. 이스라엘의 다윗 왕이 가나안 땅 주변 족속들과 전쟁을 치르고 있을 무렵, 기원전 1000년까지 메소포타미아 지역을 가장 불안정하게 만든 요소는 바로 아람인의 위협이었다. 레반트 지역 중 아람인들은 지중해와 중동을 연결하는 무역로를 장악하여 상대적으로 다른 도시국가들보다 경제적인 여유가 있었다. 이러한 경제력을 바탕으로 아람은 군사력을 증강하여 주변 도시국가들, 특히 메소포타미아 지역을 자주 침공하여 약탈을 일삼았다.

이러한 외세의 침입에 고전하던 중, 중기 앗시리아의 마지막 왕인 앗수르 단 2세(Ashur-Dan II, 기원전 935-912년)는 아람인과 산악 민족의 제압에 성공한다. 그의 아들 아다드 니라리 2세(Adad-Nirari II, 기원전 912-891년)는 신앗시리아를 세우고 앗시리아 동서쪽을 보호하려는 부왕의 노력을 이어받아 아람을 포함한 주변 위협 세력에 대한 원정을 단행한다. 그리고 그 뒤를 이은 왕들에 의해 앗시리아는 서서히 제국의 위업을 이루게 된다.

앗시리아의 이 같은 막강한 군사적 성장의 배후에는 세 가지의 유·무형적 동력(動力)이 있었다. 첫째, 말(馬)이 견인하는 중무장 전차부대와 정복지의 포로를 활용한 강력한 보병 그리고 기동력이 우수한 기마부대를 보유하고 있었다. 앗시리아는 전차를 개발·편제하고 원거리 정복전쟁을 위한 기병부대를 창설하여 기동력을 혁신적으로 향상시켰다. 또한 장거리 보급을 원활히 하기 위해 병참부대 운용, 전투부대와 전투지원 부대 개념을 적용함으로써 전투부대에 대한 지속적인 보급이 가능하도록 했다.

둘째, 히타이트와 이집트 등 주변의 강력한 문명들과 아람 등 지역 경쟁자들이 모두 멸망하거나 쇠약해졌기 때문이다.

셋째, 상업을 통한 경제력 향상이 국가적 정복전쟁을 가능케 했다. 메소포타미아 지역의 상부에 위치한 앗시리아는 근동의 동서 지역을 연결한 교통의 요충지였는데, 동서무역의 중계지로서 지리적 이점을 활용하여 상업을 활성화시킴으로써 상당한 국가적 부를 축적할 수 있었다. 부유한 서민과 귀족들의 전폭적 경제적 지원은 앗시리아가 제국으로 가는 활력소가 되었다. 하지만 반면에 이들에게 노예와 전리품을 헌납해야 했기에 앗시리아는 피정복민에 대해서 매우 잔혹하고 무자비했다.

한편, 앗시리아가 제국화라는 위업을 달성할 수 있었던 것은, 앗시리아 왕들이 일관성 있게 수행한 앗시리아 고유의 피정복 국가 통제책도 크게 작용했다. 앗시리아가 제국을 유지하고 피정복 국가들을 통제하기 위해 시행한 정책은 납세, 강제 이주, 상비군 제도, 행정 정책 등으로 요약할 수 있다. 구체적으로 살펴보면 다음과 같다.

(1) 메소포타미아를 관통하는 2대 간선 통상로를 지배함으로써 교역품에 대한 징세와 피정복 국가에서 거둬들인 공납물로 인해 앗시리아는 거대한 이득을 축적할 수 있었다.

(2) 피정복민을 통째로 제국 내 타 지역으로 강제 이동시킴으로써 반란과 민중봉기를 근본적으로 차단했다.

(3) 피정복 국가의 포로를 재교육하여 앗시리아의 상비군으로 활용함으로써 군사력을 상시 준비태세로 유지할 수 있었다.

(4) 중앙에서 훈련된 총독을 피정복 국가에 파견함으로써 효과적으로 통제하는 동시에 제국 전체에서 정책 집행을 통일성 있게 할 수 있었다.

신앗시리아의 왕들
—

기원전 1000년경, 청동기에서 본격적인 철기 시대로 접어들어 새로운 문명으로 변화하던 시기에, 앗시리아는 디글랏 빌레셀 3세(Tiglath-Pileser III, 기원전 745-727년) 이래 약 140년 동안 엘람(현 이란)으로부터 페르시아 만, 지중해 그리고 이집트에 이르는 세계 제국을 실현했다. 이 책에선 이스라엘과 관련된 왕들만 소개한다.

앗수르나시르팔 2세(Ashurnasirpal II, 기원전 884-859년)

신앗시리아의 초대 왕 아다드 니라리 2세의 손자이며, 투쿨티닌 우르타 2세(Tukulti-Ninurta II, 기원전 891-884년)의 아들이다. 그는 기원전 884년에 즉위한 이래, 26년간 총 14회에 걸쳐 정복전쟁을 수행했는데, 공포심을 조장하기 위해 피정복 국가와 백성을 무자비하게 다루기로 악명이 높았다. 포로와 주민들을 창에 꿰어 죽이고 살갗을 벗기는 등 피정복민에 대한 극악한 잔혹 행위와 주민들을 강제로 소산시키는 정책으로, 많은 나라들이 이 나라를 '앗시리아의 이리'라고 불렀다.

앗수르나시르팔 2세는 앗시리아의 군사력을 한 단계 발전시킨 인물이다. 보병, 전차부대 외에 처음으로 기병대를 창설, 군에 편제함으로써 기동력을 획기적으로 향상시켜 전술 면에서 놀라운 변화를 가져왔으며, 기동력을 앞세운 막강한 군사력을 기반으로 북방과 동방으로 정복전쟁을 확대해 수많은 속주국을 만들었다. 이때 앗시리아의 영토는 서쪽으로는 아람, 페니키아, 남쪽으로는 바빌로니아 전역, 동쪽으로는 메대까지 확대되었다. 그의 재임 기간 중 앗시리아의 침략 위협이 이스라엘에까지 미쳤다.

살만에셀 3세(Shalmaneser III, 기원전 859-824년)

앗수르나시르팔 2세의 아들로서 35년간 앗시리아를 통치했다. 재임 기간 중 31년을 원정으로 보냈으며, 당시 서방의 강자였던 아람군을 패배시키고 앗시리아의 영토를 지중해 쪽으로 확대시켰다.

기원전 9세기경 바벨론에서 지중해 해안까지 전 지역이 칼두(성경에서는 갈대아인이라 부름)라는 아람인들의 수중에 넘어갔다. 기원전 853년경, 살만에셀 3세가 아람 지역의 카르카르(Qarqar) 지방에서 아람 동맹군(하맛-아람-페니키아-이스라엘군으로 편성)과 전투를 치렀다. 앗시리아의 기록에 의하면, 살만에셀 3세가 아람의 오론테스(Orontes) 강가에 있는 카르카르에 진군하여 그곳에서 아람을 주축으로 한 12개국의 동맹군과 교전하여 승리했다고는 하나, 이 전투는 쌍방이 결정적 승리를 주장하기는 힘든 전쟁이었다.

고대 근동 문헌에 의하면, 이때 북이스라엘의 아합 왕(기원전 871-852년)이 동맹군의 일원으로 참전했다고 기록하고 있어, 살만에셀 3세는 북이스라엘 왕국과 직접적으로 접촉한 앗시리아 최초의 왕이기도 하다. 살만에살 3세가 죽자, 앗시리아는 수십 년간 쇠퇴기에 접어들어 북방 지역과 서방의 아람 영토 모두를 상실하게 된다. 기원전 9세기 중엽, 선지자 요나가 앗시리아의 수도 니느웨(니네베)에 다가올 멸망에 대해 경고한 결과, 왕을 비롯하여 그 도시 전체가 회개하는 일이 있었는데 이때가 연대기상으로 살만에셀 3세 치세였던 것 같다.

아다드 니라리 3세(Adad-Nirari III, 기원전 811-783년)

살만에셀 3세의 아들인 샴시 아다드 5세(Shamshi-Adad V, 기원전 824-811년)에 이어 아다드 니라리 3세가 앗시리아의 왕위에 올랐다. 비문들에 의하면, 그가 다메섹을 공격하고 북이스라엘의 여호아하스로부터 조공을 받았다고 한다. 앗시리아 왕의 기록에 따르면, 살만에셀 4세(Shalmaneser IV, 기원전 783-773년), 앗수르 단 3세(Ashur-Dan III, 기원전 773-755년), 앗수르 니라리 5세(Ashur-nirari V, 기원전 755-745년)가 아다드 니라리 3세의 뒤를 이었는데, 이 시기는 앗시리아가 군사적으로 힘을 발휘하지 못하던 때였다.

디글랏 빌레셀 3세(Tiglath-Pileser III, 기원전 745-727년)

도사를 포위한 디글랏 빌레셀 3세

디글랏 빌레셀 3세는 군사 쿠데타에 의해 왕위를 찬탈한 뒤 앗시리아 역사상 최대의 영토를 확보한 용장이었다. 대부분의 병사들은 피정복국가에서 징집하여 이들을 훈련시켜 상비군으로 편성했다. 그리고 전차, 기마부대 위주로 군을 개편해 장거리 정복전쟁에 용이하도록 했고, 전투 시에는 기동력을 앞세워 초전에 적을 제압하는 전술을 구사하여 병력 손실을 최소화했다.

그의 치세 기간 중에 정복한 영토는 북방으로 우라르투, 서방으로 다메섹, 시리아, 길리기아, 페니키아, 유다에 이어 이집트 국경까지 세력을 확대하였고, 북서쪽으로 만나이인(Mannaeans), 킴메리아인(Kimmerioi)을 정벌하고, 동쪽으로 아제르바이잔 지방에 진격하여 메대를 장악하였으며, 남쪽의 바빌로니아도 평정하여 명실공히 오리엔트 최대 제국의 시대를 열었다.

디글랏 빌레셀 3세는 성서에 이름이 나오는 최초의 앗시리아 왕인데(왕하 16:7, 10), 그의 이름은 '불'(Pul)로도 기록되었다(왕하 15:19). 일부 학자들은 이 왕이 원래는 '불'로 알려져 있었는데 앗시리아의 왕위에 오르자 디글랏 빌레셀이라는 이름을 사용했다는 설을 제시한다. 디글랏 빌레셀 3세가 북쪽 이스라엘 왕국의 영토에 침입한 시기는 북이스라엘의 므나헴 통치 때(기원전 751-741년)였다. 므나헴은 그에게 은 천 달란트(660만 6000달러)를 바침으로써 전쟁을 피했다.

그러나 베가(Pekah, 기원전 739-731년) 왕 때 디글랏 빌레셀 3세는 북이스라엘을 재차 침입하여 이스라엘 왕국의 북쪽 지역에 있는 단 지파의 여러 도시들과 아울러 길르앗과 갈릴리와 납달리 지역을 점령했다. 또한 반란의 근거를 제거하기 위해 그곳 이스라엘 주민들을 포로로 사로잡아 강제로 이주시켜 버렸다.

북이스라엘의 베가(Pekah) 왕과 아람의 르신(Rezin) 왕이 연합하여 아하스(Ahaz) 왕이 통치하던 유다 왕국을 침공했다. 이 난관을 모면하기 위해 유다 왕 아하스는 많은 예물을 지참하여 당시 다메섹에 총사령부를 두고 지휘하던 앗시리아 왕 디글랏 빌레셀 3세를 알현하고 스스로 군신관계를 맺고 충성을 맹세한다. 그리고 아람과 북이

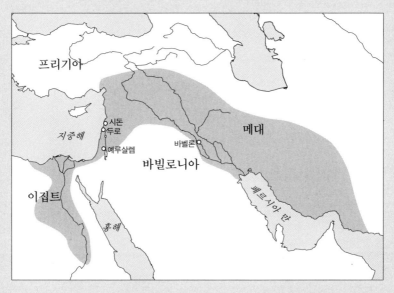

앗시리아의 영토(기원전 746-609년)

217

스라엘을 제거하도록 도움을 요청하였는데, 이에 응답하여 기원전 740년경, 디글랏 빌레셀 3세는 다메섹을 공략하여 초토화시키고 거주민들은 기르(Kir)로 강제 이주시켰다.

살만에셀 5세(Shalmaneser V, 기원전 727-722년)

살만에셀 5세는 디글랏 빌레셀 3세의 아들로 앗시리아의 팽창 정책을 지속하였고, 북이스라엘 멸망과 직접 관련 있는 왕이기도 하다. 앗시리아의 위세에 눌려 처음에는 북이스라엘의 호세아 왕(기원

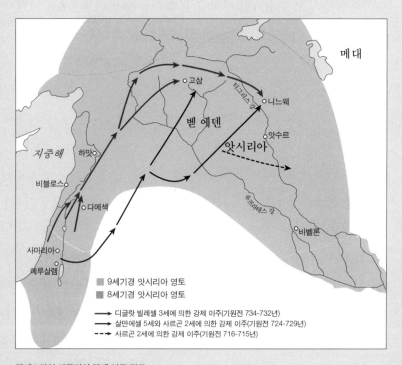

팔레스타인 거주민의 강제 이주 경로

전 731-722년)은 앗시리아의 봉신국으로서 순순히 조공을 바쳤으나, 이스라엘을 앗시리아의 멍에에서 벗어나게 하기 위해 이집트 왕 오소르콘 4세(Osorkon IV, 기원전 740-720년)와 군사동맹을 맺고 앗시리아에 대적하고자 했다. 이를 알고 살만에셀 5세는 호세아 왕을 감옥에 가두고 사마리아를 3년 동안 포위하며 대(對) 이스라엘 공포정책을 단행했다. 결국 기원전 722년경 사마리아를 함락시키고 이스라엘 백성을 할라(Halah), 하볼(Habor), 그리고 메대(Medes)의 여러 도시로 강제 이주시켰다. 대부분의 참고 문헌들에서는 살만에셀이 사마리아 정복을 끝내기 전에 죽었고, 그 도시가 마침내 함락되었을 때는 사르곤 2세(Sargon II, 기원전 722-705년)가 왕이었다고 기록한다.

사르곤 2세(Sargon II, 기원전 722-705년)

사르곤 2세로부터 산헤립(Sennacherib, 기원전 705-681년), 에사르하돈(Esarhaddon, 기원전 681-669년), 앗수르바니팔(Assurbanipal, 기원전 669-631년)까지는 사르곤 왕조라고도 불리며, 이 왕조는 90여 년에 걸쳐 제국을 통치했다. 사르곤 2세는 북이스라엘 사람 2만 7290명을 유프라테스 강 상류 지역과 메대로 강제 이주시킨 장본인이다. 다시 말해, 기원전 722년 북이스라엘이 멸망된 후, 사마리아 백성이 타지역으로 강제 이주되어 공백이 된 이 땅에 바벨론, 구다(Cuthah), 아와(Avva), 하맛(Hamath) 그리고 스발와임(Sepharvaim)에서 사람을 옮겨 이스라엘 자손을 대신하여 사마리아 여러 성읍에 거주하게 했다. 이스라엘 땅에 새로이 정착한 사람들이 까닭 없이 죽어 가자 민심이 흉흉해졌는데, 이에 백성이 '이스라엘 신'의 징벌이라고 사르곤 2세에게 전하자, 왕은 이스라엘의 제사장 한 사람을 유배지에서 이스라엘로 돌려보내 '하나님의 법'을 가르치도록 선처하기도 했다.

치세 5년 차, 즉 기원전 717년경, 사르곤 2세는 유프라테스 강 상류에 위치하여 상업적, 군사적으로 중요한 도시였던 갈그미스를 공격하여 정복하고 그 도시의 주민들을 강제 이주시키고, 타국 사람들로 대치하는 앗시리아의 관례적인 정책을 실시했다. 또한 블레셋을 침략하여 핵심 요새인 가드와 아스돗, 아스두딤무(Asdudimmu)를 차례로 탈취하여 블레셋 족속을 최종 멸망시켰다. 이렇듯 사르곤 2세의 원정이 계속되고 있을 때, 이스라엘의 선지자 이사야는 앗시리아가 이집트와 구스(Ethiophia), 아라비아(Arabia), 바벨론(Babylon), 에돔(Edom)을 침공하여 그들을 패망시킬 것임을 예언했다(사 20:1-6, 21:1-17).

산헤립(Sennacherib, 기원전 705-681년)

사르곤 2세의 아들인 산헤립은 유다 왕국을 최초로 침공한 왕이다. 1차 침공은 히스기야 왕 제14년(기원전 714년)에 일어났는데, 이는 히스기야가 부왕 때부터 섬기던 앗시리아를 배반했기 때문이다. 이에 대한 보복으로, 산헤립은 유다 일대를 대대적으로 공략하여 무려 46개 도시를 정복했다. 그리고 예루살렘을 공격하기 전 지휘부를 설치하였던 라기스에서 그의 심복 랍사게(Rabshakeh)를 예루살렘으로 보내 히스기야에게 금 30달란트(약 1156만 달러)와 은 300달란트(약 198만 2000달러)의 전쟁배상금을 요구했다. 엄청난 보상금을 지급하였음에도 불구하고, 히스기야의 배반 책임을 물어 산헤립은 유다의 완전한 항복을 재차 강요하였으나, 히스기야는 이를 거절하고 성안의 백성들에게 대(對) 앗시리아 결사항전을 독려했다. 히스기야의 이와 같은 결정에는 다음과 같은 하나님의 계시가 있었기 때문이다.

> 이리로 화살을 쏘지 못하며 방패를 성을 향하여 세우지 못하며 치려고 토성을 쌓지도 못하고 오던 길로 돌아가고 이 성에 이르지 못하리라(왕하 19:32-33).

그 밤에, 여호와의 천사는 앗시리아 병사 18만 5000명을 몰살시켰다. 뜻밖에 엄청난 군사를 잃은 산혜립은 잔여 병력을 이끌고 니느웨로 돌아가나 이내 두 아들에게 암살되었다.

에사르하돈(Essrhaddon, 기원전 681-669년)

에사르하돈은 산혜립이 살해되기 전 생전에 세자로 책봉한 아들이다. 에사르하돈의 치세 때 앗시리아의 영토가 이란 서부에서 이집트 본토 전체까지 확대되었다. 그러나 지나친 영토 확장과 동질 문화권에 대한 무자비한 탄압은 제국의 생명을 서서히 단축시키는 화근이 되었다. 수도 니느웨에서 멀리 떨어진 팔레스타인 지역과 이집트를 통제하기 위해 정예군을 해당 지역에 잔류시켰는데, 이러한 조치는 시간이 지날수록 오히려 앗시리아의 강력한 군사조직을 약화시키는 문제로 대두되었다. 또한 동일 문화권인 바빌로니아를 무자비하게 다룬 정책은 이들 전통 있는 지역의 단결과 반발을 야기하고 제국에 대항하는 세력을 규합시키는 촉매제 역할을 했다.

에사르하돈은 유다 왕국의 14대 왕인 므낫세(기원전 698-643년)와 관련이 있다. 므낫세는 선왕 히스기야와 달리 우상숭배와 이방 관습에 매혹되어 솔선수범하여 악을 행했다. 그는 재위 중 앗시리아군의 포로로 잡혀 바벨론(당시 앗시리아의 지배를 받고 있었음)으로 유배되는 치욕을 겪기도 했다.

앗수르바니팔(Assurbanipal, 기원전 669-631년)

에사르하돈은 죽기 전에 자신의 아들 앗수르바니팔을 제국의 세자로, 또 다른 아들 샤마시슘우킨을 바빌로니아의 부왕(副王)으로 책봉했다. 이에 불만을 품은 샤마시슘우킨은 앗수르바니팔에 대항하여 반란을 일으켰으나, 앗수르바니팔은 형제의 반란을 진압하고 바벨론 도시를 장악했다. 앗수르바니팔은 앗시리아 제국의 영토를 상이집트의 테베까지 확장한 인물이다. 이때 앗시리아 제국의 경계는 동쪽으로 엘람, 메대, 서쪽으로는 소아시아의 길리기아, 시리아, 이스라엘(예루살렘 제외), 남쪽으로 이집트와 아라비아에 이르렀다.

앗수르바니팔 치세 후반기부터 제국은 쇠퇴기로 접어들었는데, 이는 왕권에 불만을 품은 귀족 계층과 신관들이 배후에서 부추긴 권력 다툼과 앗시리아의 아킬레스건이던 바빌로니아인들의 끊임없는 반란에서 비롯되었다. 앗수르바니팔이 죽은 후 앗시리아의 국내외 상황은 다가오는 주변 국가들의 위협에 대처하지 못할 정도로 악화되어 앗시리아의 운명은 거의 수명을 다하고 있었다.

앗시리아의 종교와 전쟁관

—

앗시리아는 전쟁으로 점철된 역사를 가진 제국이었지만, 사실 앗시리아인들의 생활에 가장 큰 영향을 미쳤던 요소는 종교였다. 그러므로 전쟁은 그들의 종교를 이상적으로 표현하는 하나의 방식이었다. 이에 대해 역사가 라이트(William B. Wright)는 그의 저서 'Ancient Cities from the Dawn to the Daylight'(여명에서부터 전성기까지의 고대도시들)에서 앗시리아인의 전쟁과 종교의 상관관계를 다음과 같이 정의했다.

전쟁은 이 나라의 국가적 사업이었으며 사제들은 끊임없이 전쟁을 선동했다. 사제들은 정복을 통해 얻은 전리품에 의존하여 주로 생활하였으며, 전리품은 항상 일정 비율을 먼저 사제들에게 할당한 다음 다른 사람들에게 분배되었다. 약탈을 일삼았던 이 민족은 매우 종교심이 강하였기 때문이다.[1]

앗시리아의 종교는 자체적으로 근원을 갖고 있기보다는 상당 부분 바벨론의 전통신앙에 영향을 받았다. 이런 이유로 앗시리아인들은 그들의 국가 신인 앗수르(아슈르)를 최고 신으로 여겼지만, 여전히 바벨론을 가장 중요한 종교의 중심지로 여겨 신성시했다. 앗시리

---

1 "Fighting was the business of the nation, and the priests were incessant fomenters of war. They were supported largely from the spoils of conquest, of which a fixed percentage was invariably assigned them before others shared, for this race of plunderers was excessively religious." William B. Wright, *Ancient Cities from the Dawn to the Daylight* (Cambridge: The Riverside Press, 1886), 25.

아 왕은 당연직으로 앗수르의 대사제직을 겸했다.

영국의 고고학자 오스텐 레이어드(Austen Henry Layard, 1817-1894)에 의해 발견된 한 인장에는 앗수르 신이 머리가 세 개 있는 것(삼신)으로 묘사되어 있다. 최고의 삼신은 하늘을 상징하는 '아누', 사람과 짐승과 새가 사는 지역을 상징하는 '벨', 지상과 지하의 물을 상징하는 '에아'로 이루어져 있었다. 둘째 삼신은 달의 신 '신'(Sin)과 태양신 '샤마시'와 폭풍의 신 '람만'으로 이루어져 있었는데, 람만 대신 별의 여왕인 '이슈타르'가 나오는 경우도 종종 있었다(왕하 23:5, 11 참고). 셋째 삼신은 '다섯 행성'을 상징하는 '다섯 신'이었다. 하지만 그들의 만신전(萬神殿)에는 셀 수 없이 많은 다른 하급 신들도 있었는데, 그중 많은 신들은 성읍의 수호신 역할을 했다. 성경에는 산헤립 왕이 암살될 당시 니스록에게 숭배를 드렸던 것으로 언급되어 있다(사 37:37-38).

그러한 신들과 관련하여 그들이 신봉한 종교는 정령 숭배적이었다. 다시 말해, 앗시리아 사람들은 모든 물체와 자연현상은 정령의 작용으로 살아 있는 것이라고 믿었다. 그들의 종교는, 전쟁이 그러한 국가적 종교를 가장 이상적으로 표현한 것이었다는 점에서, 주변 국가들에서 성행하던 다른 자연숭배와 다소 차이가 있다. 그래서 디글랏 빌레셀 1세(기원전 1115-1076년)는 자신이 벌인 전투에 관해 '내 주 앗수르가 나를 재촉했다'고 말하기도 했던 것이다.

군대는 그러한 신들의 기치 아래 진군하였는데, 아마도 장대에 나무나 금속으로 된 상징물을 부착한 물건이었던 것 같다. 희생으로 바친 동물의 간을 살펴보거나 새가 날아가는 방법 또는 행성들의 위치 등을 통해 확인하는 징조들도 매우 중시했다. 한 예로, 앗수르바니팔은 전쟁은 앗수르 신의 보호하에 치러지고 승리도 신에 의해 주어진다고 믿었다.

> 위대한 왕, 합법적인 왕, 세계의 왕… 그리고 영웅적인 전사인 앗시리아 왕은 항상 그의 주 앗수르가 진실하고도 영감 어린 징조를 줌으로 행동한다.[2]

사르곤 2세도 마찬가지로 전쟁에 나가기 전에 주기적으로 이슈타르의 도움을 구했다.

성경의 예언과 앗시리아
—

앗시리아는 기원전 1473년경 발람의 예언에 최초로 등장했다 (민 24:24). 또한 각종 대소선지서, 즉 이사야, 예레미야, 에스겔, 미가, 나훔, 스바냐, 스가랴의 예언에서 여러 차례 앗시리아가 언급되고 있다. 특히 호세아(기원전 758-725년)의 예언에서 앗시리아가 북이스라엘 왕국을 황폐시킬 것에 관한 경고가 곳곳에 나온다. 유일신 여호와 하나님에게서 마음이 떠난 이스라엘과 유다는 주변의 이교 국가들을 의지하면서 "어리석은 비둘기같이 지혜가 없어서" 이집트와 앗시리아 사이에서 갈팡질팡하는 태도를 나타내어 자주 질책을 받

---

2 James B. Pritchard, ed., *The Ancient Near East: An Anthology of Texts & Pictures*(Princeton: Princeton University Press, 2011), 251.

았다(렘 2:18, 36; 애 5:6; 겔 16:26, 28; 23:5-12; 호 7:11). 그러한 행위로 인한 비참한 결과도 생생하게 묘사되었다(겔 23:22-27). 또한 앗시리아 사람들이 낮아질 것과 유배된 이스라엘 사람들이 회복될 것도 예언되었다(사 11:11-16; 14:25; 렘 50:17-18; 겔 32:22; 슥 10:10-11). 최종적으로 앗시리아 땅과 이집트 땅 사이에 평화로운 관계가 형성되고 그들이 이스라엘과 연합하여 "땅 한가운데서 축복"이 될 때가 도래할 것임이 예고되었다(사 19:23-25).

앗시리아 제국의 멸망
—

제임스 프리처드(James B. Pritchard)는 앗시리아의 수도 니느웨가 기원전 612년경에 바벨론 왕 나보폴라사르(Nabopolassar, 기원전 626-605년), 메대 왕 키악사레스(Cyaxares) 그리고 스키타이인(Scythians)으로 구성된 동맹군의 포위 공격을 받아 함락되었다고 기록하고 있다.[3] 앗시리아의 마지막 위대한 군주였던 앗수르바니팔 사후에, 후계자 자리를 놓고 그의 맏아들 '신 샤르 이쉬쿤'(Sin-shar-ishkun, 기원전 627-612년)과 둘째 아들 '앗수르 에틸 이라니'(Ashur-etil-ilani, 기원전 631-627년) 사이에 골육상잔이 벌어졌다. 수석 내시인 신 슈무 리시르(Sin-shumu-lishir, 기원전 627년)의 후원을 받은 앗수르 에틸 이라니가 왕위에 올랐으나 곧 암살되고 내시인 신 슈무 리시르가 잠시 왕위에 올랐다가 후계자 경쟁에서 밀렸던 신 샤르 이쉬쿤에 의해 제거되었다.

---

3 James B. Pritchard, ed., *Ancient Near Eastern Texts Relating to the Old Testament*. 3rd ed(Princeton, Princeton University Press, 1974), 301-02.

신 샤르 이쉬쿤이 왕위에 올라 니느웨에서 15년째 통치할 무렵, 메대, 바벨론 그리고 스키타이 등 3국이 군사동맹을 맺어 니느웨를 공격했다. 동맹군의 맹공격을 견디지 못하고 기원전 614년에 앗수르 성이, 기원전 612년에 니느웨 성이 함락되었다. 성이 함락될 때 신 샤르 이쉬쿤은 온 성에 불을 질렀고, 이에 맞서 동맹군 역시 앗시리아에 무차별 보복을 가하여 앗시리아의 흔적을 영구히 그 땅에서 지워 버렸다.

니느웨 성 함락 이후에도 신 샤르 이쉬쿤의 형제이자 앗시리아의 마지막 왕이 된 앗수르 우발리트 2세(Ashur-uballit II, 기원전 612-608년)는 하란(Haran)을 수도로 삼아 앗시리아의 통치를 지속시키려고 끝까지 저항했다. 그러나 이집트의 도움에도 불구하고 전세를 역전시키지 못하고, 기원전 610년에 하란은 바벨론 동맹군에게 함락되고 말았다. 앗시리아의 잔여군과 이집트군은 퇴각하여 하란 서쪽 갈그미스에 재차 방어망을 구축하였으나 이어진 바벨론과의 2회에 걸친 전투에서 최종적으로 패배하여 이집트는 약체국으로 전락하였고, 앗시리아는 역사에서 자취를 감추게 되었다.

19. 제1차 남북전쟁
: 남유다 아비얌의 선제공격
열왕기상 15:1-8; 역대하 13:1-22:12을 중심으로

북이스라엘이 최종 멸망한 기원전 722년까지, 약 210년간 남유다와 북이스라엘은 총 네 차례의 남북전쟁을 치렀다. 그중 1차 남북전쟁은, 이집트의 시삭 왕이 침공한 지 13년 후에 유다 왕국의 선제공격으로 발발했다. 먼저, 통일 이스라엘의 분열과 남북전쟁 전(前) 상황을 간략히 분석해 본다.

초대 남유다 왕 르호보암(Rehoboam, 기원전 931-914년)은 솔로몬이 이방 여인(암몬 족속)을 맞이하여 얻은 아들이다. 기원전 931년 솔로몬이 죽자 이스라엘 열두 지파의 대표는 세겜에 모여 법적 후계자인 르호보암을 왕으로 추대했으나, 여로보암을 주축으로 한 북이스라엘 열 지파의 대표와 백성은 여러 가지 면에서 르호보암의 즉위를 마뜩잖게 여겼다.

그 이유는 두 가지다. 첫째, 국가 경영에 대해 조언하는 충신들과 불신앙의 행동을 경고하는 선지자의 경고를 무시했다. 국정 경험이 풍부한 신하들의 바른 진언을 곧장 경질해 버려 주변에 충신을 두지 않았다.

둘째, 백성을 무거운 노역에 장기간 동원하고 과도한 세금을 부과하는 등 민초들의 삶을 보살피지 않았다. 솔로몬 왕 치하에서 성전과 궁전의 건축으로 무거운 짐을 졌음을 호소하며 짐을 가볍게 해달라고 청원했음에도 불구하고, 요새 구축 등 대형 국가 프로젝트를 계속 진행하다 보니, 국가 재정이 거의 고갈 직전이었다. 이를 만회하기 위해 죄 없는 백성에게 무급 노동을 강요했다. 이러한 국정 운영상의 난맥은 민심이 르호보암에게서 급격히 멀어지게 만들었다.

백성 대표단의 청원도 묵살되고 학정이 계속되자, 두 지파, 즉 베냐민, 유다 지파를 제외한 나머지 열 지파가 반란을 일으켰다. 이들은 솔로몬을 피해 이집트로 망명했다가 돌아온 여로보암을 왕으로 옹립하여 북이스라엘을 세웠다. 이로써 기원전 1051년 사울이 세웠던 통일 이스라엘은 120년 만에 분열되었다. 르호보암이 군대

총동원령을 내려 재통일을 시도했으나 선지자 스마야(Shemaiah)를 통해 '형제와 싸우지 말라'는 신탁을 듣고 곧 포기했다. 대신, 백성을 혹독하게 다뤄 유다와 베냐민의 요새화에 전념했다.

초대 남유다 왕 르호보암이 죽고 그의 아들 아비얌(Abijam, 기원전 913-911년)이 2대 왕으로 왕위를 양위받았다. 그 무렵 북이스라엘은 아직까지 초대 왕 여로보암이 18년째 집권하고 있었다. 혈기왕성한 아비얌은 등극하자마자, 선대 르호보암이 포기했던 북이스라엘 합병 전쟁을 계획했다.

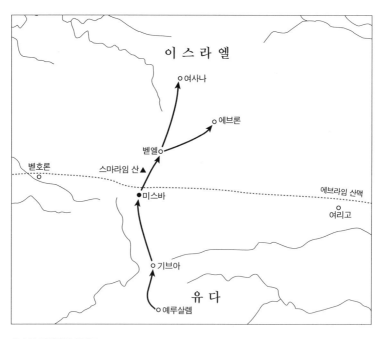

유다 왕 아비얌의 출정로

기원전 913년경, 가을걷이가 끝나고 농한기로 접어들 무렵, 아비얌은 동원령을 선포한다. 농민과 젊은 장정으로 구성된 40만 명이 통일전쟁의 명목으로 소집되었다. 대대적인 사열을 마친 다음, 총 병력을 예루살렘에서부터 북이스라엘과 경계 지경인 벧호론-미스바-여리고를 연하는 에브라임 산맥으로 출동시켰다. 그리고 산맥의 일부인 스마라임 산(Mt. Zemaraim)에 전쟁지휘부를 설치했다. 유다의 군 동원령을 전해들은 북이스라엘 여로보암은 두 배의 병력, 즉 80만 명의 상비군을 소집하여 유다에 맞섰다.

유다 왕 아비얌은 스마라임 산에서 북이스라엘군을 향해 '유다의 정통성'에 대해 일장훈시했다.

여로보암과 이스라엘 무리들아 다 들으라 이스라엘 하나님 여호와께서 소금 언약으로 이스라엘 나라를 영원히 다윗과 그의

자손에게 주신 것을 너희가 알 것 아니냐 ⋯ 이스라엘 자손들
아 너희 조상들의 하나님 여호와와 싸우지 말라 너희가 형통하
지 못하리라(대하 13:4-5, 12).

북이스라엘 왕 여로보암은 유다의 선대 왕 르호보암과도 수많
은 국지전을 치른 백전노장이었다. 통치 경험이 일천한 유다의 새로
운 왕 아비얌의 거친 포효에도 그의 마음은 조금도 미동치 않았다.
단지, 수적 우세를 이용해 어떻게 작전을 펼칠 것인가를 머릿속으로
구상했을 따름이다. 전장이 협소해 전면전을 펼칠 경우, 자칫 아군
끼리 공방을 펼쳐 대량 피해가 발생할 수 있었다. 여러 방책을 신중
하게 고려한 후에, 여로보암은 포위작전(Pincer movement)을 선택했다.
압도적인 우위에 있는 군사력을 효과적으로 이용할 계획이었다. 계
곡 사이에 유다군을 쌍방향에서 압박할 경우, 빠져나갈 통로가 없으
므로 유다군은 전멸할 것이다. 그리하여 여로보암은 군진을 재편성
하여 신속히 40만 명을 우회시켜 유다군 배후로 이동시켰다. 자신만
만하던 유다 왕 아비얌이 전장의 전후를 살피니, 부대가 이스라엘군
에 의하여 완전히 포위되었다.
    이 순간, 아비얌은 총사령관으로서 어떤 작전 계획을 세웠을까?
성경은 이렇게 기록한다.

유다 사람이 뒤를 돌아보고 자기 앞 뒤의 적병으로 말미암아
여호와께 부르짖고 제사장들은 나팔을 부니라(대하 13:14).

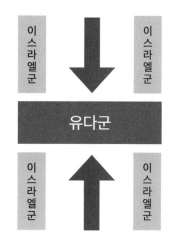

포위된 유다군

상식으로는 이해가 되지 않는다. 작전 계획 수립과 병력 운용 계획 그리고 전투 서열을 계획해야 할 긴박한 순간에 단지 부르짖고 나팔만 불고 있다니, 도저히 납득이 되지 않는다.

우리는 유다 왕 아비얌의 외침에서 전쟁을 주관하시고 그 승패까지도 이미 계획하시는 '하나님의 섭리'를 알 수 있다.

> 하나님이 우리와 함께하사 우리의 머리가 되시고 그의 제사장들도 우리와 함께하여 전쟁의 나팔을 불어 너희를 공격하느니라(대하 13:12).

유다군 40만 명이 일제히 함성을 지르자, 여로보암의 북이스라엘군이 순식간에 공황에 빠져 대열에서 이탈해 갔다. 유리하던 형세가 순식간에 무너져 버린 것이다. 한 제대가 통제 불능 상태가 되자 인접 제대도 전투 의지를 상실하고 덩달아 대오를 이탈했다. 그러자 유다군이 패주하는 북이스라엘군을 추격해 무차별하게 살육했다. 이날 전투로 북이스라엘은 정규군 50만 명을 잃었다. 그리고 유다군은 벧엘(Bethel), 여사나(Jeshanah), 그리고 에브론(Ebron)의 많은 성읍을 탈취했다.

제1차 남북전쟁에서, 유다가 승리한 원인은 왕인 아비얌과 그의 병사들의 '정신력' 즉 그들 신에 대한 '의지적 믿음'이었다. 하나님이 이 전쟁에서 그들과 함께하사 그들의 총사령관이 되어 전투를 직접 지휘하신다는 그 믿음이 전군을 단합하게 하였으며 사기를 북돋운 것이다. 반면, 북이스라엘의 패배 원인은 세 가지로 요약될 수 있다.

첫째, 왕과 장군 그리고 병사들이 하나가 되지 못했다. 다시 말해, 위아래의 의지가 하나로 단결하지 못했다. 여기에는 이집트 왕 시삭이 유다를 약탈하고 북이스라엘로 진입했을 때 여로보암이 보여 준 비굴함, 즉 스스로 이스라엘의 길을 열어 주고 주요 성읍과 많은 공물을 바친 점 등이 백성들로 하여금 여로보암에게 등을 돌리게 만들었을 것이다.

둘째, 국론이 분열되어 있었다. 여로보암은 스스로 왕으로서의 정통성에 자괴감이 있었다. 다윗 자손의 가문이 아니라는 것이다.

셋째, 제사장들을 하대하고 배척했다. 이로 인해 온 이스라엘의 제사장들과 레위인들이 자기들의 마을과 기업을 떠나 남유다로 망명했다. 여로보암은 금송아지를 만들어 신분이 미천한 자를 제사장으로 세우고, 심지어 민족의 절기조차 바꿔 버렸다. 이로 인해 온 제사장과 레위인들이 유다를 지지하게 되었다.

이러한 민족적 굴욕감이 있던 터에, 유다 왕 아비얌이 "우리에게 는 여호와께서 우리 하나님이 되시니 우리가 그를 배반하지 아니하 였고 여호와를 섬기는 제사장들이 있으니 아론의 자손이요 또 레위 사람들이 수종 들어 매일 아침 저녁으로 여호와 앞에 번제를 드리며 분향하며 또 깨끗한 상에 진설병을 놓고 또 금 등잔대가 있어 그 등 에 저녁마다 불을 켜나니 우리는 우리 하나님 여호와의 계명을 지키 나 너희는 그를 배반하였느니라"(대하 13:10-11)고 호통치자 북이스라 엘은 심리적으로 위축되어 전투 의지를 상실하고 말았던 것이다.

북이스라엘이 유다를 공격하는 것이 여호와를 공격하는 것과 같 다니 어떻게 전투를 할 수 있겠는가? 심중에 찔림에 있던 차에 40만 병사가 일제히 함성을 지르니 놀랄 법도 했을 것이다. 이렇듯 동족 간의 전투에서 대패한 여로보암은 국력이 점점 쇠약해져 그의 생전 에 유다를 재차 침공할 엄두를 내지 못하다가 기원전 909년경에 죽 고 만다. 그러나 전쟁에서 대승리를 거두었음에도 불구하고, 아비얌 은 이스라엘을 통일하지는 못했다. 오히려 이 전쟁으로 두 왕국 간에 감정의 골만 깊어져 북이스라엘이 앗시리아에 멸망되기 전까지 민 족 간의 분쟁이 계속되었다.

20. 제2차 남북전쟁
: 북이스라엘 바아사의 도발
열왕기상 15장, 역대하 16장을 중심으로

1차 남북전쟁(기원전 913년)은 남유다의 아비얌의 선제공격으로 발발했다. 하나님의 도움으로 남유다는 무혈로 승리했다. 전리품으로 북왕국의 성소가 있던 벧엘과 여사나, 에브론 그리고 그 주변 일대의 많은 성읍을 탈취했다. 북왕국의 여로보암은 노년에 남으로는 유다의 침공과 북으로는 아람의 위협에 동시에 맞서야 하는 이중적 압력에 시달려야 했다.

1차 남북전쟁이 끝난 후, 두 왕국에는 많은 변화가 있었다. 먼저, 북이스라엘에는 여로보암의 제1왕조가 무너지고 바아사(Baasha, 기원전 908-885년)의 제2왕조가 들어섰다. 바아사가 쿠데타를 일으켜 여로보암의 아들 나답을 죽이고 왕위를 찬탈한 뒤, 여로보암의 온 집안을 멸족시킨 것이다. 한편, 남유다 왕국은 아비얌의 아들 아사(Asa,

기원전 911-870년)가 왕위를 순조로이 양위받아 국가를 대대적으로 개혁 중에 있었다.

두 왕국이 정치적·군사적으로 긴장관계에 놓인 상태에서 왕위에 오른 유다의 아사 왕은 즉위하자마자 국가 통치의 우선순위를 다음 두 가지에 두었다.

첫째, 대대적인 종교개혁이었다. 솔로몬 사후, 유다 왕국은 여호와 유일신 사상이 무너지고 우상숭배 사상이 만연하여 이방신에 대한 제사의식이 전국적으로 자행되고 있었다. 심지어 아사 왕의 모친 마아가(Maacha)조차 궁전에 아세라 목상을 두고 제사를 지냈다. 이에 아사 왕은 모든 이방신을 유다 땅에서 제거하여 백성의 마음을 정화시키고자 했다.

둘째, 국방력 강화였다. 사방이 적으로 둘러싸인 환경을 고려해 적의 불시 침략에 대비하고자 접경 지역에 많은 성읍들을 건축하고 요새화했다. 즉 이들 성읍 주위에 성문, 성곽 그리고 관측용 망대를 설치·운용함으로써 성안 거주민을 보호하고, 전시에 효과적으로 방어하도록 했다. 동시에 58만 명의 정예군을 양성해 30만 명의 보병과 창병 그리고 궁병 28만 명으로 구별해 상비군 체제로 두었다. 이 병력들을 요새화한 각 성에 배치하여 백성의 안전을 도모함과 동시에 유다 땅을 상시 방어하도록 조치했다.

한편, 당시 가나안 땅 주변의 국제정세는 남유다 왕국과 북이스라엘 왕국 간의 충돌에 또 다른 변수로 작용했다. 먼저, 아사 왕의 국가적 개혁이 안정기에 접어들 무렵인 집권 10년 차에(기원전 901년경), 남쪽에서 구스(에디오피아)의 세라(Zerah) 왕이 100만 명의 군사와 전차 300대를 이끌고 유다를 침공하고자 예루살렘 서편의 마레사까지 진군했다. 상대의 엄청난 규모에 아사 왕은 "사람이 주를 이기지 못하게 하옵소서"(대하 14:11)라는 기도로 전쟁에 승리했다. 이 전쟁의 승리로 엄청난 전리품을 확보한 유다는 사기가 충천하였으며, 군사적으로 세력이 확대되었다. 그리고 평화의 시기를 만끽하게 되었다.

그러나 그로부터 16년 뒤(기원전 885년경), 북이스라엘 왕 바아사가 유다 왕국에 도전장을 내밀었다. 바아사는 유다와 이스라엘을 연결하는 주도로(主道路)의 길목을 차단, 상인들의 예루살렘 왕래를 통제함으로써 유다의 경제활동을 봉쇄하고자 했다. 이 계획의 일환

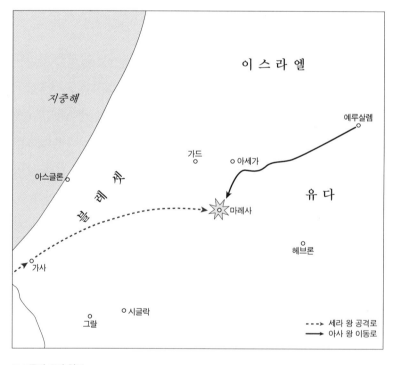

구스족의 유다 침공

으로, 예루살렘에서 북쪽으로 8km 지점에 위치한 소도시 라마에 군대를 파견하여 그곳을 요새화할 계획이었다. 또한 이 계획의 성공을 위해, 바아사는 인접한 아람의 벤하닷 1세(Ben-Hadad I, 기원전 885-865년)를 방문, 자신의 계획을 설명하고 상호 평화조약도 체결했다.

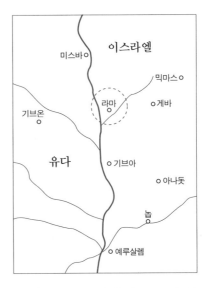

유다와 이스라엘을 잇는 주 도로와 라마

이때 유다 왕국의 아사 왕은 심히 놀랐다. 이전 구스인들이 침공했을 때 침착하게 대응하고, 전심으로 여호와께 능력 베풀기를 간구하던 모습은 온데간데없었다. 이번엔 그의 신을 의지하지 않았다. 대신에 성전과 왕궁의 창고를 열어 은과 금을 아람 왕에게 조공으로 보내며 도움을 애걸했다. 기존의 이스라엘과 맺은 동맹을 파기하고 자신을 도와달라고 한 것이다.

벤하닷은 아사 왕의 뇌물이 몹시 마음에 들었던지 이스라엘과 맺은 동맹을 깨고 아람과 이스라엘의 접경 지역인 이욘(Ijon)-단(Dan)-아벨마임(Abelmaim) 등의 성읍을 점령했다. 뿐만 아니라 이스라엘의 병참 물자창고가 집중적으로 산재해 있는 납달리 지역까지 점령해 버렸다.[4]

---

4 1993년 이스라엘 단(Dan)에서 석비(Dan stele)가 발견되었다. 길이 32cm, 폭 22cm의 이 석비 파편에는 아람어로 13줄이 새겨져 있는데, 그 내용은 신원미상의 아람의 한 왕이 이스라엘

바아사는 이 같은 유다의 획책을 전혀 알지 못한 채 아람과의 평화조약을 철석같이 믿고 대부분의 병력을 북쪽 아람 경계 지역에서 철수시켜 남쪽으로 이동시키고 있었다. 왕이 직접 군대를 지휘해 선대(先代) 왕이 빼앗겼던 성소 벧엘을 탈환하고, 계속 남하해 라마에 성을 축조하는 데 모든 병력을 투입했다.

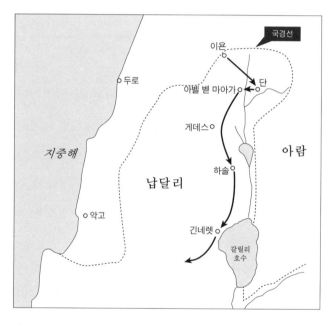

아람 동맹군의 공격로

의 왕을 죽이고 정복했다는 내용이다. 많은 학자들은 아람의 왕 벤하닷이 유다 왕 아사의 청을 받고 단을 포함한 이스라엘 북부 지역을 점령한 뒤 승전비를 세운 것 중 하나로 보고 있다. Matthew J. Suriano, "The Apology of Hazael: A Literary and Historical Analysis of the Tel Dan Inscription," *Journal of Near Eastern Studies* 66/3(2007): 163-76.

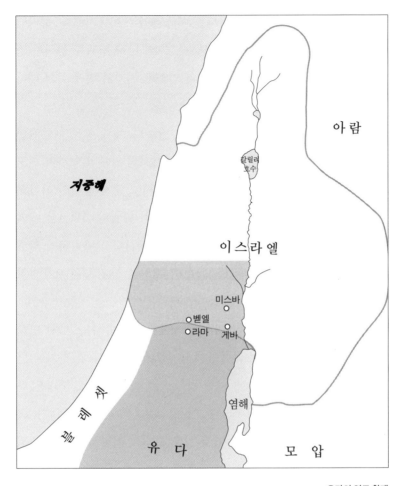

유다의 영토 확대

공사가 순조로이 진행되던 중 바아사 왕은 전령으로부터 아람
이 조약을 파기하고 왕국의 배후를 침공했다는 청천벽력 같은 보고
를 받았다. 아람의 변절에 당황한 바아사는 그의 대(對)유대 정책을
포기한다. 남진의 전초기지인 라마의 요새화 작업을 중단하고, 모든

241

축성자재를 버려둔 채 급히 군사를 이스라엘로 이동시켰다. 하나님이 개입하신 것이다. 유다의 하나님은 "그의 나라 왕위를 영원히 견고하게 하리라"(삼하 7:13)는 다윗과의 언약을 지키기 위해 위기 때마다 개입해 유다를 보호해 주신 것이다.

북이스라엘이 라마에서 철수하자 남유다 아사 왕은 빼앗겼던 라마를 포함한 베냐민 땅을 회복하고, 에브라임 남부 지역까지 진군해 유다의 영토를 상당 부분 확장했다. 그리고 축성 중이던 라마의 성을 허물고, 남겨진 축성자재는 북쪽 게바와 미스바 지역으로 옮겨 이 두 곳을 요새화하는 데 사용했다. 즉 예루살렘을 방비하기 위해 라마 북쪽에 위치한 미스바와 서북쪽의 게바에 성을 세워 요새화한 것이다.

1차 남북전쟁에 이어 2차 남북전쟁에서도 남유다는 피 한 방울 흘리지 않고 대(對)북이스라엘전에서 승리했다. 아사 왕 말기에 남유다 왕국의 영토는 선대에 비해 남북으로 확장되었고, 국력은 한층 공고해졌으며, 그 결과 백성은 안정된 삶을 영위하게 되었다. 그러나 호사다마랄까? 전쟁 후 아사 왕은 승리의 기쁨과 평안에 도취되어 그의 마음에 더 이상 신(神)이 존재하지 않았다. 그가 곧 국가이고, 그의 말이 곧 법이 되었다. 그의 영혼이 타락한 것이다. 아사 왕은 이로 인해 결국 비참한 말로를 맞게 된다.

어느 날, 선견자 하나니(Hanani)가 아사 왕을 찾아와 신탁에 의지하는 대신 아람 왕을 매수해 바아사를 물리친 일에 대해 책망하자, 아사 왕이 몹시 화가 나서 그를 되레 옥에 가둬 버렸다. 뿐만 아니라 그의 그릇된 처사에 대해 진언을 한 여러 충성된 백성들을 박해했다. 이 일로 아사 왕은 공의의 하나님으로부터 징계를 받아야 했다. 그의 치세 39년에 족병(足病)에 걸려 몹시 고통스러워한 것이다. 그러나 아사 왕은 이때도 신을 의지하는 대신 유명한 의원을 불러 치료하게 했다. 병은 점점 깊어 갔고, 마침내 2년 뒤(기원전 870년) 그는 죽음을 맞았다.

하나님의 공의에 대해 짚어 보자. 사사 시대 이후 이스라엘 백성이 왕을 요구한 이래, 180년 동안 이스라엘의 어떤 왕도 여호와 하나님 앞에 온전하지 못했다는 것을 성경은 증명하고 있다. 아사 왕도 예외는 아니었다. 집권 초기에 신실한 마음으로 타락한 백성의 마음을 하나님께로 돌이킴으로써 여호와를 만나 바 되었던 그였으나, 모든 일이 형통하고 나라가 평안하자 지금까지 그와 함께하신 '여호와'를 잊어버리고 '자기 의'를 드러내는 데 마음을 빼앗겼다. 이것은 언약을 파기하는 배교 행위였기에, 공의의 하나님께서 용납할 수 없는 것이었다. 결국 아사 왕은 죽음으로 이 죄 값을 보속(Satisfaction)해야 했다.

21. 제1차 사마리아 대 아람 전쟁
: 아람의 패배
열왕기상 16:29-19:21, 20:1-22을 중심으로

북이스라엘과 남유다 사이에 2차 내전이 종료된 지 30년이 지났다. 남유다는 아사(Asa) 왕에 이어 여호사밧(Jehoshaphat)이 4대 왕으로 왕위를 양위받아 선정을 베풀고 있었다. 반면, 같은 기간 북이스라엘은 역성혁명(易姓革命)으로 1, 2, 3대의 왕조가 차례로 무너지고 제4대 왕조가 세워져 초대 왕 오므리(Omri, 기원전 884-872년)에 이어 아합(Ahab, 기원전 871-852년)이 2대 왕으로서 통치하고 있었다. 이 무렵, 북이스라엘의 아합은 국내외적으로 산적한 여러 가지 문제로 '내우외환'에 시달리고 있었다. 그런데 국경을 마주한 아람국은 이러한 북이스라엘의 정치 불안을 간파하고 이 기회에 북이스라엘을 제압하여 조공국으로 삼고자 했다.

아합 치세 초기, 북이스라엘은 전통적인 신정 체제가 안정화되

아합의 아내 이세벨 여왕   아합과 이세벨을 훈계하는 선지자 엘리야

지 못했다. 아합은 제4왕조를 일으킨 오므리의 아들로서 선정(善政)을 베풀지 못한 까닭에 백성의 마음을 얻지 못했다. 더구나 그의 통치를 기점으로 북이스라엘은 종교적으로 급격하게 타락했다. 이에 대해 성경은 아합 왕이 '과거 어떤 왕보다도 악을 행했다'고 기록하고 있다(왕상 16:30).

문제의 발단은 아합 왕이 시돈 왕 엣바알(Ethbaal)의 딸 이세벨(Jezebel)을 아내로 맞이하면서였다. 아내가 고국 시돈에서 믿던 바알 신을 믿도록 허락하고 사마리아에 바알 신당을 건축한 후 바알을 위한 제단을 쌓았으며 아세라 목상도 만들어 주었다.

이에 사마리아 백성은 지도자를 본받아 생명 없는 다양한 우상을 숭배하였고, 그들의 유일하신 여호와에게서 등을 돌려 민족적 거룩성을 잃어 갔다. 이러한 종교적 혼합주의(Syncretism)의 결과로, 영적 구심점을 상실한 북이스라엘 왕조는 정치적으로도 평탄하지 못해 후일(後日) 남유다보다 앞서 멸망하는 비극을 맞게 된다.[5]

---

5   유다의 역사학자 요세푸스에 의하면, 이세벨의 아버지 엣바알은 왕위에 오르기 전에 아스타르테(아스다롯)의 사제였다고 한다. 또한 이세벨이 도입한 바알, 아세라 신상 숭배를 허락한 아

종교적, 도덕적 타락과 맞물려 자연 재앙도 이 나라를 덮쳐, 3년 6개월 동안 전 국토에 기근이 들게 되어 백성의 삶이 극도로 피폐하게 되었으며, 이로 인해 민심도 갈수록 이반되어 갔다. 이 모든 환란의 원인을 당시 선지자였던 엘리야의 입을 통해 성경은 다음과 같이 기록하고 있다.

> [이 같은 환란은] 이스라엘 자손이 주의 언약을 버리고 주의 제단을 헐며 칼로 주의 선지자들을 죽였음이오며(왕상 19:14).

아합의 북이스라엘이 이러한 내홍을 겪고 있을 무렵, 아람은 바벨론에서 지중해 해안까지 전 지역을 지배할 정도로 국력이 팽창했다. 당시 아람은 도시를 중심으로 형성된 여러 소국(小國)으로 구성되어 있었는데, 그중 다메섹을 거점으로 성장한 벤하닷 2세(기원전 865-842년)가 강력한 군사력을 바탕으로 아람국의 맹주임을 자처하고 있었다. 그런데 팔레스타인 지역의 해상 무역권을 독점, 상당한 국가적 부를 축적하고 이를 기반으로 주변국을 통제할 만한 군사력을 키웠음에도 불구하고, 벤하닷 2세는 본인이 해결할 수 없는 문제로 늘 불편해했다. 바로 아람국 동쪽에 위치한 앗시리아 때문이었다.

이 무렵 앗시리아는 기원전 10세기 말경부터 새로운 국가를 재건한 후, 반세기 만에 군사대국으로 급부상하여 아람 국가를 포함한

합 왕의 종교적 관용정책에 유대 정통파 사제들과 여로보암 때의 금송아지 숭배파들의 저항이 상당했다고 기록하고 있다. Flavious Josepus, *Antiquities of the Jews*, ed. H. St. J. Thackeray and Ralph Marcus, vol 8(Cambridge: Harvard University Press, 1950), 316-19.

레반트 지역을 자주 침공했으며 피정복국가를 잔혹하게 다루기로 악명이 높았다. 특히 살만에셀 3세가 부왕 앗수르나시르팔 2세를 승계한 후 앗시리아는 지중해 연안 지역의 상업적 가치에 눈독을 들이고 아람국의 영토를 수차례 침략했다.

이에 맞서 벤하닷 2세는 앗시리아의 서진정책에 능동적으로 대처하기 위해 주변 국가를 설득해 군사동맹 체제를 구축하고 있었다. 대부분의 인접 국가들이 그의 제의에 동의한 반면, 웬일인지 북이스라엘의 아합 왕만이 계속 미온적인 태도를 견지하더니 마침내 군사동맹체 가입을 거부했다. 그러자 벤하닷 2세는 이참에 아합 왕을 길들이는 동시에 강제로 자신이 주도하는 군사동맹국에 포함시키고자 수도인 사마리아를 공격하기로 했다.

첫 번째 전쟁은 기원전 856년경, 아람의 벤하닷 2세가 사마리아를 침공함으로써 시작되었다. 북이스라엘의 수도였던 사마리아는 군인 출신으로 쿠데타에 성공한 아합의 부왕 오므리(Omri)가 기원전 876년경 보다 효과적인 국가 통치를 위해 디르사로부터 천도한 곳이었다. 오므리는 소므론(Shomron) 성읍에 거주하는 지주 세멜(Shemer)이라는 사람에게서 사마리아 산을 구입한 후 군사 목적으로 산 전체를 요새화했는데, 주 목적은 아람의 공격에 대비하기 위함이었다(왕상 16:24 참고). 사마리아는 동서남북을 연결하는 교통의 중심지였으며, 동시에 지리적으로 북이스라엘의 중심에 위치하여 왕국의 통제가 용이하고 적의 침공에 효과적으로 대처할 수 있는 전략적

가치가 뛰어난 곳이었다.[6]

사마리아가 요새화되어 있음을 알기에, 아람의 벤하닷 2세는 아람국 단독으로 사마리아를 공격하지 않았다. 이 전쟁을 위해 그는 아람 주변의 32개 도시국가 왕들과 군사동맹을 맺어 그들의 참전을 독려했다. 동맹군이 구성되자, 벤하닷 2세는 동맹군의 당연직 총사령관이 되었으며, 32명의 왕들은 각 국가군의 지휘관 자격으로 사마리아로 진군했다. 그런 다음 수적 우세의 이점을 살려 북이스라엘의 지휘부가 있는 '사마리아 성'을 포위하고 싸우는 대신 협상과 압박을 통해 북이스라엘의 항복을 종용했다.[7]

벤하닷 2세는 부하에게 협상의 전권을 부여하고 아합 진영에 보냈는데, 협상 내용은, 아합의 처들과 자녀 그리고 은금을 지불하면 군사적 행동을 하지 않겠다는 것이었다. 아합이 이 조건을 수용하자 벤하닷 2세는 또 다른 조건으로 왕궁과 신하들의 집을 약탈하겠다는 조건을 제시했다. 이때 아합은 장로들과 백성들의 조언을 청한 후 벤하닷의 전령들에게 이렇게 말했다. "왕이 처음에 보내 종에게 구하신 것은 내가 다 그대로 하려니와 이것은 내가 할 수 없나이

---

6 아합 시대의 고고학적 자료들을 보면, 정치, 종교 면보다 군사적인 요소들이 많은 것을 알수 있다. 수도가 위치한 소므론 성읍이 상당히 개발되었고, 전차와 말을 정비하고 관리하는 요새를 별도로 만들어 이들에 대한 체계적인 관리가 이루어졌다. 또한 군대를 주기적으로 소집하여 교육 훈련시켰으며, 주요 거점을 선정, 그곳을 요새화했다. 그리고 군대는 각 요새에 상주시켜 연중 외세의 침략에 대비토록 국방 태세를 강화했다. 식량 생산량 향상을 위해 저수지를 공사하였고, 예비 식량은 유사시를 대비해 각 요새에 비축했다. 이는 군사 이동로에 보급이 부족하지 않게 함과 동시에 강한 군대를 양성하겠다는 의지의 표명이었던 것 같다.

7 이 전술은 손자병법의 '모공편'에 나오는 용병법이다. 全國爲上, 破國次之, 全軍爲上, 破軍次之(전국위상, 파국차지, 전군위상, 파군차지). 적국을 온전하게 두고 이기는 것이 최상책의 용병이고, 적을 파괴하여 이기는 것은 차선책의 용병이며, 적군을 온전하게 두고 이기는 것이 최상책이고, 적군을 격파하여 이기는 것이 차선책이라는 뜻.

다"(왕상 20:9). 벤하닷 2세의 두 번째 요구 사항을 매몰차게 거절한 것이다. 예상 밖의 답변이 돌아오자, 벤하닷 2세는 이내 군사적 보복을 결행코자 공격 준비 명령을 내렸다.

이에 대응하는 북이스라엘의 조치는 동맹군이 방심하리만큼 미미했다. 아합은 신탁을 의지해 각 지방 수령의 아들 232명을 징집하고, 일반 백성 중 전투가 가능한 7000명을 선발해 전투에 임하기로 했다. 적을 공격하기에는 턱없이 부족한 병력이지만 전투에 임하는 태도는 결연했다. 반면 아람 동맹군은 이스라엘군을 약체로 여겨 병사들의 전장 군기도 해이해졌고, 동맹군 지휘관들의 전투에 임하는 태도도 진지함이 결여되었다. 이를 간파한 아합 왕은 적군의 심장부에 의표를 찌르는 기습공격을 감행하기로 하고 공격 시점을 정오로 정했다. 이즈음 벤하닷 2세는 동맹국 왕들과 오전부터 술판을 벌여 이미 만취 상태였다. 정오가 되자, 아람의 첩보병이 북이스라엘의 소년단원들이 아람군 지휘부를 향해 다가오고 있음을 벤하닷 2세에게 보고했다.

그러나 술에 취한 벤하닷 2세는 판단력이 흐려져 북이스라엘의 소년부대를 항복을 위한 대표단으로 착각했다. 벤하닷 2세가 부하를 시켜 이스라엘의 소년부대를 영내로 인솔하도록 하자, 아무런 제재 없이 동맹군의 지휘부로 진입한 이스라엘의 소년들은 갑자기 용사로 돌변해 닥치는 대로 아람군을 살상했다. 이어 뒤따른 7000명의 이스라엘 군사가 아람 동맹군의 사방에서 출몰하여 기습공격을 가하자, 아람 진영은 큰 혼란에 빠져 병사들이 사방으로 도주했다. 벤하닷 2세는 말을 타고 간신히 전장을 이탈해 생명을 부지했다. 북이스라엘의 대승리였다.

이 전투에서 북이스라엘은 두 가지 전쟁의 원칙을 익혔다. 첫째, 절약의 원칙(the principle of economy of force)이다. 훈련된 소수 인원을 적진에 투입해 최대의 작전 효과를 거두는 방법인데, 아람 동맹군은 수적(數的)으로 열세인 이스라엘이 과감히 공격할 것이라고는 전혀 예상하지 못했기에 속수무책으로 당하고 말았다. 둘째, 기습의 원칙 (surprise)이다. 아람의 지휘관이 예상하지 못한 시간과 방법으로 적의 지휘부를 타격함으로써 아람군의 중추(中樞)를 마비시켜 초기에 전투를 종결시켜 버린 것이다.

이스라엘의 하나님은 불가능한 싸움에 개입하심으로써 당신이 역사의 주관자이며, 전쟁의 승패를 좌우하고 있음을 보여 주셨다. 전투가 치러지기 전, 하나님은 한 선지자를 보내 아합 왕에게 "내가 오늘 그들을 네 손에 넘기리니"(왕상 20:13)라고 승리의 확신을 주셨다. 심지어 전투 수행 방법까지 구체적으로 가르쳐 주시기까지 했다.[8] 북이스라엘 백성의 마음이 하나님에게서 떠났을지라도, 그들의 고통과 멸망을 허락하시지 않는 여호와 하나님의 자애로운 사랑을 엿볼 수 있다. 집 나간 사마리아 백성을 이렇게까지 기다리시는 이유를 하나님은 선언적으로 말씀하셨다.

> [네가 전쟁에 승리함으로써] 너(아합)는 내가 여호와인 줄을 알리라(왕상 20:13).

---

8 전투 수행 주체는 "각 지방 고관의 청년들로"(by the young men of the princes of the provinces) 그리고 이 부대를 이끌 지휘관으로는 아합 왕이 직접 나설 것을 계시했다(왕상 20:14).

하나님은 여전히 이스라엘의 수호자로 함께하실 것이므로 우상 숭배에서 돌이켜 이제는 돌아와 하나님이 유일하신 참 하나님이심을 알라는 경고의 메시지였다. 그러나 불행하게도 아합은 말씀을 이해하지 못했을 뿐만 아니라 가슴에 담지도 않았다. 그리하여 전투에 승리한 아합 왕은 기고만장해졌고, 생각지도 못한 패배를 당한 벤하닷 2세는 수치(羞恥)를 만회하고자 재침공을 다짐한다.

22. 제2차 사마리아 대 아람 전쟁
: 아람의 패배, 아합의 오판

열왕기상 20:23-34을 중심으로

약소국으로 보았던 이스라엘에게 불의의 일격을 당한 벤하닷 2
세는 1년여에 걸쳐 착실하게 군사력을 보강하여 이스라엘 재공격에
착수한다. 1차 공격 때 요새화된 사마리아 성 포위 공격의 실패를
교훈 삼아 이번에는 전략을 대폭 수정했다. 우선 주변국과 군사동맹
을 결성하되, 명목뿐인 왕들 대신 실질적인 군지휘관을 대동하여 전
쟁에 임할 계획이었다.

1차 공격 때는 여러 소국(小國) 왕들을 각국의 지휘관으로 삼아
연합작전을 시도했으나 그들은 군사작전의 전문성도 부족했을 뿐만
아니라 전투 경험도 전무한 허울 좋은 장수였다. 무엇보다도 동맹군
의 지휘 체계가 단일화되지 못한 데서 기인한 상호 의존적이고 소극
적인 태도가 북이스라엘로부터 불의의 일격을 당한 것이라 보고, 이

번 전투에는 군대장관들에게 지휘권을 맡기기로 한 것이다.

다음으로 벤하닷 2세가 각별히 고려한 요소는 대군(大軍)인 아람 동맹군이 제대로 전투를 수행할 수 있는 유리한 전장을 선택하는 것이었다. 즉 요새화된 산성을 피하고, 광활한 야지에 이스라엘을 끌어들여 전투할 계획을 수립했다. 그리고 공격 시기는 본격적인 농사를 시작하기 전인 다음 해 봄으로 정했다.

드디어 기원전 855년 봄, 벤하닷은 병력 12만 7000여 명을 이끌고 다메섹에서 갈릴리 호수 우측에 연한 아벡(Aphek)으로 남진했다.

사마리아와 아람이 전쟁을 벌인 아벡

아벡은 요르단 북부 지역에 위치한 성읍으로서 다메섹과 벧산을 이스르엘 골짜기로 연결하는 광활한 평지다. 많은 수의 병력이 집결하기 용이한 곳이었다. 이에 맞서 이스라엘의 아합 왕도 동원령을 선포했다. 계절적으로 춘궁기라 병력 대비 군량미 보급이 제한되어 소수의 병력으로 군을 편성했다. 아합이 군을 이끌고 전장으로 나아가니, 병력 규모 면에서 아람군에 비할 바가 못 되었다. 평지에서 상호 마주하여 진(陣)을 친 모습을 보니, 아람군은 땅에 가득한 것 같았으나 이스라엘 군대는 비유적으로 염소 새끼 두 떼처럼 경성드뭇했다.

이때 또다시 '하나님의 사람'이 아합에게 나타나 이스라엘의 승리를 예고해 준다.

내가 이 큰 군대를 다 네 손에 넘기리니…(왕상 20:28).

동시에 이 전쟁을 통해 여호와께서 '유일하신 참 하나님'이심을 이스라엘 백성이 깨닫게 하시려는 의도도 고지하셨다. 상호 대치 7일째 되는 날, 마침내 양군 간에 첫 교전이 있었는데, 이스라엘군은 이 날 하루 만에 아람군 보병 10만 명을 죽였고, 아벡 성으로 도망친 아람군은 그 성이 무너져 추가로 2만 7000명이 사망했다. 전투력의 대부분을 손실한 아람은 1차전에 이어 또다시 이스라엘에 대패했다. 아람 왕 벤하닷 2세는 일부 호위병과 더불어 도망쳐 아벡 성읍에 있는 어느 작은 골방에 옹송그리며 숨어들었다.

벤하닷 2세는 신복들의 권유로 굵은 베를 허리에 묶고 테두리를 머리에 쓰고 아합 왕에게 생명을 살려 달라고 간청했다. 이스라엘 왕은 예부터 인자하다는 인식이 있어서 참회와 굴복의 표시를 보이면 생명은 살려 줄 것이라는 생각에서였다. 뿐만 아니라 벤하닷 2세는 살려만 준다면 아합 왕에게 그의 부왕(벤하닷 1세) 때 이스라엘에게서 빼앗은 성읍을 다시 돌려줄 것이며, 부왕이 사마리아에서 그랬듯이, 다메섹에 '아합 왕의 거리'를 만들어도 좋다고 제의했다. 다메섹에서 특정 지역을 선택해 이스라엘의 무역 시장을 만들라는 것이었다.

아합은 벤하닷 2세의 뜻하지 않은 제안을 선하게 생각해 이를 선뜻 받아들이고 그를 돌려보냈다. 작은 이익에 눈이 멀어 자신의 이 선처가 재앙으로 돌아올 줄 상상도 못한 어리석음의 소치였다.

이 무렵 앗시리아가 이스라엘 땅까지 정탐병을 보내 사방을 정찰하고 갔다. 당시 앗시리아는 군사 도발 전에 정탐병을 보내 세부적·구체적 정보를 획득하고 병력 소집 규모와 부대 편성 그리고 병참부대 규모를 정하던 관례가 있었다. 그리고 일단 정찰대를 파견했으면, 전차부대 위주로 편성된 중무장 부대를 이끌고 되돌아와 해당 국가를 침략했는데, 이스라엘도 예외가 아니었다.

이를 알 리 없는 아합 왕은 북이스라엘의 안보를 아람의 벤하닷 2세에 기대고자 하는 마음이 있었다. 아람이 지정학적으로 앗시리아와 북이스라엘 사이에 있으므로 아람이 방패 역할을 잘해 주면, 이스라엘 왕국까지는 앗시리아가 진출하지 못할 것이라는 판단에서였다. 때문에, 연이어 전쟁에서 패한 벤하닷 2세를 적대시하기보다는 친(親)이스라엘 세력으로 만들어, 앗시리아를 견제하도록 하는 것이 당시 국제정세에 올바르게 대처하는 것이라 믿었다.

아합의 이 같은 국정 운영은 아람국의 속성을 몰이해한 결과였고, 동시에 이스라엘의 신 '여호와'의 계획과는 정면으로 배치된 외교적 조치였다. 이에 성경은 "내가 멸하기로 작정한 사람을 네 손으로 놓았은즉 네 목숨은 그의 목숨을 대신하고 네 백성은 그의 백성을 대신하리라"(왕상 20:42)고 기록하고 있다. 아람국으로 인해 2년 후에 미칠 아합과 그의 백성의 고난을 예고한 것이다. 결국 자신들의 하나님 '여호와'를 외면하고 이방 국가에 민족의 안녕을 의지한 아합의 선택은 본인의 운명뿐만 아니라 국가적 재앙을 초래하는 비극을 가져오게 된다.

요약하면, 당시의 군사강국 아람의 벤하닷 2세가 2차에 걸쳐 북이스라엘을 침공했을 때 이스라엘의 여호와 하나님은 아합 왕과 그 백성에게 승리를 안겨 주셨다. 군사의 수와 병기의 수준에서 비교할 수 없는 열세에 있었음에도 불구하고 아합에게 승리를 주신 이유는 명확했다. 그것은 '여호와만이 참 하나님 되심'을 이스라엘과 이방 백성들에게 알리고자 함이었다. 즉 아합은 물론 온 이스라엘 백성이 환난 날에 '구원자' 되시는 여호와를 잊지 않도록 전쟁 가운데 자신의 존재를 계시한 '역사적 사건'이었던 것이다.

만일 아합 왕과 이스라엘 백성이 이 진리를 인식했더라면, 하나님과의 언약을 버리고 우상을 섬긴 것을 회개했을 것이고, 하나님이 여전히 이스라엘의 하나님이 되어 주심을 감사했을 것이다. 불행히도, 그들은 전쟁을 통해 선명하게 증거된 '하나님의 전능함'을 경험하고도 하나님께 돌아오지 않고 하나님이 심판하려는 벤하닷 2세를 경제적 이익을 위해 살려 보낸 실수를 범했다. 그의 불순종에 대한 대가로 이제 하나님의 엄중한 심판이 아합을 맞을 준비를 하고 있었다.

23. 카르카르 전투 1
: 발발 배경
유다 왕 여호사밧, 북이스라엘 왕 아합 치세 때

카르카르(Qarqar)는 시리아 북서쪽에 위치한 고대 도시의 이름이다. 이곳에서 고대에 가장 유명한 전투 중 하나가 치러졌는데, 지중해 연안 12개 소왕국이 군사동맹을 맺고 앗시리아의 살만에셀 3세의 팽창정책에 대항해 일으킨 전쟁이다. 카르카르 전투는 성경에 언급되진 않지만, 기원전 9세기 중엽 중근동 지역의 국제질서를 가늠케 하는 척도로서 중요한 의미가 있다. 또한 상호 적대관계에 있던 북이스라엘과 아람국 그리고 그 주변국들의 동향을 분석함으로써 향후 전개될 사마리아 대 아람의 제3차 전쟁의 원인을 도출할 수 있다.

당시 패권국인 앗시리아의 서진정책에 맞서 레반트 일대 국가들은 생존을 위한 첫 정치 외교 군사적 동맹을 맺는다. 먼저 전쟁의 주 무대였던 하맛의 정세를 살펴보자.

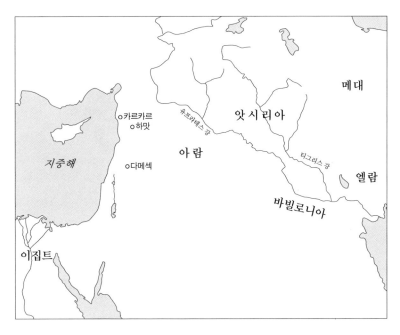

　　기원전 18세기경, 하맛(Hamath)은 히타이트 문명의 영향을 받아 성장했는데 기원전 12세기경 히타이트가 멸망하자, 아람인들이 서서히 이곳에 정착하여 비트-아디니라는 소왕국을 세웠다. 기원전 1005년경, 이 왕국은 다윗과 화친조약을 맺어 통일 이스라엘과는 형제국이 된다.[9] 카르카르 전투가 일어났을 당시 아람은 이르훌레니(Irhuleni)가 통치하고 있었는데, 알레포와 카르카르가 앗시리아에 의해 정복되어 국토가 심하게 유린당했다. 동시에 동맹군의 일원으로 앗시리아에 맞서 맹활약하였으나 기원전 847년경 앗시리아에 완전

9　하맛 왕 도우(Tou)는 이스라엘이 소바(Zobah) 왕에게 승리한 것을 기념하기 위해 자신의 아들 하도람(Hadoram) 편에 다윗에게 축하 인사와 선물을 보내 형제국의 연을 맺었다(대상 18:9-10).

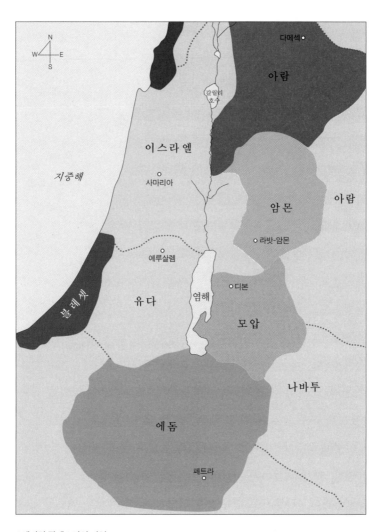

9세기경 팔레스타인 지역

히 복속된다.

　카르카르 전투의 침략자로 일컫는 앗시리아의 성장 배경에는
기원전 10세기 말 근동 지역의 국제질서가 한몫 했다. 기원전 13세

기경 이집트와 치른 카데시 전투(Battle of Kadesh) 이후 전통적 두 강대국은 사양길로 치닫고 있었다. 히타이트는 내분으로 국력이 분열되었고, 이집트는 정통 이집트 왕조가 무너지고 외부 리비아인과 아문 대사제단이 국가를 분할 통치함으로 외부로 눈을 돌릴 겨를이 없었다. 이 틈을 타 메소포타미아 상부에 위치한 앗시리아가 강력한 군사대국으로 부상했다.

디글랏 빌레셀 1세(Tiglath-Pileser I, 기원전 1115-1076년) 이후 뚜렷이 두각을 나타내지 못하던 앗시리아는 신(新)앗시리아를 재건하고 아다드 니라리 2세(Adad-Nirari II, 기원전 912-891년)-투굴티 닌우르타 2세 (Tukulti-Ninurta II, 기원전 891-884년)-앗수르나시르팔 2세(Ashurnasirpal II, 기원전 884-859년)를 거치며 근동의 패권을 장악하게 된다. 특히 신앗시리아의 3대 왕 앗수르나시르팔 2세는 앗시리아를 군사강국으로 조직하였는데, 당시 그의 군대는 기동력과 충격력 면에서 중근동 일대의 국가 중 최강이었다.

앗수르나시르팔 2세는 보병, 전차대 외에 처음으로 기병대를 도입하여 기동력을 향상시키는 전술, 군사전력 면에서 획기적인 변화를 단행했다. 이러한 기동력 위주의 군편제 개혁은 장거리 원정 시 이동시간 단축을 가능케 하였으며, 전투 시에는 월등한 기동력으로 어떠한 형태의 작전도 구사할 수 있게 했다. 특히 당시 정복국가의 요새화된 성채를 단시간에 공략할 수 있는 우수한 공성무기 제작 능력은 당대 최고였다. 이러한 군사력을 바탕으로, 그는 재임기간 중 잦은 서방 원정으로 아람, 페니키아 등의 여러 도시국가들을 복속시켰고, 남쪽으로는 바빌로니아를 평정했다.

그러나 민족의 독립을 위한 반란이 지속적으로 발발하여, 피정
복국가를 무력으로 완전히 속국으로 만들기란 쉽지 않는 과제였다.
특히 아람의 영향권에 있던 나라들의 저항이 다른 국가들에 비해 극
심했다. 그리하여 부왕의 뒤를 이은 살만에셀 3세는 서진정책을 지
속적으로 전개하며, 동시에 보다 더 강력하고 폭압적인 피정복민 정
책을 실시하게 된다. 치세 기간 동안, 32회의 원정을 단행하여 서쪽
지역의 많은 도시국가를 복속시켰다. 특히 기원전 857년경 앗시리
아의 세력은 아마누스 산맥과 지중해까지 미쳤으며, 수많은 앗시리
아인들을 정복지에 이주 정착시켰다. 그러나 이러한 시도는 지역을
안정화시키기는커녕 오히려 원주민들의 불만을 고조시키는 원인이
되었다.

　한편, 앗시리아 지배층과 사제단은 국부(國富)를 위해 전쟁을 적
극 지원하였는데, 이러한 국내 지도층의 전폭적인 지원은 앗시리아
의 팽창정책을 독려하였으며, 이에 대한 반대급부로서 전리품과 노
예를 끝없이 요구하게 했다. 문학적인 표현을 빌리자면, 이들은 늘
피에 굶주려 있어 피정복국가의 결말은 참혹하기 이를 데 없었다.
이러한 앗시리아의 서진정책과 전쟁 방식은 평온하던 지중해 연안
국가에겐 하나의 충격이었다.

　이러한 이유로, 당시 동지중해 연안 지역에 있던 국가들은 언제
침략할지 모를 앗시리아의 동태를 살피며 긴장을 늦출 수 없었다.
그중 가장 긴장했던 나라는 앗시리아와 국경을 접하고 있던 아람이
었다. 당시 아람은 동지중해 연안에서 강자로 군림하고 있었으나,
앗시리아와 힘을 겨루기엔 역부족이었다. 이미 카르카르 전투 이전

에 몇 번의 대(對)앗시리아 전투에서 패한 경험이 있고, 이후로 앗시리아에 조공을 바치며 겨우 평화를 유지하고 있었다. 불행하게도 레반트 중 가장 강했던 아람국은 카르카르 전쟁이 멸망으로 가는 시작점이 된다.

앗시리아의 서진정책을 우려의 눈으로 본 것은 비단 아람뿐이 아니었다. 레반트의 북부 지역 하티나(Hattina, 또는 파티나Pattina라고 불림)도 앗수르나시르팔 2세에게 점령당한 후 조공국이 되었으나 하맛국의 도움으로 독립을 유지하고 있었다. 남쪽의 북이스라엘 또한 앗시리아의 군사 대국화와 팽창정책에 촉각을 곤두세우고 있었다. 이에 대한 대비책으로, 왕국의 서남쪽은 이미 시돈 그리고 유다와 혼인관계를 맺어 방비를 하였으나, 동북쪽이 늘 불안했다. 어찌 보면 당시 이스라엘의 직접적인 주적(主敵)은 이미 두 차례나 침공한 바 있는 아람이었다. 그러나 앗시리아와의 사이에서 완충 역할을 하던 아람이 무너지면, 북이스라엘도 쉽사리 적의 수중에 떨어지게 된다. 따라서 아합 왕은 아람의 벤하닷 2세와 군사동맹 관계를 맺고 왕국의 안보를 보장하고자 했다. 그리고 아직 복속되지 않은 서부 지역의 잔여 도시국가들과 왕국들도 상호 방어적인 동맹관계를 맺는 데 의견의 일치를 보았다.

그런데 북이스라엘의 아합 왕이 아람국과 군사동맹을 맺기 전, 아람의 벤하닷 2세가 큰 실수를 범했다. 즉 앗시리아의 군사령관이 알레포를 공격했을 때 아람이 배후에서 하맛국을 지원한 것이다. 이로 인해 앗시리아-아람 양국 관계에 사단이 났다. 이 사실을 인지한 앗시리아의 살만에셀 3세는 아람에게 동맹국 조약 위반건을 정죄하

기 위해 사절단을 벤하닷 2세에게 보냈다. 설상가상으로, 벤하닷 2
세는 앗시리아 사절단의 불손한 태도에 격분하여 그들을 모조리 살
해해 버린다. 이미 엎질러진 물, 아람의 벤하닷 2세는 차후 필연적으
로 있을 앗시리아의 공격에 대비해야 했다. 그 일환으로, 우선 주변
소왕국들을 규합하여 군사동맹을 맺기로 결심하기에 이른다. 총 12
개국이 참여했으며, 북이스라엘도 아람과 구원(舊怨)이 있지만 어쩔
수 없이 군사동맹국의 일원이 되었다.[10]

앗시리아의 공포정책은 인접 국가들에게 공포심을 주어 자연스
런 항복을 유도하는 역할을 했지만, 또 다른 한편으로는 적개심과
저항의지를 북돋우는 역할을 했다. 즉 어차피 노예로 비참하게 사느
니 싸우다가 명예롭게 죽겠다는 생각을 하게 한 것이다. 바로 이런
생각이 동지중해 연안 국가들 사이에서 퍼져 나갔다. 한번 저항해
보자는 것이 당시 이들 국가들의 중론이었다.

알레포 주둔군 사령관에게서 이를 보고받은 니느웨의 살만에
셀 3세는 대노했다. 지금까지 앗시리아 제국에 반기를 든 저항 세력
은 북쪽 산간지대에 살고 있는 소수 야만족들밖에 없었다. 두려움에
항복할 것으로 예상한 것과는 달리, 이들 국가들이 힘을 합쳐 앗시
리아에 대항하려 한다. 살만에셀 3세는 최대한 빠른 시간 내에 출병

---

10 카르카르 전투 시 레반트의 12개국이 앗시리아에 맞서기 위해 동맹을 맺었다. 12개국은
아람(Kingdom of Aram-Damascus), 북이스라엘(Kingdom of Israel), 하맛(Hamath), 아라비아(Arabs), 암몬
(Kingdom of Ammon), 쿠-실리시아(Que Cilicia), 이르가나타(Irqanata), 시아누(Kingdom of Shianu), 아르와
드(Kingdom of Arwad), 우사나타(Usannata), 무스리(Musri), 이집트(Egypt)다. 그러나 앗시리아의 쿠르
크(Kurkh) 승전기념비에는 이집트를 제외한 11개국만 기록되어 있다. 아마도 전쟁 종료 후 승
전비를 급조하다 보니, 1개 국가, 즉 이집트가 누락되었다고 보는 것이 학계의 정설이다. Guy
Bunnens, J. D. Hawkins, and I. Leirens. *Tell Ahmar II. A New Luwian Stele and the Cult of the Storm-
God at Til Barsib-Masuwari*(Leuven,Belgium: Peeters, 2006), 90-91

준비를 마칠 것을 지시했
다. 이번에는 본인이 직접
지휘할 계획이었다. 군 편
성을 완료하고, 장비와 보
급품 적재를 마친 후, 기원
전 853년경 앗시리아는 드
디어 군사를 일으켜 서쪽

알레포 성

을 향해 움직였다. 니느웨에서 출발해 하맛의 알레포까지 1200km
의 여정을 거의 한 달 만에 당도하여 단번에 접수해 버렸다. 그리고
병사들에게 휴식 겸 전열을 재정비할 시간을 준 다음, 차후 공격 목
표 결정을 위해 예하 지휘관과 참모회의를 소집했다.

배신자 '아람'을 먼저 공격할 것인가, '하맛'을 공격할 것인가?
살만에셀 3세는 공격 우선순위를 놓고 초승달 지역을 그린 지도
를 보고 골똘히 생각했다. 그런데 전차사령관과 기병사령관이 동
시에 '하맛'이 우선이라고 건의했다. 이미 하맛의 북부 도시 알레포
(Aleppo)는 함락했으니 이곳을 거점으로 인접한 카르카르를 공략, 하
맛국부터 우선 제압하자는 것이었다. 앗시리아가 하맛을 점령할 경
우, 동맹국은 남북으로 절단되어 연합작전이 불가능했다. 즉 북쪽의
하맛과 페니키아 4개 소국이 앗시리아의 수중에 들어가 동맹국은
전력이 축소될 수밖에 없었다. 살만에셀 3세는 흔쾌히 이 건의를 수
용했다. 그리고 예하 지휘관들에게 출동 준비를 지시했다.

24. 카르카르 전투 2
: 충돌 전야

살만에셀 3세가 하맛 공략을 위해 카르카르로 진군을 결정했을 때, 다메섹에는 북이스라엘의 아합과 하맛의 이르훌레니 그리고 인접한 각 소국의 왕들이 벤하닷 2세의 왕궁에 집결해 있었다. 원거리에 있는 이집트, 아라비아 그리고 암몬군은 아직도 이동 중이었다. 왕궁에 모인 동맹군 왕들은 앗시리아에 보낸 '생간'[11]으로부터 지금까지의 동정을 보고받고 있었다. 앗시리아가 출정 준비를 거의 완료하여 곧 부대 이동이 있을 것이며, 공격 목표는 하맛이 될 것이라는 중요한 정보였다. 전차부대, 기병부대 그리고 무장한 보병의 이동 속도를 고려할 때, 니느웨로부터 중간 경유지인 알레포까지의

---

11 '생간'은 첩자를 운용하는 방법 중 하나로서 적국을 정탐한 뒤 살아 돌아와서 정보를 보고하는 것을 말한다. 손무, 《손자병법》, 198.

3000리 길을 30일 내에 도착할 것이라고도 했다. 동맹군의 고민이 깊어졌다. 앗시리아가 하맛을 점령하면 동맹군은 남·북으로 양분된다. 적은 아군의 허리를 자른 뒤 각국을 각개격파 하겠다는 계획이 분명했다. 그리고 그것은 한편으로 앗시리아가 바다로 진출하는 통로를 확보하겠다는 의지를 표명한 것이었다.

한편, 살만에셀 3세는 기원전 853년 아자루달(바벨론 달력으로 2월, 율리안 달력으로 4~5월경)에 니느웨를 출발하여 지중해 서안 정벌의 대장정에 올랐다. 이동 중에 맞닥뜨린 주변 소국들을 차례로 정복했다. 첫 교전은 기아무(Giammu)가 통치하고 있던 발릭(Balik) 강에서 치러졌다. 이 과정에서 보여 준 앗시아리아의 잔인성은 주변 부족 국가들을 두려움에 떨게 했고, 그로 인해 무혈로 항복을 받아 낼 수 있었다. 살만에셀 3세는 피트루(Pitru)라는 작은 소도시에서 메리두(Melidu), 구르굼(Gurgum), 쿠무히(Kummuhi), 갈그미스(Carchemis), 아르밧(Arpad), 삼알(Sam'al), 그리고 파티나(Pattina) 공국이 보낸 사신들의 예방을 받고, 각국들로부터 충성의 예를 받았다.[12]

서쪽으로 계속 진군하여 앗시리아군은 거의 한 달 만에 알레포(Aleppo)에 도착했다. 이미 주둔하고 있던 군사령관으로부터 살만에셀 3세는 융숭한 영접을 받았다. 그리고 장거리 행군으로 지친 병사들에게 재충전의 시간을 주고 차후 작전을 위한 재정비를 지시했다. 살만에셀 3세는 용장이었다. 지칠 줄 모르는 불굴의 의지와 지략을 겸비한 장군이었다. 알레포에 도착하자마자, 휴식도 생략한 채 곧장

---

12 Pritchard, ed., *The Ancient Near East: An Anthology of Texts*, 256.

주둔군 사령관으로부터 적정(敵情) 브리핑을 받았다. 핵심 보고 내용에는 동맹국의 참가국, 왕들의 인적 사항[13], 주요 전투 편성, 무장 상태, 하맛으로 가는 주이동로상의 장애물, 군수품 현지 조달 계획 등이 포함되어 있었다.

주둔군 사령관의 보고에 의하면, 동맹군의 예상 규모는 보병이 6만 명, 전차가 4000승, 기병이 2000명, 낙타군이 1000명으로, 기병은 6배나 우세하나 전차부대가 확연히 열세였다.[14] 보병의 규모는 열세이나 앗시리아군은 동맹군보다 전투력이 월등하고 중무장된 보병이 3만 5000명이었다. 동맹군의 또 다른 강점은 살만에셀 3세가 생전에 보지 못한 낙타부대를 보유하고 있다는 것이었다. 양쪽의 강점과 약점을 분석했을 때 전투력 면에서는 대동소이한 것으로 결론이 났다.

전력 분석을 마친 살만에셀 3세는 회심의 미소를 지었다. 앗시리아군은 지휘 체계가 단일화되어 있고, 전투 경험이 풍부하며, 기동력이 뛰어나다. 그에 반해, 동맹군은 일사불란한 지휘 체계가 결여되어 있어 위급 상황이 벌어졌을 때 쉽게 혼란에 빠질 위험이 컸다. 그렇다면 승패의 관건은 '전술'에 달려 있다. 최종적으로 살만에셀 3세는 작전의 주안점을 동맹군 지휘부의 분열에 맞추기로 결심했다. 일주

---

13 Ibid., 동맹군의 왕들은 다음과 같다. 아람의 벤하닷 2세(또는 하닷에셀), 북이스라엘의 아합(Ahab), 하맛의 이르훌레니(Irhuleni), 아라비아의 긴디부(Gindibu), 암몬의 바아사(Baasa), 이르가나타(Irqnata)의 텔 아르가, 시아누(Shianu)의 아돈-바알(Adon-Baal), 아르바드의 마티누-바알(Matinu-Baal), 쿠-실리시아(Que-Cilicia)의 카데(Kate)이다. 우사나타(Usannata), 무스리(Musri), 그리고 이집트(Egypt)군의 왕의 이름은 살만에살 3세의 승전비에 새겨져 있지 않다.

14 Pritchard, ed., *The Ancient Near East: An Anthology of Texts*, 256. 이에 비해 앗시리아군은 중무장 보병 3만 5000명, 일반 보병 2만 명, 기병 1만 2000명, 전차 1200승으로 편성되었다.

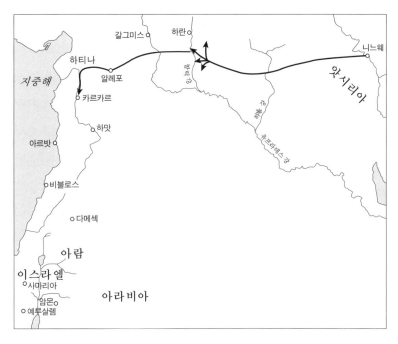

지중해

하티나
갈그미스   하란   니느웨
알레포   왓시리아
카르카르
하맛
아르밧

비블로스

다메섹

아람
이스라엘
사마리아
암몬   아라비아
예루살렘

앗시리아군 이동로

일간의 재정비 후 살만에셀 3세는 서서히 출정을 준비했다.

한편, 동맹군은 지휘부를 급조해서 구성했다. 군령권은 국가별 병력 규모 순으로 정했는데, 총사령관 벤하닷 2세, 부사령관 아합, 총참모장 하맛의 이르훌레니로 만장일치로 가결하고 나머지 소국의 왕은 제대 지휘관으로 임명되었다.

곧이어 세작을 통해 동맹군 지휘부는 살만에셀 3세가 이끄는 앗시리아 본대가 알레포에 도착해서 공격 준비 중임을 보고받았다. 알레포에 본대가 있다면, 앗시리아의 공격 목표는 동맹국 중 가장 북쪽에 위치한 하맛이 아닌가? 아람이 공격 목표였다면 굳이 알레포를 경유할 필요 없이 유프라테스 강을 건너 타드마르(Tadmar)를 거쳐 곧장 다메섹을 공격했을 것이다.

살만에셀 3세의 공격 의도는 간파했으나, 앗시리아의 병력 규모, 지휘관 인적 사항 그리고 출정 시기 등 세부적인 적정(敵情)과 추가 정보를 획득하기는 쉽지 않았다. 알레포는 이집트의 람세스 2세와 히타이트의 무와탈리스 2세가 전투를 치른 카데시보다 훨씬 위쪽에 있었다. 따라서 현 위치인 다메섹에서 알레포까지의 천리 길(약 380km)은 첩자를 운용하기에는 거리가 너무 멀었다. 첩자가 살아 돌

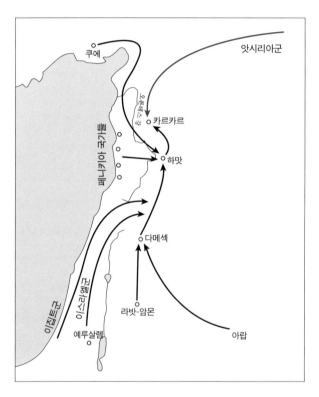

집결지로 이동하는 동맹군과 카르카르를 점령하는 앗시리아군

아오더라도 적군은 벌써 다른 행동반경 안에 있을 것이므로 정보의 가치가 없었다. 이에 따라 동맹군의 지휘부는 전군을 이끌고 하맛을 넘어 카르카르에서 일전을 겨루기로 결정한 후 출정했다. 현재 이동 중인 왕국의 군대는 지체 없이 전장으로 증원하도록 파발을 보냈다.

사흘을 전력 행군해서 동맹군은 카르카르 남쪽의 카데시 근처까지 도착했다. 오론테스 강이 카데시를 동서로 가로질러 흐르고 있었다. 고대의 비옥한 초승달 지대에서 일어났던 상당 규모의 전투들이 바로 이 강을 중심으로 벌어졌다. 도하를 마칠 무렵, 이미 카르카르가 앗시리아의 수중에 넘어갔다는 급보를 받았다.

동맹군은 숨 돌릴 틈도 없이 행군을 해야 했다. 하맛을 넘어야 했기 때문이다. 다행히 앗시리아가 더 이상 남진하지 않고 카르카르에 주둔하고 있다는 소식이었다. 동맹군은 이틀을 강행군하여 겨우 카르카르의 오론테스 강 서편에 도달했다. 그러나 건장한 병사라도 기진맥진해서 동맹군은 전투에 임하는 군대 조직이라기보다 마치 패잔병들 같았다. 더욱이 본대를 지원하기 위한 보급부대가 한참 뒤처져서 현재로서는 전투를 치를 수 있는 형편이 아니었다.

동맹군과 앗시리아군은 이제 남북으로 흐르는 오론테스 강을 사이에 두고 대치하고 있었다. 그런데 이 광활한 평지에서 유일하게 우뚝 솟아 주변을 감찰할 수 있는 카르카르 고지는 강 동편에 있었다. 먼저 도착한 앗시리아는 이 고지를 선점하고 요새화해서 지휘부를 설치 운용하고 있었다. 천혜의 오론테스 강을 방어막으로 두르고 유일한 감제고지까지 확보하여 기선을 잡은 것이다. 앗시리아의 살만에셀 3세는 풍부한 전투 경험을 바탕으로 피아간의 전투력을 다스리는 방법을 꿰뚫고 있었다.

이에 비해, 동맹군은 전략상 몇 가지 문제를 안고 있었다. 첫째, 동맹군이 위치한 서안(西岸)은 평지였기에 부대가 적에게 완전히 노출되어 있었다. 둘째, 공격을 하려면 먼저 오론테스 강을 건너야 했다. 그런데 도하 장비를 준비하는 것이 간단하지 않았다. 셋째, 공격 대신 방어 작전을 펴려면 먼저 식량 조달이 보장되어야 하는데, 인근 마을은 이미 앗시리아군에게 점령되어 식량 조달이 불가능했다. 여기에 각국의 왕들이 직접 군대를 이끌고 출정한 까닭에 그들이 나라를 비운 사이 반역이 일어나지 않을까 걱정이 되어 전투에 임하는 자세가 앗시리아에 비해 현저하게 소극적이었다. 이는 다른 말로 하면, 동맹군의 지휘 체계가 일사분란하게 확립되지 않았음을 의미했다.

벤하닷 2세는 앗시리아의 전력을 분석했다. 전차부대는 수적으로 확실히 우세하나 문제는 기병이었다. 가공할 기동력을 가진 앗시리아의 기병을 어떻게 대응할 것인가가 이번 전쟁의 관건이었다. 총사령관인 벤하닷 2세는 전력을 분석한 결과 앗시리아를 기습공격하기로 마음먹었다. 이를 위해 부대를 3제대로 편성했다. 1제대는 벤하닷 자신이 기병대와 보병대 일부를 지휘하고, 2제대는 아합 왕이 전차부대와 보병 일부를 통제하며, 3제대는 군소부대를 통합해 이르홀레니 왕이 지휘하도록 했다. 그리고 별도로 예비대를 편성해 적절한 시기에 적의 배후에 있는 지휘부를 공격하기로 했다.

그런데 공격 방법과 시기를 두고 지휘부에서 충돌이 일어났다. 총사령관인 벤하닷 2세의 계획에 북이스라엘의 아합 왕이 이의를 제기한 것이다. 이미 양국 간의 전쟁에서 두 차례 패배를 경험한 벤하닷 2세는 아합 왕에 대해 심리적으로 열등감을 갖고 있었기에, 아합 왕이 자신의 명령에 복종하지 않을 경우, 동맹군에서 탈퇴시키겠다고 협박했다. 그러나 북이스라엘군의 전력은 동맹군 전체 전력의 전차 1/2, 기병 1/4, 보병 1/6을 차지하고 있었다. 벤하닷의 말대로 아합을 배제할 경우, 동맹군은 앗시리아와 대적할 수가 없었다. 총참모장인 하맛의 이르훌레니가 중재에 나서 두 왕의 충돌은 가까스로 진정되었다. 동맹군의 지휘 체계에 심각한 문제점이 있다는 사실이 또 한 번 이 작은 사건에서 분명하게 드러났다.

한편, 장수가 성격이 조급하고 화를 잘 내면 작전을 그르칠 수 있다는 것이 동서고금의 격언인데, 이 금언은 벤하닷 2세에게 정확하게 적용되었다. 그는 성격이 급했다. 아합 왕의 태도에 분을 삭이지 못한 채 선제공격을 위해 오론테스 강 도하 준비를 지시한 것이다. 자신이 1제대를 직접 인솔해 적진으로 돌격할 계획이었다.

25. 카르카르 전투 3
: 무승부

한편, 살만에셀 3세, 그의 친위대장, 예하 지휘관은 카르카르 고지에서 동맹군의 움직임을 관찰하고 있었다. 살만에셀 3세는 이 전투를 직접 지휘할 계획이었다. 동맹군이 움직이자 앗시리아군이 진영을 빠져나와 응전 태세를 갖추었다. 전차부대를 선두로 기병대, 보병대, 궁병대 그리고 투석병 순으로 제대를 편성, 동맹군과 일전을 겨룰 준비를 했다. 앗시리아 왕 살만에셀 3세는 동맹군의 1제대가 완전히 강을 건널 때까지 지켜보고 있었다.

동맹군 1제대는 앗시리아가 이미 자신들의 계획을 간파하고 피안(彼岸)에서 동맹군이 도하하기를 기다리고 있다는 사실을 모른 채 강을 건넜다. 그리고 전투 대형으로 편성하려는 순간, 앗시리아 진영에서 깃발이 올라가는 동시에 나팔이 울리며 대기하고 있던 앗시리아의 전차대가 순식간에 동맹군을 강타했다. 아직 대오 편성도 채 되지 않은 상태에서 적군의 공격을 받은 동맹군 1제대는 순식간에 사분오열되며 궤멸되고 말았다.

그 뒤를 이어 앗시리아의 기병부대가 좌우측에서 동맹군의 측면을 공격했다. 전차부대와 기동부대의 동에 번쩍, 서에 번쩍하는 엄청난 타격력과 기동력 앞에서 동맹군의 1제대는 속절없이 무너졌다. 결국 반나절 만에 보병과 기마부대로 편성된 벤하닷 2세가 지휘하는 1제대는 제대로 전투도 치러 보지 못하고 무참히 와해되고 말았다.

친위대의 호위를 받아 가까스로 전장에서 탈출한 벤하닷 2세는 동맹군 진영으로 돌아와 넋을 잃고 주저앉았다. 동맹군의 지휘관들은 작전 실패에 대한 책임을 물으며 총사령관인 벤하닷 2세에게 강력히 항명했다. 이어서 그에 대한 불신임을 가결하고 전차대 책임을

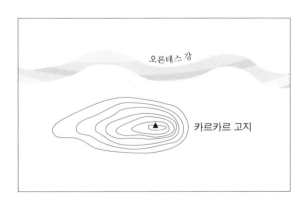

오론테스 강과 카르카르 고지

맡고 있는 유다의 아합 왕을 총사령관으로 세웠다.

아합의 전차부대와 호위를 위한 잔여 보병 그리고 하맛의 이르훌레니가 지휘하는 보병, 낙타부대가 강을 건너 앗시리아 진영으로 향했다. 카르카르 고지 일대의 광활한 평야에서 양측의 치열한 공방이 전개되었다. 수적으로 우세한 동맹군의 전차부대가 맹활약을 하여 앗시리아에 예상 밖의 일격을 가했다. 이에 뒤질세라 살만에셀 3세는 자신의 친위부대까지 투입시켜 치열하게 교전했다. 실로 엄청난 살육전이 벌어지는 가운데 갑자기 앗시리아군이 퇴각했다.

아합 왕이 예비대를 투입시켜 앗시리아의 지휘부를 공격한 것이다. 이 판단은 적중했다. 자신을 호위하는 부대까지 모두 전장으로 내보내 전투를 조기에 종결하려던 살만에셀 3세는 동맹군의 갑작스런 지휘부 공격에 심히 놀라서 철수 명령을 내렸다. 앗시리아군의 회군에 동맹군은 기사회생했다. 전열을 가다듬을 시간을 확보하게 된 것이다.

현재까지 사상자 수는 동맹군이 월등히 많았다. 아합 왕의 활약으로 적의 철수를 이끌었지만, 선제공격 작전은 실패로 마감되었다. 곧 재개될 앗시리아의 공격에 대비해 전투를 편성해야 하는데, 느닷없이 아람의 벤하닷 2세가 아합의 지시를 받지 못하겠노라며 이틀 내에 철수하겠노라고 나왔다. 동맹군의 핵심 전투력인 아람군이 철수할 경우, 전투의 승리는 고사하고 생존조차 보장할 수 없었다. 더군다나 앗시리아가 이를 알고 공격을 감행한다면 동맹군은 필시 전멸할 것이었다. 동맹군의 지휘체계에 문제가 있음이 다시 한 번 드러난 것이다.

한편 동맹군의 기습에서 구사일생한 살만에셀 3세는 심히 놀라 마음을 진정시키고 있었다. 동맹군의 전차부대가 예상 외로 강해 자신이 그토록 자랑하던 기병부대와 중무장 보병이 동맹군의 전차부대와 궁병으로부터 막대한 피해를 입었다. 호흡을 가다듬은 살만에셀 3세는 예하 지휘관으로 하여금 차후 작전을 위해 군사를 재편성하도록 지시했다.

전투는 소강상태에 접어들었다. 서로가 막대한 피해를 입은 까닭에 어느 편에서도 감히 선제공격을 감행하지 못하고 있었기 때문이다. 이틀 후, 첫 전투에서 큰 피해를 입은 아람의 벤하닷 2세가 철수를 결행했다. 카르카르 요새에서 주위를 살피던 살만에셀 3세는 아람군이 후방으로 이동하는 것을 관측했다. 동맹군의 주력부대가 철수하니, 살만에셀 3세는 이를 동맹군의 항복으로 간주했다. 그러나 추격을 명령하지는 않았다. 불필요하게 전장종심을 확대하고 싶지 않았기 때문이다.

앗시리아군도 문제점이 드러나기 시작했다. 병사들이 본국을 떠나온 지 너무 오래되어 사기가 떨어지고 있었던 것이다. 게다가 앗시리아군이 항상 구사하던 작전을 전개할 수 없을 정도로 많은 사상자가 발생해, 가능한 빠른 시일 내에 본국으로 돌아가 군사력을 재정비할 필요가 있었다.

마침내 살만에셀 3세는 스스로 앗시리아군의 승리를 선포하고 전군 철수 명령을 내렸다. 앗시리아의 철수를 지켜본 동맹군도 환호했다. 그리고 각국의 왕들은 살아남은 병력들을 이끌고 서둘러 자국으로 귀환했다.

살만에셀 3세의 석비

결론적으로, 카르카르 전투는 승자와 패자 없이 허무하게 종결되었다. 앗시리아군과 동맹군은 어떠한 조약도, 협약도 없이 전쟁을 마감했다. 살만에셀 3세의 승전비에 기록된 사실과 달리, 침략국인 앗시리아는 결정적인 승리를 하지 못했다.[15] 그 예로, 이미 기원전 853년에 복속했음에도 불구하고, 이듬해 앗시리아가 갈그미스, 아르

---

15 그러나 앗시리아의 승전비인 살만에셀 3세의 석비(Kurkh Stela)는 이렇게 기록하고 있다. "앗수르 신이 나에게 부여한 우월한 힘과 강력한 무기로 나는 그들과 싸웠다. 그리고 카르카르 (Qarqar)에서 길자우(Gilzau)까지 그들에게 결정적 패배를 안겨 주었다. … 나는 그들 머리 위에 엄청난 홍수를 내렸다. 그들의 시체는 들판에 널브러졌고, 평야를 채웠다. … 들판은 그들의 시체를 눕히기에는 너무 협소했다. 모든 나라의 땅이 그들의 시체를 묻는 데 소모되어 버렸다. 나는 오론테스 강을 마치 둑길같이 시체로 막아 버렸다. 전투를 하는 동안, 나는 그들의 전차, 기병부대를 쓸어 버렸다." Pritchard, ed., *The Ancient Near East: An Anthology of Texts*, 256. 니므롯 (Nimrud)에서 발견된 두 기념비적 조서에 새겨진 Recension D 살만에셀 연대기에는 기원전 841년의 다른 전쟁을 기록하고 있다. 즉 Recension D에는 앗시리아가 다메섹 왕 하사엘을 공격하여 다메섹을 점령하고 이어 시돈, 두로, 북이스라엘을 복속시켜 조공을 받았다고 기록하고 있다. Ibid., 257. 카르카르 전투는 아람 왕국 몰락의 출발점이었으며, 이후 앗시리아의 아람 지배는 향후 200년 동안 지속되었다.

밧 그리고 하맛을 재침공한 역사적 증거가 이를 증명한다. 또한 3년 후 앗시리아가 세 번째로 침공함으로써, 비로소 동맹군에 최종적인 패배를 안기고 레반트를 장악했다. 따라서 카르카르 전투만 본다면 동맹군의 전략적 승리라고 말할 수 있다.

문제는 카르카르 전투 종료 후, 아람의 벤하닷 2세와 북이스라엘의 아합의 갈등이었다. 개인적 앙금이 수개월 후 두 국가 간의 전쟁으로 이어질 줄 누가 알았으랴. 하나님께서는 아합의 말로를 미리 예고하셨다.

> 내가 멸하기로 작정한 사람을 네 손으로 놓았은즉 네 목숨은 그의 목숨을 대신하고(왕상 20:42).

이 말씀이 성취될 시기가 아합에게 서서히 다가오고 있었다.

26. 제3차 사마리아 대 아람 전쟁
: 이스라엘의 패배
열왕기상 21:1-22:40을 중심으로

기원전 853년 본격적인 여름 더위가 시작될 무렵, 레반트 동맹군과 앗시리아가 하맛의 카르카르(Qarqar)에서 치른 전쟁은 양쪽 다 소득 없이 끝났다. 비록 압도적인 승리는 거두지 못했으나, 북이스라엘의 아합 왕은 자신의 지휘 아래 동맹군이 일시적이나마 강적 앗시리아의 서진정책을 좌절시킨 것에 만족했다. 소왕국의 왕들이 잔여 병력을 이끌고 귀국할 때 아합 왕도 서둘러 사마리아로 복귀했다. 그러나 벤하닷 2세가 싫었던지 이동로를 아람의 다메섹 길을 이용하지 않고, 페니키아의 해안도로를 타고 복귀했다. 도중에 사돈인 시돈 왕 엣바알을 방문해[16] 따뜻한 환대를 받았고, 모처럼 병사들도

---

16 시돈과 이스라엘의 혼인동맹은 당시 북이스라엘 제4왕조를 연 오므리의 외교정책의 일환으로 성립되었다. 오므리 왕은 이스라엘과 유다의 계속된 군사적 분쟁으로 인해 국력이 점점

배불리 먹이고 사마리아로 돌아왔다.

가을 추수가 끝나고 백성들이 평온할 무렵, 아합은 아무리 생각해도 카르카르 전투에서 보인 벤하닷 2세의 말과 태도가 못마땅했다. 자신의 치세 동안, 벤하닷 2세는 주변국과 동맹을 맺어 두 번씩이나 이스라엘의 영토를 침공했다. 이때 자신은 포로로 사로잡은 벤하닷 2세를 함부로 대하지 않고 신하들의 반대에도 불구하고 그를 석방시켜 주는 은혜를 베풀었다. 이러한 재생지은(再生之恩)도 아랑곳 않고, 아람 왕 벤하닷 2세는 이스라엘을 마치 자국의 속국인 양 취급하며 거만하게 굴었다. 게다가 2년 전 아벡 전투 후 약조한 '탈환지 반환 조약'을 현재까지 지키지 않고 있었다.[17] 아합 왕으로서는 여간 마음 상하는 일이 아니어서, 어떤 모종의 조치가 있어야겠다는 정책적 판단을 했다.

한편, 카르카르 전투에서 돌아온 아람의 벤하닷 2세는 북이스라엘의 아합에게 연달아 당한 굴욕감에 치를 떨었다. 1·2차 전쟁의 연패 이후, 호시탐탐 반전의 기회를 노리고 있었으나 주변 정세가 이를 허락지 않았다. 동편의 앗시리아가 아람의 영향권에 있는 레반트 지역을 넘보는 바람에 이스라엘 침공 계획을 잠시 보류할 수밖에 없

약화되는 것을 우려해 이를 혼인관계로 해결하고자 했다. 먼저 그의 손녀 아달랴를 유다 여호사밧의 아들 여호람과 결혼시킴으로써 두 나라 간 관계 개선을 도모했고, 이와 동시에 아들 아합을 시돈 왕 엣바알의 딸 이세벨과 결혼시킴으로써 엣바알과 조약을 맺었다(왕상 16:31). 이는 다윗과 솔로몬의 외교정책을 본받은 것이라고 할 수 있다.

17 다윗과 솔로몬 시대에 이스라엘의 위세에 눌려 지내던 아람국은 벤하닷 1세 때(기원전 885-865년), 즉 북이스라엘 오므리 왕 때 요단 동부의 성읍들을 침공, 합병하는 등 이스라엘을 압박했다. 1차 침공(기원전 856년)의 패배에 이어 벤하닷 2세는 아벡 전투(기원전 855년)에서 또다시 아합에게 패배한다. 이때 그는 아합에게 이스라엘의 옛 땅을 돌려주기로 약조했다. "내 아버지(벤하닷 1세)께서 당신의 아버지(오므리)에게서 빼앗은 모든 성읍을 내가 돌려보내리이다"(왕상 20:34). 길르앗 라못도 이때 아람에게 빼앗긴 성읍 중 하나였다.

었다. 마침내 앗시리아가 예상대로 서진정책을 펴자, 벤하닷 2세는 이 기회를 호기로 삼아 이스라엘을 포함한 모든 레반트 국가에 영향력을 지속적으로 유지하고자 했다. 그런데 카르카르 전투에서 자신의 전략은 실패하고 그의 지휘권을 이어받은 이스라엘 아합 왕의 전략은 성공을 거둠으로써 주변국에 대한 자신의 영향력이 예전 같지 않게 되었다. 더구나 자신의 신하들과 예하 군지휘관들에게도 면이 서지 않았다. 벤하닷 2세는 이스라엘과 맺은 '옛 땅 반환 조약'을 지킬 의향이 애당초 없기도 했지만, 국내외 상황을 고려할 때도 그래선 안 된다고 생각했다.

어느 날, 유다 왕 여호사밧은 사돈인 이스라엘 왕 아합을 방문했다. 자기의 맏아들 여호람(Jehoram)이 아합의 딸 아달랴(Athaliah)와 결혼한 이래, 서로 얼굴을 보지 못하였으므로 인사 차 간단한 식솔과 몇몇 신하를 대동하고 사마리아로 올라온 것이다. 환담 중에, 아합 왕이 아람의 벤하닷 2세에 대한 섭섭함을 여호사밧에게 털어놓았다. 쉽게 말해, 전쟁에서 두 번이나 살려 주었으면 그가 한 약속을 지켜 이스라엘 땅을 돌려줘야 마땅하다는 것이다. 대(對)아람 전쟁에서 이긴 전례와 얼마 전에 치른 카르카르 전투에서 보인 벤하닷 2세의 무능함은 아합 왕에게 은연중에 아람에 대한 자신감을 갖게 했다. 그래서 이번에는 자신이 아람을 선제공격해 옛 땅을 찾고 싶었다.

이에 아합 왕은 현재 아람이 점령하고 있는 길르앗 라못을 우선 탈환할 계획을 여호사밧에게 설명하니, 여호사밧은 전쟁은 국가적 대사이므로 관례대로 교전 여부에 대해 신탁을 받아 보자고 제안한다. 사돈인 여호사밧의 의견을 존중하여, 아합은 이스라엘 땅에 있는 선지자 400명을 불러 대(對)아람 전쟁 수행 여부를 물었다. 모든 선지자들은 이구동성으로 아합과 여호사밧에게 전쟁을 일으킬 것을 건의한다.

> 길르앗 라못으로 올라가 승리를 얻으소서 여호와께서 그 성읍을 왕의 손에 넘기시리이다(왕상 22:12).

이에 대해 성경은, 이스라엘의 모든 선지자의 입술에 '거짓말하는 영'이 붙어 아합으로 하여금 오판하게 하고 그를 사지(死地)로 내몰았다고 기록하고 있다. 그러나 한 명의 선지자는 예외였다. 미가야(Micaiah)라는 선지자로, 일전에 아합이 포로된 벤하닷 2세를 방면한 일에 대해 책망함으로써 아합에게 미움을 받고 있었다. 그런 그가 여호사밧의 끈질긴 요청으로 불려와 이번에도 다른 선지자들과 상반된 말을 해서 아합의 심사(心思)를 뒤틀리게 했다. 그는 아합의 패배와 사망을 예언한 것이다.

한편, 이스라엘 병사들은 카르카르 전투에서 돌아와 늦가을 추수를 끝내고 한겨울 추위에 대비, 월동 준비를 마치고 모처럼 가족들과 달콤한 시간을 보내고 있었다. 그런데 12월(유대력: 엘룰월) 말경, 아합 왕은 전군 총 동원령을 내려 대(對) 아람전을 위한 전쟁 준비를 명령했다. 백성들은 또다시 징수할 전쟁분담금에 상당한 부담을 느껴서 아합의 이번 조치에 대해 불만이 많았다. 하지만 아합은 아랑곳 않고 신하와 군사령관을 채근해 서둘러 모든 전차를 재정비하고, 말(馬)과 보급품을 준비할 것을 명령했다. 그리고 군지휘관으로부터 전투 준비 완료 보고를 받자, 다음 날 이미 대기하고 있던 유다군과 만나 사마리아에서 삼백리 길(120km)인 길르앗 라못까지 행군했다.

길르앗 라못은 길랏(Gilad)산맥 동편에 위치한 이스라엘과 아람 사이에 있는 국경의 요새다.[18] 이곳을 선점(先占)하는 쪽이 자국을 유리하게 방어할 수 있으므로 피아간에 군사적·전략적 가치가 뛰어난 곳이다. 길르앗 라못이 아람의 수중에 있는 까닭에 아합은 적에게 노출된 나라의 동편이 늘 마음에 걸렸었다.

요단 강을 건넌 후, 사울의 국방장관이던 아브넬이 사울의 넷째 아들 이스보셋을 데리고 나라를 세웠던 마하나임을 거쳐 사흘 만에 길르앗 라못에 도착했다. 여호사밧은 유다군의 지휘관으로 전장에 왔지만, 갑옷 대신 왕복을 입은 채로 지휘부에서 전투를 지휘하기로 했다. 반면에, 전투 경험이 많은 아합은 갑옷으로 무장한 후, 자신의 전차에 기수와 궁수를 대동하고 최전선에서 아람군에 맞서 싸우기로 했다. 공격 목표는 요새화된 길르앗 라못의 적의 지휘부로 정했다. 이를 위해 군의 대형을 전차 1개 제대, 보병 4개 제대로 편성하고, 전차부대는 전면에 배치해 요새의 정면을 교란하게 하고, 보병 1제대를 주공, 2제대를 조공으로 정하고, 3제대는 예비대로 여호사밧

18 오늘날 요르단의 수도 암만의 북방 약 92km 지점에 위치한 람다(Ramtha)로 추정된다. 이 소도시는 요르단 동편 길르앗 지방의 중심 도시로 비옥한 고원 위에 건설된 상업, 군사, 교통의 요지다. 성경에서는 '길르앗 라못'이라고 부르며 가나안 정복 후 갓 지파에 분배되었다가 후에 레위인들에게 양도되어 요단 강 동편에 있던 베셀, 바산, 골란과 함께 도피성 중 하나로 지정되었다(신 4:43; 수 21:38). 솔로몬 시대에는 12행정구역 중 하나였다(왕상 4:13). 이후 이곳에서 이스라엘과 아람 사이에 200여 년이 넘는 세월 동안 치열한 격전이 벌어졌다. 북이스라엘 왕국 오므리가 아람 왕 벤하닷 1세에게 빼앗겼으나, 아합이 벤하닷 2세와의 2차 전투에서 승리한 후 돌려받기로 약속받았다. 그러나 벤하닷 2세는 이를 지키지 않았고, 이에 아합이 무력으로 이곳을 정복하기로 결심한 것이다. 아합이 이곳 정복에 집착한 이유는 이곳이 평상시에는 무역의 중심지로, 전시에는 전략적 요충지로 매우 중요한 성읍이었기 때문이다.

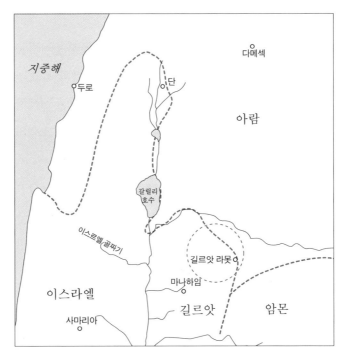

지중해

두로

다메섹

단

아람

갈릴리
호수

이스르엘 골짜기

길르앗 라못

마나하임

이스라엘

길르앗

암몬

사마리아

길르앗 라못

이 있는 지휘부에 남겨 두었다. 주공은 아람군 요새의 좌측을, 조공은 우측을 공격하도록 지시했다.

한편, 이미 이스라엘의 공격에 대비한 아람의 벤하닷 2세는 요새 성에서 방어 태세로 전투에 임했다. 다만, 아합에 대한 개인적인 원한을 갚기 위해, 벤하닷 2세는 전차 지휘관 32명에게 성 밖을 나가서 싸우되 오로지 이스라엘 왕 아합을 생포하라고 명령했다. 나머지는 성안에서 이스라엘군에 집중적으로 화살과 투석을 하도록 지시했다. 성 밖으로 나와 전열을 갖춘 아람군은 이스라엘군을 기다리고 있었다.

드디어 이스라엘군의 전방 전차부대가 움직여 아람군 정면으로 전개할 때, 아람군도 대형을 갖추었다. 아람군의 목표는 이스라엘 전차부대를 각개격파 하는 것이 아니라 아합 왕을 생포하는 것이었다. 전투가 개시되자, 아람의 전차부대 지휘관들은 소수의 정예요원을 인솔하고 오로지 아합 왕을 찾기에 여념이 없었다. 마침내 후방 지역에서 왕복을 입고 있던 여호사밧을 발견하고 그를 아합이라고 오판하고 사로잡고자 했다. 이에 여호사밧이 놀라 친위부대의 호위를 받으며 도망가자, 아람군은 그가 아합이 아님을 알아차리고 전차를 돌렸다.

한편, 아람군이 자신을 노리고 있다는 사실을 알지 못한 채 아합은 최전선에서 병사들과 함께 근접 전투를 벌이고 있었다. 그때 성위에서 아람 병사들이 무작위로 쏜 화살 중 한 발이 아합 왕의 갑옷

아합의 죽음

솔기 사이를 뚫고 가슴에 꽂혔다. 이 한 발의 화살에 아합은 쓰러졌고, 이에 전차기수가 전장을 빠져나가고자 안간힘을 썼으나 여의치 않아 시간만 지체되었다. 어둠이 짙게 깔리고 쌍방 간의 맹렬한 전투가 잦아들었을 무렵, 병사들이 왕을 찾았으나 아합은 이미 과다출혈로 숨을 거둔 뒤였다. 병사가 왕의 시신을 사마리아로 가져오니

온 백성이 통곡하며 성대히 장례를 치렀다. 병사가 왕이 탄 병거를 사마리아 연못에서 씻었는데 개들이 와서 아합이 흘린 피를 핥았다.

아람은 아합이 전사한 후 이스라엘에 대한 승세를 이어 나갔다. 아합이 탈환한 여러 요새들을 재탈환하였을 뿐 아니라 이스라엘의 심장부까지 유린했다. 하지만 이러한 이스라엘과의 작은 승리와 소모전은 앗시리아로부터 국가를 지키는 데 아무런 도움이 되지 못했다. 아람은 이후 이스라엘의 지원 요청을 받고 출동한 앗시리아에 의해 최후를 맞게 되었다. 그리고 아람의 패망은 곧이어 이스라엘의 패망을 가져왔다. 앗시리아와 이스라엘 사이에서 완충 역할을 하던 아람이 앗시리아에 넘어가자 다음 순서는 이스라엘이었던 것이다.

이스라엘 7대 왕 아합의 치세 22년간을 통해 우리는 이스라엘의 영적 어두움과 이에 따른 하나님의 징계를 보게 된다. 이는 이스라엘의 신 '여호와'가 이스라엘의 영적 부분을 치리하시며 그분의 '영적 실존'을 증거하는 것이다. 먼저 이스라엘의 선지자 엘리야의 증언을 바탕으로 아합의 영적 상태를 보자.

> 당신과 당신의 아버지의 집이 … 여호와의 명령을 버렸고 당신
> 이 바알들을 따랐음이라(왕상 18:18).

아합 왕을 포함한 모든 이스라엘 백성은 하나님과 그들의 조상들이 맺은 언약을 버리고 하나님의 제단을 헐며, 칼로 하나님의 선지자들을 죽이기까지 타락했다. 그럼에도 불구하고 이스라엘의 하나님은 아합은 물론 온 이스라엘 백성이 '환난 날의 구원자 되시는 여

호와'를 잊지 않기를 원하셨다. 그러나 아합은 기근에서 전쟁에 이르기까지 하나님의 역사를 경험하고도 하나님께 돌아오지 않았고, 오히려 하나님이 심판하려는 벤하닷 2세를 임의로 돌려보내는 실수를 범했다. 그의 이 같은 불순종은 공의의 하나님의 심판을 받을 것으로 예언되었고, 결국 아람과의 전쟁에서 그 예언이 이루어졌다.

> …개들이 나봇의 피를 핥은 곳에서 개들이 네 피 곧 네 몸의 피도 핥으리라… 네가 네 자신을 팔아 여호와 보시기에 악을 행하였으므로 여호와의 말씀이 내가 재앙을 네게 내려 너를 쓸어버리되 네게 속한 남자는 이스라엘 가운데에 매인 자나 놓인 자를 다 멸할 것이요… 이는 네가 나를 노하게 하고 이스라엘이 범죄하게 한 까닭이니라(왕상 21:19-22).

아합 왕이 죽은 후 그의 두 아들 아하시야, 요람은 각각 낙상으로 인한 중상과 부하의 반란으로 죽임을 당했다. 이로써 이스라엘 제4왕조, 즉 오므리 왕조는 종말을 고했다. 이러한 심판은 이스라엘 백성으로 하여금 하나님께서 자신이 하나님되심을 알게 하시고 그들을 악(惡)으로부터 돌이키기 위한 하나님의 섭리였다.

27. 3국 동맹군 대 모압 전쟁 1
: 모압의 반란

기원전 9세기 중반, 레반트 지역의 동맹군과 치른 카르카르 전투 이후 앗시리아의 살만에셀 3세는 군사력 증강을 위한 내치(內治)에 전념하고 있었고, 남쪽의 이집트는 리비아인이 세운 22대 왕조의 7대 왕 오소르콘 2세 치세하에서 밖으로 눈 돌릴 여력이 없을 만큼 국력이 약해 있었다. 동시대 북이스라엘은 길르앗 라못 탈환을 두고 벌인 아람과의 전쟁에서 아합 왕의 전사로 전쟁이 실패로 끝나 나라의 분위기가 침체되어 있었다. 이 전쟁에 동참했던 유다 왕 여호사밧은 전장에서 무사히 빠져나와 본국으로 돌아가 사태를 수습하고 있었다.

아합의 전사 후 이스라엘은 그의 맏아들 아하시야(Ahaziah, 기원전 853-852년)가 왕위를 계승했지만, 그는 후손을 남기지 못한 채 이

바알

듬해인 기원전 852년에 병으로 죽고 말았다.[19] 형의 왕위를 이은 여호람 (Jehoram, 기원전 852-841년)은 선정(善政)을 베풀지 못했을 뿐 아니라 선대에 이어 종교적으로도 타락한 세태를 이어 갔다. 성경에 의하면, 부왕 아합이 세운 '바알의 주상'은 제거했지만 "여호와의 눈에 악한 일"을 계속했다고 한다(왕하 3:2). 이에 여호와 하나님의 또 다른 심판이 북이스라엘의 여호람을 기다리고 있었다.

이스라엘 왕 여호람이 즉위한 지 3년 차, 즉 기원전 850년경, 요단 강 동편에 위치한 모압[20]이 이스라엘에게 반란을 일으켰다. 모압은 여호람의 선왕(先王) 아합에게 강제 정복당한 후 해마다 어린 양 10만 마리의 털과 숫양 10만 마리의 털을 이스라엘에게 조공으로 바치고 있었다. 사실 선대의 일로 모압 왕 메사(Mesha)는 이스라엘과

---

19 아하시야 왕은 집에서 사고를 당했는데, 그의 옥상방 격자(아마 채광창을 덮고 있던 것) 사이로 떨어져 중병이 들었다(왕하 1:2). 회복 가능성 여부를 묻기 위해 아하시야는 하나님 대신 블레셋의 신 '바알세붑'('파리들의 주인'이라는 뜻)에게 자신의 사자들을 보냈다. 도중에 선지자 엘리야에게 제지당한 사자들은 왕에게 돌아가서 왕이 그 병상에서 죽게 될 것이라는 소식을 전했다. 아하시야는 엘리야를 자기에게 데려오도록 50명의 부대와 그 지휘관을 보냈다. 그 부대와 두 번째로 보낸 부대는 엘리야에게 그가 앉아 있는 산에서 "내려오라"는 왕의 명령을 전했다가 불(火)로 죽임을 당한다. 세 번째 부대는 대장이 "나의 생명과 당신의 종인 이 오십 명의 생명을 당신은 귀히 보소서"라고 존경심을 갖고 간청한 덕분에 목숨을 건질 수 있었다. 이때 엘리야는 하산하여 아하시야 왕의 면전에서 왕의 죽음을 알려 준다. 엘리야의 예언은 적중하여 아하시야 왕은 죽었으며, 후사가 없으므로 그의 친동생 여호람이 그를 승계했다.

20 요람 왕 때 모압 왕 메사(Mesha)가 이스라엘 왕국에 대항해 반란을 일으켜 독립에 성공했다. 이를 기념하여 메사는 독립기념비를 세워 그의 행적을 기록했다. Pritchard, ed., *Ancient Near Eastern Texts Relating to the Old Testament*, trans. W. F. Albright, 320.

유다 왕국에 대해 좋지 않은 감정을 품고 있었다. 과거에는 그의 조상 에글론 왕이 18년 동안 온 이스라엘 땅을 통치하지 않았던가? 이스라엘의 에훗에게 에글론이 살해당한 후, 모압은 이스라엘에게 온갖 수모를 당하며 살아 왔다. 특히 다윗이 사울에게 쫓기고 있을 때 그의 부모를 도와주기도 했는데, 그 은혜를 저버리고 다윗 왕은 되레 모압을 정복하고 조공국으로 만들었다. 이러한 모압의 처지는 이스라엘 왕국 분열 후에도 이어져, 모압과 인접한 북이스라엘이 모압을 속국으로 삼아 무거운 조공을 지금껏 부과하고 있었으니, 모압 왕 메사의 불만은 이만저만이 아니었다. 이런 이유로 이스라엘의 내정이 어수선해진 틈을 타서 반란을 일으킨 것이다.

이렇듯 모압이 적대적인 태도를 보이자, 여호람은 모압을 징벌하기 위해 유다 왕 여호사밧에게 도움을 요청하였고, 여호사밧은 아합에게 그랬던 것처럼 흔쾌히 응했다. 그리고 여호사밧은 자국의 속국으로 있던 에돔까지 참전시키겠다며 여호람에게 힘을 실어 준다. 모압을 치기 위해서는 3개국의 군사를 한 곳에 집결하여 목표인 모압을 일거에 타격해야 하는데, 각 국가의 위치가 남북으로 연이어 요단 강 서편 또는 남쪽에 있고, 적(모압)은 요단 강 동편에 위치해 있었다.

대책회의 끝에 유다 왕 여호사밧이 모압 땅 남쪽 길하레셋에 있는 모압군 요새를 공격하자고 제안했다. 각국의 지리적 위치를 고려할 때, 남유다와 북이스라엘이 모압의 북쪽을, 에돔이 모압의 남쪽을 동시에 공격하면 작전은 의외로 쉽게 성공할 수 있을 것 같았다. 그런데 모압의 지형을 분석해 보면, 온통 바위와 바스러지는 모래로

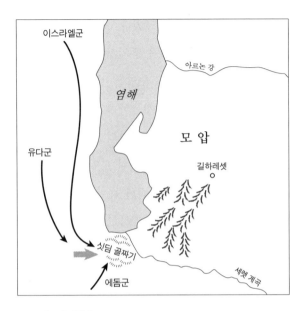

3국 동맹군의 집결지

형성된 그야말로 험지이므로 대규모 부대 이동이 쉽지 않았다. 더구나 부대와 숙영지에 반드시 필요한 식수 공급원을 찾기가 거의 불가능했다.

그리하여 비록 상당한 거리를 우회해야 하지만, 연합군의 단일 대오를 형성하기 용이하고 모압의 핵심 요새에 이르는 길이 가까운 에돔으로 집결하기로 했다. 북이스라엘의 여호람은 군대를 이끌고 이틀 길을 꼬박 행군했다. 유다의 여호사밧도 병력을 인솔해 예루살렘에서 하루 길을 남진해 염해 남단 싯딤 골짜기에서 에돔군과 조우했다.

연합 작전 회의에서 행군 시기와 이동로, 모압과의 첫 접촉점 그리고 식수를 포함한 보급품 수송 계획 등을 토의한 다음, 익일 동 트기 전에 이동하기로 결정했다. 공격 목표는 모압 왕 메사가 있는 길하레셋(Kir-Hareseth, 현재 요르단의 카라크)이다. 뜨거운 염천에 연합군은 북이스라엘군-유다군-에돔군-보급부대 순으로 좁은 통로를 개척하며 험준한 골짜기와 능선을 오르내리며 이동하고 있었다. 그런데 행군한 지 일주일쯤 되었을 때 식용으로 대동한 육축들이 먹을 물이 바닥났다.

28. 3국 동맹군 대 모압 전쟁 2
: 그모스의 분노
열왕기하 3:4-27을 중심으로

이스라엘의 여호람 왕은 부대이동 전에 정찰병을 보내 적진에 관한 충분한 정보를 수집토록 했다. 당연히 이동로상에 식수원(食水原) 여부도 보고 내용에 포함시켰는데 정찰병은 식수를 공급할 우물이 군데군데 충분하다고 보고했었다. 그런데 연합군의 세 왕은 모압이 '청야전술'(清野戰術, Scorched Earth)을 구사할 줄은 꿈에도 예상하지 못했다.[21] 물이 귀한 사막인데, 모압군이 이판사판으로 연합군의 이

---

21 전쟁 시 방어 측에서 사용하는 대표적인 전술이며, 청야수성(清野守城) 또는 일명 초토화(焦土化, Scorched Earth) 작전이라고 불린다. 과거 재래식 전쟁에서는 전장으로 지속적이고 빠른 보급이 불가능했으므로 공격부대 입장에서는 보급 물자의 현지 조달, 즉 약탈 보급이 군수품 보급에 중요한 비중을 차지했다. 이는 병참부대를 본대에 덧붙여 편성하는 것보다 본대를 최대한 경량화함으로써 부대이동 속도 향상, 물자 수송 비용과 시간 제거, 그리고 적군의 물자 감소라는 삼중적 전술 효과를 달성케 한다. 그러므로 방어부대 입장에서는 작전 지역 내에서 적이 물자를 획득할 수 없도록 물자, 장비 등을 불태우거나 타지로 옮김으로써 적군의 원활한 보급 체계를 원천 봉쇄하여 작전 지속 일수를 강제적으로 단축시킬 수 있다. 그 예로, 우물에는 독을 타고, 도로를 파괴하며, 식량을 불태우고, 주민을 대량 학살한다. 고대 전쟁에서 이러한 초토화 작

동로상에 있는 샘들을 돌로 모조리 메워 버린 것이다. 아무리 궁리해 봐도 이 황량한 광야에서 물을 획득할 길이 없었다. 병사들은 이 소식을 듣고 순식간에 사기가 땅에 떨어졌다. 모압 땅 국경에 진입하기도 전에 군사들과 짐승들은 탈진했고 전투력도 거의 상실된 상태였다.

이스라엘의 여호람 왕이 현 상황에 낙망해 있을 때, 유다의 여호사밧은 신탁에 의지할 것을 제안한다. 마침 근처에 선지자 엘리사가 있다는 보고를 받고 세 왕은 그를 찾았다. 엘리사는 여호람의 종교적 타락이 못마땅해서 "내가 당신과 무슨 상관이 있나이까 당신의 부친의 선지자들과 당신의 모친의 선지자들에게로 가소서"(왕하 3:13) 하고 문전박대했지만, 동행한 여호사밧에게는 그의 신실함을 존경하여 깍듯이 예를 갖추었다. 그리고 물을 얻을 수 있는 방법을 제시하고 대(對)모압전에서 승리할 것이라는 예언을 했다. 다음 날 아침, 엘리사의 예언대로 물이 에돔에서 나와 세렛 계곡(Zered Valley)을 따라 흘렀다.

한편, 3개국의 군대가 공격해 옴을 국경경비대로부터 파발로 접수한 모압 왕은 전 국민 동원령을 선포했다. 전투가 가능한 사람은 무장하고 에돔과 모압의 국경선인 세렛 계곡을 따라 삼엄하게 경계

전은 빈번했으며, 현대전에서도 대규모 전쟁 시 적의 재무장을 방지하기 위해 위력적으로 사용되었다. 현대전에서 초토화 작전의 유명한 사례로는 제2차 세계대전 중인 1942년, 독일과 소련 사이에 벌어진 스탈린그라드 전투, 미국의 남북전쟁 당시 북쪽의 장군 윌리엄 테쿰세 셔먼(William Tecumseh Sherman, 1820-1891)의 대행진, 그리고 일명 보어 전쟁이라 불리며 1900년에 영국의 키치너(Horatio Herbert Kitchener, 1850-1916) 장군이 남아프리카에서 원주민 농장들이 게릴라를 지원한다는 이유로 흑인들과 보어인들의 거주지 3만여 가구를 불태우고, 여자와 어린이 보어인 3만여 명을 강제수용소에 감금하여 죽인 일을 들 수 있다. 구약성경에 나타난 '초토화 작전'은 열왕기하 3장 19절에 묘사되어 있다.

임무를 수행하도록 하고, 나머지 백성은 투석용 돌과 보급품을 수송하도록 지시했다.

다음 날 아침, 어김없이 붉은 사막 위로 이글거리는 태양이 떠올랐다. 모압의 군사들이 계곡의 능선에서 상대편이 진입할 길목을 바라보니, 계곡 사이로 마치 검붉은 피가 흐르는 것 같았다. 모압군의 입장에서 보면 충분히 착각할 수 있었다. 항상 메말라 있던 세렛 계곡에서 물이 흐른다는 생각은 할 수 없었으므로, 더구나 흐르는 물 위로 붉은 태양 빛이 반사되어 착란 현상을 일으키므로, 그들 눈에

세렛 강(에돔과 모압의 국경)

는 마치 피가 흐르는 것
처럼 보였다.

길하레셋 성과 산지

모압군은 간밤에 동
맹군 사이에서 내분이
일어나 서로 살육전이
벌어진 것이라 오판하고
전리품을 챙기고자 무방
비 상태로 계곡으로 내
려왔다. 그러나 이스라엘 진영에 이르자, 무장한 이스라엘군이 함성
과 함께 일제히 일어나 돌격해 왔다. 모압군은 혼비백산해서 싸울
의지는 고사하고 도망하기에 급급했다. 사기충천한 동맹군은 목표
인 길하레셋을 향해 진군했다.

도중에 모압인들을 살육하고 성읍들을 훼파했으며, 삶의 터전인
밭과 우물을 돌로 메워 버렸다. 이것도 모자라 사막 가운데 물이 있
는 지역에서만 자라는 귀한 나무도 모조리 잘라 버리고 가장 요새화
된 길하레셋 성 주위를 초토화시켰다. 선지자 엘리사의 예언이 모두
이루어진 순간이었다.

여호와께서 모압 사람도 당신의 손에 넘기시리니 당신들이 모
든 견고한 성읍과 모든 아름다운 성읍을 치고 모든 좋은 나무
를 베고 모든 샘을 메우고 돌로 모든 좋은 밭을 헐리이다 하더
니(왕하 3:18b-19).

한편, 계속해서 밀리던 모압 왕 메사가 병사 중 가장 용맹하고 무예가 뛰어난 700명을 선별해 성 밖으로 나와, 연합군 중에 상대적으로 약체인 에돔군을 향해 돌진했다. 쌍방 간에 치열한 살육전이 벌어졌으나 전세가 불리하자 모압 왕은 잔여 병력을 이끌고 다시 성 안으로 도피했다.

모압 왕 메사는 성안의 모든 모압인들이 지켜보는 가운데 성벽위에서 엄숙하게 그의 후사가 될 맏아들을 태움제로 그들의 신 그모스(Chemosh)에게 바친다.[22] 이 제례의식은 모압이 더 이상 잃을 것이 없으니 남은 모든 자가 전장에서 죽을 각오로 적과 맞서 싸우겠다는 결연한 의지의 표현에 다름 아니었다. 워낙 모압의 기세가 엄숙하고 살기가 등등한지라 연합군의 병사들은 감히 접근하여 싸울 수가 없었다. 이러한 분위기를 감지한 3개 국왕은 철수명령을 내렸다.[23] 이 기회에 모압을 완전히 진멸하겠다는 계획은 수포로 돌아갔지만, 단시간 내에 회복불능 상태로 타격을 입혔으니 절반의 성공이었던 것이다.

3국 동맹군과 모압 간에 치러진 전쟁의 결말을 잘못 이해하면, 큰 신앙적 오류를 범할 수 있다. 마치 모압인들의 국신(國神)인 '그모

---

22 모압 족속이 국가 신으로 숭배한 전쟁의 신이다. 이로 인해 성경은 모압인들을 '그모스의 백성'으로 언급한다(민 21:29; 렘 48:46). 모압인들은 국가적 긴급 상황이 닥쳤을 때 그모스에게 인신제사, 즉 자녀를 희생으로 바치는 의식을 집례하면 그모스 신이 그들을 돕고 국가를 보호한다고 믿었다(왕하 3:26-27). 그모스 숭배가 이스라엘에 도입된 것은 솔로몬 통치 때였다. 그는 모압인 아내들의 영향을 받아 그모스를 위해 "예루살렘 앞에 있는 산에" 산당을 지었다(왕상 11:7, 8, 33).

23 모압 왕 메사가 이스라엘을 무찌른 후에 세운 기념비가 1868년에 발견되어 현재 루브르박물관에 소장되어 있다. 메사 왕이 3국 동맹과 치른 전쟁 내용이 잘 기록되어 있고, 또한 그 내용이 열왕기하 3장에 언급된 사실과 정확하게 일치한다. Pritchard, ed., *The Ancient Near East: An Anthology of Texts*, 287-88.

스'가 이스라엘의 '여호와 하나님'을 능가했다거나, 이방신도 때로는 하나님을 초월하는 능력을 발휘할 수 있다고 잘못 해석할 수 있는 것이다. 이러한 몰이해는 성경 전후 문맥을 잘못 이해한 것에 기인하며, 올바른 해석을 위해서는 이 전쟁의 구성 요소를 잘 이해하는 것이 핵심이다.

먼저 3국 동맹군의 종교적 상태를 살펴보면, 에돔은 코스(Qos 또는 Qaws)라는 우상을 숭배하고 있었다. 후일 유다 왕 아마샤는 이 에돔의 신을 유다 땅에 들이므로 우상숭배라는 재앙의 씨를 뿌렸다 (대하 25:14). 그리고 북이스라엘은 다양한 이방신, 즉 바알, 바알세붑(Baal-Zebub), 금송아지(Golden Calf), 아스다롯(Ashtaroth), 아세라 상 (Asherah Pole)을 받아들여 온 백성이 유일신인 '여호와 사상'에서 멀어져 있었다.

이미 우상숭배의 늪에 빠져 여호와가 하나님 되심을 알지 못하는 에돔과 북이스라엘군은 모압인들이 '인신제사' 후 필사즉생의 각오로 덤비니 두려움에 전장을 이탈하였고, 도미노 현상같이 유다군도 덩달아 도망하였던 것이다. 결국 이 전쟁은 엘리사를 통해 3국 동맹군에게 하나님의 능력을 보였음에도, 여호와가 하나님인 것을 받아들이지 않은 에돔과 북이스라엘의 패배라고 해석할 수 있다. 세상의 주권자 되시는 하나님께로 마음을 돌이키지 않은 민족은 전쟁에서 패배할 수밖에 없다는 '하나님의 섭리'를 배우게 된다.

29. 제4차 사마리아 대 아람 전쟁

: 책사 엘리사의 활약

열왕기하 5장, 6:8-7:20을 중심으로

기원전 853년경, 아람 왕 벤하닷 2세는 이스라엘과 유다 연합군을 길르앗 라못에서 패배시켰다. 이 전투에서 이스라엘 왕 아합을 죽이는 전과도 올렸다. 벤하닷 2세는 이 전쟁의 승리로 비로소 그동안 대이스라엘 전투에서 연전연패한 모욕을 씻을 수 있었다. 이는 왕으로서의 권위 회복은 물론 군사강국으로서 나라의 위상을 격상시킨 극적인 반전이 되었다.

그런데 카르카르 전투(기원전 853년) 이후 한동안 잠잠하던 앗시리아의 살만에셀 3세가 5년간의 긴 침묵을 깨고 서진정책을 재개했다. 이에 벤하닷 2세는 비교적 군사력이 있는 유다와 이스라엘에게 예전과 같은 군사동맹을 제의했으나, 아합을 죽인 일로 양국으로부터 일언지하에 거절당하고 만다. 다행히 나아만(Naaman)이라는 출중

한 장수가 있어 앗시리아의 소규모 침략을 간신히 막아 내고 있는 실정이었다.

앗시리아의 게릴라식 침공이 뜸할 무렵, 벤하닷 2세는 용맹하고 유능하나 태생적인 문둥병으로 고통받는 나아만 장군을 치료시킬 목적으로, 이스라엘의 선지자 엘리사가 나아만 장군의 병을 치료하였으면 하는 내용의 친서를 이스라엘 왕 여호람에게 전달했다. 그런데 아람의 사신에게서 왕의 친서를 받은 여호람은 자신이 직접 나아만 장군의 병을 치료하라고 아람 왕이 지시했다고 오해해서, 이 친서의 목적이 이스라엘을 공격할 빌미를 얻으려는 것이라고 생각했다. 그런데 선지자 엘리사의 능력으로 나아만 장군이 병 고침을 받고 아람으로 돌아가게 되었고, 이로써 벤하닷의 친서는 순전히 부하 장군을 사랑하는 마음에서 비롯된 개인적 청탁이었음이 밝혀졌다.

이 일 이후, 아람의 벤하닷 2세는 앗시리아의 침략과 약탈로 국내 정치가 불안정하고 민심이 흉흉해지는 난국을 타개하고자 이스라엘에 수차례 군사동맹을 제의했으나 여호람이 거듭 거절하자, 기원전 845년 이스라엘을 무력으로 길들이고자 두 차례에 걸쳐 침공하기에 이른다. 그러나 이스라엘은 일반적인 군사작전과는 전혀 다른 차원의 놀라운 기적으로 이 위기를 잘 극복했다.

첫 번째 전투는 아람군의 선제공격으로 전투가 시작되었으나 예상 외로 아람군의 대패로 싱겁게 끝나고 말았다. 아람의 선발대가 공격 장소에 도착하면 이스라엘군이 미리 대기하고 있다가 선발대를 공격해서 작전을 펴지도 못한 채 다음 장소로 옮겨야 했다. 그러다 다시 공격 목표를 변경해 다른 장소에 도착하면 역시 이스라엘군

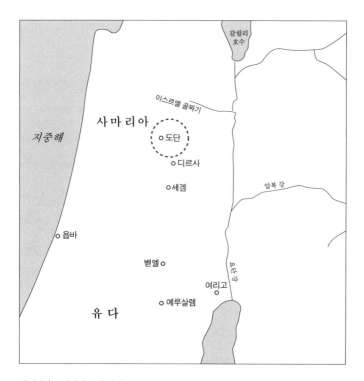

사마리아
이스르엘 골짜기
o 도단
o 디르사
o세겜
암복 강
지중해
o 욥바
벧엘 o
여리고
요단 강
o 예루살렘
유 다
갈릴리
호수

엘리사가 도피하던 도단 지역

이 대기하고 있다가 공격을 개시했다. 번번이 작전이 좌절되자, 벤하닷 2세는 자신의 측근 중에 '내간'[24]이 있지 않나 의심했다. 하지만 이것은 선지자 엘리사의 소행임이 나중에 밝혀졌다.

이에 벤하닷 2세는 최초의 계획을 수정해 사마리아를 공격하는 대신 엘리사를 먼저 제거하기로 했다. 사전에 풀어 놓은 첩자로부터 엘리사가 현재 사마리아와 세겜 사이에 있는 작은 성읍 도단(Dothan)

---

24 '내간'은 적국의 고위관료를 포섭해 첩자로 역활용하는 것을 말한다. 손무, 《손자병법》, 198.

에 있다는 첩보를 입수했다. 동시에 기동성 있는 전차부대와 기병부대 위주로 부대를 편성, 현지로 급파했다. 그리고 온 성읍을 포위했다. 이때 '하나님의 사람'답게 엘리사에게 능력이 임하여 갑자기 모든 아람 군사들이 시야를 잃고 만다. 마치 인도견이 소경을 안내하듯, 엘리사는 소경이 된 아람 군사들을 도단에서 약 20km떨어진 사마리아로 인도한다. 그리고 엘리사가 아람군의 눈을 뜨게 했을 때, 그들은 비로소 자신들이 함정에 빠진 것을 알았고, 순간 죽음의 공포에 휩싸였다. 당연히 지휘 통제가 마비되었다.

이스라엘 왕 여호람은 당장에라도 아람군을 전멸하고 싶었지만, 엘리사의 건의, 즉 아람 병사들을 형제국처럼 잘 대접하여 돌려보내자는 제안을 수용하고, 이들을 사마리아 성에서 배부르게 먹이는 등 후대해 귀향시켰다. 아람 병사들의 마음을 사로잡은 이 전략은 성공했다. 재침공의 명분을 찾지 못한 아람의 벤하닷 2세는 이후 한동안 이스라엘을 침공하지 못했다. 하나님은 엘리사를 통해 당신의 지략을 펼쳐 보이는 동시에 이스라엘과 아람 두 나라의 왕과 백성들에게 '하나님의 살아 계심'과 그 '전능하신 능력과 사랑'을 보여 주셨다. 뿐만 아니라 견원지간이던 두 나라 사이에 평화를 가져다주셨다.

1차 전쟁의 실패 후 같은 해 아람은 두 번째 이스라엘 공격을 계획하였는데, 이번에는 대규모 병력을 동원해 이스라엘의 수도 사마리아를 포위하고 이스라엘의 중심부를 아예 고사시킬 작전을 수립했다. 이 무렵, 성경은 레반트 지역에 큰 가뭄이 있었다고 증거한다. 블레셋 족속이 거주하는 지중해 연안을 제외한 모든 국가가 예외 없이 7년 동안 기근으로 고통을 받은 것이다. 이때 일부 사람들은 오

랜 기근을 피해 지중해 연안으로 이주했으나, 대부분의 원주민들은
식수와 식량 부족의 고통을 감수하며 살았다.

아람은 아마도 자국의 식량난을 타개하기 위해 약탈적 성격의
도발을 감행한 것 같다. 벤하닷 2세는 군대를 이스라엘의 수도 사마
리아로 이동시켜 사마리아 성에 도달했다. 오랜 가뭄으로 성안에 식
수와 식량이 부족할 것임을 예측한 아람군 지휘관들은 왕에게 포위
작전을 건의했다. 사마리아 성을 완전히 포위해 장기간 백성들의 출
입을 봉쇄하면, 굶주림 때문에 이스라엘이 백기를 들지 않을 수 없
을 것이라고 판단한 것이다. 아람의 포위작전은 주효해서 장기화되
자 이스라엘의 현실 경제는 완전히 붕괴되고 말았다. 나귀 머리 하
나에 은 80세겔, 비둘기 똥 1/4캅(0.3리터)이 은 5세겔에 거래될 정도
였다.[25] 심지어 굶주림을 참지 못한 백성들이 인육을 먹는 사태가 발
생했다고 성경은 기록하고 있다(왕하 6:28-29).

이 참담한 현실을 목도한 여호람은 이 망국적 비극을 '여호와께
로부터 나온 재앙'이라고 결론짓고 하나님의 사람 엘리사를 저주하
며 그를 죽이려 했다. 이전에 이스라엘을 위해 헤아릴 수 없이 많은
이적을 보여 주신 하나님이 왜 이제 와서 이 민족을 파멸시키려는지

---

25 열왕기하 6:25. 당시에 은 1세겔은 노동자의 4일치 품삯에 해당했다. 나귀 머리 하나의 값
은(이 '은화'가 세겔일 경우) 대략 미화 176달러였고 비둘기 똥 사분의 일 캅은 약 11달러의 가치다.
비둘기 똥이란 '베들레헴의 꽃'이라고 불리는 식물인데 바위틈이나 구릉에서 자라며 흰색의 별
모양 꽃이 피어서 멀리서 보면 마치 비둘기 똥처럼 보였다고 한다. 또 다른 견해로는, 비둘기 똥
이 '여물지 않은 콩'을 지칭한다고 한다. 한편, 많은 성경학자들은 비둘기 똥이 실제로 식품으로
사용되었다는 견해를 지지하면서, 문맥을 고려할 때, 사람들이 굶주림의 고통에 시달려 극도
로 곤경에 처해 있었음을 표현한 것이라고 해석한다. "Ancient Jewish History: Weights, Measures
& Coins of the Biblical & Talmudic Periods," in Jewish Virtual Libray [on-line]; accessed 21 March
2016; available from http://www.jewishvirtuallibrary.org/jsource/History/weightsandmeasures.html;
Internet.

이해할 수 없었고, 그에 대한 분노를 엘리사에게 폭발시킨 것이다. 위기의 순간, 엘리사는 내일 당장 이 상황이 회복될 것이라는 신탁을 예고했다. 즉 파멸된 경제문제가 내일 당장 해결되어 밀가루 한 스아(약 7.3리터)와 보리 두 스아가 각각 한 세겔에 거래될 것이라고 예언했다. 밀가루 한 스아에 한 세겔은 싼 값이 아니지만, 만일 예언대로 된다면 불과 하루 만에 엄청난 반전이 일어나는 셈이었다.

여호람 왕의 국방장관이 이를 듣고 냉소적인 반응을 보였지만(왕하 7:2), 이 예언은 아람군을 이길 만한 엄청난 군사력으로써가 아니라 성 밖에 쫓겨나 있던 나병환자 4명을 통해 성취된다.

나병이라는 추악한 병으로 인해 성 밖에 쫓겨나 살던 나병환자 4인도 굶주림에 지쳐 있긴 마찬가지였다. 원래 구걸해서 먹고살았건만 사마리아에서는 더 이상 구걸할 양식이 없자, 그들은 죽음을 각오하고 아람 진영에 가서 양식을 얻어 볼 요량으로 해질 무렵 아람 진영으로 갔다. 나병환자들이 아람 진영으로 향하고 있을 때, 아람의 군인들은 큰 군대가 접근해 오는 소리로 들었다. 그들은 이스라엘 왕이 히타이트(헷) 사람과 이집트 사람들을 용병으로 고용해 자기들을 공격하러 온 것으로 착각하고 급하게 퇴각했다. 너무 급한 나머지 동물, 식량, 식수, 천막, 개인 휴대품 등 모든 군수품을 그대로 두고 도망쳤다.

이윽고 나병환자 4인이 아람 진영에 이르니, 아람군은 아무도 없고 말과 나귀는 물론 온갖 옷과 무기와 먹을 것과 금과 은이 가득했다. 그들은 아람 진영 막사에서 먹고 마시고 보물을 취해서 감추는 등 즐겁게 지내다가 문득 이 사실을 왕에게 전해야 한다고 생각해서 사마리아 성 문지기에게 이 사실을 알렸다.

여호람 왕은 이 보고가 사실이라면, 아람이 '기만작전'을 구사하는 것인지도 모른다고 의심하며 즉각 병거를 탄 정찰병을 보내 현장 상황을 파악하도록 명령했다. 정찰병이 돌아와서 사실을 보고하자, 이 소문이 삽시간에 사마리아 성 전체에 퍼져 백성들이 아람 진영으로 몰려가 임의대로 물품을 취했다. 이로써 엘리사의 예언대로, 불과 하루 만에 사마리아 성의 경제 상황이 회복되었다. 그러나 배고픔을 참지 못한 백성들이 먹을 것을 사려고 물밀듯이 밀려들자 성안은 아수라장이 되었다. 이에 여호람이 국방장관에게 성문을 통제하여 질서를 유지하도록 지시했으나 질서는커녕 밀려드는 군중에 그만 밟혀 죽고 말았다(왕하 7:20).

아람과 이스라엘 사이에 벌어진 이 역사적 사건을 통해, 우리는 두 가지 귀중한 영적 교훈을 얻을 수 있다.

첫째, 하나님의 '신실하심'이다. 비록 이스라엘 전반에 영적 타락이 만연했으나, 이 백성이 거룩한 삶으로 회복되기를 기다리며, 이에 대한 유인책으로 이스라엘 백성의 눈앞에 수많은 기적을 보이셨다. 둘째, 하나님 말씀의 구현성이다. 즉 역사는 '하나님의 섭리' 가운데 말씀에 근거하여 진행되어 간다는 것이다. 엘리사는 하나님의 대언자였기에 그의 말은 곧 하나님의 말씀이었다. 그를 통해 하나님은 자신이 곧 참 신이심을 그 땅의 모든 백성에게 계시하셨다.

30. 유다 봉신국들의 반란
: 신의 징계

열왕기하 8: 16-22; 역대하 21:8-10을 중심으로

약관(弱冠)의 나이 25세에 즉위해 25년간 유다를 통치한 여호사밧은 맏아들 여호람에게 왕위를 승계하고, 나머지 여섯 명의 아들들에게는 많은 재물과 소도시를 관할하는 요새 성들을 물려주었다. 여호람은 4년 동안 부친의 섭정을 통해 국사를 경험한 다음, 부왕 여호사밧 사후, 기원전 845년경 유다 왕국의 제5대 왕으로 등극했다. 그러나 그의 왕위 계승은 유다 왕국의 비극을 알리는 신호탄이었다. 아마도 이 비극은 그가 이스라엘 왕국의 아달랴와 결혼함으써 시작되었다고 보는 것이 정설일 것이다. 왜냐하면 북이스라엘의 오므리 왕조 때 아합에 의해 바알 숭배가 국교가 될 만큼 절정에 달했고, 여호람이 아합의 딸 아달랴를 아내로 맞이한 이후, 유다에 바알 숭배가 성행했기 때문이다.

아달랴(Athaliah, 기원전 840-834년)는 북이스라엘 왕 아합과 이세벨 사이에서 태어난 외동딸이다. 그녀는 이스라엘 역대 왕 중 가장 악랄하고 포악한 왕인 아합 왕과 종교적 타락의 상징으로 통하는 어머니 이세벨의 영향을 받아 열렬하게 바알을 숭배하여 '여호와'의 뜻에 정면으로 도전한 여인이었다.

여호람이 그런 악녀와 결혼하게 된 것은 아합 왕과 유다의 여호사밧 왕의 화친동맹에서 비롯되었다. 아달랴의 남편인 유다 왕 여호람은 동생들이 그의 우상숭배 정책에 반대할 것에 대비해, 그리고 그의 세력을 굳히고자 동생들을 무참히 살해한다. 뿐만 아니라 그것을 만류하는 측근까지도 제거해 버렸다. 그것을 시발점으로 여호람은 8년 동안 재위하면서 유다를 북이스라엘 못지않게 종교적으로 타락하게 만들었을 뿐만 아니라 국력을 크게 약화시켰다.

유다 왕국의 왕후가 된 아달랴는 남편 여호람을 회유해 그를 바알 숭배자로 만들었으며 유다 백성들도 여호와를 버리고 바알을 섬기도록 유도했다. 아달랴로 인해 유다 왕국이 여호와 유일사상에서 일탈해 영적으로 부패될 위험에 처하게 된 것이다. 왕국이 영적인 위경(危境)에 봉착했음에도, 120년 전 나단 선지자를 통해 "나는 그(다윗)의 나라 왕위를 영원히 견고하게 하리라"(삼하 7:13) 하신 언약을 지키기 위해 여호와께서는 유다의 멸망을 원치 않으셨다. 그리하여 유다 백성을 타락하게 한 여호람의 죄에 대해서는 그 책임을 물으셔야 했지만, 다윗 왕조는 영원히 보존되어야 하기에 유다 백성들의 마음에 '꺼지지 않는 등불'을 주셨다. 그러나 여호람의 악행과 실정이 계속되면서 나라는 혼란해졌고, 이로 인해 국력은 급격히 약화되었다. 이 틈을 노려 유다의 속국인 에돔이 반기를 들었다.

반란 전까지 유다와 에돔의 관계를 살펴보면, 다윗이 동서남북으로 이스라엘의 영토 확장에 전념할 무렵, 에돔은 이스라엘의 속국이 되었다. 전쟁이 막바지로 치달았을 때, 다윗은 남쪽으로 시선을 돌렸는데, 이때 아비새(Abisha) 장군과 더불어 에돔 땅의 일명 '소금 골짜기'에서 에돔군 1만 8000명을 죽이고 이 족속을 완전 평정하는 동시에 추가 반란을 예방하기 위해 요압 장군을 에돔에 주둔시켰다. 그는 6개월간 에돔에 주둔하면서 에돔의 남자를 철저히 멸하였고, 곳곳에 에돔 백성을 통제하기 위한 수비대를 두어 유다의 속국으로 만들었다. 이후 솔로몬 치세 때, 요압의 살육으로부터 이집트로 피신한 에돔의 왕손 하닷(Hadad)이 에돔으로 귀국해 독립을 시도했으나 성공하지는 못했다.[26] 이후 여호람 왕이 우상숭배 정책을 강화하며 실정을 거듭하자, 국방력도 서서히 약화되어 유다의 대외적 면모도 예전 같지 않았다. 이에 에돔이 여호사밧이 파견한 섭정 왕을 죽이고, 기원전 845년경 자신들의 왕을 옹립한 후 반란을 일으켰다.

이에 여호람은 유다의 자랑인 전차부대를 위시한 대규모 군대를 편성하고 에돔의 반란을 진압하기 위해 남진했다. 그러나 이 전투에서 유다군은 판단 착오로 낭패를 보았다. 유다군은 에돔으로 진군해 초전(初戰)에는 상당한 전과를 거두었으나, 연전연승으로 경계심이 느슨해져 에돔 땅 종심(縱深, depth) 깊숙이 진입하는 실수를 저

---

26 이집트 왕 바로(Ororkon the Elder, 기원전 992-986년)가 통일 이스라엘의 요압 장군을 피해 이집트로 망명한 왕손 하닷을 환대하고 그의 아내 다브네스(Tahpenes)의 동생을 하닷의 아내로 주었다. 하닷은 다윗과 요압 장군이 죽었다는 소식을 듣고 지체 없이 에돔으로 귀국해 솔로몬에게 대적했다. 열왕기상 11:14-22 참고.

포위당한 유다군 탈출 방향

에돔의 사일 땅

질렀다. 에돔의 도시 사일(Zair)에 도달했을 때는 사전에 매복해 있던 에돔군에 순식간에 포위당하고 말았다.

5년 전 모압이 이스라엘에게 반란을 일으켰을 때, 에돔은 이스라엘의 여호람 왕을 도와 출정한 유다 왕 여호사밧을 따라 대(對)모압 전투에 참전한 적이 있다. 유다 왕 여호사밧이 대모압전을 위해 에돔 땅을 경유할 때 길을 안내해 줄 것을 요구했는데 그때 에돔은 이에 순순히 응했을 만큼 유다 왕국에 순종적이었다. 그런데 이제 여호사밧의 아들 여호람은 에돔군에 포위를 당해 사면초가에 빠진 것이다.

유다군의 지휘관이 주위를 관측해 보니, 부대 우측편의 에돔 포위망이 상대적으로 약해 보였다. 바위산으로 둘러싸인 분지 같은 곳이라 에돔군은 협로(峽路)인 우측으로는 유다군이 이동하지 못할 것이라 판단하고 좌측의 광활한 평지에 위치하여 유다군을 압박할 작전을 폈던 것이다.

이스라엘의 립나(지금의 텔부르나)

　에돔군의 경계가 허술한 한밤중을 이용해 유다의 전군은 필사
의 탈출을 시도하여 포위망을 뚫는 데 성공했고, 다행히 큰 인명 피
해 없이 유다로 돌아올 수 있었다. 그러나 이 전투 이후로 에돔은 유
다의 속국에서 벗어나 완전한 독립국이 되었고, 향후 유다를 괴롭히
는 존재가 되었다. 이는 여호와 하나님께서 거룩성을 잃은 유다 왕
국을 장차 심판할 도구로 이용하려고 예비하신 것이다.

　같은 시기, 립나(Libnah)[27]도 여호람의 지배에서 벗어나고자 반
란을 일으켰다. 타락한 여호람의 통치하에 유다 왕국이 혼란 상태
에 빠진 틈을 타 에돔이 독립하는 것을 보고 립나도 발빠르게 행동
을 취한 것이다. 성경에 의하면, 립나는 이스라엘 백성이 출애굽했
을 때 머문 장소 중 하나였으며, 다윗 시대에 통일 이스라엘에 의해

27　유다의 남서쪽 변방에 위치한 립나는 가나안 정복 후 여호수아가 레위 지파 족장들의 요
청으로 제사장 아론 자손들에 할당한 13개 성읍 중 하나였다. 최근, Ariel University와 Bar Ilan
University의 고고학 탐사팀은 성경에 언급된 립나를 현재 이스라엘의 텔부르나(Tel Burna) 지역으
로 보고 있다.

강제 병합되었다. 유다의 수도 예루살렘에서 불과 60km 남쪽에 위치한 립나가 독립한다는 것은 유다 왕국의 턱밑에 적이 둥지를 트는 것을 의미했다. 그럼에도 불구하고 에돔과 립나의 독립에 유다의 여호람은 속수무책이었다. 속국이던 에돔과 립나를 잃어버리게 된 것은 하나님의 섭리였다. 여호람이 여호와를 버렸기에 하나님께서도 그를 버린 것이다.

그러나 여호람은 그 사실을 깨닫지 못하고 유다의 여러 산에 산당을 세우고, 백성들에게 우상숭배를 강요했다. 그러자 북이스라엘에서 활약하던 엘리야가 여호람에게 유다 백성에게 우상숭배 하게 하는 그의 죄악을 지적하고, 그에 따른 징계를 예언하는 글을 보냈다. 엘리야는 우상숭배의 죄와 더불어 무고한 동생들을 살해한 죄악을 책망하면서 유다와 그 백성들에게 여호와께서 '국가적 재앙'을 내리실 것이며, 여호람 왕은 창자에 불치병이 생겨 비참하게 죽게 될 것임을 예언했다(대하 21:14-15).

기원전 842년경, 엘리야의 예언은 그대로 이뤄져 여호사밧 왕 때부터 조공을 바치던 블레셋 족속과 아라비아인들이 유다를 침공했다.[28] 에돔과 마찬가지로 유다의 조공국이던 이 두 국가를 하나님께서는 여호람을 징계하는 수단으로 사용하신 것이다. 유다로 쳐들어온 블레셋과 아라비아는 잔인하고 무자비했다. 침략군은 유다 왕궁의 모든 재물을 약탈하고, 여호람의 아들들과 아내들까지 모조리 잡아 갔으며, 여호아하스(또는 아하시야 Ahaziah) 외에는 모든 후사들을

---

28 성경에는 블레셋이 유다 왕국 여호사밧 왕에게 은(Siver)을 조공으로 바쳤고, 아라비아는 가금, 즉 숫양과 숫염소 각각 7700마리를 조공으로 바쳤다고 기록하고 있다(대하 17:11).

죽여 버렸다. 하나님이 여호람에게 이같이 무서운 징계를 내리시면서도 한 아들을 살려 주신 것은 다윗의 집을 보존하겠다는 언약을 지키시기 위함이었다.

이후 엘리야가 예언한 대로 여호람의 창자에 불치병이 생겼다. 그 병은 여호람에 대한 하나님의 형벌이었기에 어떤 처방으로도 치료할 수가 없었다. 때문에 여호람은 엄청난 고통을 당하다 창자가 몸 밖으로 빠져나와 죽고 만다. 유다 왕국을 우상을 섬기는 나라로 만들고 무고한 형제들을 죽인 죄의 대가를 치른 것이다. 32세에 왕위에 올라 8년간 유다의 왕으로 치세했으나 이렇듯 그의 마지막은 비참했다. 그가 죽자 백성들은 왕의 죽음을 애도하지 않았으며, 장사 후 그의 시체를 선왕(先王)들과 같은 묘실에 두지도 않았다. '아까운 사람이 우리 곁을 떠났다'가 아닌 '벌써 갔어야 할 사람이 너무 오래 살았다'란 반응을 보인 것이다.

이스라엘의 신 '여호와'는 그분만이 참 '하나님'이심을 알게 하기 위해 지속적으로 인간의 역사에 개입하신다. 어떤 형태로든 우상 숭배는 하나님의 '거룩성'과 '공의성'을 훼손하는 행위이기 때문에, 비록 성별된 이스라엘 민족이라 할지라도 반드시 징계의 채찍으로 다스리신다. 유다 왕 여호람의 생애는 배교는 죄악 중에 으뜸이며, 그 말로(末路)는 죽음임을 예시하고 있다.

31. 반역, 반역 그리고 반역
: 새 왕조의 등장
열왕기하 8:25-10:36; 역대하 21:11-22:9을 중심으로

기원전 841년은 레반트 지역에서 전통적인 강국이던 아람, 북이스라엘 왕국, 남유다 왕국에 역성혁명(易姓革命)이 일어나 국가별 새로운 왕조가 탄생하던 혼란의 한 해였다. 먼저, 아람은 벤하닷 2세의 영도력에 힘입어 외적으로 많은 전쟁을 치르며 군소 도시국가 형태에서 벗어나 다메섹을 중심으로 크게 세력을 확장하였다. 그러나 한동안 국내 문제로 외부로 눈 돌릴 여력이 없었던 앗시리아 제국이 살만에셀 3세에 의해 안정을 되찾고 다시금 레반트 지역으로 팽창정책을 재개하자, 아람은 벤하닷 2세의 각고의 노력에도 불구하고 그 세력을 더 이상 확장할 수 없었다. 대외적으로 어려운 상황에도 불구하고, 벤하닷 2세는 동쪽의 앗시리아를 견제하는 동시에[29]

---

29 살만에셀 3세 승전 비문에는 이 전쟁에 관한 기록이 다음과 같이 새겨져 있다. "나의 통치

남으로는 북이스라엘 지역으로 세력을 확장하며 나라를 잘 유지해 나갔다.

이 무렵 아람국은 큰 정치적 변화를 겪는다. 아람국의 훌륭한 지도자였던 벤하닷 2세가 병환 중에 부하에 의해 암살을 당하는 사건이 발생한 것이다. 당시 왕의 최측근이던 궁전대신 하사엘이 와병 중인 왕의 얼굴에 두꺼운 이불을 덮어 질식시켜 죽여 버린 것이다 (왕하 8:7-15 참고). 벤하닷 2세를 이어 왕이 된 하사엘(Hazael, 기원전 841-796년)은 문자적인 의미에서 기름 부음을 받지는 않았지만, 신탁을 통해 아람의 왕이 되었다.[30]

오래전, 이스라엘의 선지자 엘리야를 통해 하사엘의 기름 부음이 예고되었는데,[31] 때가 되자, 엘리사가 재차 엘리야와 동일한 예언

제18년에 나는 열여섯 번째로 유프라테스를 건넜다. 다메섹의 하사엘은 자신의 많은 군대를 신뢰하여 엄청난 수의 군대를 동원했고, 레바논을 향하고 있는 산인 스닐(사니루) 산을 자신의 요새로 삼았다. 나는 그와 싸워 그를 패배시키고 그의 노련한 병사들을 1만 6000명을 칼로 죽였다. 나는 그에게서 병거 1121대와 말 470필과 그의 요새를 빼앗았다. 그는 목숨을 구하기 위해 도망했다. 그러나 나는 그를 추격하여 그의 왕궁이 있는 다메섹에서 그를 포위했다… 그곳에서 셀 수 없을 정도로 많은 노략물을 가져왔다." Pritchard, ed., *The Ancient Near East: An Anthology of Texts*, 257; idem, *Ancient Near Eastern Texts Relating to the Old Testament.*, 280. 따라서 살만에셀 3세의 아람 침공은 벤하닷 2세 사후 그의 승계자인 하사엘 통치 1년 차에 발발하였음이 분명하다.

30 하사엘은 이스라엘 왕 여호람, 예후, 여호아하스 시대의 아람 왕이다. 그는 반역으로 왕이 된 인물인데, 그의 암살 동기는 벤하닷 2세가 병들어 하사엘을 다메섹에 있던 엘리사에게 보내 치료 여부를 확인하게 한 것이 발단이 되었다. 당시 엘리사의 명성은 이미 아람국에 널리 알려졌다. 그 이유는, 엘리사는 신적 능력을 발휘해 아람의 군대장관 나아만의 문둥병을 고쳐 주었을 뿐만 아니라, 이스라엘과의 전쟁에서 매번 아람의 위치를 미리 이스라엘 왕에게 알려 주어 전쟁을 대비하게 했다. 그리고 아람군의 눈을 멀게 해 사마리아로 유인한 다음 처벌이 아닌 후한 대접으로 환대해 주고 돌려보냈다. 이 같은 일들이 아람인들 사이에서 회자되어 엘리사의 명성이 자자했다. 그런 엘리사를 방문했을 때, 하사엘은 아람 왕이 죽을 것과 그가 대신 아람 왕이 될 것이라는 예언을 듣게 되었다. 이 예언은 이미 오래전에 여호와께서 아합 왕에게 쫓겨 호렙 산에 피신한 엘리야에게 하신 것이었다. 이 예언에 대해서는 열왕기상 19:15-17을 참고하라.

31 "여호와께서 그(엘리야)에게 이르시되 너는 네 길을 돌이켜 광야를 통하여 다메섹에 가서 이르거든 하사엘에게 기름을 부어 아람의 왕이 되게 하고 너는 또 님시의 아들 예후에게 기름을 부어 이스라엘의 왕이 되게 하고 또 아벨므홀라 사밧의 아들 엘리사에게 기름을 부어 너를

을 했다. 여기에 엘리사는 아람 왕 하사엘이 이후 이스라엘을 침략해 이스라엘 백성들에게 만행을 저지를 것이라는 계시도 했다.[32] 실제로 이 예언은 이루어져 하사엘은 즉위 후 아람의 국력을 계속 성장시키며 이스라엘뿐 아니라 남쪽 유다 왕국까지 침공했다.

한편, 북이스라엘의 운명도 신의 섭리에 따라 움직이고 있었다. 즉 역성혁명이 일어날 전조가 되는 전쟁을 도모하게 되며, 이 전쟁의 패자는 역사 속으로 사라지게 된다. 하사엘이 아람의 왕위를 찬탈한 해(年)에, 여호람은 북이스라엘을 12년째 통치하고 있었다. 정력적이며 강인한 전사였던 벤하닷 2세가 죽자, 여호람은 이때가 아람에게 빼앗긴 고토를 회복할 호기라고 생각한다. 그리하여 여호람은 유다의 아하시야와 동맹을 맺어, 12년 전 전사한 부왕 아합의 원수를 갚고, 이스라엘의 고토(故土)인 길르앗 라못을 탈환할 계획을 세웠다.[33]

여호람은 이번 전쟁의 시의적절성을 다음 두 가지에 근거했다.

첫째, 현재 아람의 정세가 불안정할 것이라는 것이다. 일개 대신(大臣)이 왕을 죽이고 스스로 왕이 되었으므로 국민의 신뢰를 받지

대신하여 선지자가 되게 하라 하사엘의 칼을 피하는 자를 예후가 죽일 것이요 예후의 칼을 피하는 자를 엘리사가 죽이리라"(왕상 19:15-17).

32 "네가 이스라엘 자손에게 행할 모든 악을 내가 앎이라 네가 그들의 성에 불을 지르며 장정을 칼로 죽이며 어린 아이를 메치며 아이 밴 부녀를 가르리라"(왕하 8:12).

33 성경을 보면 이스라엘이 아람을 선제공격했는지(왕하 8:28) 아니면 이미 탈환한 길르앗 라못을 방어했는지(왕하 9:14)가 명확하지 않다. 그러나 아합이 전사한 후, 이스라엘이 길르앗 라못을 회복했다는 사실이 성경에 전혀 언급되지 않았고, 또한 당시 이스라엘의 상황을 고려할 때, 이 땅을 아람에게서 빼앗았다고 보기에는 어려움이 있다. 문맥과 당시의 정치적 상황을 고려할 때, 아마도 아람의 정권 교체기에 이스라엘과 유다가 연합해 옛 땅을 회복하려고 시도했을 가능성이 높다.

못할 것이고, 따라서 당분간은 내치에 전념할 수밖에 없을 것이라고 판단했다.

둘째, 아람군 내에 반(反)하사엘파가 있을 것이라 예측했다. 군인 출신이 아닌 궁정관리, 즉 전쟁 경험이 없는 자가 군을 통솔할 수 있을지 의문이므로, 변방의 군지휘관들은 하사엘에 대한 충성도가 낮을 것이라 보았다.

여호람은 유휴 병력이 많은 늦가을에 출정하기로 하고 유다 왕 아하시야에게 예령을 주었다. 그리고 한 달 후 대규모 병력을 이끌고 길르앗 라못을 향해 행군했다. 길르앗 라못은 철옹성이었다. 워낙 견고한 성이라 공성장비와 투석기를 이용하지 않고는 성을 무너뜨리기가 불가능했다. 게다가 새로운 아람 왕 하사엘을 너무 쉽게 생각한 나머지, 전차부대와 성벽 장비를 가져오지 못한 것이 큰 실수였다.

이스라엘 연합군은 성문을 부수고 성안 진입을 시도했지만, 성벽에서 소나기같이 쏘아대는 적의 화살과 투석으로 막대한 병력의 손실을 입었다. 선왕 아합과 같이 이스라엘 왕 여호람도 화살을 맞아 전상(戰傷)을 당했다. 다행히 전차기수가 신속하게 전장을 빠져나와 사마리아 북편에 있는 이스르엘 요새에 여호람을 피신시켰다. 상처가 생각 외로 깊어 전장 복귀가 불가능하자, 예후(Jehu) 장군으로 하여금 길르앗 라못에 주둔하며 아람군과 대치하도록 명령했다.

외삼촌 여호람이 전투에서 입은 상처가 위독하자, 유다 왕 아하시야는 예하 지휘관에게 지휘권을 위임하고, 이스르엘에 있는 여호람을 병문안했다.[34] 아하시야의 여호람 방문은 인지상정이었지만, 하나님 앞에서는 멸망의 길이었다. 아합 왕 집안은 우상숭배로 말미암아 이미 다림줄로 재어졌고, 정도에서 벗어난 행동은 대가를 치러야 했다. 이를 위해, 여호와 하나님은 아합의 직계 지휘관인 예후(Jehu)를 아합 집의 멸망의 도구로 이미 예비하셨다.[35] 길르앗 라못에서 임의로 철수한 예후 장군은 이스르엘에서 요양 중인 여호람 왕을 방문한다.[36] 여호람은 그런 예후에게 전장의 상황을 물었으나 예후는 왕의 면전에서 그것도 반말로 "네 어머니 이세벨의 음행과 술수가 이렇게 많으니 어찌 평안이 있으랴"(왕하 9:22)고 대꾸했다. 반역이었다.

'역모'(逆謀)임을 직감한 이스라엘 왕 여호람과 유다 왕 아하시야가 급히 현장에서 이탈, 도망하자 예후는 활로 도망하는 여호람의 등을 정확하게 적중해 화살이 왕의 심장을 뚫게 했다. 그리고 그의 부하 빗갈(Bidkar)에게 여호람의 시체를 나봇의 땅에 던지라고 명했다. 계속해서 예후는 그의 칼날을 아합의 미망인 이세벨에게 겨눈다. 이스르엘의 궁에 머물고 있던 이세벨은 예후의 반란을 알고 있었다. 그러나 위엄을 잃지 않고 예후의 잘못을 나무란다. 이세벨의 주위에 서 있던 환관들이 예후의 서슬에 놀라 예후의 지시대로 그녀

---

34 아하시야는 이스라엘 왕 여호람의 조카였으며, 아하시야의 어머니 아달랴가 이스라엘 여호람의 누이이자 아합과 이세벨의 딸이었다.

35 엘리사는 제자를 길르앗 라못에 있는 예후 장군에게 보내 그에게 기름 부음으로 오므리 집의 멸망을 예고했다(왕하 9:1-13).

36 1991~1994년에 북이스라엘 텔단(Tel Dan)에서 발견된 아람의 승전비(Stele)에는 아람 왕 하사엘이 이스라엘과의 전투에서 승리했다고 기록되어 있다.

창밖으로 던져지는 이세벨

를 창문으로 던지니, 시체가 부서져 산산조각 나 버렸다.

곧이어 예후는 이스르엘에서 아합과 연관된 자, 즉 그의 아들 70명과 친족, 고위관리 그리고 제사장들을 모두 죽여 버렸다. 이에 그치지 않고 사마리아에 있는 아합의 친족이나 그와 관련이 있는 사람들을 모조리 죽임으로써 아합 자손의 씨를 없애 버렸다. 아합의 집안과 이세벨의 비참한 종말은 선지자 엘리야를 통해 아합에게 예고된 것이었다.

> 네가 네 자신을 팔아 여호와 보시기에 악을 행하였으므로 여호와의 말씀이 내가 재앙을 네게 내려 너를 쓸어 버리되 네게 속한 남자는 이스라엘 가운데에 매인 자나 놓인 자를 다 멸할 것이요 … 개들이 이스르엘 성읍 곁에서 이세벨을 먹을지라
> (왕상 21:20-23).

여호람의 죽음으로 오므리 집안, 즉 이스라엘의 제4왕조는 기원전 841년에 종말을 고했다.

이스라엘 왕국의 변화는 유다 왕국에도 영향을 주었다. 유다 왕 아하시야는 외가 쪽인 이스라엘 왕가의 종교적 타락을 여과 없이 답습했고 따라서 여호와의 징계를 받아야 했다. 외삼촌 여호람을 병문안하고자 이스르엘 성을 방문한 아하시야는 여호람이 부하의 반란으로 시해당하는 것을 현장에서 목도하고 황망결에 도망에 성공했다. 전차를 급하게 몰아 이스르엘에서 불과 15km 남쪽에 위치한 이블르암(Ibleam) 근처에 있는 구르(Gur) 언덕 비탈면에 숨었다. 그러나 예후가 급파한 기마부대에 의해 이내 추격을 당해 호위부대와 예후군 간에 치열한 공방이 벌어졌고, 와중에 아하시야는 부상을 입는

구르 언덕

다. 가까스로 예후군을 따돌린 호위부대가 아하시야를 서북쪽의 므깃도로 피신시켰으나, 예후의 부대에 금세 추격당해 그곳에서 아하시야의 호위부대와 아하시야 왕은 무참히 살해되고 만다.

한편, 예후는 이스르엘에서 이세벨과 그 자녀들을 다 죽인 뒤 사마리아에 남은 아합의 세력을 소탕하기 위해 내려가던 중 아하시야의 형제들을 만난다. 이들이 죽은 아하시야 왕의 후계자가 될 아들들에게 문안하러 간다는 말을 듣고, 현장에서 이들 42명 모두를 죽여 버린다.

우리는 같은 시기에 일어난 일련의 비극적인 모반 사건을 통해, 여호와의 구속사적 계획을 발견하게 된다. 하나님은 아람 왕 하사엘의 역성혁명을 타락한 아합 왕가를 징계하는 출발점으로 삼으셨다. 즉 하사엘을 아합 일족을 징계하기 위한 도구로 사용하신 것이다. 그러나 여기서 우리가 알아야 할 진리는, 하사엘은 하나님의 의(義)의 도구 또는 평화의 도구가 아닌 악한 도구, 심판의 도구로 사용되었다는 것이다. 이어서 이 심판의 과녁은 이스라엘 왕 여호람에게 겨누어졌다. 여호람이 하사엘과의 전투에서 당한 부상은 곧 그의 사망과 집안의 몰락으로 이어졌다. 그리고 이 비극은 여기서 끝나지 않고 마치 도미노처럼 아합의 악을 따르던 유다의 아하시야 왕에게도 화가 임해 그도 살해당하고 만다. 이렇듯 기원전 841년은 팔레스타인 지역의 3대 강대국이 반란으로 인한 왕가의 몰락으로 '권력의 중심'이 동요하던 혼란기였다.

32. 금송아지와 바알의 비극
: 그 몰락의 서막
열왕기하 10:18-31; 역대하 21:18-23:21

기원전 9세기 말경, 이집트는 제22대와 23대 왕조에 걸쳐, 리비아인이 테베(Thebes) 지역과 헤라클레폴리스(Herakleopolis) 지역을 통치하고 있었다. 그런데 리부(Libu)라 불리는 유목민이 나일 강 하류 델타 지역을 점령, 정착하면서 이집트는 두 국가체제가 되어 버렸다. 따라서 왕이 힘을 강력하게 발휘할 수 있는 중앙집권 체제를 구축하지 못하게 되었고, 때문에 군사를 일으켜 외부로 눈을 돌릴 여력이 없었다.

동시에 메소포타미아 지역의 강자 앗시리아도 이집트처럼 국내 정치의 불안으로 몸살을 앓고 있었다. 정복자 살만에셀 3세 사후 후임 왕들은 간헐적으로 일어나는 바빌로니아 국가들의 독립운동을 진압하느라 소모적인 국지전을 치러야 했다. 이는 그동안 앗시리아에 막대한 부를 안겨 주던 팽창정책을 방해하는 요소가 되었고 급기야는 중단하게 만들었다.

기원전 841년 역성혁명에 성공한 지 6년 후, 예후는 이스라엘에 대대적인 종교개혁을 단행했다. 사전에 치밀한 계략을 세워 도처에 산재한 바알 숭배자들을 한 장소로 모은 다음 일거에 몰살한 것이다. 그리고 레갑의 아들 여호나답(Jehonadab)의 도움을 받아 바알의 주상과 신당을 훼파하고 그 장소에 공중화장실을 설치했다. 그런데 바알 종교의 멸절을 주도하던 예후는 웬일인지 단(Dan)과 벧엘(Bethel)을 근거지로 두고 이뤄진 금송아지 숭배는 그대로 두었다. 이같은 예후의 조치에서 두 가지 측면을 예측해 볼 수 있다.

첫째, 북이스라엘의 정치적 독립 유지를 위한 방편일 것이다. 예루살렘에 여호와의 성전이 있는 유다 왕국으로부터 열 지파 이스라엘 왕국을 독립적으로 구별하기 위해서는 국가의 정체성을 유다 왕국과는 달리해야 할 명분이 있어야 했다.

둘째, 국가의 독립성을 뒷받침하는 종교적 차별성이 필요했다. 유다에서 완전한 독립을 유지하려면 종교적으로 분리되어 백성의 마음을 총화(總和)할 수 있는 별도의 신앙과 신전이 있어야 했다.

이와 같은 이유로 이스라엘의 다른 왕들처럼 예후는 금송아지 숭배사상을 존속시킴으로 자신의 정치적 기반을 확고하게 다지려 한 것이다.

금송아지 숭배를 용납함으로써 이스라엘 제5대 왕조를 세운 예후는 아합의 집을 멸하는 소임을 훌륭히 수행하였음에도 불구하고 그의 집안의 축복은 자손 4대까지로 제한되었고 추가적인 징계가 더해졌다.[37] 1세기 후, 선지자 호세아를 통해 예후의 죄에 대한 여호와의 징계가 밝혀진다.

> 조금 후에 내가 이스르엘의 피를 예후의 집에 갚으며 이스라엘 족속의 나라를 폐할 것임이니라(호 1:4).

아합의 집에 대한 여호와의 심판을 올바로 집행한 일과는 별개로, 예후가 금송아지 숭배를 존속시킨 그릇된 동기로 인해 그는 하나님의 징계를 피할 수 없게 되었다.

이제 이스라엘 왕국은 몰락이라는 길의 초입(初入)에 접어들었다. 드디어 하나님께서 이스라엘의 종교적 타락에 대한 징벌을 목적으로 아람 왕 하사엘을 사용하신다. 예후는 여호와를 온전히 의지하지 않았기에 통치 기간 내내 아람 왕 하사엘이 가하는 괴로움에 직면해야 했다. 하사엘은 이스라엘 땅을 조금씩 잠식하기 시작해 요단 강 동쪽의 길르앗과 바산을 우선 점령한다. 이 길르앗 산지는 전략적으로 중요한 지형이었다. 수풀 하나 없는 광야에 우뚝 솟은 고지군으로 형성되어, 먼저 점령한 측에서 사방의 모든 곳을 감제할 수 있는 이점이 있으므로 전략적으로 매우 뛰어난 가치가 있었다.

하사엘은 이곳을 아람과 팔레스타인 지역을 잇는 통로로 사용하여 유다 침공을 위한 거점으로 삼았다. 이후 하사엘은 므낫세 지

---

37 예후 왕조는 약 90년간 이스라엘을 통치했다. 여호와께서는 예후의 자손들인 여호아하스, 여호아스, 여로보암 2세, 스가랴 대까지 왕위를 허락하셨고, 마지막 왕인 스가랴가 기원전 752년경에 암살됨으로 예언은 성취되었다.

파, 갓 지파 그리고 르우벤 지파의 온 땅을 점령하여 요단 강 동편을 확보, 언제든지 유다와 이스라엘 두 왕국을 넘볼 수 있는 발판을 확보했다. 역성혁명(易姓革命)을 성공시켜 북이스라엘에서 금송아지를 제외한 모든 바알 주상과 신당을 제거하며 비교적 성공적인 종교개혁을 이룩한 예후는 28년간의 치세를 마치고 기원전 814년 파란만장한 생을 마쳤다.

예후의 뒤를 이은 여호아하스(Jehoahaz, 기원전 814-798년)는 부왕을 답습해 금송아지를 우상으로 삼아 백성의 마음을 하나로 묶어 정치적 안정을 도모했다. 그러나 여호아하스는 통치 기간 동안 선정을 베풀지 못해 백성의 환심을 사지 못했을 뿐만 아니라, 백성이 또 다른 우상, 즉 아세라 목상을 숭배하도록 허락하여 이스라엘 백성을 종교적으로 더욱더 타락하게 만들었다.

이스라엘이 정치적·종교적으로 불안정할 때, 아람 왕 하사엘은 또다시 군사를 일으켰다. 당시 아람군은 이스라엘과 국경 지대인 길르앗 산지에 항상 주둔하고 있어서 불시에 이스라엘을 공격할 수 있었다. 여호아하스 치세 말년인 기원전 799년경, 하사엘은 마침내 사마리아 총공격 명령을 내렸다. 그는 길르앗 산지에서 사마리아로 가는 노정에서 모든 이스라엘 백성을 살해했고, 사마리아를 포함한 주요 성읍들을 돌며 무자비한 대량 살육과 약탈을 서슴지 않았다. 이때의 여파로 북이스라엘의 경제는 파탄 지경에 이르렀으며, 나라의 국방력은 기마병 50명, 전차 10승, 보병 1만 명밖에 남지 않았다. 철저한 파괴였다. 그러나 여호와께서는 이스라엘의 조상과 세운 언약으로 말미암아 이 나라를 완전히 멸하지 않고 그들이 이 기회에 돌이키기를 기다리셨다.

북이스라엘의 여호아하스 왕은 나라를 도탄에 빠뜨린 채 기원전 798년에 숨을 거두었다. 그의 아들 요아스(Joash, 기원전 798-782년)가 이스라엘의 12대 왕으로 즉위했는데, 성경 기록에 의하면, 그도 선정을 베풀지는 못했다. 요아스가 왕위를 물려받았을 때, 이스라엘의 군사력은 현저히 약화되어 있었는데, 설상가상으로 이듬해에 이스라엘의 국방력이나 다름없던 선지자 엘리사가 병으로 죽고 만다. 이 소식을 듣고 모압이 기원전 796년 봄에 군사를 일으켜 이스라엘 국경을 넘었다. 요아스는 남아 있는 군사를 이끌고 간신히 모압군을 국경 지역에서 차단하는 데 성공했다.

내·외치가 극도로 불안정한 가운데 요아스 왕은 이스라엘을 그토록 괴롭히던 아람의 하사엘이 급사했다는 낭보를 접수한다. 이때가 기원전 796년경 겨울이다. 하사엘은 이스라엘의 두드러진 압제자가 되어 선지자 엘리사가 예견한 일, 즉 이스라엘의 요새화된 곳들을 불사르고, 정예병들을 칼로 죽이며, 자녀들을 메어치고, 임신한 여자들의 배를 가르는 일을 성취했다.

한편, 아람은 하사엘의 아들 벤하닷 3세가 왕위를 잇기는 했으나, 왕의 장례와 인수인계 문제로 국내 사정이 복잡했다. 이 기회를 놓치지 않고 하사엘이 죽은 지 1년 후, 요아스 왕은 선왕 여호아하스가 아람의 하사엘에게 빼앗긴 이스라엘의 성읍을 회복하고자 했다. 그리고 세 차례의 출병으로 선왕이 잃었던 요단 강 동편의 옛 성읍들을 되찾았다. 오랜만에 맛보는 대(對)아람전 승리에 백성이 환호했다.

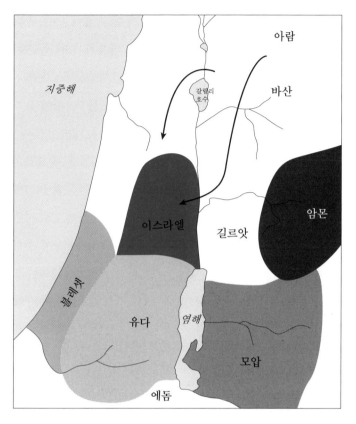

아람 왕 하사엘의 공격로

이 무렵 유다 왕국은 극단적인 상황이 전개되고 있었다. 예후에
의해 아하시야와 그의 이복형제 모두가 죽임을 당하자,[38] 국정 공백

---

38 성경에는 아하시야 왕의 형제에 대해 상충된 이야기가 있다. 열왕기하에서는 예후가 유다
왕 아하시야의 형제 42명을 하나도 남기지 않고 다 죽였다고 기록하고 있다(왕하 10:13-14). 그러
나 역대하에서는 아라비아 사람이 유다 왕 여호람을 쳐 왕궁의 모든 재물과 그 아들들과 아내
들을 탈취하고 막내아들 여호아하스(아하시야) 외에는 한 아들도 남기지 않았다고 기록하고 있
다(대하 22:1). 연대순으로는 블레셋과 아리비아의 공격이 선행되었으므로 아하시야의 형제는 이
미 모두 죽임을 당하였는데, 예후가 아하시야의 형제 42명을 죽였다는 것은 모순일 수 있다. 그
러나 문맥상 '아내들'이라는 단어를 고려하면, 여호람은 많은 첩들을 두고 있었는데, 이들에게

을 틈타 태후 아달랴가 자신의 친손자를 포함한 모든 유다 왕족을 멸하고 스스로 '여왕의 보위'에 앉았다. 이때가 기원전 839년이었는데, 그녀는 이후 집권 6년 동안 유다 왕국에 북이스라엘의 바알 신을 뿌리내리려 부단히 노력했다. 그러나 통치 7년째에 유다 왕국에 또 다른 피비린내 나는 혁명의 바람이 불었다. 대제사장 여호야다의 주도하에 이제 갓 7세가 된 왕자 요아스를 새로운 왕으로 옹립하고 국가적 종교개혁을 단행한 것이다.[39] 이 적통왕 복원 혁명에는 지방의 족장들, 군지휘관 그리고 레위 사람들이 전폭적으로 지원했다.[40]

왕정 복원 후, 국가개혁의 주(主) 방향은 유다 땅에 만연한 우상숭배 사상의 근거를 제거하고, '여호와' 신앙을 회복하는 것이었다. 이를 위해 먼저 온 유다 땅에 세워진 바알의 신당을 제거했으며, 바알의 제사장들을 주살했다. 이어 타락의 주범인 태후 아달랴를 모든 백성이 지켜보는 가운데 유다를 더럽힌 죄로 왕궁 앞에서 공개처형했다. 다음으로, 자발적인 모금을 통해 그동안 관리 소홀로 엉망이 된 여호와의 성전을 수리했다. 종교개혁 시책이 어느 정도 성과를 낼 무렵, 요아스 왕의 정신적 지주였던 제사장 여호야다가 그의 나이 130세를 일기로 생을 마감했다. 그가 죽자 요아스 왕 주위로 충

서 난 많은 자식들이 유다 땅 외곽에 흩어져 살다가 죽임을 당한 것이라고 예측할 수 있다. 따라서 아라비아인들에게 죽은 자식 이외에 예후에 의해 죽은 아하시야 형제 42명은 요람의 첩들에게서 난 자식일 가능성이 높다.

39 태후 아달랴는 유다 왕가의 모든 왕족들을 참살했다. 이때 요아스(Joash)는 고모인 여호세바(Jehosheba)가 빼돌려 살아남았다. 이때 제사장이었던 여호야다(Jehoiada)는 여호세바의 남편, 즉 요아스의 고모부였다. 그는 자신이 섬기던 성전에서 요아스를 6년 동안 숨기고 키웠으며, 요아스가 일곱 살이 되던 해에 거사를 주도하여 요아스에게 왕관을 씌웠다(왕하 11:1-12, 대하 22:11).

40 모반에 가담했던 군지휘관은 아사랴(Azariah), 이스마엘(Ishmael), 또 다른 아사랴(Azariah), 마아세야(Maaseiah), 엘리사밧(Elishaphat)이었다(대하 23:1).

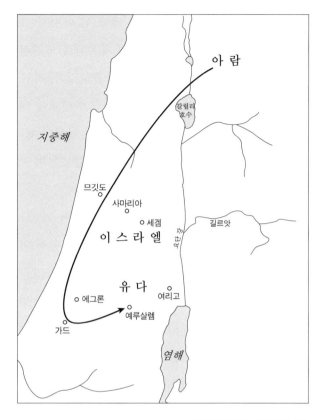

아람 왕 하사엘의 유다 왕국 공격

신은 사라지고 정치모리배가 득세하게 된다.

한편, 유다 왕국이 과도기로 어수선한 틈을 타 아람 왕 하사엘은 블레셋의 5대 도시 중 가드를 점령한 후 이후 공격 목표를 예루살렘으로 정했다. 국경수비대로부터 이 소식을 전해들은 요아스 왕은 신하들의 건의를 받아들여 하사엘에 조공을 바쳐 이 사태를 해결하고자 했다. 이에 대해 여호야다의 아들인 스가랴 선지자가 요아스 왕의 잘못된 외교정책을 책망했는데, 요아스 왕은 자신의 면전에서 충언을 한 스가랴에게 심한 굴욕감을 느낀 나머지 그를 처형해 버린다. 이는 전쟁의 위기 때마다 유다 왕국과 함께하신 여호와께 요아스가 정면으로 반기를 든 것이나 다름없었다. 하나님의 공의가 훼손될 수는 없었으므로, 유다 왕 요아스의 배교에 대한 징계는 죽음이었다. 기원전 796년, 그의 나이 47세에 자신의 최측근이던 요사갈(Jozachar)과 여호사바드(Jehozabad)에 의해 솔로몬이 세운 밀로 궁에서 암살을 당하고 만다.

요아스를 이어 아마샤(Amaziah, 기원전 796-767년)가 약관 25세에 왕위에 오른 뒤 선왕을 죽인 신하와 그에 가담한 자들을 색출해 모조리 죽였다(대하 25:3). 이어서 군을 재건하는 사업을 진행한다. 선대부터 정치가 불안해 군사력을 제대로 양성하지 못한 까닭에 복속국들이 하나 둘 독립해 나갔다. 더 이상 방관할 수 없기에, 먼저 전투에 참가할 수 있는 20세 이상 장정들의 인구조사부터 했는데 다행히 30만 명은 족히 되었다. 이를 족속에 따라 분류해 백부장(중대장), 천부장(연대장)을 임명하고 지휘 체계를 확립했다. 게다가 국가 재정 중 무려 은 100달란트를 들여 이스라엘 용병 10만 명을 고용했다.[41]

그리고 드디어 50년 전 고조부 여호람 왕 때 반란을 일으켜 독립한 에돔을 치기로 한다. 자신이 최고사령관이 되어 직접 군을 이끌고 염해(Dead Sea) 남단에 있는 소금 골짜기로 진격해, 기다리고 있

---

41 1달란트의 무게는 34.2킬로그램이었다. 현대의 시가로 환산하면, 은 1달란트는 6606달러(미화), 금 1달란트는 38만 5350달러일 것이다. 그러나 이스라엘군과 유다군을 혼성하지 말라는 신탁을 받은 천사의 개입으로 이스라엘 용병은 돌려보낸다. 그러자 이스라엘 용병들은 유다의 계약 위반에 분노하여 사마리아로 복귀하던 중 에돔과의 전투로 방비가 허술해진 유다 성읍들을 침략해 유다 백성 3000여 명을 죽이고 많은 약탈물을 취했다.

던 에돔군과 치열한 전투를 펼친다. 수적으로 압도적 우위의 군사력을 앞세워 파상적인 정면 공격을 감행하여, 에돔군 1만 명을 죽이고 1만 명의 포로를 생포했으며, 에돔의 수도인 셀라(Sela) 성을 빼앗았다. 유다의 대승리였다. 그러나 아마샤는 에돔의 우상을 가져와 자신의 신(神)으로 세우고 그 앞에 절하며 분향하여 그의 수명을 재촉한다.

결론적으로, 기원전 9세기 전후 약 50년간, 이스라엘 왕국의 바알 숭배 사상이 유다 왕국에 전염되어 두 왕국 모두 택함 받은 민족으로서 거룩성이 급격히 상실되었다. 여호와 하나님은 아합에게 쫓겨 호렙 산에 피신해 있던 선지자 엘리야를 통해 하사엘의 기름 부음을 예고하셨다. 이스라엘과 유다 백성의 영적 타락을 미리 아시고 징치(懲治)의 도구를 예비하신 것이다. 반복되는 종교적 타락과 이를 시정하기 위해 사용되는 전쟁이라는 징계수단은 공존(共存)할 수밖에 없는 것일까? 인간의 영적 부패를 전쟁이라는 수단을 통해서라도 알게 하려는 신의 뜻을 이스라엘 백성은 알지 못했음을 우리는 역사 속에서 발견하게 된다.

33. 제3차 남북전쟁
: 레바논의 가시나무와 들짐승
열왕기하 14:8-14; 역대하 25:17-24을 중심으로

1차 남북전쟁(기원전 913년)은 남유다의 2대 왕 아비얌(Abijam, 기원전 913-911년)이 북이스라엘의 초대 왕 여로보암에게 선제 선전포고한 일종의 통일전쟁이었다. 결과는 유다의 승리였다. 그로부터 30년 후 이번에는 북이스라엘의 제2왕조 초대 왕이던 바아사(Baash, 기원전 908-885년)가 유다를 경제적으로 압박하기 위해 라마에 성을 만들고 엠바고를 시도해 유다의 항복을 유도했다. 그러나 유다 왕 아사(Asa, 기원전 911-870년)가 외교 전술로서 아람을 끌어들임으로써 1차 남북전쟁에 이어 2차 남북전쟁에서도 남유다가 승리했다.

그로부터 근(近) 1세기 후, 유다 왕국의 9대 왕 아마샤(Amaziah, 기원전 795-767년)가 다시 남북관계에 긴장 관계를 형성했다. 사실 다윗이 이룩한 통일왕국을 불과 80년도 지키지 못한 채 남북으로 분리

시킨 것은 유다와 베냐민 지파의 책임이 컸다. 두 지파는 다윗 왕가의 적통성을 등에 업고 에브라임 지파 등 그들의 형제 지파들을 배척했을 뿐 아니라 때로 적대시하기까지 했다. 다시 말해 왕의 지근거리에 있음과 순혈주의의 교만에 차 있었던 것이다. 그런데 두 왕족의 적대적 관계가 결혼관계로 말미암아 극적으로 '화해 모드'로 반전되었다. 여호사밧의 아들 '여호람'과 아합의 딸 '아달랴'가 정략적으로 혼인을 맺음으로써 양국 모두 국내 정치를 안정시킬 수 있었고, 대외적 위협, 즉 아람과 앗시리아의 팽창정책에 공동으로 대처할 수 있게 되었다.

그러나 이 결혼동맹은 유다 왕국에겐 비극의 씨앗이었다. 이스라엘의 '바알' 숭배 사상이 유다 왕국의 '여호와' 유일신 사상을 급격하게 타락시켰던 것이다. 이로 인해 양국(兩國)은 외부 세력으로, 특히 여호와의 도구로 사용된 '아람국'으로부터 부단한 침략과 압제를 받아야 했다. 이후 아람의 잦은 침입과 약탈 그리고 군소 조공국들의 이탈 등으로 인해 두 나라의 정치, 경제 그리고 국방에 이르기까지 심각한 문제가 노출되었다. 두 왕국 중 북이스라엘은 유다의 상황에 비해 상대적으로 나은 편이었다. 국경이 아람과 접해 있는 관계로 언제 침입할지 모르는 적에 대비해 꾸준히 국방력을 향상시켜 왔고 주변국과의 크고 작은 전투를 수없이 치러 레반트 일대에서는 그런 대로 군사강대국이었다. 비록 9년 전 여호아하스 재임 시 아람의 하사엘이 침략하여 주요 성을 쑥대밭으로 만들고 불과 소수의 군만 남긴 채 이스라엘군을 거의 무장해제시켰으나, 이스라엘의 12대 왕 요아스는 군사력 재건에 혼신을 다해 부왕이 빼앗긴 성읍들을 거의 회복했다.

반면에, 유다는 다윗 이후로 주변국의 침략에 대비코자 주로 방어 위주로 국방력을 증강시켜 왔다. 다윗이 마련한 풍부한 재원을 바탕으로 솔로몬은 유다와 예루살렘 외곽에 수많은 요새 성들을 건설했다. 왕들은 이러한 요새 성들을 왕자들에게 분배해 그 지역의 영주로서 다스리게 했는데, 이는 관리의 효율성에서 좋았으나 군사적 요새로서의 기능을 잃게 만들었다. 사정이 이렇다 보니 외세의 침입이 있을 때마다 공세적 전투보다는 뇌물을 바쳐 침입국과 강화 조약을 맺거나 화친을 해야 했다. 가장 최근의 일로, 유다 왕 요아스는 아람 왕 하사엘이 예루살렘을 침공할 의사를 밝히자, 나라의 귀한 보물, 심지어 왕국이 가장 신성시하는 '여호와의 성전' 곳간의 보물을 하사엘에게 바쳐 사태를 무마하는 일을 자행했다.

부왕 요아스를 이은 유다 왕국의 9대 왕 아마샤는 즉위하자마자 왕국의 국정 기조를 '부국강병'(富國强兵)에 두어 그가 해야 할 최우선 정책으로 삼았다. 무엇보다 약해진 군사력을 재건하고, 이를 바탕으로 근간에 조공국들의 이탈로 파국에 빠진 자국 내 경제 문제를 해결하고자 했다. 즉 유다 왕국이 불안정한 틈을 타 이미 독립해 버린 기존의 유다 조공국들을 재복속시켜 예전의 영화를 회복하고 싶었던 것이다. 이 계획은 적중해 첫 전투에서 에돔에게 대승을 거두고 많은 전리품을 획득했다. 승리에 고취되어 기고만장해진 아마샤는 궁내 대신들과 상의 끝에 칼날을 동족인 이스라엘에 겨누고자 했다. 그동안 유다 왕국의 선왕들이 이스라엘 무장(武將)들에게 당한 모욕을 이 기회에 갚아 주고 싶었던 것이다. 이것이 제3차 남북전쟁의 발단이었다.

기원전 790년 봄, 유다 왕 아마샤가 '전쟁선포 고지문'을 지참한 사신(使臣)을 이스라엘 왕 요아스에게 보냈다. 유다 쪽에서 선제공격하지 않을 테니 자신 있으면 너희들이 먼저 공격해 보라는 식의 통지서였다. 이를 받아 본 이스라엘의 요아스는 기가 막혔다. 선대(先代)로부터 독립적인 전쟁 경험이 적어 외세의 침입을 받을 때마다 조공을 바쳐 사태를 해결하던 약체(弱體) 유다가 먼저 선전포고를 했으니 말이다. 이스라엘 왕 요아스는 대꾸할 가치를 느끼지 못하면서도 다음과 같이 비유적인 답을 보냈다.

> 레바논 가시나무가 레바논 백향목에게 전갈을 보내어 이르기를 네 딸을 내 아들에게 주어 아내로 삼게 하라 하였더니 레바논 들짐승이 지나가다가 그 가시나무를 짓밟았느니라(왕하 14:9).

레바논 들짐승은 이스라엘이며, 가시나무는 유다를 상징한다. 한마디로 적수가 안 된다는 말이다. 그리고 재차 요아스는 아마샤를 타이른다.

> 네가 에돔을 쳐서 파하였으므로 마음이 교만하였으니 스스로 영광을 삼아 왕궁에나 네 집으로 돌아가라 어찌하여 화를 자취하여 너와 유다가 함께 망하고자 하느냐(왕하 14:10, 대하 25:19).

아마샤가 에돔의 신을 숭배하는 연유로 '여호와'께서 '교만의 영'을 그 마음에 넣었으므로 요아스의 말에 귀 기울일 리 없었다. 연이은 경고에도 불구하고 유다의 아마샤가 기세등등하게 맞서자, 요아스는 이 기회에 아마샤의 기를 꺾어 유다보다 우위(優位)를 이어가고자 했다. 그는 이내 총동원령을 선포하고 병력을 소집해서 부대를 평지전투에 용이하도록 편성했다. 이내 지체 없이 전차부대, 기병대, 보병부대 순으로 이동 서열을 정하고 사마리아에서 유다의 수도 예루살렘으로 진격했다. 워낙 대군이라 예루살렘에 이르는 최단로(最短路)인 산악길은 포기하고, 해안도로를 따라 꼬박 5일을 행군해 예루살렘 서편 진입로인 소렉 골짜기(Valley of Sorek)[42]로 들어섰다.

소렉 골짜기는 넓은 평원으로 구성되어 있다. 이스라엘 왕국이 분열되기 전부터 해안에 있는 블레셋의 도시들과 이스라엘을 연결하는 주요 통로이자 국경선 역할을 했다. 벧세메스(Beth-shemesh)는

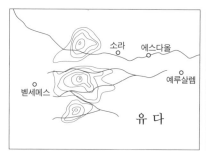

소렉 골짜기

---

42 소렉 골짜기는 사사 시대에 삼손이 수없이 왕래했던 곳으로 이곳에서 사자와 싸웠고, 300마리의 여우를 잡아 꼬리를 묶어 블레셋 족속의 곡식을 불사르기도 했다(삿 14:6, 15:4). 또한 블레셋 족속에게 빼앗긴 '언약 궤'를 돌려받은 곳으로, 이때 '여호와의 궤'를 들여다본 벧세메스 사람 70인이 그 자리에서 죽음을 맞은 일이 발생했다. 사무엘상 6:12-7:2 참고.

소렉 골짜기의 중간쯤에 위치하여 동서남북을 동시에 관망할 수 있는 천혜의 지형이었다. 요아스는 계속 진군하여 예루살렘의 옆구리인 벧세메스에 도착해 진을 쳤다. 그리고 지휘부를 평원 전체를 감제할 수 있는 우측 120m 고지 위에 설치하고, 전차부대는 평지에 배치하여 적이 출현하면 가장 선두에서 적을 강타하도록 했다. 보병부대는 곳곳에 산재해 있는 얕은 고지의 8부 능선에 대기해 있다가 아군의 전차부대가 적의 대오를 와해시키는 순간, 일제히 하산하여 근접전을 치르도록 명령했다. 그리고 이스라엘군의 비장의 카드인 기병부대는 유다군 진입로 좌우에 은폐하여 대기시켰다. 전세가 판단되면 일정한 신호와 동시에 순발력과 기민한 기동력으로 유다군의 주력부대와 지휘부를 기습 타격해 전투를 조기에 종결시킬 계획이었다.

이윽고 유다군이 모습을 드러냈다. 군대를 보병 위주로 편성하고 전차부대와 기병부대는 각 보병제대에 배속시켜 보병 지휘관의 통제를 받게 했다. 대(對)에돔 전에서 승리한 후 자신감에 차 있던 아마샤 왕은 직접 선두에서 군을 지휘했다. 소렉 골짜기의 초입인 에스다올(Eshtaol)에 진입, 중간 소도시인 소라(Zorah)를 거쳐 벧세메스로 들어섰다. 전군이 소렉 골짜기에 완전히 진입했을 무렵, 대기하고 있던 이스라엘군 전차부대가 먼지를 일으키며 구름과 같이 몰려왔다. 이스라엘 전차부대의 기세에 눌려 유다군의 1제대가 급격히 무너졌다.

지휘부에서 전장 상황을 관측하던 북이스라엘의 요아스 왕은 전략을 수정했다. 유다군이 의외로 쉽게 무너지자, 보병을 투입하는 대신 기병부대로 하여금 유다군의 지휘부와 친위부대를 습격해 왕을 사로잡도록 지시한 것이다. 좌우측에서 대기하던 기병부대가 신호와 동시에 쏜살같이 유다군의 심장부로 돌진해 아마샤의 호위부대를 격파한 다음 왕을 생포했다. 패배하는 군대는 먼저 싸움을 걸고 승리를 추구하나, 승리하는 군대는 먼저 승리할 수 있는 태세를 갖추고 적과 싸운다는 전쟁의 교훈을 유감없이 보여 준 전투였다. 벧세메스에서의 전투는 이스라엘의 승리로 끝났지만, 전쟁은 여기서 끝나지 않았다.

유다 왕을 사로잡은 요아스는 대군을 이끌고 유다의 수도이자 성지인 예루살렘으로 들어갔다. 그리고 대대적인 약탈과 파괴가 이어졌다. 선조 다윗 왕이 세운 예루살렘 성벽을 185m나 허물고, 성전과 왕궁 창고에 있는 금과 은과 기물을 모조리 탈취했다. 그리고 아마샤의 아들들을 모조리 볼모로 잡아 사마리아로 끌고 갔다. 철저한 보복이었다. 이 전쟁에서 승리한 후 이스라엘은 유다를 정치적으로 복속시켜 내정간섭을 하기 시작했는데, 이러한 예속관계는 요아스가 죽은 후 그의 아들 여로보암 2세까지 이어졌다. 당시 유다는 아마샤와 그의 아들 웃시야가 공동 통치하고 있었는데, 아마샤에 대한 역모가 일어났다. 아마도 전쟁에 패한 그의 무능함 때문이었을 것이다. 그는 반역을 피해 예루살렘에 인접한 라기스(Lachish) 요새로 도망했으나 곧 부하들에 붙잡혀 죽임을 당하고 말았다.

여호와께서는 에돔을 상대로 한 전쟁에서 유다 왕 아마샤에게 대단한 승리를 안겨 주셨다. 그런데 아마샤는 자신의 능력으로 에돔을 이긴 줄 믿었고, 심지어 '여호와' 예배의 중심지인 예루살렘으로

'에돔 신'을 가져와 자신의 신으로 숭배하기까지 했다. 그런 그에게 선지자가 "저 백성의 신(에돔 신)들이 그들의 백성을 왕의 손에서 능히 구원하지 못하였거늘 왕은 어찌하여 그 신들에게 구하나이까"(대하 25:15) 하고 책망했으나 이미 여호와의 영이 떠난 아마샤는 귀 기울여 듣지 않았다. 이처럼 잔뜩 교만해진 아마샤는 스스로 전쟁을 도모해 멸망을 자초했다. 선지자를 통한 하나님의 말씀이 성취된 순간이었다.

> 나의 경고를 듣지 아니하니 하나님이 왕을 멸하시기로 작정하신 줄 아노라(대하 25:16).

여호와 하나님은 택한 왕과 함께하셔서 그들이 합당한 길을 걸으면 어떤 조건에서든 기적과 같은 승리를 안겨 주셨다. 그러나 그들이 귀를 막아 여호와의 말을 청종하지 않으면, 공의의 잣대로 징치하셔서 당신의 '하나님 되심'을 역사 속에서 드러내셨다. 전쟁이란 도구와 이방인을 수단으로 사용해 그의 백성이 올바른 길(義의 길)로 걸어가도록 종용하는 것이 전쟁 가운데 드러난 하나님의 섭리다.

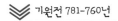

34. 공의와 자비의 공존

열왕기하 13:14, 14:23-29; 역대하 25: 17-23; 아모스 5장, 7장;
호세아 1장을 중심으로

북이스라엘의 12대 왕이요 예후 왕조의 세 번째 왕인 요아스는
임종을 맞은 엘리사에게서 그의 조부 예후와 부왕 여호아하스를 괴
롭혀 온 아람 왕 하사엘을 쳐서 이기게 되리란 예언을 들었다. 그 예
언대로 요아스는 하사엘과 그의 아들 벤하닷 3세로부터 그의 부왕
이 빼앗겼던 성읍들을 탈환했다. 이 승리로 이스라엘은 끊임없던 아
람의 침략에서 어느 정도 자유로워졌으며 요아스의 정치적 입지도
강화되었다. 요아스가 열조의 왕들처럼 '여로보암의 우상숭배'의 죄
악에서 벗어나지는 못했지만, 하나님은 요아스를 그와 동시대에 유
다를 통치한 아마샤의 교만을 징계하는 도구로 사용하셨다.

요아스가 죽자 그의 아들 여로보암 2세(Jeroboam II, 기원전 793-752
년)가 13대 왕이 되어 41년간 북이스라엘을 통치했다. 재위 기간 동안, 그는 이스라엘에 정치적·경제적·군사적으로 많은 업적을 남겼다. 무엇보다도 괄목할 만한 그의 업적은 이스라엘의 영토를 옛 다윗과 솔로몬 시대의 그것과 비견될 정도로 확장하였다는 것이다. 이는 이스라엘에 제2의 번영기를 가져왔다. 그의 성공적인 치세에도 불구하고, 성경은 여로보암 2세의 생애를 그의 공적에 비해 지나칠 정도로 간략하게 기록하고 있다.

> 여로보암의 남은 사적과 모든 행한 일과 싸운 업적과 다메섹을 회복한 일과 이전에 유다에 속하였던 하맛을 이스라엘에 돌린 일은 이스라엘 왕 역대지략에 기록되지 아니하였느냐(왕하 14:28).

역사적으로 북이스라엘을 가장 괴롭혔던 국가는 국경을 접하고 있던 아람국이었다. 초대 왕 여로보암의 '금송아지 숭배 죄'가 연좌로 대물림되어, 여호와 하나님은 아람 왕 하사엘과 벤하닷 2세와 3세를 도구로 사용해 북이스라엘을 지속적으로 채찍질했다. 아람의 침략으로 야기된 정치 불안과 군사력 유지에 필요한 막대한 국가 재정 지출, 이에 따른 과중한 세금 부담 등은 이스라엘의 성장과 안정을 방해하는 치명적인 원인이 되었다. 이러한 북이스라엘의 정치, 경제, 군사, 사회적 환경은 끊임없는 반역을 유발했으며, 내치가 불안정한 가운데 백성의 일상적인 삶은 도탄에 빠져 있었고, 그들의 영적 상태도 어둠을 헤매고 있었다.

이런 상황에서 기원전 782년경 북이스라엘의 요아스가 죽고, 공

북이스라엘의 금송아지 제사 모습

동 통치하던 그의 아들 여로보암 2세가 정식으로 왕으로 등극했다.[43] 그런데 세옹지마랄까. 장군들의 반란과 끊임없는 외세의 침입으로 국내외 환경이 불안정하던 이스라엘에게 호기가 찾아왔다. 살만에셀 3세 이후 내정의 혼란과 메소포타미아 내 도시국가들의 반란을 제압하느라 서진정책을 중단했던 앗시리아가 아다드 니라리 3세(Adad-nirari III, 기원전 811-783년) 즉위 후 다시금 팽창정책을 재개한 것이다. 다시 말해, 앗시리아가 이스라엘을 무던히 괴롭히던 아람을 친 것이다. 아람의 중심부인 다메섹을 점령한 앗시리아는 아람의 재무장을 방지하는 차원에서 무자비한 살육과 강제이주를 단행했다. 이에 따라 아람의 세력은 급격히 약화될 수밖에 없었다.

앗시리아가 지중해 연안으로 팽창정책을 재개한 것은 레반트 일대에 새로운 국제질서를 재편시켰다.[44] 레반트 지역의 군사강국이던 아람은 앗시리아의 속국이 되어 앗시리아에서 파견된 관리의 다스림을 받았다. 아람과 국경을 맞대고 있던 이스라엘로서는 다음 목표가 자기들이 될 것을 우려해 극도로 불안한 나날을 보내고 있었다.

---

43 여로보암 2세는 무려 12년 동안 부왕 요아스와 공통 통치하여 '치세의 법도'를 수련했다.

44 아다드 니라리 3세가 아람을 정복하였고, 앗시리아 군대장관 삼시일루는 아람의 북부 틸 바르심(하란 근처)을 장악하고 통제하여 지중해에서 메소포타미아를 연결하는 무역로를 확보했다.

그즈음 앗시리아는 앗시리아 북쪽에서 남쪽으로 세력을 확장하려는 아라랏과의 전쟁에 휘말리게 되었고, 이에 따라 이스라엘과 그 주변으로 뻗어 나가려던 힘을 아라랏 전선으로 부대를 옮기지 않을 수 없었다. 때마침 앗시리아가 다메섹에서 모든 병력을 철수하자, 이 기회를 틈타 여로보암 2세는 군대를 재건해 옛 영토를 회복하는 일에 전념, 국가 부흥의 새로운 시대를 열었던 것이다.

우선, 여로보암 2세는 서쪽으로 진출해 모압[45]과 암몬에게 빼앗겼던 땅을 회복하는 데 주력했다. 아람국이 소강상태에 빠지니 정복 전쟁은 의외로 순조롭게 진행되었다. 주변 족속들이 완강하게 저항하지 않으므로 큰 군사적 충돌 없이 암몬·모압 지방에 대한 통치권을 갖게 되었다. 이에 따라 예후 시대에 상실했던 '왕의 대로'에 대한 통제권도 다시 회복했다. 다음으로 북쪽으로 방향을 돌렸다.

왕이 없어 무주공산이 된 다메섹을 접수하고, 계속 북진하여 카데시, 하맛 등을 차례로 점령했다. 아람 왕국과 하맛 왕국이 한때 솔로몬 통치 중에 유다의 속국이었던 것처럼, 여로보암 2세가 이 왕국들을 다시금 속국으로 만든 것이다. 또한 아람의 통제로 제한되던 두로와도 교류를 재개해 국제 무역을 위한 교두보를 확보함으로써 경제 활성화의 기반을 마련했다. 드디어 이스라엘 역사상 가장 넓은 면적을 차지했던 솔로몬 시대와 거의 맞먹을 정도의 영토를 확보한

---

45 모압은 오므리와 아합 왕의 통치 시대에 이스라엘의 지배를 받았다. 성경 기록에 의하면, 아합 왕이 죽은 후 조공을 바치던 모압의 메사 왕이 반란을 일으켜 독립했다(왕하 1:1, 3:4-5). 이후 모압과 이스라엘 사이에는 상호 적의가 존재했으며, 선지자 엘리사가 죽은 후에는 모압 사람들의 약탈대가 상습적으로 이스라엘을 공격했다(왕하 13:20). 암몬은 주로 유다의 통치를 받고 있었다.

것이다.

이처럼 넓은 땅에서 생기는 갖가지 수입으로 산업이 크게 발전했고 교역도 활발해졌다. 나라의 지경이 확장되면서 넓은 영토에서 거둔 많은 세금과 풍부한 자원으로 인해 국가 경제도 윤택해졌고 자연히 국력도 신장되었다. 그야말로 여로보암 2세가 다스릴 때, 북왕국은 다른 어떤 강대국들과 비교해도 전혀 뒤지지 않는 아주 강력한 힘을 가지게 되었다. 실로 아람국으로 인한 오랜 고통 끝에 찾아온 평화와 번영이었다.

이러한 이스라엘의 해방과 번영은 하나님의 섭리였다. 사실 외세의 끊임없는 침략으로 이스라엘 백성의 삶은 참담했고, 나라는 이대로 방치했다가는 그 존속이 어려울 만큼 위험했었다. 그러나 구속사적으로 이스라엘의 보호자이신 여호와께서 아직 이스라엘의 이름을 하늘 아래에서 도말하겠다고 하지 않았으므로, 여로보암 2세를 구원자로 세우신 것이다.[46] 이를 증거하기 위해, 여로보암 2세 당시 선지자로 활동한 요나[47]의 말을 들어 보자.

> 여로보암이 이스라엘 영토를 회복하되 하맛 어귀에서부터 아라바 바다까지 하였으니 이는 여호와께서 이스라엘의 고난이 심하여 … 요아스의 아들 여로보암의 손으로 구원하심이었더

---

46 약 10년 후에 선지자 호세아를 통해 북이스라엘이 멸망할 것임을 선포했다(호 1:4).

47 요나(Jonah, 기원전 774-760년)는 아모스(Amos, 기원전 790-750년), 호세아(Hosea, 기원전 758-725년)와 더불어 여로보암 2세 시대에 북이스라엘에서 활약한 선지자 중 한 명이다. 여로보암 2세 통치 초기에, 하나님은 요나에게 앗시리아의 수도인 니느웨 성에 가서 그들의 죄악에 대한 하나님의 심판을 예고하라고 명한다. 국수주의자요, 민족주의자인 요나는 적국인 앗시리아의 멸망을 바랐기 때문에 그 명령에 불복하고 다시스로 가는 배에 올랐다가 환란을 당하게 된다.

라(왕하 14:25b-27).

북이스라엘 백성은 정치적인 안정 속에서 경제적으로 윤택한 삶을 향유했으나, 바로 이때가 북이스라엘이 영적·도덕적으로 가장 타락한 시기이기도 했다. 당대의 선지자 아모스(Amos)와 호세아(Hosea)는 여로보암 2세와 그의 하수인들에게 그들의 노골적인 배교 그리고 부도덕한 삶에 대해 신랄한 비판을 가했다. 이 무렵, 여호와께서 자신의 선지자 아모스의 입을 통해 여로보암 2세에게 "내가 일어나 칼로 여로보암의 집을 치리라"(암 7:9) 하신 경고는 향후 앗시리아를 통해 성취된다. 여로보암 2세가 영적으로 깨어 있어 국가를 '여호와의 뜻'에 따라 통치했다면, 그가 회복한 이스라엘의 영광은 오래 지속되었을 것이다. 그러나 두 선지자의 절규를 고려할 때, 여로보암 2세는 이스라엘의 고질적인 병폐였던 '여로보암의 죄'를 완전히 버리지 못했을 뿐만 아니라, 왕으로서 국가를 정의롭게 다스리지 못했음이 분명하다. 이스라엘에서 활동한 선지자 두 명의 증언을 통해, 여로보암 2세의 실정(失政)을 살펴보자.

두 선지자 중 한 사람은 아모스로서 여로보암 2세 치세 때 부패한 사회상을 지적했다.[48] 그는 사물에 대한 깊은 통찰력과 함께 국내외 정세에 대해 정확하고 해박한 지식을 가지고 있었다. 아모스는 이스라엘 왕국이 정의와 질서가 사라지고 극심한 빈부 차로 백성이 고통받고 있음을 지적하면서 권력과 금력으로 횡포를 일삼는 소

---

48 유다 왕 웃시야 시대 그리고 이스라엘 여로보암 2세 때 활동했다. 남유다의 베들레헴에서 6마일 남쪽에 위치한 드고아 고원에서 목축을 하며 뽕나무를 재배하던 농부였다.

수의 사람들을 향해 다가올 하나님의 무서운 심판과 그것을 피할 수 있는 은혜의 메시지를 동시에 외쳤다. 그가 전파한 메시지의 핵심은 '공의'(公義)였다. 즉 "오직 정의를 물같이, 공의를 마르지 않는 강같이 흐르게"(암 5:24) 하여 전심으로 여호와를 찾으라는 것이었다.

여로보암 2세가 잃었던 영토를 회복하고, 뛰어난 정치적 감각으로 경제와 문화적인 측면에서도 괄목할 만한 성장을 했지만, 그 수혜자는 귀족들과 상류층에 속한 소수에 불과했다. 당시 전쟁에서 이기면 그로 인한 혜택의 대부분은 상류계급에게 돌아가고, 그 전쟁의 부담은 서민들의 몫이었다. 이 같은 고질적인 사회 병폐로 인해 전쟁이 끝나면 가난하고 힘없는 서민들은 생존을 위해 가진 자들과 기득권자들에게 더욱 예속되어야 했다. 그로 인해 소수 특권층은 풍요로운 삶을 누렸지만, 대다수 백성은 궁핍과 가난에서 벗어나지 못한 채 권력과 금력에 억눌려 살아야 했다. 아모스는 이런 사회상을 지적하며 사회 지도층들에게 헛된 길을 버리고 "여호와께 돌아오라!" 고 외쳤다.

나머지 선지자는, 이스라엘의 죄악을 지적하고 하나님의 심판, 곧 이스라엘의 멸망을 경고하며 이스라엘을 향해 여호와께 돌아오라고 호소한 호세아였다.[49] 경제적으로 윤택한 삶을 향유하는 가운데 정의가 설 자리가 없어진 사회에서 도덕적 부패와 윤리적 타락 현상이 나타났다. 백성은 하나님의 은혜와 도우심을 망각한 채 율법을 무시하고 음란한 우상을 섬겼으며, 이웃에게 불의를 행하는 영적

---

49 이사야와 동시대 인물로서 기원전 758-725년경 북이스라엘을 통치한 여로보암 2세 때 소명을 받아 예언 사역을 시작했다.

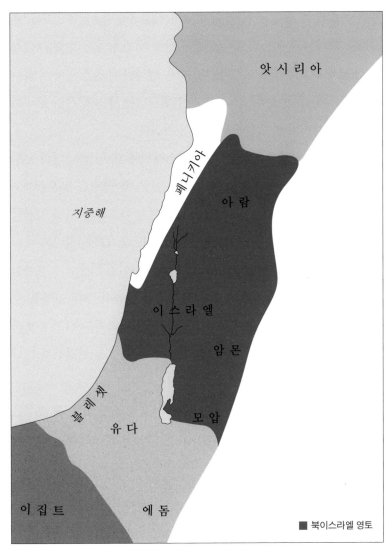

앗 시 리 아

페 니 키 아

지중해

아 람

이 스 라 엘

암 몬

블 레 셋

유 다

모 압

이 집 트

에 돔

■ 북이스라엘 영토

여로보암 2세의 영토 확장

부패와 타락의 길을 걸어갔다. 이들의 발걸음을 돌이키기 위해, 호세아는 하나님과 이스라엘이 신랑과 신부의 관계임을 강조했다. 시내 산에서 하나님께서 이스라엘과 맺은 언약의 본질은 영육이 하나 되는 결혼과 같은 것이기에 상호간에 변함없는 충성과 사랑을 바쳐야 한다고 이스라엘 백성에게 가르친 것이다.

호세아가 특별히 강조한 것은 이스라엘에 대한 '하나님의 변함 없는 사랑'이다. 그는 이러한 자비로운 하나님의 사랑을 결혼관계로 비유했다. 간음한 신부로 묘사된 이스라엘은 여호와가 아닌 인간의 힘을 의지하려 했고, 이방신들을 숭배했으며, 형식적인 의식과 예배에는 충실했으나 진정한 삶의 변화는 없었다. 이런 가운데 호세아는 '하나님의 용서하심'을 가르쳤다. 호세아가 간음한 아내 고멜을 용서하여 데리고 온 것처럼, 신랑되시는 하나님은 타락한 신부 이스라엘을 기꺼이 용서하셔서 그분의 품으로 돌아올 것을 애절하게 기다리신다는 여호와의 '자비'와 '사랑'을 선포한 것이다.

요약하면, 여로보암 2세가 이룬 정치적, 경제적, 군사적 업적은 높이 평가할 만하다. 그러나 그는 하나님이 주신 영화를 누리면서 태조 여로보암의 죄에서 떠나지 않았다. '공의'(公義)를 부르짖은 선지자 아모스의 외침도, '자비'(慈悲)를 가르치는 호세아의 간절함도, 여로보암 2세를 비롯한 위정자들에게는 들리지 않았다. 그 결과 이스라엘에 찾아왔던 번영과 평화는 점점 사라지고 이스라엘의 운명은 멸망으로 향하게 된다.

여로보암 2세 이후 북이스라엘은 왕위 찬탈을 둘러싼 음모와 모반, 이에 따른 암살이 거듭됐다. 이제 하나님은 준비하신 채찍(앗수르 왕 살만에셀 5세)을 손에 드실 것이다. 여로보암 2세의 생애는 불의한 자의 말로(末路)가 어떠한가를 선명하게 보여 주는 한편, 하나님의 속성인 '공의'는 인류가 회피할 수 없는 '도덕적 본질'임을 잘 가르쳐 준다.

35. 남유다의 영화

열왕기하 14:21, 15:1-7; 역대하 26:1-23을 중심으로

기원전 780년경, 앗시리아 아다드 니라리 3세의 침공 이후, 아
람국이 급격히 쇠퇴하자, 북이스라엘은 그야말로 날개 달린 사자처
럼 거침없이 영토를 넓혀 재도약의 길을 걷고 있었다. 이러한 영화
는 그동안 이민족의 침입으로 고통받던 이스라엘에 대한 하나님의
약속이었다. 여로보암 2세가 이 약속의 대행자가 되어 그 임무를 충
실히 수행하고 있었다.

북이스라엘이 승승장구하고 있을 무렵, 파란 많은 생을 살다 신
하들의 모반으로 죽임을 당한 아마샤를 계승한 아사랴(Azariah)라 불
리는 웃시야(Uzziah, 기원전 792-740년)가 그의 나이 지학(志學) 16세에

유다의 왕위에 올랐다.[50] 웃시야도 여로보암 2세와 마찬가지로 여호와의 도움으로 얻은 정치적·경제적·군사적 성공으로 유다를 강대국의 반열에 올려놓은 위대한 왕이었다.[51]

웃시야의 재임 52년을 요약하면, 세 가지의 성공과 한 가지의 실책으로 평가될 수 있다. 먼저, 웃시야 왕의 성공적인 업적은 (1) 창의적인 군사력 건설 (2) 영토 확장 (3) 농업 생산성 확대다.

그는 즉위하자마자 왕국의 군사력 건설에 역량을 집중했다. 군대장관으로 하나냐(Hananiah)를 임명하고, 서기관 여이엘(Jeiel)과 관원 마아세야(Maaseiah)에게 지시해 전투 가능한 모든 장정을 파악하도록 했다. 지휘관 임무를 수행할 수 있는 유능한 족장이 2600명, 병사로 복무할 수 있는 인원이 30만 7500명 정도임이 파악되었고, 이에 따라 족장 한 명당 병사 120명을 할당해 지휘하도록 했다. 오늘날 보병 중대급과 동일한 제대다. 그리고 각 병사들에게 전투에 필요한 장비를 지급했다. 보병에게는 방패, 창, 투구 그리고 갑옷을, 궁병에게는 활과 화살을, 투석병에게는 돌물매뿐만 아니라 특수하게 제작한 장비를 운용케 했다(대하 26:12-15 참고).

군사력 건설에서 드러난 웃시야의 창의력은 단연 특수무기 개발에서 돋보였다. 막대한 비용을 투자해 유다의 기술자들에게 대량

---

50 성경에 의하면, 웃시야(기원전 792-740년)는 이스라엘 왕 여로보암 2세(기원전 793-752년) 제27년에 왕이 되었다고 한다(왕하 15:1). 그렇다면 기원전 766년경부터 유다의 왕이 되었다는 것인데, 웃시야가 유다를 52년간 통치했다는 것을 고려하면, 기원전 792부터 767년까지는 이스라엘의 요아스 왕과 여로보암 2세에게 정치적으로 예속되었을 가능성이 높다. 이 예속국 상태는 이스라엘 왕 요아스가 웃시야의 부왕 아마샤를 이겼을 때 시작되었을 것이다.

51 성경은 웃시야의 형통은 하나님의 묵시를 이해하는 스가랴의 도움으로 가능했다고 기록하고 있다(대하 26:5).

투석기   쇠뇌

인마살상용 전투무기를 개발하게 한 것이다. 그리고 이들이 고안한 특수 무기는 '투석기'와 '쇠뇌'였다. 먼저 투석기는 돌물매를 응용한 무기였는데, 제작한 틀에 돌을 넣고 쏘아 성벽을 무너뜨리는 장비였다.[52] 그리고 쇠뇌는 동물뼈, 가죽 등으로 특수 제작한 거대한 활로서 사거리가 100~150m나 되며, 한 번에 여러 발을 동시에 쏠 수 있는 당시로서는 엄청난 살상무기였다. 그리고 전쟁 시 접근하는 적을 대량 살상하기 위해 예루살렘 성 모퉁이마다 망루(tower)를 만들어 이들 투석기와 쇠뇌를 설치했다. 병력의 교육 훈련, 장비 개선, 무기 체계의 획기적인 개발을 기반으로 웃시야는 드디어 정복전쟁을 개시했다. 우선 비교적 상대하기 쉬우며 경제 부흥을 위해 필요한 홍해 아카바 만에 접한 도시 '엘랏'(Elath, 또는 엘롯)을 정복하고 이 도시를 이스라엘 용도에 맞게 재건했다. 이 엘랏은 유다 백성에게 두 가지 측면에서 각별했다.

첫째, 이스라엘 백성의 구원의 역사가 남아 있는 곳으로, 출애굽

---

52 간혹 적의 전사자나 포로들의 목이나 아직 살아 있는 포로 또는 성안 주요 인사들의 인척 등을 투석기로 적진을 향해 쏘아 보내 적군의 사기를 저하시키는 심리전에 이용하기도 했다.

한 이스라엘 백성이 에돔 땅을 피해 갈 때 밟은 땅이었다. 그리고 선조 다윗 왕이 에돔을 정복한 후, 엘랏과 주변의 에시온게벨을 유다의 지배하에 둔 곳이기도 했다.

엘랏의 위치

둘째, 통일 이스라엘 시대에 유다 족속에게 막대한 부(富)를 가져다 준 곳이었다. 오아시스였던 엘랏은 아라비아 남부로부터 이집트-가나안-다메섹으로 이어지는 대상로에 위치한 중개무역의 도시였다. 솔로몬 왕은 이곳 엘랏에서 배를 만들어 오빌로부터 금을 수입했고, 에시온게벨과 함께 바다를 통해 아라비아와 아프리카 동부 등지로 해상무역을 하기도 했다. 그런데 왕국이 분열된 후 엘랏에 대한 남유다의 지배권은 여호람 통치하에서 에돔으로 넘어가 버렸다. 그로부터 1세기 뒤에야 웃시야 왕이 그 지배권을 다시 찾은 것이다.[53] 이제 엘랏 탈환은 이스라엘에게 해양으로 나아가는 길을 열어 주었으며, 나아가 세계의 다른 교역국들과 교류할 수 있는 기회를 제공해 주었다.

---

53 그 후 아하스 통치 때(기원전 744-728년) 아람 왕 르신이 엘랏을 유다로부터 빼앗았고 이곳에 아람 사람들이 거주하게 되었다. 이후 엘랏은 유다 왕국에게 회복되지 않는다.

블레셋 족속의 주요 성읍

다음으로, 웃시야는 서쪽으로 눈을 돌렸다. 그의 막강한 중무장 부대를 출병시켜 오랜 숙적인 블레셋 족속을 공격, 가드와 야브네(Jabneh)와 아스돗(Ashdod)의 성벽을 허물어 버렸고, 해안가인 아스돗 지방에 유대인을 위한 정착촌을 건설했다. 그리고 향후 블레셋이 재무장하지 못하도록 지방관을 두어 이 지역을 다스리도록 조치했다. 그런 다음 동진(東進)해서 아라비아와 마온 족속(Meunites)[54]을 쳐 복속시켰으며, 암몬 족속도 굴복시켜 유다의 조공국으로 만들었다.

웃시야는 영토 확장뿐 아니라 민생에도 관심을 기울여 예배의 중심지를 복구하고 식량 생산 확대 정책을 의욕적으로 추진하였다. 먼저 백성의 영적 중심지인 성전을 대대적으로 복구했다. 이 성전은 부왕 아마샤 때 이스라엘의 요아스 왕이 침략해 180m나 훼파한 적이 있다(대하 25:23). 이어서 백성을 배불리 먹이기 위해 농사와 목축을 장려했다. 국가의 재정을 투입해 곳곳에 저수지를 만들어 농업용

---

54 유다 왕국과 국경을 접하여 염해 남동쪽에 거주한 아랍 족속이었다.

수로 사용하고 가축 떼에게도 물을 충분히 공급할 수 있게 조치했다. 이방 유목민이 많았던 환경을 고려해, 들판 군데군데 망대를 세워 풀을 뜯는 가축 떼와 양 떼를 약탈자들에게서 보호하도록 배려했다. 또한 유휴 토지인 야산과 임야를 개간해 포도밭을 일구게 했다. 농사를 좋아하는 왕(王) 덕택에 유다 왕국은 그야말로 젖과 꿀이 흐르는 땅으로 변화했으며, 더불어 유다 백성의 삶도 풍요로워졌다.

웃시야의 성공은 그가 '여호와를 의지하였기 때문'이라고 성경은 기록하고 있다. 율법을 밝히 아는 스가랴(Zechariah)를 측근으로 두고 그에게 말씀을 배우고 전심으로 여호와 하나님을 구했다. 그런 그도 나라가 점점 강성해지자 자신의 의가 자라나 점차 교만해졌다. 급기야 자만이 지나쳐 제사장 외에는 직접 제사할 수 없는 율법을 어기고 성전의 '성소'도 직접 주관하여 '왕권'과 '신권'을 동시에 움켜쥐고자 했다. 이로 인해 웃시야는 여호와로부터 육체적 징계를 받아 남은 날 동안 문둥병을 앓았다. 웃시야는 문둥병으로 인해 정상적인 생활을 할 수 없게 되자 아들 요담에게 모든 국가 정무를 위임하고 죽는 날까지 별궁에서 혼자 쓸쓸히 살다 생을 마감했다.

웃시야가 문둥병에 걸린 것은 온전히 그의 '교만' 때문이었다. 하나님께서는 '그를 의뢰하는 자'를 형통하게 하시고, '스스로 높이는 자'는 미워하신다는 영적 교훈을 웃시야를 빌려 또 한 번 증거하셨다.

36. 사마리아의 창녀 죽다 1
: 죽음의 서막

열왕기하 16장; 역대하 28장을 중심으로

8세기 초반, 앗시리아의 내정 불안과 바빌로니아 소도시 국가들의 잇따른 반란 그리고 아람국의 침체는 팔레스타인 지역의 왕국에게 달콤한 평화를 가져다주었다.[55] 외세의 간섭이 없었던 이때, 이스라엘은 유능한 여로보암 2세의 불굴의 정복전쟁으로 영토를 동서남북으로 확장하였고 많은 조공국을 두어 국력이 흥왕했다. 비슷한 시기에, 남유다에서도 제10대 왕 웃시야의 선정으로 정치·경제·군사·사회 전반에 비약적인 발전을 보였다. 그러나 두 왕국에 평화와

---

[55] 살만에셀 3세 이후 샤미쉬아다드 5세(Shamshi-Adad V, 기원전 824-811년), 샤무 라마트의 섭정 (Shammu-ramat, regent, 기원전 811-808년), 아다드 니라리 3세(Adad-nirari III, 기원전 811-783년) 살만에셀 4세(Shalmaneser IV, 기원전 783-773년), 앗수르 단 3세(Ashur-Dan III, 기원전 773-755년), 앗수르 니라리 5세 (Ashur-nirari V, 기원전 755-745년)로 이어지는 동안 앗시리아는 형제간의 권력 암투로 내정이 불안 정했다. 설상가상으로, 앗시리아의 통제를 받던 갈대아인(Chaldean)의 지속적인 독립운동은 앗시리아를 더욱더 극심한 국내적 내홍에 시달리게 했다.

물질적인 번영은 찾아왔으나, 아쉽게도 백성의 영적 상태는 어둠에 놓여 죄에서 떠나지 못하고 있었다.

기원전 752년경, 여로보암 2세가 41년의 통치 끝에 생을 마감하고 그의 아들 스가랴(Zechariah, 기원전 752년)가 그를 이어 왕이 되었다. 그는 여호와께서 예후가 아합의 집을 제거한 공로로 그의 자손 4대가 이스라엘의 왕좌에 앉을 것이라고 약속한 마지막 왕이었다. 그러나 북이스라엘 선지자 호세아의 예언[56]이 이때 성취되어 스가랴는 즉위 6개월 만에 암살되었고, 이로써 예후 왕조는 약 90년간의 통치를 끝으로 종말을 고했다.

스가랴를 암살한 살룸(Shallum, 기원전 751년) 역시 1개월 후 므나헴(Menahem, 기원전 751-741년)에게 암살당한다. 므나헴은 무장(武將)이었는데, 사마리아 남쪽에 있는 디르사(Tirzah)에서 군사를 일으켜 사마리아로 쳐들어와 살룸을 살해했다. 그는 죽은 살룸의 저항 세력이 북쪽으로 도망하여 이스라엘의 최북단 국경지대인 딥사(Tipshah)에서 성문을 굳게 잠그고 끝까지 저항하자, 성문을 부수고 들어가 남녀노소를 불문하고 무자비하게 살육했다. 므나헴은 나라를 잘 다스릴 만큼 능력과 인품이 구비된 자가 아니었다. 종교적으로도 여호와의 눈에 악한 일을 행하였고, 금송아지 숭배의 전통을 이어 갔다고 성경은 기록하고 있다.

므나헴 통치 5년 차(기원전 747년)에 앗시리아의 디글랏 빌레셀[57]

---

56 "조금 후에 내가 이스르엘의 피를 예후의 집에 갚으며 이스라엘 족속의 나라를 폐할 것임이니라"(호 1:4).

57 성경에는 앗수르 왕 불(Pul)이라고 언급되어 있다. 열왕기하 15:19 참고.

3세(기원전 745-727년)가 이스라엘을 침략했다. 앗시리아와 이스라엘 사이에서 완충 역할을 하던 아람국이 여로보암 2세 이후 이스라엘에 복속된 이래, 이스라엘의 영토가 앗시리아와 직접 접하게 되었으니 이 위험은 예상된 것이었다. 이에 므나헴은 나라의 큰 부자들에게 강제로 세대당 은 50세겔[58]을 각출해 총 1000달란트의 은을 앗시리아에게 조공으로 바치고 화친을 맺음으로써 이 사태를 모면했다.[59] 므나헴이 10년을 그럭저럭 통치하다가 그의 아들 브가히야(Pekahiah, 기원전 740-739년)가 왕위를 물려받았다. 그러나 브가히야의 군대장관이던 르말랴(Remaliah)의 아들 베가(Pekah, 기원전 751-731년)가 브가히야에 대항해 반역을 도모했다. 당시 브가히야는 용감한 전사인 길르앗 족속 50인을 용병으로 고용해 왕의 친위대에 편입했으며, 아르곱(Argob)과 아리에(Arieh)로 하여금 친위대장과 호위대장직을 수행하게 했다. 그런데 밤을 틈타 베가가 급습해 왕궁 경계 임무를 수행하던 친위대장 아르곱과 그 부하들 그리고 왕을 직접 경호하던 아리에와 그 부하들을 제거하고 브가히야 왕을 살해했다.

　기원전 733년경, 베가 왕 치세 후기에 앗시리아의 디글랏 빌레셀 3세가 1차로 이스라엘을 침공했다. 이번에는 화친조약 없이, 이스라엘의 북쪽 영토, 즉 납달리 지파의 땅인 이욘(Ijon)과 아벨 벤 마아가(Abel-beth-maachah), 야노아(Janoah), 게데스(Kedesh), 하솔(Hazor), 길

58　은 1달란트는 약 3000세겔이며 은 1세겔은 하루 품삯의 4배 가격이다. 아마도 부자 60만여 명에게 이 돈을 거둔 것으로 생각된다.

59　디글랏 빌레셀 3세의 승전 비문에도 므낫세의 공물 상납이 기록되어 있다(I received tribute from… Menahem of Samaria(Me-ni-hi-im-me Sa-me-ri-na-a-a)…). Pritchard, ed., *The Ancient Near East: An Anthology of Texts*, 264-65.

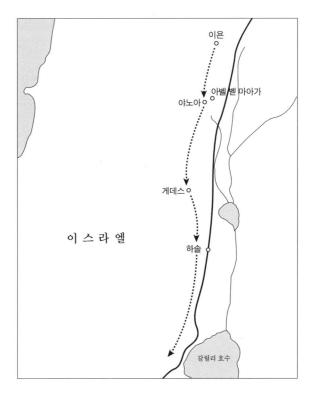

디글랏 빌레셀 3세의 점령 지역

르앗(Gilead)과 갈릴리(Galilee) 일대를 모조리 점령했다. 그리고 앗시리아의 악명 높은 대정복국가 정책을 감행했다. 이 지역에 거주하는 이스라엘 백성을 강제로 앗시리아 지역으로 이주시키고 앗시리아인과 타 지역 피정복민들을 이 땅으로 이주시킨 것이다. 한마디로 여러 민족을 섞어 둠으로써 미연에 반란을 방지하려는 정책이었다.

　이스라엘의 정치는 걷잡을 수 없이 총체적인 난맥에 빠졌다. 만일 앗시리아가 계속 남하할 경우 수를 써 볼 도리가 없을 만큼 국력도 약해 있었다. 베가는 궁여지책으로 아람의 재건을 도모하던 르신

(Rezin, 기원전 740-732년)과 상호 군사동맹을 맺었다(사 7:2 참고). 르신으로서는 앗시리아의 침공으로 나라가 거의 소멸되기 직전에 이스라엘 왕 베가가 돕겠다고 손을 내미니 마다할 이유가 없다. 그리고 양국은 유다 왕 아하스(Ahaz, 기원전 744-728년)에게도 동맹에 가담하여 앗시리아에 맞서자고 제안한다. 그런데 아하스가 이 제안을 단호히 거절했다.

유다 왕 아하스는 영악했다. 당시 국내 문제를 평정하고 군사적으로 재무장을 완료한 앗시리아의 디글랏 빌레셀 3세를 제어할 국가는 적어도 레반트 일대에는 없었다. 앗시리아의 제국주의를 위한 서진정책은 대세였다. 그리하여 아하스와 그의 신하들은 앗시리아와 군신관계를 맺는 것이 현재로선 유다에 유리할 것이라 판단했다.

아니나 다를까, 기원전 733년경 유다의 미온적 태도에 불만이었던 이스라엘의 베가와 아람의 르신이 유다를 강제 병합하고자 동맹군을 형성하여 침략했다. 이스라엘·아람 동맹군은 진군해 예루살렘을 포위했다. 사전(事前)에 이스라엘·아람 동맹군의 침공을 예상하였기에 유다는 동맹군의 공격에 대비하여 예루살렘 방어체계를 굳건히 갖추고 있었다. 유다의 비협조적인 태도에 화가 난 두 왕이 급히 창설한 동맹군은 성을 공략할 장비도 제대로 갖추지 못했기에 예상 외로 강하게 저항하는 유다군을 타격하지 못했다.

상황이 여의치 않자, 아람의 르신은 군사의 일부를 빼돌려 유다의 중요한 항구도시인 엘랏을 공략하기로 한다. 이곳은 웃시야가 에돔에게서 빼앗아 그때까지 유다 왕국에 막대한 부를 제공하던 곳이었다. 유다 왕 아하스가 엘랏에 주둔하던 병력을 철수시켜 예루살렘 방어에 투입한 사실을 간파한 아람 왕 르신이 이 빈틈을 노려 엘랏을 손쉽게 차지했다. 그리고 예루살렘에 돌아와 그동안 단독으로 예루살렘을 포위하고 있던 이스라엘 왕 베가와 합류했다.[60]

동맹군의 포위작전이 장기화되자, 유다 왕 아하스는 특단의 대책을 강구했다. 이전에 신하들과 상의하여 앗시리아와 군신관계를 맺기로 한 것을 시행하기로 한 것이다.[61] 왕실을 대표할 구변 좋은 특사를 포위망을 뚫고 몰래 탈출시켜 미리 준비해 둔 많은 금·은을 지참하여 앗시리아로 급파했다.[62] 유다의 특사에게 저간의 사정을 들은 디글랏 빌레셀 3세는 그의 서진정책을 고려할 때 마다할 이유가 없는 청(請)이었다. 이 기회에 아람을 완전히 정복하고 북이스라엘마저 접수한 다음, 차후에 유다를 복속시키면, 이집트로 가는 통로가 저절로 열리니 그야말로 일거양득(一擧兩得)이었다.

---

60 정치적 환경 이외에 성경에는 아하스 왕의 종교적인 죄로 인하여 유다가 이스라엘과 아람의 침공을 받았다고 기록하고 있다. 예를 들어, 아하스 왕은 이방인의 종교를 신봉하여 '힌놈의 골짜기'에서 자기 아들들을 불태우고 산당과 언덕 그리고 나무 아래서 희생을 드리고 분향을 했다. 여호와께서 이 죄를 물어 두 왕을 도구로 사용하셨는데, 아람 왕이 많은 유다 백성을 다메섹으로 포로로 잡아갔으며, 이스라엘 왕 베가도 하루에 유다 군인 12만 명을 죽이고 20만 명의 백성을 포로로 데려간 후 이스라엘 자손의 우두머리의 중재로 민간 포로는 돌려보냈다고 성경은 언급하고 있다. 그리고 시그리(Zickri)라는 이스라엘 장군이 유다 왕의 아들 마아세야(Maaseiah)와 왕궁관리자 아스리감(Azrikam) 그리고 국무총리급인 엘가나(Elkanah)를 죽였다고 구체적으로 증거한다. 역대하 28:2-15 참고.

61 성경에는 유다 왕 아하스가 앗시리아에게 군신관계를 자청한 사실을 잘 묘사하고 있다. "나[아하스]는 왕[디글랏 빌레셀]의 신복이요 왕의 아들이라 이제 아람 왕과 이스라엘 왕이 나를 치니 청하건대 올라와 그 손에서 나를 구원하소서"(왕하 16:7).

62 앗시리아의 승전 비문에는 유다의 이아-우-하-지(아하스)를 비롯하여 그 지역의 왕들이 바친 조공이 "금, 은, 주석, 철, 휘안석, 여러 가지 색깔의 장식이 있는 아마포 옷, 그들의 토산(수공품)인 진한 자주색 양털(로 만든) 옷 … 바다에서 난 것이나 대륙에서 난 것을 불문하고 온갖 종류의 값비싼 물품들, 그들의 지역 (특)산품들, (그들의) 왕들의 보물들, 말들, 멍에(를 메도록 훈련된) 노새들"이었다고 기록하고 있다. Pritchard, ed., *The Ancient Near East: An Anthology of Texts*, 265.

37. 사마리아의 창녀 죽다 2
: 북이스라엘의 멸망

열왕기하 17장, 18:9-12; 이사야 7, 10장; 아모스 1장; 미가 1장을
중심으로

기원전 732년 가을, 신하국인 유다 왕국의 공식적인 청에 의거,
디글랏 빌레셀 3세가 직접 지휘하는 대규모의 앗시리아 군대가 다
메섹을 향해 두 번째 공식 출정을 했다.[63] 행군을 개시한 지 한 달이
채 안 돼 아람의 수도 다메섹에 도달한 앗시리아군은 이곳을 철저히
유린하고 파괴한다. 아람국의 근원을 제거하기 위해 사로잡은 르신
왕을 산적하여 죽여 버리고, 저항의 중심지인 다메섹 거주민들은 강
제로 남쪽의 기르(Kir)라는 소성읍에 이주시켜 버렸다.[64]

63 디글랏 빌레셀 3세는 정복한 민족들을 대규모로 강제 이주시켜 다른 곳에 정착시키는 일
을 앗시리아의 국가 정책으로 확립한 최초의 앗시리아 군주였다. 이러한 가혹한 정책의 목적은
피정복 국가의 사기를 꺾어 독립전쟁을 차단함으로써 제국을 안정적으로 통치하기 위함이다.

64 북이스라엘 선지자 아모스의 예언은 이때 비로소 성취되었다. "내가 하사엘의 집에 불을
보내리니 벤하닷의 궁궐들을 사르리라 내가 다메섹의 빗장을 꺾으며 아웬 골짜기에서 그 주
민들을 끊으며 벧에덴에서 규 잡은 자를 끊으리니 아람 백성이 사로잡혀 기르[Kir]에 이르리

앗시리아가 아람을 무자비하게 진압한 데 이어 무죄한 백성을 혹독하게 취급한다는 소식을 듣고 유다의 아하스 왕은 앗시리아의 다음 목표가 유다가 아닌가 해서 두려웠다. 그래서 유다를 위하여 아람국을 징벌한 일에 대해 깊은 감사의 예를 표할 겸 다메섹에서 쉬고 있던 디글랏 빌레셀 3세를 직접 찾아가 앗시리아의 신하국으로서 충성을 다할 것임을 거듭 밝혔다. 뿐만 아니라, 디글랏 빌레셀 3세가 전쟁터마다 모시는 앗수르 신의 제단을 유다 왕국에서도 만들어 섬기겠다고 앗시리아 왕의 비위를 맞췄다.

외세의 힘을 빌려 동족을 멸한 것도 문제지만, 앗시리아의 제단을 들여와 여호와의 제단과 기물들을 임의로 변경한 것은 비난받아 마땅한 죄였다. 이 죄로 인해 후일 유다는 앗시리아의 공격을 받게 된다.[65] 이에 대해 선지자 이사야는 "그[앗수르 왕]가 아얏에 이르러 미그론을 지나 믹마스에 그의 장비를 두고 산을 넘어 게바에서 유숙하매 라마는 떨고 사울의 기브아는 도망하도다"(사 10:28-29)라고 향후 유다의 핍박에 대해 예언했다.

앗시리아의 디글랏 빌레셀 3세가 다메섹을 함락한 지 2년이 지난 어느 날 호세아(Hoshea, 기원전 730-722년)가 앗시리아 왕의 묵인하에 반란을 일으켜 베가를 죽이고 이스라엘의 마지막 왕이 되었다.[66]

라"(암 1:4-5).

65 선지자 이사야는 앗시리아 왕 디글랏 빌레셀 3세를 '삭도'에 비유하여 그가 유다 백성의 머리털과 발털 그리고 수염을 깎을 것이라고 예언했다(사 7:20). 이 예언은 성취되어, 성경은 유다 왕 아하스가 위기를 모면하기 위해 많은 뇌물을 바쳤음에도 디글랏 빌레셀 3세가 유다 왕국에 큰 고통을 안겨 주었다고 기록하고 있다.

66 디글랏 빌레셀 3세는 자신의 비문에서 북이스라엘 왕국에 관해 다음과 같이 기록하고 있다. "그들은 자기들의 왕 베가(Pa-qa-ha)를 몰아냈고 나는 호세아(A-ú-si-')를 그들 위에 왕으로 앉

그런데 디글랏 빌레셀 3세가 죽고 그의 아들 살만에셀 5세(기원전 727-722년)가 왕위를 계승하자, 이때를 틈타 이스라엘은 정치적·종교적으로 앗시리아의 속박에서 벗어나고자 반(反)앗시리아 정책을 폈다. 이에 대한 첫 번째 조치로, 그동안 앗시리아에게 신하의 예로서 해마다 바치던 조공을 끊어 버렸다. 그리고 만일의 경우를 대비해 이집트 왕 소(So)에 특사를 보내 군사동맹을 맺고 앗시리아에 맞서려고 시도했다.[67] 호세아 왕의 이 같은 일련의 행위는 앗시리아 왕에게는 명백한 도발로 간주되었다. 마침내 기원전 724년경, 즉 호세아 왕 7년 차에 살만에셀 5세가 직접 군대를 이끌고 사마리아로 진군했다.

이스라엘 국경을 건너자, 살만에셀 5세는 군사를 풀어 북이스라엘 온 땅을 유린하고 전리품을 마음껏 약탈하도록 허락했다. 이어 수도 사마리아로 서서히 진입하여 사마리아 성을 완전히 포위했다. 애절하게 기다리던 이집트군이 오지 않자, 호세아는 성에서 나와 살만에셀 5세 앞에 무릎을 꿇고 석고대죄를 한다. 그러나 호세아 왕의 배신행위로 분노에 찬 앗시리아 왕은 북이스라엘의 태조 여로보암 이래 이스라엘에서 발생한 무수한 역모와 반역을 익히 알기에, 호세아 왕이 다시는 반역을 도모하지 못하도록 감옥에 감금해 버렸다. 그런데 성안의 이스라엘 군지휘관들과 병사들이 끝까지 저항하기로 결정하고 백기를 들지 않았다. 이에 살만에셀 5세는 예하 지휘

했다. 나는 그들로부터 금 10달란트와 은 1000달란트를 조공으로 받아 앗시리아로 가져왔다." Pritchard, ed., *The Ancient Near East: An Anthology of Texts*, 265.

67 연대(年代)를 고려하면, 이집트 왕 소(So)는 제24대 왕조의 테프나크트(Tefnakht, 기원전 732-725년)일 가능성이 높다.

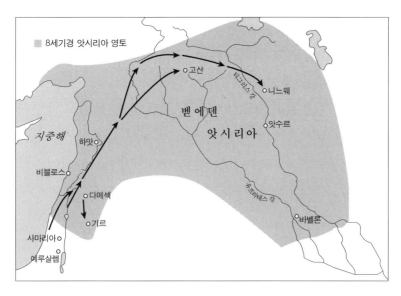

디글랏 빌레셀 3세에 의한 강제 이주 경로(기원전 734-732년)

관에게 성안으로 흘러 들어가는 우물의 근원을 메우게 하고, 식량이
바닥나 스스로 투항할 때까지 포위망을 풀지 않고 장기전으로 돌입
할 것을 지시했다.

　왕이 부재 중인 가운데서도 이스라엘 백성은 끈질기게 잘 버텼
다. 그로부터 3년이 지난 기원전 722년경, 앗시리아의 제국화를 꿈
꾸던 살만에셀 5세가 갑자기 죽음을 맞았다. 이스라엘에 한 가닥 희
망이 보이는 듯했으나, 의외로 후계 작업이 신속하게 이뤄져 사르
곤 2세(Sargon II, 기원전 722-705년)가 위(位)를 양위받았다. 전임 왕의
대(對)이스라엘 정벌 작전을 계승해 성안에 갇혀 있던 이스라엘군
에 대한 포위망을 더욱 옥죄므로, 더 이상 버틸 수 없어 이스라엘은

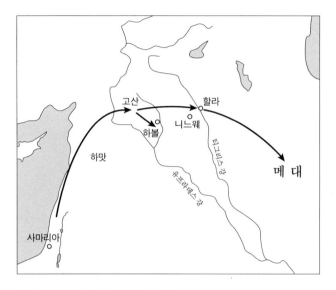

이스라엘 백성들이 강제 이주된 경로와 지역

마침내 항복하고 말았다.[68] 이때가 기원전 722년이다. 불행히도 비극은 여기서 끝나지 않았다. 사르곤 2세는 복속국을 다스리는 앗시리아의 전통에 따라 이스라엘 백성을 이역만리 앗시리아 땅인 할라(Halah), 하볼(Habor), 메대 사람(Medes)의 고을로 강제 이주시켜 버렸다.[69] 그리고 공백 상태가 된 북이스라엘에는 또 다른 피정복 국가인

---

68 앗시리아가 남긴 승전 비문을 고려할 때, 사마리아 성 포위 중에 살만에셀 5세가 죽고 뒤를 이은 사르곤 2세에 의해서 북이스라엘이 최종 멸망된 것으로 추정된다. "I besieged and conquered Samaria(Sa-me-ri-na), led away as booty 27,290 inhabitants of it.." In Inscriptions of Genaral Nature. Pritchard, ed., *The Ancient Near East: An Anthology of Texts*, 266.

69 이스라엘에 이주한 이방인들이 여호와를 알지 못하므로 그들에게 재앙이 생겼다. 이에 앗시리아 왕은 이스라엘 제사장 한 명을 벧엘(Bethe)로 보내 이방인들에게 어떻게 여호와를 경외할 것인지를 가르쳤다. 그러나 각 민족은 사마리아에서 자기들의 신을 섬기는데 바벨론 사람들은 숙곳브놋(Succoth-benoth)을 만들고, 구다 사람들은 네르갈(Nergal)을 만들고, 하맛 사람은 아시마(Ashima), 아와 사람들은 닙하스(Nibhaz)와 다르닥(Tartak), 스발와임 사람들은 그 자녀들을 불살라 스발와임 신 아드람멜렉(Adrammelech)과 아남멜렉(Anammelech)에게 드렸다. 열왕기하

37. 사마리아의 장녀 오홀라 2

366

바벨론(Babylon)과 구다(Cuthah), 아와(Avva), 하맛(Hamath) 그리고 스발와임(Sepharvaim) 등의 백성들을 사마리아와 그 주변 성읍에 강제 이주시켰다.

이로써 10여 년 전 북이스라엘의 멸망을 예고한 선지자 미가(Micah)의 예언은 성취되었고, 여로보암이 이스라엘의 10개 지파를 규합해 세운 북이스라엘 왕조는 약 210년 만에 역사의 뒤안길로 사라져 버렸다.[70] 이스라엘의 멸망을 보는 관점은 역사가별로 상이할 수 있지만, 성경은 멸망의 이유를 명확하게 다음과 같이 기술하고 있다.

> 이 일은 이스라엘 자손이 … 하나님 여호와께 죄를 범하고 또 다른 신들을 경외하며 … 점차로 불의를 행하여 … 또 우상들을 섬겼으니 … 내 종 선지자들을 통하여 너희에게 전한 모든 율법대로 행하라 하셨으나 그들이 듣지 아니하고 … 또 여호와께서 명령하사 따르지 말라 하신 사방 이방 사람을 따라 그들의 하나님 여호와의 모든 명령을 버리고 자기들을 위하여 두 송아지 형상을 부어 만들고 또 아세라 목상을 만들고 하늘의 일월 성신을 경배하며 … 여로보암이 이스라엘을 몰아 여

17:29-31 참고.

70 "내가 사마리아로 들의 무더기 같게 하고… 그 새긴 우상들은 다 부서지고 그 음행의 값은 다 불살라지며 내가 그 목상들을 다 깨뜨리리니 그가 기생의 값으로 모았은즉 그것이 기생의 값으로 돌아가리라"(미 1:6-7). 그리고 에브라임의 황폐와 관련해 이사야 7:8에 나오는 '65년' 기간도 정확했음을 알 수 있다. 즉 디글랏 빌레셀 3세(이사야가 예언한 후 얼마 되지 않아 북쪽 이스라엘 왕국으로부터 사람들을 강제 이주시키기 시작한 왕)의 통치 때부터 에사르하돈이 사마리아를 완전히 타민족과 혼합시킴으로써, 에브라임이 완전히 '산산이 부서져서 한 백성으로 있지 못할' 때까지 거의 65년이 걸렸다.

호와를 떠나고 큰 죄를 범하게 하매 이스라엘 자손이 여로보
암이 행한 모든 죄를 따라 행하여 거기서 떠나지 아니하므로
여호와께서 … 이스라엘을 그 앞에서 내쫓으신지라 이스라엘
이 고향에서 앗수르에 사로잡혀 가서 오늘까지 이르렀더라
(왕하 17:7-23).

이스라엘 왕국의 멸망과 이방국으로의 유배는 분명히 그 백성
의 '죄'가 원인이었으며, 그 죄에 대한 심판은 하나님의 공의를 세워
야 하는 필연적인 '이치'이며 '섭리'였던 것이다.

38. 베옷 입은 히스기야와 채색옷 입은 산헤립 1
: 앗시리아의 1차 유다 침공

열왕기하 18:13-16; 역대하 29:1-32:19; 이사야 37:35을 중심으로

북이스라엘의 마지막 왕 호세아 치세 3년에, 남유다 왕국에서는 아하스(Ahaz, 기원전 744-728년)를 대신해 히스기야(Hezekiah, 기원전 728-699년)가 그의 나이 25세에 왕위에 올랐다. 세자 시절부터 히스기야는 선왕의 악정과 종교적 타락, 그로 인한 유다 백성의 고통을 목도하며 성장했다. 형제국인 이스라엘이 아람과 군사동맹을 맺고 유다를 침략해 무고한 백성을 죽이고 약탈하며 심지어 포로로 잡아가는 참상도 보았다.

이 와중에 남쪽에서는 속국이던 에돔이 반란을 일으켰고, 서쪽에서는 블레셋 족속이 유다의 많은 성읍을 공격, 탈취하는 일이 잦았다. 이에 부왕 아하스가 앗시리아 왕에게 뇌물을 주며 도움을 요청했으나 도움은커녕 오히려 하대하며 유다 왕국을 핍박하기까지

했다. 이 모든 것은 부왕 아하스가 왕으로서 망령되이 행하여 여호와께서 그와 유다 왕국을 낮추었기 때문이라고 히스기야는 믿었다. 설상가상으로, 조정 대신과 백성의 반대로 히스기야는 부왕 아하스를 유다 왕국의 선왕들이 묻힌 묘실에 들이지 못하고 묘실 밖에 묻어야 하는 아픔을 겪어야 했다.

외부적으로도 히스기야 왕은 그의 나이 31세에 북이스라엘 왕국의 멸망을 목도했다. 여호와를 대신하여 '금송아지'를 국가적 신으로 숭배한 죄로 말미암아 하나님이 일으킨 앗시리아로부터 무참히 짓밟힌 형제국의 말로를 생생히 보았던 것이다. 생수의 근원이 되는 여호와를 버림과 스스로 파멸의 웅덩이를 파 멸망과 고통을 자초한 두 왕국의 현실을 파악한 히스기야는 왕으로서 자신이 해야 할 일이 무엇인지 명확히 알고 있었다. 그리하여 집권 초, 나라의 종교를 국가적 차원에서 개혁하고자 했다.

먼저 그동안 유다 전역에 만연한 이방신 숭배사상으로 말미암아 관리가 소홀했던 여호와의 성전을 수리하는 일부터 착수했다. 이 일을 위해 각지에 흩어져 살며 나태해진 13명의 레위인을 모아 이 임무를 부여했다. 레위인들은 아하스가 더럽혀 놓은 성전의 기물을 기드론 시내로 옮겨 깨끗이 하였고, 제단과 진설병상을 성결케 했다. 여호와의 제단을 정화한 후, 히스기야는 관할 모든 성읍의 방백과 왕국의 고위관리들을 소집하여 여호와의 성전에서 속죄제를 드리고 다윗 시대의 예배를 회복했다. 그리고 아하스가 블레셋에게 빼앗겼던 남서부 일대를 공격해 영토를 회복하는 데 전념하여 큰 성공을 거두었다.

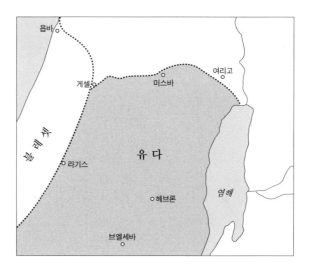

히스기야의 이러한 노력에 힘입어 성경은 그를 호의적으로 평
가하여 "유다 여러 왕 중에 그러한 자가 없었으니"(왕하 18:5)라고 기
록하고 있다. 그러나 히스기야 시대의 유다 왕국이 국내적으로 형통
하였지만, 대외적으로는 그의 반앗시리아·친이집트 정책으로 앗시
리아가 유다를 직접적으로 침공하는 빌미를 제공하게 된다.

기원전 714년경, 즉 히스기야 치세 14년에 앗시리아의 세자 산
헤립(Sennacherib, 기원전 705-681년)[71]이 군사를 일으켰다. 대부대를 이

---

[71] 산헤립의 치세 시기는 성경적 근거로는 해결하기 힘든 문제점이 있다. 앗시리아 왕의 연대
표에 의하면, 기원전 714년에는 사르곤 2세가 앗시리아의 왕으로서 재임하고 있을 때였다. 그
러나 성경에는, 기원전 714년경에 유다를 공격한 앗시리아 왕을 산헤립으로 기록하고 있다. 다
시 말해, 열왕기하에서는 산헤립이 유다를 침공할 때를 히스기야 14년(왕하 18:13)으로 기록하고
있는데, 히스기야가 기원전 728년에 보위에 오른 것을 고려하면, 산헤립의 침공은 기원전 714
년이 된다. 그러나 앗시리아의 산헤립은 기원전 705년에서 681년까지 재위하였으므로 기원전
714년의 유다 침공은 시대착오적이다. 이 문제를 해결하는 방법에는 두 가지 견해가 제시되고
있다. 첫째, 부왕 사르곤 2세와 세자 산헤립이 공동통치를 한 경우다. 부자(父子)의 공동통치는
레반트 지역의 왕조에서는 흔히 있는 통치 방식이었다. 둘째, 사관들의 오기였을 수도 있다. 광

산헤립의 이동로

끌고 서진하여 지중해 해안도로상에 있던 시돈, 악십, 악고와 같은 페니키아의 해안도시들을 차례로 함락시킨 다음, 남쪽으로 계속 진군했다. 유다로 진입하기 전에 거쳐야 하는 블레셋 영토의 욥바(Joppa), 아스돗 그리고 아스글론 성읍들도 큰 저항을 받지 않고 정벌했다. 블레셋의 파디(Padi) 왕은 이집트와 에티오피아에 도움을 요청하고 원군이 도착할 때까지 완강하게 저항했지만, 앗시리아의 보복

대한 영토를 통치하던 사르곤 2세가 아들 산헤립에게 지방장관으로서 레반트 일대를 통치하게 하였는데, 이때 유다를 침공한 산헤립을 유다 사관들이 앗시리아의 왕으로 기록했을 개연성이 있다는 것이다. 저자는 두 번째 의견을 지지한다. 왜냐하면 산헤립이 세자 신분으로 레반트 지역을 공략할 때, 부왕 사르곤 2세는 앗시리아 북쪽의 우라르투(Urartu)와 8년 동안 전쟁을 치르고 있었기 때문이다.

산헤립에 점령당한 블레셋의 요새 성들

을 두려워한 에그론 사람들이 오히려 왕을 사로잡아 족쇄에 채워 앗
시리아에 넘기는 일이 발생했다.[72] 블레셋의 철옹성을 차례로 격파
한 앗시리아군은 계속 동진하여 블레셋과 유다 왕국의 국경지대인
라기스 성을 점령한 후, 이곳을 거점으로 예루살렘 주변의 주요 성
을 차례대로 공략해 나갔다.

　이 시기에 앗시리아군에 빼앗긴 유다의 성은 46개에 달했으며,
기타 성벽이 있는 요새 성 그리고 예루살렘 인근에 있는 작은 마을
들도 점령당하여 피해의 정도가 상당했다.[73] 이때, 히스기야 왕이 라

72　Pritchard, ed., *The Ancient Near East: An Anthology of Texts,* 270.

73　산헤립의 승전비에는 점령한 마을 수, 요새 그리고 공격 방법 등을 구체적으로 기록하고
있다. Ibid.

기스에 머물고 있는 산헤립에게 사신을 보내 조공을 조건으로 화친을 제의했다. 그러나 히스기야가 앗시리아가 요구하는 양의 조공을 바쳤음에도 불구하고 산헤립은 그의 반앗시리아 정책에 대한 책임을 물어 대규모 군대 동원에 따른 전쟁배상금도 물릴 생각이었다.[74] 그리고 어차피 니느웨에서 이곳 팔레스타인 지역까지 원거리를 원정하였으니, 산헤립은 이참에 유다 왕국도 복속시킬 계획이었다.

이러한 산헤립의 계획을 좌절시키는 사건이 앗시리아의 북방에서 일어났다. 부왕 사르곤 2세가 우라르투(Urartu, 현 아르메니아)를 공격할 계획이니 속히 회군해서 귀국하라는 전갈을 보낸 것이다. 지정학적으로 앗시리아의 북쪽에 위치하여 국경을 맞대고 있는 우라르투는 기원전 9세기 중반부터 세력을 키워 디글랏 빌레셀 3세 때부터 앗시리아 제국의 안전에 굉장한 위협이 되고 있었다. 앗시리아가 제국으로 성장하기 위해선 바로 인접한 이 위험 요소를 반드시 제거해야만 했다. 이 전쟁을 위해, 기원전 714년경, 사르곤 2세는 원거리에서 고군분투하고 있는 아들 산헤립을 불러들일 수밖에 없었다.

유다 왕국으로서는 그야말로 하나님께서 도우신 것이다. 산헤립은 하는 수 없이 라기스에서 지척에 있는 예루살렘을 포기하고 이미 정복한 도시를 통제할 최소한의 병력만 남겨 둔 채 다음을 기약하며 철군 명령을 내렸다. 이 전쟁에서 우라르투는 루사 1세(Rusa I, 기원전

---

74 산헤립은 조공으로 은 300달란트, 금 30달란트를 요구하였고 히스기야는 이를 성전과 왕실의 비용으로 지불했다(왕하 18:14-16). 그러나 산헤립은 유다의 히스기야가 자신에게 30달란트의 금과 800달란트의 은, 상아가 상감된 의자(Couch inlaid) with ivory), 휘안광(Antimony), 코끼리 가죽(Elephant-hide), 흑단(Ebony-wood) 등의 수많은 값진 보물과 딸들, 첩들, 남녀 음악사들을 보냈다고 기록하고 있다. Pritchard, ed., *The Ancient Near East: An Anthology of Texts*, 271.

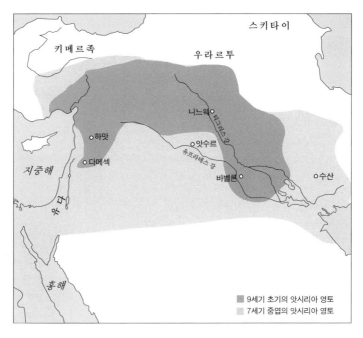

키메르족
스키타이
우라르투
니느웨
하맛
앗수르
다메섹
지중해
유프라테스 강
티그리스 강
수산
바벨론
홍해

■ 9세기 초기의 앗시리아 영토
□ 7세기 중엽의 앗시리아 영토

기원전 7세기 말경 앗시리아 영토

735-713년) 왕을 위시한 여섯 명의 왕족들이 앗시리아군을 맞아 필사
적으로 저항했지만, 사르곤 2세의 지휘 아래 참전한 산헤립, 산헤립
의 아들 에사르하돈의 뛰어난 활약으로 패하고 만다.[75] 결국 우라르
투의 거의 모든 영토는 초토화되고, 무샤쉬르(Mushashir)에 있던 국가
의 신전이 훼파되었으며, 앗시리아 제국이 멸망할 때까지 예속되는
처지가 되었다.

75　이 전쟁에 참전한 왕과 왕자의 명단은 다음과 같다. 앗시리아군에서는 사르곤 2세, 산헤
립, 에사르하돈, 앗수르바니팔이, 우라르투군은 루사 1세, 아르기쉬티 2세(Argishti II), 루사 2세,
살두르 3세(Sardur III), 에리메나(Erimena) 루사 3세, 그리고 루사 4세가 각각 군지휘관으로 전투를
지휘했다.

39. 베옷 입은 히스기야와 채색옷 입은 산헤립 2
: 앗시리아의 2차 유다 침공

열왕기하 18:17-19:1-7; 역대하 32:3-19을 중심으로

기원전 705년경, 사르곤 2세가 죽은 후 제국의 왕좌를 계승한 산헤립은 이제 부왕에게 물려받은 광대한 제국을 단독으로 통치해야 했다. 그런데 그동안 사르곤 2세의 위세에 눌려 있던 복속국들이 기다렸다는 듯이 순차적으로 반란을 일으켰다. 이에 따라 그는 통치 기간의 대부분을 제국을 통치하는 것이 아니라 반란을 진압하는 데 보내야만 했다. 특히 종교적 동질성으로 말미암아 그 어떤 국가보다도 선대하던 바벨론 도시국가들의 산발적인 반란과 모반이 산헤립을 괴롭혔다. 결국 기원전 703년에 바벨론 왕 므로닥 발라단(Merodach-Baladan)의 주도하에 갈대아, 엘람 그리고 아람의 잔존 세력(Aramean)이 군사동맹을 맺어 앗시리아 왕 산헤립에 반기를 들었다. 이때부터 앗시리아 대 바벨론 동맹군 사이에 14년간의 간헐적이고

도 소모적인 전쟁이 계속되었다.[76]

산헤립이 국내 정치와 주변국 문제로 외부로 관심을 돌릴 여력이 없을 무렵, 유다 왕 히스기야는 산헤립이 철수하면서 유다 땅에 남겨 놓은 앗시리아군이 몹시 눈에 거슬렸다. 그들의 복속국 통치 방식은 워낙 잔혹해서 지역 거주민이 다시는 재무장할 수 없도록 모든 무기를 몰수했고, 원거주민은 타 지역으로 강제 이주시켰으며, 그 공백은 타 지역 백성을 이주시켜 정착시키는 일을 반복했다. 무엇보다도 백성에게 부과한 강제 노역과 앗시리아 본국으로 보낼 조공을 채우기 위한 세금이 너무나 무거웠다. 그리하여 히스기야는 앗시리아를 팔레스타인 지역에서 완전히 몰아내기 위해 반(反)앗시리아 세력을 규합하고, 비밀리에 이집트에 사신을 보내 군사동맹을 맺을 것을 제의하여 즉각적인 동의를 받아 냈다. 그리고 언젠가는 있을 앗시리아의 침공에 대비해 예루살렘 성 주위를 수시로 순시하며 예하 군지휘관들에게 기존 성을 보수하고 정비하게 했으며, 경계가 취약한 지역에는 새로운 외곽 성을 쌓을 것과 각 성에는 전투 식량을 비롯해 기타 보급품을 해마다 틈틈이 비축해 둘 것을 지시했다. 그리고 각개 병사들에게는 임무에 합당한 무기를 지급하여 상시 결전에 대비하도록 조치했다.

그런데 유다의 핵심 보루인 예루살렘 성은 성으로서 제 역할을 하기에는 한 가지 문제가 있었다. 예루살렘 성안의 백성이 먹을 샘물은 성 밖에 있는 기혼(Gihon) 샘 하나뿐인데, 만일 적이 공격해 올

---

76 결국 무기 체계와 기동력에서 압도적인 앗시리아가 키시(Kish) 지역에서 동맹군을 격파함으로써 기원전 689년에 바벨론 도시국가들을 평정했다.

경우, 성문을 모두 닫아 버리면 식수원(食水原)인 기혼 샘을 이용할 수 없다는 것이었다. 그래서 히스기야는 몇 년 전 인접 국가들과 동반하여 앗시리아의 팽창을 반대할 무렵, 언젠가 반드시 재개될 앗시리아의 침공에 대비해 식수 문제를 해결할 기발한 방안을 실행에 옮겼다. 즉 성 밖 기혼 샘에서 지하 터널을 파서 성안의 실로암 못으로 물을 끌어들이는 것이었다. 그는 2년 가까이 많은 백성을 투입해 이 국가적 프로젝트를 완성했다(왕하 20:20 참고).

한편, 오랜 반란 진압으로 지친 산헤립이 니느웨 왕궁에서 잠시 쉬고 있을 때 전령에게서 팔레스타인 지역의 동향을 보고받았다. 제국에서 파견한 지방행정관의 영(令)이 서지 않고, 복속국이 모종의 반란을 도모하며, 심지어 이집트까지 군사동맹에 가담했다고 하니 산헤립은 여간 신경 쓰이는 게 아니었다. 군대장관을 포함한 군사지휘관 그리고 신하들과 대책회의를 한 결과, 팔레스타인 지역을 방관해서는 안정적인 무역로를 확보할 수 없어 제국의 경제적 안전판이 제거되니, 어떠한 희생을 감수하더라도 이 지역을 포기해서는 안 된다는 결론에 도달했다. 그리하여 출정 시기를 기원전 701년 봄으로 정하고 최소한 초여름에 유다 영토에 도착, 겨울이 오기 전에 모든 대소 전쟁을 종결하기로 결심했다.

드디어 기원전 701년, 계획대로 산헤립이 직접 인솔하는 앗시리아 대군이 출정했다. 13년 전 행군로와 동일하게 지중해 해안로를 따라 이동하며, 틈틈이 반란군과 국지전을 벌이며 행군을 계속했다. 앗시리아군은 워낙 기동력이 뛰어나 당대에서는 무적이었으므로 군사적 행동에 거칠 게 없었다. 유다의 영토에 진입하려면 반드시 거

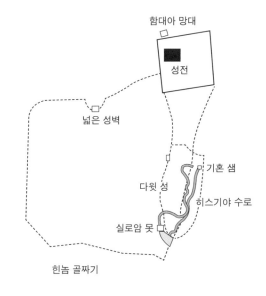

함대아 망대

성전

넓은 성벽

기혼 샘

다윗 성

히스기야 수로

실로암 못

힌놈 골짜기

기혼 샘과 실로암 연못을 연결한 지하 터널

실로암 연못

쳐야 하는 블레셋 도시국가들이 이번에도 완강하게 저항했다. 공성 무기와 투석기, 궁병, 기마부대 등으로 혼합 편성된 앗시리아군은 어렵사리 블레셋군을 제압하고 유다 왕국의 초입, 라기스까지 진군했다.

산헤립은 라기스 성에 머물며 차후 작전을 구상했다. 혹시 이집트 원군이 북진해 앗시리아의 배후를 공격할 수 있기 때문에 자신은 라기스에 머물며 블레셋 반군을 진압하고 평정하는 동시에 앗시리아의 본대를 방어하고자 했다. 그리고 다르단(Tartan), 랍사리스(Rabsaris) 그리고 랍사게(Rabshakeh) 등 전투 경험이 많은 예하 지휘관 세 명에게 3개 제대를 위임해 예루살렘을 공격할 것을 명령했다.

히스기야 왕은 정찰병을 통해 현재 앗시리아군이 라기스에 주둔해 있으며, 가까운 시일 내에 예루살렘으로 향할 것이라는 첩보를 접수하고 군지휘관을 소집해 대책을 숙의했다. 이어서 히스기야 왕은 앗시리아의 작전 의도와 이에 대한 아군의 대응책을 다음과 같이 지시했다.

"현재 라기스에 주둔하고 있는 앗시리아군은 중다한 병력의 이점을 이용, 조기에 예루살렘을 포위할 것이다. 그리고 예루살렘 성내에 있는 비축 식량과 식수가 바닥날 때까지 성 외곽에 주둔하여, 우리가 스스로 항복하거나 또는 굶주림을 참지 못한 백성들이 성내에서 폭동을 도모하도록 유도할 것이다. 그러므로 적이 장기간 주둔하지 못하도록 성 밖의 샘의 근원을 메워라."

40. 베옷 입은 히스기야와 채색옷 입은 산헤립 3
: 히스기야의 구원

열왕기하 18:19-35, 19:8-20:37; 역대하 32:1-33;
이사야 20:1-6을 중심으로

랍사게를 총사령관으로 하는 앗시리아군이 예상보다 늦게 예루살렘으로 이동했다. 워낙 중무장된 군대이다 보니, 병력 재편성, 장비 정비 및 재무장 그리고 장기간 포위작전에 필요한 식량조달에 약 1개월을 소비했다. 한여름의 찌는 듯한 더위에도 불구하고 앗시리아군은 라기스에서 예루살렘을 향해 북진해 불과 하루 반 만에 도착한 뒤 지체 없이 예루살렘 성을 포위했다. 유다군이 워낙 견고하게 방비한 터라, 쉽사리 성을 점령하기 힘들다고 판단한 랍사게는 일단 싸우지 않고 이길 방책을 강구했다. 그는 백전노장이었기에 전쟁에서 적군과 싸워 승리하는 것이 가장 하책(下策)이며, 싸우지 않고 적을 굴복시키는 것이 최상책(最上策)임을 알고 있었다.

산헤립의 충성스런 장군 랍사게는 예루살렘 성안에 갇혀 공포에 질려 있을 유다 백성을 자극해 그들이 자발적으로 유다 왕실에 반란을 도모하도록 대심리전을 펼치는 작전을 폈다. 히스기야 왕의 전권대사로 그를 예방한 히스기야의 비서실장 엘리야김(Eliakim), 서기관 셉나(Shebna) 그리고 사관 요아(Joah)에게 유창한 히브리어를 구사하며 예루살렘 성안에 도피해 있는 유다 백성들이 들을 수 있게 큰소리로 외쳤다. 랍사게의 심리전의 핵심은 세 가지로 요약된다.

첫째, 백성을 보호할 능력이 없는 히스기야 왕과 이집트를 의뢰하지 말고 앗시리아 왕에게 투항할 것(왕하 18:21, 24, 29-30). 둘째, 그리하면 설사 유다 백성을 다른 지방으로 옮길지라도 본토와 같이 풍요한 지역을 삶의 터전으로 줄 것이라는 것(왕하 18:31-32). 셋째, 유다의 신 '여호와'는 다른 이방신들과 같으므로 유다를 결코 구할 수 없다는 것이다(왕하 18:33-35). 유다 백성이 동요할 만한 모욕적인 말들을 외치니 유다의 히스기야 왕과 고위관리들은 한없는 괴로움의 표시로 자신들의 옷을 찢고 베옷을 입었다.

예루살렘이 완전히 포위되었음을 전령에게 전해 듣고, 그때까지 라기스에 주둔하고 있던 산헤립은 가드와 립나 일대의 블레셋 저항군을 제압하기 위해 직접 병사를 이끌고 립나로 향했다. 블레셋군의 저항은 의외로 완강해서 서로 치열한 공방을 주고받아야 했다. 이때 이집트의 세비쿠 왕(Shebitku, 기원전 707-690년)[77]이 직접 군대를 이끌고

---

77 성경에는 구스 왕(Ethiopia) 디르하가(Tirhakah)라고 기록되어 있다(왕하 19:9). 당시 이집트는 누비아인(에티오피아)이 하이집트를 지배하고 있었다. 이집트 왕의 명부에는 '제드카우레 세비쿠'(Djedkaure Shebitku)라는 왕의 이름이 있는데, 그는 25대 왕조 3대 왕으로서 통치 기간은 기원전 707-690년이었다. 따라서 연대기적으로 기원전 701년에 히스기야와 동맹을 맺은 왕은 '디르하가'보다는 '세비쿠'일 가능성이 높다.

팔레스타인 지역에 당도했다. 산헤립은 이집트와 블레셋의 동맹군으로 불어난 적과[78] 치열하게 전투를 치르던 중 또 다른 전령에게서 비보(悲報)를 보고받았다.

예루살렘을 포위하고 있는 앗시리아군에 전염병이 돌아 셀 수 없이 많은 병사들이 죽어 가고 있다는 것이었다. 사실 성 밖에 주둔한 앗시리아 병사들이 용변을 숙영지 주위에 함부로 배설하고 급수가 제대로 되지 않아 개인 위생 관리도 허술했다. 그들은 전염병에 항상 노출되어 있었고, 일단 발병하면 집단적 피해를 피할 수 없었다. 이 전염병이 창궐해 하룻밤 사이에 앗시리아 병사 18만여 명의 목숨을 앗아 가 버렸다(왕하 19:35). 이로써 기원전 701년의 전쟁은 종결되었다.

유다와 이집트 동맹군이 무적의 앗시리아군에게 처음으로 패배를 안겨 준 이 전쟁은 히스기야의 애절한 기도가 응답된 것이었다.

우리 하나님 여호와여 원하건대 이제 우리를 그의 손에서 구원하옵소서 그리하시면 천하 만국이 주 여호와가 홀로 하나님이신 줄 알리이다(왕하 19:19).

그리고 히스기야 왕을 도운 선지자 이사야의 예언도 성취되었다.

그가 이 성에 이르지 못하며 이리로 화살을 쏘지 못하며 방패

---

78 성경은 이때 참전한 이집트군이 앗시리아군에 대패했다고 기록하고 있다(사 20:1-6).

를 성을 향하여 세우지 못하며 치려고 토성을 쌓지도 못하고 오던 길로 돌아가고 이 성에 이르지 못하리라(왕하 19:32-33).

여호와 하나님은 '다윗과 맺은 언약'으로 인하여 예루살렘 성을 보호하고 구원하신 것이다. 이렇듯 히스기야 왕 통치 14년은 유다 백성이 전쟁이라는 시련과 함께 하나님의 구원의 손길을 동시에 경험한 해였다.

그러나 히스기야는 이 일로 큰 병을 얻었다. 선지자 이사야가 그에게 "네가 죽고 살지 못하리라"(왕하 20:1)고 전한 것이다. 이때 히스기야가 통곡하며 기도했고, 이사야는 그가 3일 만에 기력을 회복할 것이라고 여호와의 말씀을 전했다.

네 기도를 들었고 네 눈물을 보았노라 내가 너를 낫게 하리니 … 내가 네 날에 십오 년을 더할 것이며 내가 너와 이 성을 앗수르 왕의 손에서 구원하고 … 이 성을 보호하리라(왕하 20:5-6).

병환 중인 히스기야 왕에게 뜻밖의 손님이 왔다. 바벨론 왕 므로닥 발라단이 히스기야 왕이 병들었다 함을 듣고 쾌차를 기원하는 편지와 예물을 보낸 것이다. 그는 히스기야 왕이 앗시리아에 적대적 감정을 가지고 있으며, 최근 예루살렘을 성공적으로 방어했음을 익히 알고 있었다.

당시 바벨론은 앗시리아의 지배를 받고 있었는데, 속국 상태에서 벗어나고자 그는 주변의 세력을 규합해 지속적으로 반앗시리아

보물을 보여 주는 히스기야

전선을 주도하고 있었다. 사신을 보낸 목적은 이 동맹에 유다도 동참하라는 뜻이 담겨 있었다. 원방(遠邦)에서 자신을 문안하기 위해 방문한 사절단에게 감사한 나머지, 히스기야는 자신의 모든 무기고와 보물창고를 공개하며 자랑했다(왕하 20:13). 이 일은 1세기 후에, 유다 왕국이 바벨론에게 당할 치욕의 단초가 된다.

기원전 699년, 유다의 제13대 왕 히스기야가 병에서 회복되어 15년을 더 산 뒤, 그의 파란만장한 생을 마치고 열조의 묘 중 가장 높은 곳에 누웠다. 뒤를 이어 그의 아들 므낫세(Manasseh, 기원전 698-643년)가 2년의 수렴청정 끝에 왕위를 계승했다.

한편, 히스기야의 영원한 적이었던 앗시리아의 산헤립은 히스기야가 눈을 감은 후에도 10여 년을 바벨론 도시국가들의 계속되는 반란을 진압하느라 고단한 세월을 보내야 했다. 이제 기력이 쇠잔해진 산헤립은 그동안 소홀히 했던 내정을 돌보고자, 잠시 니느웨에 돌아와 그의 수호신인 '니스록' 곁에 머물며 휴식을 취하고 있었다. 모든 왕들의 후사 문제가 산헤립에게도 예외일 수 없었다. 산헤립 왕의 첩의 자식들, 즉 아드람멜렉(Adrammelech)과 사레셀(Sharezer)이 자신들에게 중임을 맡기지 않는 부왕을 미워하여 부왕이 니스록(Nisroch) 신에게 경배하고 있을 때 잠입하여 그를 살해했다.[79] 그리고 그들은 카스피 해로 알려진 곳의 서쪽 산간 지방인 아라랏 땅(현 아르메니아)으로 도망쳤다. 기원전 681년 산헤립의 또 다른 아들인 에사르하돈(Esarhaddon, 기원전 681-669년)이 산헤립의 뒤를 이어 앗시리아 제국을 물려받았다.

성경에 기록된 기원전 8세기경에 치러진 일련의 전쟁들을 통해, 우리는 세상을 통치하시는 하나님의 방법을 배울 수 있다. 종교적 거룩성을 강조한 유다 왕 히스기야와 세속의 방법으로 세상을 정복하고자 한 앗시리아 왕 산헤립이라는 두 자화상(自畵像)을 대비시켜 욕망의 무한함, 인간의 유한성 그리고 그 허무한 종말을 잘 보여 주고 있다.

우리는 여기서 신의 성품에 참예할 수 있는 거룩함을 저버린 행위, 즉 인간 영혼의 타락은 심판을 부른다는 사실을 배우게 된다. 생명의 근원이신 여호와 하나님을 저버리는 배교 행위는 인간의 자유의지의 잘못된 경향성에서 비롯되며, 이는 자신의 의지를 과신하는 교만으로 발전되어 하나님 앞에 가장 심각한 죄악으로 간주됨을 알아야 한다.

공의의 하나님은 이 교만함의 불의를 반드시 심판하신다. 그러나 히스기야의 진실과 전심 어린 기도를 들으시고 응답하신 것과 같

---

79 열왕기하 19:37의 예언이 성취된 사건이다.

이, 그분은 용서와 사랑의 하나님이시기도 하다. 즉 그를 신뢰하고 의지하는 모든 성도들의 기도를 들으시고 구원의 손길을 내미시는 자애로운 분이다. 그래서 이 원리를 깨달은 히스기야가 "주는 천하 만국에 홀로 하나님이시라 … 천하만국이 주 여호와가 홀로 하나님 이신 줄 알리이다"(왕하 19:15a, 19b)고 외쳤던 것이다.

기원전 7세기경의 앗시리아와 이집트 정세

기원전 7세기 중반 무렵까지 앗시리아에 대적할 세력이 나타나지 않으므로 레반트 지역의 헤게모니는 변함이 없었다. 대부분의 나라가 앗시리아에 복속되었으나, 팔레스타인 지역의 '유다 왕국'만이 유일하게 독립국으로 남아 있었다.

기원전 681년경, 앗시리아에서는 에사르하돈이 부왕 산헤립의 죽음으로 제국의 위(位)를 계승했다. 조부 사르곤 2세와 부왕 산헤립과 마찬가지로 그는 재임 기간 내내 끊임없이 전쟁을 일으켜 앗시리아 제국의 영토를 넓혀 갔다. 에사르하돈은 제국을 통솔할 카리스마와 능력을 겸비했으나, 성정은 누구보다 잔인하고 정복욕이 강한 왕이었다. 통치 초기에 자국 내 왕위 찬탈을 도모하는 반역의 씨를 제거하기 위해 선왕 산헤립을 살해한 두 형제를 아라랏 땅까지 추적해 그 추종 세력들까지 무참히 살해했다.

그에 반해 기원전 703년 이래 14년 동안 반란과 폭동을 일삼아 선왕 산헤립 생전에 그토록 갈망하던 제국의 통일을 방해하던 바벨론인에 대해선 정치적·종교적 관용정책을 실시한다. 다시 말해, 산

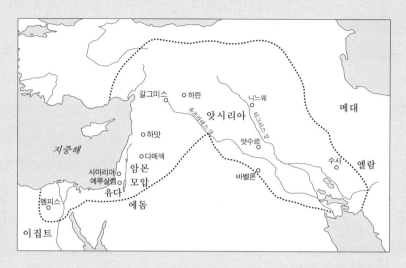

혜립이 파괴한 바벨론 성, 에사길라(Esagila) 신전, 그리고 에쿠라트 니푸르(Ekurat Nippur) 탑 등을 재건해 주고 바벨론의 신 '므로닥' 숭배를 허락하여 그들의 마음을 사로잡고자 노력했다. 이러한 유화정책에도 불구하고 바벨론 주민이 다시 반란을 일으키자, 에사르하돈은 반역에 가담한 지역 백성을 무자비하게 학살했다.

기원전 679년경 조부 사르곤 2세를 전사하게 한 리디아(Lydia)에 거주하고 있던 키메르족(Cimmerians) 정복을 시작으로, 기원전 676년부터 5년간에 걸쳐 메대, 엘람, 우라르투, 그리고 지중해 연안의 비블로스, 시돈, 두로, 블레셋의 아스글론 지역을 차례로 정복해 나갔다.

이렇게 수많은 정복전쟁을 하던 중 에사르하돈은 맏아들이자 세손인 신 이디나 아플라(Sin-iddina-apla, 기원전 672년)를 잃음으로써 또

다시 왕위 세습 문제가 대두되었다. 맏이 다음으로 당연히 둘째 왕자가 세습하는 것이 관례였으나, 둘째 아들 샤마시 슘 우킨(Shamash-shum-ukin)은 광활한 앗시리아 제국을 통치할 부왕(副王)으로서의 자질이 부족하다고 여겼다. 그런 까닭에 조정 대신들의 반대에도 불구하고, 자신이 판단하기에, 충분한 통치 역량을 구비했다고 판단한 막내아들 앗수르바니팔(Ashurbanipal, 기원전 669-631년)을 세손으로 선택했다. 에사르하돈의 선택은 적중하여, 앗수르바니팔은 순조롭게 그리고 거침없이 제국을 확장해 나갔으며, 종국에는 이집트까지 완전히 정복하여 앗시리아 제국화의 백미(白眉, culmination)를 장식하게 된다.

에사르하돈의 팽창정책 중 가장 뛰어난 군사적 업적은 이집트 원정 시도였다. 기원전 671년경, 그는 에티오피아의 통치자 타하르가(Taharqa, 기원전 690-664년)가 이끄는 이집트 군대를 제압하고 이집트 멤피스(Memphis)를 점령했다. 에사르하돈은 이집트를 상·하로 분할한 후, 앗시리아에서 파견한 총독들을 이집트 본토 출신 귀족들보다 상위에 보직시켜 이집트를 통제하게 했다. 그러나 두어 해도 못되어 본토인들의 반란에 직면해 기원전 669년 가을 무렵, 직접 반란을 진압하기 위해 두 번째 원정을 떠나야 했다. 그런데 이동 중 하란에서 급사하고 만다. 다행히도 죽기 전에 에사르하돈은 막내아들인 앗수르바니팔을 황태자로 선언하였기에 왕위 계승이 순조롭게 진행되었다.

왕위를 이어받은 앗수르바니팔[80]은 부왕의 뜻을 성공적으로 받

---

80 이때 이집트 본토 출신으로 형식적 왕으로 임명된 인물은 느고 1세(Necho I, 기원전 672-664년)의 부친인 테프낙 2세(Tefnakht, 기원전 685-678년)였다.

들어, 앗시리아의 영토를 더욱더 확장, 이전의 어떤 나라도 실현하지 못한 최대의 제국을 건설했다. 당시 앗시리아의 영토는 남북으로는 이집트에서 코카서스 산맥까지 그리고 동서로는 이란 중부 지역에서 지중해 동해안까지 확장되었다.

그러나 이후 형제간의 불화가 생기면서 앗시리아와 바벨론 간에 전쟁이 발발했다. 기원전 652년 봄, 샤마시 슘 우킨은 메소포타미아 시랜드(Mesopotamian Sealands), 엘람, 갈대아, 구티(Guti) 아무루(Amurru), 멜루하(Meluhha), 그리고 아랍(Arabs) 등 사상 유례 없는 대규모 동맹군을 구성하여 동생 앗수르바니팔에 대항했다. 2년간의 치열한 전쟁 끝에 바벨론이 포위되고 이어 엘람이 패배하면서 기원전 648년 바벨론이 최종 항복하여 전쟁은 종결되었으나, 앗수르바니팔은 형을 지지한 바벨론 백성을 대량 학살했다. 이 사건 이후에도 바벨론은 여러 차례 반란을 일으켰으나, 번번이 진압되어 향후 앗시리아가 멸망할 때까지 앗시리아의 속국으로 남아 있게 된다.

앗시리아가 영토 확장에 한계를 느낀 순간, 내부 분열이 암암리에 진행되고 있었다. 청춘을 오로지 앗시리아 제국 확장에 바친 앗수르바니팔은 노년에 수도 니느웨에서 비교적 평온한 시간을 보낸 후, 기원전 631년경 생을 마감했다. 생전에 앗수르바니팔은 선왕의 선례를 따라 두 명의 아들, 앗수르 에틸 이라니(Ashur-etil-ilani, 기원전 631-627년)와 신 샤르 이쉬쿤(Sin-shar-ishkun, 기원전 627-612년)에게 공평하게 권력을 나누어 공동으로 통치하게 했다. 그러나 그의 사후, 앗시리아는 왕위 찬탈전과 3세기 동안 해결하지 못한 난제, 즉 위성국들의 지속적이고도 조직적인 반란으로 인하여, 제국의 영광이 서서히 어두워지고 있었다. 그리고 마침내 기원전 612년경 앗시리아의 마지막 왕인 신 샤르 이쉬쿤 치세 때, 앗시리아의 숙적인 바벨론의 나보폴라사르(Nabopolassar, 기원전 626-605년)가 주동한 바벨론-메대-스키타이 동맹군에게 수도 니느웨가 함락되면서 제국의 종말을 고하게 된다.

한편, 이 무렵 이집트는 여전히 쿠시 왕국에서 유래한 누비아인(Nubians)들이 제25대 왕조로서 상하 이집트를 지배하고 있었는데, 4대 왕 타하르가(Taharqa, 기원전 690-664년) 왕 때 처음으로 강력한 앗시리아 세력의 도전을 받았다.

기원전 671년 여름, 앗시리아 왕 에사르하돈이 이집트 하류 멤피스를 함락하므로, 타하르가 왕은 이집트 상부 테베로 도주했다. 지방행정관과 일부 군사를 질서 유지 목적으로 잔류시킨 후, 에사르하돈 왕이 앗시리아 본국으로 철군하자, 2년 만인 기원전 669년에 타하르가 왕은 반란을 일으켰다. 같은 해, 이 반란을 제압하기 위해 이동 중이던 앗시리아의 에사르하돈이 객사(客死)하자 이 해의 침공은 좌절되었다. 그러나 이 계획은 2년 후 에사르하돈의 아들 앗수르바니팔에 의해 재개된다.

기원전 667년경, 앗시리아 왕 앗수르바니팔은 우수한 기동력을 보유한 대규모 원정부대를 이집트로 보내 상이집트 테베(Thebes)까지 완전히 점령했다. 그리고 이집트 토착민 통치자를 두고자 했던 자신의 계획에 따라, 이집트 하류 나일 강 삼각주의 사이스(Sais)에 이집트 본토 출신 왕족을 파라오로 세워, 앗시리아의 꼭두각시 왕조

를 만들었다.[81]

기원전 664년경, 타하르가가 죽자 그의 조카인 탄타마니 (Tantamani, 기원전 664-653년)가 다시 이집트를 침범해 테베를 점령했다. 앗수르바니팔은 이번에도 군사를 보내 반란을 진압하고 탄타마니를 쿠시(Kush)로 영구히 몰아내는 데 성공했다. 반란을 진압하던 중 앗시리아의 대리 왕 느고 1세가 전사하자, 앗수르바니팔은 자신의 정책을 고수하여 느고 1세의 아들인 프삼티크 1세((Psamtik I, 기원전 664-610년)를 초대 왕으로 세웠다.[82] 앗시리아의 지원을 받은 제26대 왕조의 2대 왕 프삼티크 1세는 기원전 653년에 에티오피아족이 세운 제25대 왕조를 이집트에서 완전히 몰아내고, 이집트 말기 왕조인 제26대 왕조의 초석을 다졌다.[83] 앗시리아의 후원하에 프삼티크 1세의 54년 통치 기간은 이집트가 어느 정도 안정을 되찾은 시기였다.

---

81 네카우 1세(Necho I, 기원전 672-664년)라고도 불리는 느고 1세가 앗시리아의 후원하에 총독으로 임명되어 국내 반란 세력과 외부 침입 세력 진압에 고군분투하였다.

82 프삼티크 1세는 앗시리아의 앗수르바니팔의 생전에는 독자적인 역할을 하지 못하였지만, 기원전 631년 앗수르바니팔이 죽은 후 자력으로 앗시리아 세력을 축출하고 상·하 이집트를 통일하였다. 때문에 이집트의 제26대 왕조의 초대왕은 실질적으로 프삼티크 1세라고 보는 것이 학계의 정설이다.

83 이집트 반란을 성공적으로 진압한 앗수르바니팔은 프삼티크를 사이스(Sais)의 왕으로 그리고 그의 아들 느고 2세(Necho II, 기원전 610-595년)를 아트리비스(Athribis)의 왕으로 임명하여 각각 통치케 했다. 그리고 이때 추방된 쿠시족은 나파타(Napata)라는 곳에 새로운 에티오피아 왕국을 세운다. 이후 26왕조는 100년 이상을 통치했으나, 강성한 아케메네스 제국의 공격을 견디지 못하고 기원전 525년에 멸망하게 된다.

41. 초승달과 훼방받는 이스라엘의 거룩한 자
: 앗시리아의 3차 유다 침공
열왕기하 21장; 역대하 33장을 중심으로

기원전 7세기가 시작될 무렵, 레반트 지역은 팔레스타인의 유다 왕국을 제외하고는 모든 도시국가들이 앗시리아에 예속되어 있었다. 사르곤 2세의 자손들, 즉 산헤립-에사르하돈-앗수르바니팔로 이어지는 후속 왕들의 계속되는 팽창정책으로 앗시리아 제국의 영토는 메소포타미아에서 이집트의 나일 강에 이르는 비옥한 땅을 확보했다. 그러나 제국의 영화가 정점을 찍던 이때 앗시리아 왕들이 만든 초승달처럼 생긴 영토는 보름달(滿月)로 향해 가는 상현(上弦)이 아니라 어둠으로(新月) 가는 하현(下弦)임을 안 사람은 선지자 이사야밖에 없었다.

기원전 699년경, 도덕적 진실함뿐만 아니라 치수(治水)에도 능해 모든 유다 백성의 존경을 한 몸에 받던 히스기야가 54세에 죽었다.

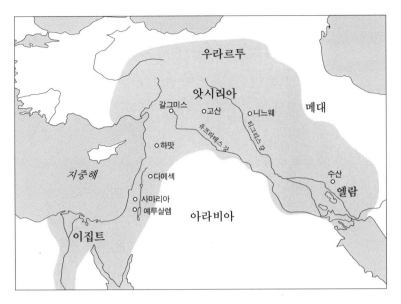

앗시리아 제국의 **최대 영토**(기원전 7세기경)

이로 인해 유다 왕국은 다시 한 번 격동의 시대를 맞는다.

　히스기야는 병환 중에 회복된 후 하나님으로부터 15년의 수명을 연장받은 이 기간에 아들 므낫세를 얻었다. 귀하게 얻은 아들이라 히스기야는 늦둥이 므낫세를 애지중지했으며, 그가 열 살이 되었을 때 약 2년간에 걸쳐 세자 교육을 시켰다. 이렇게 반듯하게 교육받은 므낫세는 그의 나이 불과 열두 살에 선왕의 보위를 물려받았다. 그런데 부왕 히스기야의 종교심을 물려받아 선정(善政)을 베풀 것이라는 예상과는 달리, 므낫세는 유다 왕국을 바르게 다스리지 못했다. 성경은 그가 "가증한 일과 악을 행함이 그 전에 있던 아모리 사람들의 행위보다 더욱 심하였고 또 그들의 우상으로 유다를 범죄하게 하였도다"(왕하 21:11)라고 기록하고 있다.

므낫세는 통치 후반으로 갈수록 유다의 유일신 사상에서 점점 멀어져, 종교혼합주의 정책을 폈다. 모든 이방 종교를 인정했을 뿐 아니라 솔선해서 암몬의 신 '몰렉'의 제례의식을 따라 그의 아들을 '힌놈의 골짜기'에서 불 가운데로 지나게 하고 점(占)치는 것을 좋아하고 무당을 선대하는 등 온갖 사술을 즐겼다. 당연히 유다 백성도 왕을 본받아 열심히 우상숭배를 했는데, 어떤 도시국가들보다도 악하고 가증한 일들이 유다 땅에서 행해졌다. 이 때문에 성경은 그를 이스라엘 왕 아합에 비유했고, "세계를 심판하시는 주여 일어나사 교만한 자들에게 마땅한 벌을 주소서"(시 94:2)라는 시편 기자의 절규가 마치 므낫세를 향한 질타 같다고 할 정도였다.

불운하게도, 어린 나이에 왕이 된 므낫세는 앗시리아의 최고 전성기라 할 수 있는 산헤립과 에사르하돈 그리고 앗수르바니팔 시대에 유다를 55년간 통치했다. 더구나 므낫세는 형제국 북이스라엘이 무슨 이유로 앗시리아에게 멸망을 당했는지 직접 경험하지 못한 왕이었다. 그런 까닭에 북이스라엘의 패망 원인에 대한 해석도 그의 부왕과 현저히 달랐다. 즉 이스라엘의 멸망은 국가의 종교적 타락에 있다고 생각하기보다 나라에 힘이 없었기 때문이라고 여긴 것이다. 그래서 므낫세는 즉위 초기부터 국정의 최고 우선순위를 종교적 순결주의보다는 '부국강병'에 방점을 찍었다.

사료에 의하면, 앗시리아의 강제 이주 정책으로 므낫세 시대에 북이스라엘과 유다 남쪽의 브엘세바 지역까지 인구가 폭발적으로 증가했다고 한다. 자연히 인구 증가에 따른 식량 문제가 국가가 해결해야 할 시급한 과제가 되었다. 제한된 국토에서 수요와 공급의

에사르하돈이 점령한 영토

비대칭 문제를 해결하기 위해 므낫세는 종교정책보다는 '경제활동'
에 치중했다. 이 정책의 성공을 위해 부유한 지방 호족들의 도움이
필요했는데, 문제는 이들 중 상당수가 앗시리아, 암몬, 모압, 아람 그
리고 하맛 등지에서 이주해 온 이방인들이었다는 것이다. 그들은 과
거 므낫세의 부왕 히스기야의 종교 통일정책에 격렬하게 반대하면
서 자신들의 신을 숭배할 것을 고집하고 있었다.

　이런 이유로 므낫세는 자신이 추진하는 경제정책을 성공시키기
위해선 지방 호족들이 믿는 이방 종교를 인정할 수밖에 없다고 판단
했다. 그러나 이 같은 '종교혼합정책'은 유다 정통 제사장과 일부 신
실한 히브리인들의 반대에 부딪쳤다. 이에 므낫세는 '신권'보다 '왕
권'을 강조하며 반대파에 밀리지 않고 오히려 그들을 심하게 박해하

는 한편, 무역을 장려해 올리브유 생산과 교역을 통해 경제적 번영을 이루고자 했다.[84]

앗시리아 제국의 철권통치하에 정치적으로는 근동 국가의 질서가 잡혔다고는 할 수 있으나, 종교적으로는 단일신 사상이 사라지고 종교 다원화가 근동 지역 전반에 팽배했다. 이는 앗시리아의 강제 이주 정책의 영향을 받아, 각 도시국가 고유의 전통 신과 그곳에 이주해 온 이방인들의 신들이 혼재되어 정착민들이 자연히 다양화된 종교 환경에서 살게 된 결과였다.

므낫세가 통치하는 유다 왕국도 여호와로부터 성별된 민족임에도 불구하고 이러한 사회적·시대적 조류를 피해 갈 수 없었다. 그런데 문제는 유다 백성의 도덕적·종교적 타락이 열방의 어떤 나라보다도 심했다는 데 있다(왕하 21:9). 그리고 이러한 유다 왕국의 극심한 종교적 타락의 선봉에 므낫세가 있었다. 유다 백성의 거룩성 훼손은 여호와의 노를 격발하여 향후 모든 주변국들에게 노략거리와 겁탈거리가 되는, 그야말로 혹독한 심판의 원인이 되었다.

기원전 677년경, 앗시리아 왕 에사르하돈은 해상 무역의 주요 거점인 페니키아의 시돈이 앗시리아에 반란을 일으키자, 이를 평정하고자 서진정책을 재개했다. 이 무렵, 팔레스타인 지역의 대부분의 도시국가가 앗시리아의 속국이 되었는데, 저항의 정도가 심한 국가들의 원주민들은 가차 없이 타 지역으로 강제 이주되었다.[85] 그때까

---

84 후일 역사가들의 므낫세에 대한 평가는 상이하게 전개된다. 종교적으로는 유다를 타락시킨 왕이지만, 또 다른 한편으로는, 당시 어려웠던 백성들의 삶을 개선하기 위한 경제 부흥에 힘쓴 왕이었다는 평가다.

85 산헤립이 기원전 714년, 701년에 유다를 1, 2차 각각 침공한 이래, 기원전 677년경 므낫세

지 유일하게 독립된 왕국의 체제를 유지하던 유다 왕국도 예외 없이 점령되어 앗시리아의 속국이 되었다.

이때가 므낫세의 나이 33세였는데, 힘으로 앗시리아에 대적하자니 감히 앗시리아의 중무장 부대에 맞대응할 군사력도 없거니와 많은 희생을 감수하면서까지 강한 적에게 맞설 용기도 나지 않았다. 또한 이미 왕국 전반에 우상숭배 사상이 만연해 백성의 종교적 타락은 극에 달해 국가적 환란 시에 백성을 하나로 묶어 줄 영적 구심점도 없었다. 결국 에사르하돈 왕의 봉신이 되어 굴욕적인 세 가지 조건들, 즉 매년 정해진 조공을 바칠 것, 에사르하돈 왕이 역점적으로 추진하는 바벨론 재건 사업에 유다의 백성을 지원할 것, 대이집트 원정 시 요구하는 병력과 보급품을 지원할 것 등을 약정함으로써 유다는 간신히 왕국으로서 외형적인 명목만 유지하게 되었다.[86]

므낫세가 앗시리아의 에사르하돈에게 충성 맹세를 했음에도, 에사르하돈은 유다의 조직적 반란 가능성을 의심하여 므낫세 왕을 그의 백성과 함께 포로의 신분으로 앗시리아로 끌고 갔다. 이에 대해 성경은, "여호와께서 앗수르 왕의 군대 지휘관들이 와서 치게 하시매 그들이 므낫세를 사로잡고 쇠사슬로 결박하여 바벨론으로 끌고

왕 통치 때 에사르하돈의 유다 점령은 실제적으로 세 번째 침공이었다. 그의 승전 비문에는 이 전투에서 앗시리아에게 예속된 왕 44명을 열거하는데, 그중에는 유다의 므낫세도 포함되어 있다. 그중 지중해 연안과 근동 국가로는 두로, 유다, 에돔, 모압, 가사, 아스글론, 에그론, 비블로스, 아르밧, 암몬, 아스돗이 기록되어 있고, 앗시리아와 동맹을 맺은 키프로스와 같은 해양국가들도 포함되어 있다. Pritchard, ed., *The Ancient Near East: An Anthology of Texts*, 271-72.

86 앗시리아 왕 에사르하돈은 대바벨론 유화책으로 부왕 산헤립이 파괴한 바벨론 성과 에사길라 신전과 에쿠르트 탑을 재건립하는 등 바벨론 재건설에 노력해 강제부역에 많은 피정복민들을 투입했다.

간지라"(대하 33:11)고 기록하고 있다.[87] 왕의 부재로 말미암아 유다는 앗시리아에서 파견된 관리에 의해 위임 통치되어, 그야말로 앗시리아의 일개 변방 속국으로 관리되었다. 기원전 669년경 에사르하돈이 죽은 후에도 유다 왕국은 여전히 앗시리아의 속국에서 벗어나지 못했다. 선왕 에사르하돈을 승계한 앗수르바니팔 역시 므낫세를 그의 치하에서 조공을 바친 사람으로 언급하고 있기에 이 사실은 자명하다.[88]

우여곡절 끝에 앗수르바니팔의 선처로 므낫세는 유다 왕으로 복위한다.[89] 앗시리아에서 보낸 유배의 시간은 그에겐 일종의 '인간적 성숙'과 '회개의 시간'이었다. 그에게 새로운 영혼이 주입되어 '죽은 우상'과 '살아 있는 여호와'를 분별할 수 있는 눈이 생기게 되었다. 뒤늦게나마 앗시리아 왕이나 이방의 그 어떤 신도 인생의 참 신이 될 수 없고, 인생이 추구해야 할 최종 목표나 가치가 될 수 없음을 깨달았다. 비참하고도 굴욕적인 유배생활을 통해, 므낫세는 유다 왕국이 믿고 의지할 수호신은 '여호와 하나님'이며 "여호와께서 하나님이신 줄을"(대하 33:13) 알았다. 영적 자신감을 얻은 므낫세는 이후로 외세에 의존하지 않고 오직 유다 왕국의 참신인 '여호와'만 의

41. 조속탑과 책망받는 이스라엘의 거룩한 자

---

87 므낫세 왕이 끌려간 곳이 앗시리아의 수도 '니느웨'라고 생각해서 성경에 언급된 '바벨론'을 오류라고 주장하는 학자들도 있다. 그러나 에사르하돈이 바벨론 재건에 많은 관심을 두어 피정복 국가의 백성들을 투입한 사실을 고려할 때, 므낫세가 '바벨론'으로 끌려간 것이 정설일 것이다.

88 Pritchard, ed., *The Ancient Near East: An Anthology of Texts*, 272.

89 성경은 므낫세가 "하나님 여호와께 간구하고 그의 조상들의 하나님 앞에 크게 겸손하여 기도하였으므로 하나님이 그의 기도를 받으시며" 그를 예루살렘으로 돌아와 왕위에 복귀하게 하셨다고 기록하고 있다(대하 33:12-13).

지하기로 결심했다.

그리하여 유다 땅 내 여호와의 성전 안에 있는 모든 우상들을 제거하였고, 여호와의 제단을 중수했으며, 백성에게 여호와만을 섬길 것을 지시했다. 그리고 앗시리아의 침공에 대비하기 위해 다윗 성 밖 기혼(Gihon) 서편 골짜기에 바깥 성을 높이 쌓고 왕국의 모든 성읍을 개보수할 것도 훈령으로 각 지방에 하달했다. 그리고 각 성에 책임장교들을 상주시켜 변경을 철통같이 방어하도록 조서를 내렸다. 그러나 므낫세 자신은 회복되었지만, 그로 인해 타락한 유다는 근본적인 변화를 하지 못했다. 게다가 므낫세의 뒤를 이어 왕이 된 므낫세의 아들 아몬(Amon, 기원전 642-640년)은 이러한 상황을 더욱 악화시켰다. 아몬의 2년간의 통치는 므낫세의 타락한 정치를 그대로 재현한 것에 불과했다.

아몬이 통치하던 시기는 레반트와 전 메소포타미아 지역에 대한 앗시리아의 통치가 다소 느슨해졌다. 유다 왕국의 동쪽으로는 앗시리아 제국의 앗수르바니팔이 엘람과 소모적인 10년간의 전쟁을 벌여 기원전 639년에 간신히 반란을 평정하여 전쟁을 마무리했으나 국력의 소모가 엄청났다. 게다가 바벨론 지역의 끊임없는 소요로 점차 제국으로서 통제력을 잃어 가고 있었다. 왕국의 남쪽으로는 이집트의 프삼티크 1세가 앗시리아의 지배에서 벗어나기 위해 안간힘을 쓰는 가운데, 점차 속국에서 자주국으로 변해 가고 있었다. 이렇듯 강력하고도 독보적인 세력이 보이지 않는 권력의 공백 상태에서, 유다를 비롯한 많은 소국들은 큰 제국들의 간섭을 받지 않고 자주적으로 통치해 나갈 수 있었다.

성경 기록에 의하면, 불행하게도 이 시기 아몬은 선왕 므낫세의 종교 혼합주의 정책을 답습했다고 한다. 즉 스스로 배교의 길을 걸어 "그의 아버지 므낫세의 행함같이 여호와 보시기에 악을 행하되 그의 아버지가 행한 모든 길로 행하여 그의 아버지가 섬기던 우상을 섬겨 그것들에게 경배하고 그의 조상들의 하나님 여호와를 버리고 그 길로 행하지 아니하"(왕하 21:20-22)였다는 것이다. 이러므로 므낫세의 행적을 기록한 열왕기하, 역대하는 공통적으로 아몬이 므낫세의 길을 걸었다는 점을 언급한 후에 아몬이 '하나님을 버렸다'고 결론짓고 있다.[90]

2년 동안 유다 왕국을 다스리던 아몬은 기원전 640년경, 그의 친(親)앗시리아 정책에 반대하던 신복들에게 살해되었다. 다행히 백성들이 모반한 신하들의 역성혁명(易姓革命)을 인정하지 않고, 오히려 그들을 죽이고, 당시 여덟 살에 불과하던 아몬의 아들 요시야를 후사(後嗣)로 세워 다윗의 혈통은 이어졌다. 이는 "나는 그의 나라 왕위를 영원히 견고하게 하리라"(삼하 7:13)는 다윗 가문에 대한 여호와의 언약 때문이었던 것이다.

요약하면, 기원전 7세기 초반부터 중반까지 유다 왕국은 앗시리아 제국의 영향에서 벗어나지 못하고 있었다. 정치·경제적 예속뿐만 아니라 종교적으로도 극심하게 타락한 시기였다. 아마도 배교로 인해 북이스라엘이 하나님의 심판을 받아 멸망하고 그 백성이 뿔뿔

---

90 이후 기원전 586년경, 유다 왕조는 멸망하고 백성은 바벨론에 포로로 끌려가 70년을 지내게 되는데, 성경은 므낫세가 유다의 멸망에 주요 원인을 제공했다고 기록하고 있다. 열왕기하 24:3-4; 예레미야 15:4 참고.

이 흩어져 버린 역사의 교훈을 망각한 듯하다. 특히 이 시대에 주목해야 할 것은 과거 이스라엘 백성과 유다 백성의 불의를 부단히 경고하며 그들의 구원자 되신 '여호와께로 돌아오라'고 외친 선지자가 없었다는 것이다. 또한 이 시기에는 메소포타미아 지역에서 일어난 끊임없는 내전과 반란 외에는 국제정세를 뒤흔들 만한 국가 간의 전쟁이 없어, 레반트 일대의 도시국가와 앗시리아에 예속된 이집트가 비교적 평화의 시기를 보내고 있었다.

그리고 유다 왕국은 새로운 왕 요시야가 주도하는 가운데 왕국의 영적 부흥을 위해 국가적 '종교개혁'을 단행하는 대변화의 시대를 맞게 된다. 유다의 구원자 되시는 여호와께서 다시 한 번 그분의 백성들에게 '돌아올 기회'를 주신 것이다. 거룩한 백성으로서 살아갈 것인지, 버림받은 유랑자의 생활을 할 것인지, 유다 왕국의 운명을 결정짓는 결단의 시간이 다가오고 있었다. 여호와 하나님의 '공의'와 '자비'와 마주하고 있는 유다 왕국은 존망(存亡)의 기로에 서 있었다.

제 4 부

바벨론의 부상과 이스라엘의 멸망

요시야부터 시드기야까지
기원전 620-586년

신바빌로니아의 부상과 몰락
(기원전 620-539년)

바빌로니아는 수메르(Sumer)와 아카드(Akkad)의 뒤를 이어 유프라테스와 티그리스 강 유역에 세워진 도시국가로서, 근동의 패권을 겨루던 강국 중 하나였다. '바빌로니아'라는 국가명은 수도였던 바벨론에서 유래되었으며, 바빌로니아의 역사는 고대 바빌로니아(Ancient Babylonia, 기원전 20-16세기)와 카시트(Kassite Dynasty, 기원전 16-12세기) 왕조 그리고 '신바빌로니아' 제국(Neo Babylonia or Chaldean Era, 기원전 7-6세기)으로 분류된다.

기원전 12세기 이후, 바빌로니아는 약 536년 동안 외부 세력의 침략으로 고통을 받아야 했다. 최초로 바다 민족의 침입 이래 기원전 11세기 말경 서쪽의 아람족이 침략하여 결정적인 타격을 가함으로써 카시트 왕조 이후 세워진 이신(Isin) 왕조가 몰락하고 말았다. 이어서 시랜드 왕조가 일시적으로 지배하나 왕위 찬탈을 위한 모반과 암살이 이어지고, 설상가상으로 심각한 기근이 들어 나라 전체가 공황 상태에 빠지게 되었다. 국가의 어려움이 장기화되자, 기원전 10세기 말경부터 점점 세력을 키워 오던 앗시리아(기원전 912-891년)

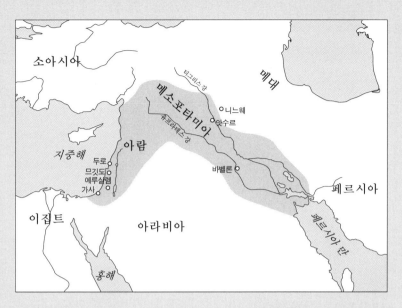

신바빌로니아의 영토(기원전 6-7세기경)

에게 정복되어 이후 300여 년간 앗시리아의 속국이 되었다.

기원전 7세기 말에 발흥한 신바빌로니아는 갈대아인이 앗시리아 제국을 멸망시키고 세운 왕조다. 셈족계(系)의 유목민으로 바빌로니아 남부에 정주한 갈대아인은 점차 세력을 키워 건국 왕 나보폴라사르(Nabopolassar, 기원전 626-605년)의 영도하에 바벨론을 장악하였고, 그 후 메대 왕국과 연합해 기원전 612년에는 앗시리아의 수도 니느웨를 공략하여 멸망시키고 신(新)바빌로니아(갈대아 제국)를 세웠다.

먼저 바벨론이 앗시리아의 봉신국으로 있던 기원전 920년경부터 멸망한 시기인 기원전 539년까지의 역사를 요약한다. 앗시리아의 오랜 숙적이던 바벨론은 기원전 10세기(기원전 1026-911년) 무렵 극심한 내부 혼란을 겪은 뒤 앗시리아의 지배를 받게 되었다. 기원전 8세기 말, 바벨론은 앗시리아로부터 독립하기 위해 계속적으로 반란과 민중봉기를 일으켜, 앗시리아의 안정적인 제국 통치를 방해하는 골칫거리가 되었다. 바벨론 독립전쟁에 가장 적극적인 인물은 므로닥 발라단(Merodach-Baladan, 1차 재위 기원전 722-710년, 2차 재위 기원전 704-703년) 왕인데, 그는 임시 활동 공간을 유프라테스 강 하구에 위치한 갈대아 사람의 조상 땅 벳야긴에 두고 바벨론 중건의 꿈을 키웠다. 그러나 앗시리아의 탄압을 피하기 위해 형식적으로는 앗시리아 왕 살만에셀 5세를 주군으로 섬기고 있었다.

기원전 722년경 앗시리아 군대가 북이스라엘 사마리아를 포위하던 중 살만에셀 5세가 사망했다는 소식이 전해지자, 독립의 기회를 엿보던 므로닥 발라단은 바벨론 왕이 될 기회를 얻게 된다. 살만에셀 5세를 이은 사르곤 2세가 므로닥 발라단의 왕위를 인정한 것이다. 그러나 므로닥 발라단은 이에 만족하지 않고, 바벨론 지역의 완전한 독립을 원한 것 같다. 그 근거로, 기원전 714년경 므로닥 발라단은 히스기야 왕의 회복을 경축한다는 명목으로 그에게 편지와 예물과 함께 사절단을 보냈다. 전후 상황으로 추측컨대, 사절단을 보낸 참 목적은 유다 왕국을 회유하기 위함이었던 것 같다. 다시 말해 므로닥 발라단은 바벨론이 주축이 되어 베니게·모압·에돔·블레셋·이집트 등과 반(反)앗시리아 동맹군을 결성하고자 모의했는데, 유다 왕국도 여기에 동참할 것을 권고했을 것이다. 그러나 사르곤 2세는 내간을 통해 므로닥 발라단의 계획을 사전에 간파하고, 이들 국가 간에 군사동맹이 체결되기 전에 자력으로 레반트 국가들에 대해 각개격파를 시도해 성공하기에 이른다.

기원전 710년경, 사르곤 2세는 바벨론의 자치권을 빼앗은 데 이어 다음해에는 벳야긴도 정복해 므로닥 발라단의 활동을 제약했다. 그러나 사르곤 2세의 사후, 므로닥 발라단은 다시 자유의 몸이 되자 기원전 704년경 또다시 그의 주도하에 갈대아, 엘람 그리고 아람의 잔존세력의 군사동맹체를 결성해 사르곤 2세를 이은 산혜립 왕에 반기를 들었다. 그러나 그의 계획은 실패하였고, 산혜립에 의해 벳야긴으로 강제 유배되는 신세가 되었다. 이 사건 이후로 앗시리아와 바벨론 동맹군(바벨론, 갈대아, 아람, 엘람) 사이에 14년간의 간헐적이고도 소모적인 전쟁이 계속되었으나, 기원전 689년경 마침내 앗시리아의 산혜립 왕에 의해 메소포타미아 일대의 소요와 반란은 완전히 평정되었다.

시간이 흘러 기원전 703년경 갈대아 사람이 또다시 반란을 일으키자, 이를 틈타 므로닥 발라단은 재차 모반을 시도했다. 이에 진노한 산혜립이 벳야긴에 진군했으나 므로닥 발라단은 싸움을 피해 엘람이 제공한 성읍으로 도망함으로써 그의 통치는 채 1년도 못 돼 막을 내렸다. 그리고 기원전 697년 산혜립은 엘람이 제공한 므로닥 발라단의 최후의 은신처를 공격했다. 그가 다시는 반란을 일으키지 못하도록 근거지를 없애 버린 것이다. 비록 바벨론 독립을 위한 므로닥 발라단의 줄기찬 시도는 번번이 실패했으나, 그의 노력은 헛되지 않아 1세기가 못 되어 그의 후손인 나보폴라사르에 의해 므로닥 발라단의 오랜 민족 독립의 꿈이 성취되었다.

사실 앗시리아가 지배권을 유지하고 있는 동안, 바빌로니아는 특권적인 지위를 누렸다. 바벨론과의 문화적 동질성을 인정해 앗시리아는 다른 피정복 국가보다도 바벨론에 더 많은 국가적 혜택을 부여했다. 그리고 통치 측면에서는 당근과 채찍을 병행해 지배력을 유지했다. 기원전 631년경 앗시리아 제국을 이끈 마지막 통치자인 앗수르바니팔이 죽자, 앗시리아는 왕위 계승을 둘러싸고 극심한 내분을 겪게 된다. 이로 인해 속국들에 대한 통제력이 급격히 약해지자, 이때를 틈타 기원전 627년경 바벨론의 나보폴라사르가 반란을 일으켜 이듬해, 즉 기원전 626년경 마침내 바벨론의 독립에 성공하게 된다. 그가 바로 신바빌로니아의 초대왕이다.

나보폴라사르는 처음에 바벨론만을 독립시켰으나, 기원전 619년에 앗시리아 왕 신 샤르 이쉬쿤으로부터 니푸르(Nippur), 우루크(Uruk)를 탈취하고, 불과 수년 내에 전(全) 바벨론을 지배하게 된다. 이후 그는 메대 왕 키악사레스(Cyaxares, 기원전 625-585년)와 동맹을 맺고, 자신의 아들 느부갓네살 2세와 키악사레스의 딸 아미티스(Amytis)를 혼인시켜 양국 간의 관계를 공고히 했다. 그리고 기원전 612년경, 그는 메대(Medes)-스키타이(Scythians)와 연합해 앗시리아의 수도 니느웨를 침공, 성을 함락했다. 이어서 기원전 608년경, 나보폴라사르는 앗시리아의 마지막 왕 앗수르 우발리트 2세(Ashur-uballit II, 기원전 612-608년)가 하란을 근거지 삼아 필사적으로 항전하는 것을 최종 격파함으로써 앗시리아 제국을 최종 붕괴시켰다. 이로써 신바빌로니아는 이집트-메대-리디아와 동일한 국제적 반열에 서게 되었고, 이 네 나라는 7세기 말 근동 지역을 4분하여 다스렸다.

신바빌로니아의 새로운 역사를 시작한 나보폴라사르는 이집트 정복전쟁을 기회로 대국화의 길을 도모한다. 대(對)이집트 정복전쟁은 기원전 610년에서 기원전 605년까지 수행되었는데, 이 계획은 커다란 성공을 거두어 근동의 강국이 되는 기초가 된 것으로 분석된다. 나보폴라사르의 이름은 성경에 기록되지 않았으나 유다 왕 요시야와 우호관계에 있었던 것으로 추정된다(왕하 23:29).

기원전 604년, 그의 아들 느부갓네살 2세(Nebuchadnezzar II, 기원전 604-562년)는 왕위를 계승한 뒤 바벨론을 다시 한 번 문명의 중심으로 만들어 고대 바빌로니아의 영광을 재현하고자 했다. 왕성한 정복 활동으로 명성을 떨친 느부갓네살 2세는 유다 왕국의 멸망과 직접적으로 관련된 왕이다. 세자 시절인 기원전 605년, 이집트군을 갈그미스에서 격파하고, 즉위 후에는 레반트에서 이집트인을 추방하여, 기원전 597년경부터 시리아·팔레스타인 지역에 대한 완전한 지배권을 확보했다.[1] 이때, 친이집트 정책을 고수하던 유다 왕국은 정치적 보복을 받아 왕국의 멸망과 동시에 수많은 백성들이 바벨론으로 유배되었다. 이 역사적 사건을 '바벨론 유수'라 일컫는다.

그러나 신바빌로니아도 느부갓네살 2세의 사후에 불과 수십 년도 안 돼 페르시아에 정복당하고 말았다. 에윌 므로닥(Evil-Merodach, 기원전 562-560년)-네리그리살(Neriglissar, 기원전 560-556년)- 라바시 마르둑(Labashi-Marduk, 기원전 556년)-나보니두스(Nabonidus, 기원전 556-539년)로 이어지는 후임 왕들의 무능과 사제계급의 지나친 정치 관여로, 마지막 왕인 나보니두스 때는 그야말로 혼돈의 시기를 겪게 된

---

[1] 나보폴라사르 통치 제21년에 왕자였던 느부갓네살 2세는 바빌로니아 군대를 이끌고 갈그미스로 진격하여 그곳에서 이집트와 전투를 벌여 승리를 거두었다. 갈그미스 전투는 유다 왕 여호야김 제4년(기원전 605년)에 발발했다.

다. 왕위 찬탈을 둘러싼 형제간의 골육상쟁과 성직자 계급의 부패로 인해 바벨론 백성은 이미 갈대아인이 세운 왕조에 등을 돌리고 있었다. 이때를 틈타 기원전 549년경, 나보니두스 7년에 아케메네스(Achaemenid) 왕조의 5대 왕인 고레스(키루스Cyrus, 기원전 539-530년)가 혜성같이 등장한다.

메대국의 변방 안샨(Anshan)이라는 곳의 제후였던 고레스가 기원전 554년 자신의 외할아버지이며 메대국의 황제인 아스티아게스(Astyages, 585-550)[2]에게 대항해 반란을 일으킨 뒤 기원전 549년 메대의 수도 엑바타나를 정복하고, 나라의 이름을 메대에서 페르시아로 바꾸었다. 기원전 539년 고레스는 신바빌로니아의 왕 나보니두스에 대한 백성들의 불만을 구실로 바빌로니아를 침공한다. 이때 나보니두스는 바벨론의 국경 남쪽 근처의 사막에 진을 치고, 그의 아들 벨사살(Belshazzar)에게 군권을 맡겨 고레스의 공격을 방어하게 했다. 그러나 자국의 왕에게 등을 돌린 바벨론 백성의 협조로, 고레스는 별다른 저항 없이 바빌로니아의 수도인 바벨론을 함락시킴으로써, 신바빌로니아는 역사의 뒤안길로 사라졌다.

---

2 카악사레스(Cyaxares)의 아들이다.

42. 니느웨 성 전투 1
: 1차 니느웨 공격 실패

여호와는 질투하시며 보복하시는 하나님이시니라(나 1:2).

통일 이스라엘 왕국 분열(기원전 931년) 이후, 점점 세력을 키워 오던 앗시리아는 디글랏 빌레셀 3세에 이르러 기동력을 핵심으로 하는 군대 재건에 집중하여 강력한 군사력을 건설했다. 그리하여 8세기 중엽, 전례 없이 막강한 군사력을 바탕으로 제국화를 위한 팽창정책을 전개하여 단기간에 근동 지역 일대의 광활한 영토 확장에 성공했다. 기원전 740년경, 앗시리아는 지중해 동편 연안의 거의 모든 나라를 정복하였고, 기원전 732년경에는 레반트의 전통적 강국 아람을, 그로부터 10년 뒤(기원전 722년)에는 북이스라엘 왕국을 차례로 멸망시키면서 순조롭게 제국의 길로 들어섰다. 기원전 7세기에 접어들

414

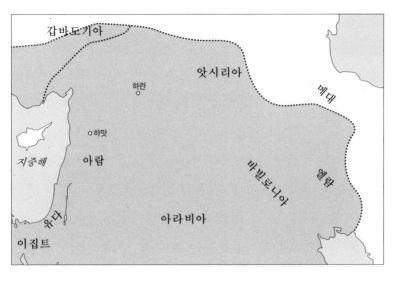

앗시리아 제국의 영토(앗수르바니팔, 기원전 7세기 중엽)

자, 사르곤 왕조의 에사르하돈과 앗수르바니팔의 이집트 정복 계획
이 성공한 가운데, 마침내 지중해 지역의 모든 나라가 앗시리아에 복
속되므로 앗시리아는 역사상 첫 제국이 되었다.

그러나 제국의 영화도 잠시, 7세기 말경, 영원할 것 같던 앗시리
아는 고질적인 내부 권력 다툼 , 그리고 바벨론·엘람·메대 등 인접
도시국가들의 지속적인 반란과 봉기로 인해 넓은 제국의 영토를 통
제하는 데 한계점을 드러내기 시작했다. 사실 앗시리아의 쇠락에는
이미 그 전조가 있었다. 앗수르바니팔의 마지막 10년은 외형적으로
는 평화로웠지만 내부적으로는 많은 문제가 잉태되고 있었는데, 그
중 제국을 위협하는 핵심 요소 세 가지를 요약하면 다음과 같다.

첫째, 제국의 영토가 과도하게 확장되었다는 것이다. 비록 강력

한 중앙집권체제를 구축하여 피(彼)정복국가를 통치할 수 있는 관료를 앗시리아 중앙정부에서 파견하는 등 당시로서는 효과적인 지배체계를 구축했다고는 하나, 지나치게 확장된 영토는 원주민의 산발적인 반란과 봉기를 시의적절하게 대처하는 것에 방해가 되었다.

둘째, 제국을 효과적으로 유지하는 데 필요한 재정의 감소였다. 무력으로 정치·경제·사회·문화 전반에 걸쳐 강제로 식민화된 속국들의 지배 세력들이 앗시리아의 내분을 틈타 조직적으로 조공 거부를 선동함으로써 앗시리아의 세수(稅收)가 갈수록 줄어들었다.

셋째, 앗시리아 제국의 힘의 근간이던 군사력의 약화다. 무력으로 정복한 국가들이었기에 봉신국들을 효과적으로 통제하기 위해선 강력한 군사력이 필수적이었던 바, 피정복 국가의 포로로 구성된 최말단 전투부대의 충성도가 갈수록 약해져 전투력 유지에 상당히 부정적인 영향을 미쳤다.

앗수르바니팔이 38년간의 통치를 마감하고 기원전 631년에 눈을 감았을 때, 이러한 문제들은 극명하게 수면 위로 부상했고, 한때 근동 지역 전반을 호령하던 앗시리아는 점차 몰락의 길로 들어서게 되었다. 그의 아들 앗수르 에틸 이라니(Ashur-etil-ilani, 기원전 631-627년)가 왕위를 계승한 지 4년째, 즉 기원전 627년 말경 앗수르 에틸 이라니의 군지휘관 신 슈무 리시르(Sin-shumu-lishir, 기원전 627년)가 모반을 하여, 왕을 폐위시키고 스스로 앗시리아의 왕임을 선포했다. 같은 해, 앗수르바니팔의 아들인 신 샤르 이쉬쿤(Sinsharishkun, 기원전 627-612년)이 왕위 재탈환에 성공했으나, 이때부터 앗시리아는 본격적인 외우내환(外憂內患)에 시달렸다. 즉 신 샤르 이쉬쿤은 자신의 왕위를 인정하지 않는 사제단과 첨예하게 충돌하게 되는데, 신정일치(神政一致) 사회에서 왕과 사제단의 갈등은 제국의 분열을 가속화시켰다. 내란으로 국론이 분열되자 이 혼란을 틈타 많은 중동(Middel East), 소아시아(Asia Minor), 코카서스(Caucasus) 그리고 동지중해(East Mediterranean)에 산재해 있던 피정복 국가들이 앞다투어 제국의 사슬에서 이탈했다.

앗시리아는 대(對)바벨론 정책과 관련해 수메르 문화의 영향을 받은 민족으로서 바벨론의 신 '마르둑'(Marduk)을 인정하고 그 백성들을 선대했다. 그러나 기원전 630년 이래 메소포타미아의 본류로 자청하는 바벨론은 앗시리아에게서 독립하기 위해 줄기찬 저항을 했다. 거의 4년 동안 앗시리아 왕 신 샤르 이쉬쿤은 바벨론에 진입해 나보폴라사르가 지휘하는 군대를 섬멸하려 했으나 앗시리아 심장부에서 일어나는 광범위한 소요를 제어할 강력한 지도력과 이를 뒷받침할 군사력이 없으므로 실패하고 만다. 마침내 기원전 626년경 10월, 갈대아인 나보폴라사르가 이끄는 바벨론군이 바벨론에 주둔하고 있던 앗시리아 군대를 공략해 승리함으로써 바벨론의 왕권을 주장하며 새로운 왕국, 즉 신바빌로니아 제국으로 가는 기초를 놓았다. 그리고 기원전 620년경 그는 스스로 '바벨론의 왕'이라 선포했다. 그리하여 기원전 616년 바벨론은 속국 중 최초로 자력에 의한 독립에 성공했으며, 이어서 갈대아, 메대, 페르시아, 스키타이, 키메르인 등 앗시리아의 많은 식민지가 앗시리아에게서 독립했다.

이후 나보폴라사르는 지속적으로 군사력을 증강시켜, 기원전 616년경부터 앗시리아를 패망시키기 위한 본격적인 군사행동을 개시했다. 그리하여 메대의 사돈에게 앗시리아 공격을 위한 군사동맹을 제의하기에 이른다.[3] 상호동맹을 맺은 두 나라는 착실히 군사력을 증강시켜 기원전 615년경 드디어 군사작전을 개시했다. 초전에 앗시리아를 궤멸하기 위해, 앗시리아의 수도인 니느웨를 직접 타격하기로 공격 목표를 정했다. 바벨론에서 니느웨까지는 530km, 메대에서는 400km 정도 이격되었으나, 메대는 험준한 자그로스 산맥을 넘어야 하는 장애요소가 있었다.

그럼에도 작전은 계획대로 진행되어, 바벨론의 나보폴라사르는 군대를 직접 이끌고 2주간 강행군한 끝에 간신히 니느웨에 도착했다. 바벨론에서 니느웨에 이르는 긴 행군으로, 즉각 전투에 투입하기엔 병사들이 너무 지쳐 있었다. 그리고 메대군의 출정이 순조롭지 않아 두 나라 간의 협동작전에 차질이 생겼다. 나보폴라사르는 조급한 나머지 단독으로 니느웨 성을 공략했으나, 강물을 이용해 만든 방어막을 극복할 길을 찾지 못해 속절없이 시간을 보내게 된다. 때마침 메대군이 도착했으나, 양국 지휘관은 높은 성벽과 폭넓은 해자를 극복할 방법을 찾지 못했다. 특수장비 없이는 철옹성 같은 니느웨 성 공략이 불가함을 깨달은 후 자진 철수함으로써, 바벨론-메대 동맹군의 1차 니느웨 공격은 실패로 끝나고 말았다.

---

3 이미 나보폴라사르는 아들 느브갓네살 2세(Nebuchadnezzar II)를 메대 왕 키악사레스(Cyaxares)의 딸 아미티스(Amytis)와 결혼시켜 혼인동맹을 맺고 있었다.

43. 니느웨 성 전투 2
: 바벨론 동맹군 결성과 전초전

앗수르 성 공격
—

니느웨 성 공략에 실패한 바벨론의 나보폴라사르는 앗시리아 공격 전략을 수정했다. 상대적으로 수비가 약한 앗시리아의 제2의 수도 앗수르를 먼저 공략하기로 한 것이다. 앗수르에서 니느웨까지는 거리가 130km 정도이므로, 이곳을 먼저 점령한 후, 성(城) 공략에 필수적인 도하 장비와 성벽 파괴용 특수 장비를 이곳에서 제작하고 우마(牛馬)를 이용해 모든 장비를 니느웨로 수송한 다음, 전격적으로 니느웨 성을 공략하기로 결정했다.

기원전 614년, 다시금 바벨론과 메대는 앗수르를 향해 군대를 이동시켰다. 바벨론에서 앗수르까지는 420km, 메대에서는 400km

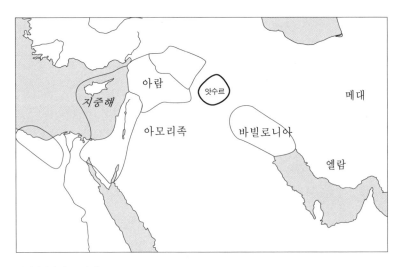

앗시리아의 제2도시 앗수르

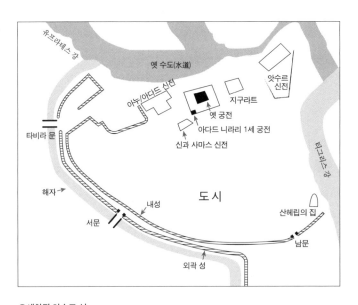

요새화된 앗수르 성

거리다. 거의 동시에 앗수르에 도착한 동맹군은 숙영지를 편성한 후, 지체 없이 앗수르 성을 에워쌌다. 이때 앗시리아 왕 신 샤르 이쉬쿤은 앗수르 성에서 병력을 대거 철수시켜 니느웨 성 수호에 주력하고 있었으므로, 앗수르 성은 니느웨 성에 비해 상대적으로 방어상의 허점이 많았다. 설사 신 샤르 이쉬쿤 왕이 바벨론-메대 동맹군이 앗수르 성을 공격한다는 사실을 알았더라도 이미 동맹군이 앗수르 성을 포위한 뒤라 원조군을 보낼 상황이 아니었다.

그러나 예상과 달리 앗수르 성도 결코 쉽게 공략당하지 않았다. 동(東)으로는 유프라테스 강이, 서(西)로는 티그리스 강이 에워싸 자연적으로 도시를 방어하고 있었고, 도시 전체를 성곽이 둘러싸고 있어 교량이 없이는 외부에서 성안으로 진입하는 것이 불가능했다. 동맹군은 서쪽 유프라테스 강 쪽으로 난 유일한 진입로인 2개의 교량을 필사적으로 확보해야 한다는 결론에 도달했다. 동맹군은 특수 제작한 투석기를 이용해 돌과 작은 바위 심지어 불을 붙인 풀섶 더미를 성안으로 날리는 등 대대적이고도 무차별적인 공격을 감행했다. 치열한 공방(攻防) 끝에, 처음 공격을 개시한 지 무려 3개월 만에 앗수르 성을 함락할 수 있었다. 피아(彼我)의 피해 상황을 파악해 보니, 동맹군의 피해가 예상 외로 심각했다. 아쉽지만, 나보폴라사르는 니느웨로 곧장 공격하려는 계획을 포기하고 앗수르 성을 통제할 최소한의 병력만 주둔시키고 차후 작전을 위해 일단 철수 명령을 내렸다.

그로부터 2년 후 기원전 612년 6월경, 바벨론의 나보폴라사르는 앗시리아와의 최후 결전을 위한 준비를 완료했다. 지난 2년 동안 군비를 증강하여 군사력을 보강했고, 가능한 한 과거 앗시리아에 적대감을 가지고 있던 모든 나라를 설득해 군사동맹을 결성하는 데 성공해 마침내 다섯 국가가 이에 동참하기로 합의했다.[4] 그동안 앗시리아의 만행에 적의(敵意)를 품어 오던 5개 군사동맹군은 집결지인 니느웨로 속속 도착했다. 니느웨를 기점으로 580km 이격된 바벨론군이 최종 도착함으로써 모든 동맹군이 티그리스 강 서편 타르비수(Tarbisu) 평지에 집결했다. 동맹군은 그동안 식민지로 앗시리아에게 약탈당한 서러움을 이번 기회에 철저하게 복수할 계획이었다.

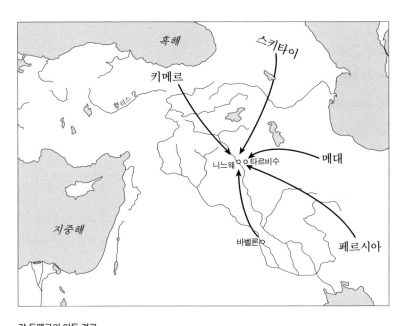

각 동맹군의 이동 경로

---

4 군사동맹을 맺은 국가는 메대, 스키타이, 바벨론, 페르시아 그리고 키메르인(Cimmerian)이었다.

니느웨 성 전투

—

　니느웨 성은 당대 최고의 막강하고 강력한 요새 성이었다. 220만 평의 대지 위에 견고한 석재로 축조되었고, 성벽의 높이는 30m에 달하였으며, 성벽의 폭은 동시에 6대의 마차가 달릴 수 있을 정도였다. 게다가 티그리스 강에서 끌어들인 해자(垓字)[5]가 폭 30m, 깊이 20m로 성을 둘러싸고 있어 외부의 접근을 근원적으로 차단하고 있었다. 문자 그대로 난공불락의 성이었다. 동시에 평소에 백성들이 출입할 수 있도록

니느웨 성 전경

15개의 성문을 동서남북에 설치했으며,[6] 고사르 강(Khosar River)의 물길이 성을 가로질러 흐르도록 해 성내에 거주하는 모든 백성과 가축에게 충분한 식수와 용수를 공급하고 있었다.

　5개국 왕들은 바벨론 왕 나보폴라사르가 이끄는 지휘통제사령부에서 전략을 토의했다. 동맹군 총사령관은 나보폴라사르가, 총사령관을 보좌할 참모장은 메대 왕 키악사레스가 맡기로 했다. 이 전쟁의 주 공격 목표는 앗시리아군의 사령부가 설치된 산헤립 궁전이

5　적의 침입을 막기 위해 성의 주위를 파 경계로 삼은 구덩이를 말한다. 고대부터 근대에 이르기까지 방어 효과를 더욱 높이기 위해 해자에 물을 채워 못(pond)으로 만든 경우가 많았다.

6　성문은 서쪽에 5개, 동쪽에 6개, 북쪽에 3개, 남쪽에 1개로 총 15개였다.

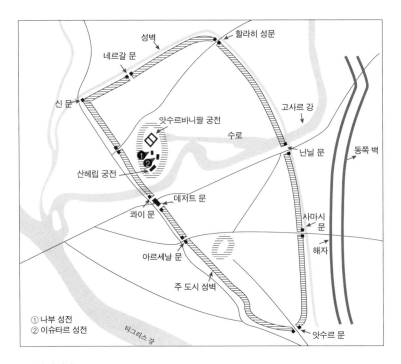

니느웨 성 평면도

할라히 성문
성벽
네르갈 문
신 문
고사르 강
앗수르바니팔 궁전
수로
닌닐 문
동쪽 벽
산헤립 궁전
데저트 문
콰이 문
사마시 문
아르세날 문
해자
주 도시 성벽
앗수르 문
① 나부 성전
② 이슈타르 성전
티그리스 강

었다. 그런 다음 앗수르바니팔 궁전, 나부(Nabu)와 이슈타르(Ishtar) 신전을 차례로 공격함으로써 앗시리아의 실질적·영적 통제부를 타격하기로 했다.

이번 전투에서, 주공(主攻)은 앗시리아의 지휘부로 접근이 용이한 니느웨 성의 서쪽으로 정했다. 그리고 이것의 책임을 전투 경험이 풍부하고 우수한 대(對)공성 전투장비를 보유한 바벨론-메대 연합군이 맡기로 했다. 구체적 임무로서, 바벨론군은 신 문(Sin Gage)과 산헤립 궁전을 정면 공격하고 메대군은 아르세날 문(Arsenal Gate)과 주 성벽(Main City Wall)을 파쇄하기로 했다. 앗시리아의 전투력 분산을 위해 운용하는 조공(助攻)부대로서 스키타이군은 북쪽 네르갈 문(Nergal Gate)을, 동쪽 고사르 강(Khosar river)을 경계로 북쪽은 키메르군이, 남쪽은 페르시아군이 사마시 문(Shamash Gate)을 공격하기로 했다. 그리고 키메르군은 고사르 강을 막아 성내로 물이 공급되지 못하도록 차단하기로 했다.

각 부대에 임무를 부여한 다음, 나보폴라사르 왕은 세부적인 작전 계획을 수립했다. 니느웨 성이 단번에 공략하기엔 워낙 견고하므로, 이번 전투를 2단계로 나눠 치르기로 했다. 먼저 1단계는 성안에 있는 앗시리아군이 지칠 때까지 기다리는 '지연전'(遲延戰)[7]이다.[8] 성내에 비축된 식수와 식량이 동나면 적의 전투 의지와 사기는 약화될 것이고 백성들의 동요도 잇따를 것으로 예상하고 수립한 계획이다. 1단계의 적용 기간은 최대 3개월로 정했다. 그런 다음 2단계 작전으로 돌입하는데, 앗수르 성 전투 이후 준비해 온 공성장비, 성벽 파쇄 장비 그리고 투석기를 총동원해서 사방에서 동시다발로 '전면전'(全面戰)을 펼치는 것이다. 임무를 부여받은 각국의 왕들은 부대를 이끌고 해당 위치로 이동해 니느웨 성을 완전히 포위한 후 장기간의 '지연전'에 돌입했다.

한편, 성안의 앗시리아 왕 신 샤르 이쉬쿤은 하루하루가 고통의 나날이었다. 하루가 다르게 식수가 줄어드는 상황에서 두터운 동맹군의 포위망을 뚫고 탈출할 수도 없었다. 무엇보다 시간이 지날수록

7　시간을 얻기 위해 결전을 피하면서 적의 전진을 늦추는 전투.

8　바벨론의 승전비에는 시마누부터 아부달까지 3개월간 지연전을 펼쳤다고 기록하고 있다 (…[pitched camp] against Nineveh… From the month Sinany till the month Abu). Pritchard, ed., *The Ancient Near East: An Anthology of Texts*, 273.

병사들의 사기가 떨어졌고, 백성들의 원성도 높았다. 그렇게 3개월이 흘렀다. 첩자에 의하면, 동맹군이 곧 대대적인 공격을 감행할 것이라고 했다. 산 샤르 이쉬쿤 왕은 앗수르 신의 이름을 걸고 최후까지 결전을 벌이다 성벽이 무너지면 성안의 왕궁과 모든 제단 그리고 민가를 방화하고 본인과 왕족 일가도 자결하기로 마음먹었다.

44. 니느웨 성 전투 3
: 불타는 철옹성 니느웨
나훔 2-3장을 중심으로

드디어 8월경 결전의 날이 왔다. 동맹군 총사령관 나보폴라사르 왕은 전군 총공격 명령을 내렸다. 나팔이 동서남북에서 불어대자, 대기하고 있던 모든 동맹군이 일제히 투석기와 불화살을 성안으로 쏘아댔다. 그리고 해자의 물을 빼고 돌과 준비된 목재로 메운 다음 공성장비를 성벽에 붙였다. 선두에선 보병부대가 일제히 공성장비로 성벽에 타격을 가하고 뒤이어 궁병부대가 불화살을 쉴 새 없이 성안으로 쏟아 부었다. 그러는 동안 보병들이 사다리를 걸쳐 성벽을 기어올라 성 위로 진입을 시도했다. 선지자 나훔(Nahum)은 동맹군의 공격 장면을 이렇게 묘사했다.

그의 용사들의 방패는 붉고 그의 무사들의 옷도 붉으며 그 항오

를 벌이는 날에 병거의 쇠가 번쩍이고 노송나무 창이 요동하는
도다 그 병거는 미친 듯이 거리를 달리며 대로에서 이리저리 빨
리 달리니 그 모양이 횃불 같고 빠르기가 번개 같도다(나 2:3-4).

이 과정에서 앗시리아군은 성으로 기어오른 동맹군 병사를 사
로잡아 시신을 처절히 난자한 후 피부를 벗겨 성 위에 전시했다. 이
는 전투 시마다 앗시리아군이 적에게 공포심을 조장하기 위해 사용
하는 일종의 심리전이었다. 그러나 이러한 앗시리아의 의도는 오히
려 그동안 앗시리아군의 만행을 익히 알고 있던 동맹군에게 더욱 공
분(公憤)을 사 더 맹렬히 공격하게 하는 빌미를 제공했다. 치열한 접
전 끝에 마침내 주공 측의 신 문(Sin Gate)이 뚫렸다. 바벨론군이 일제
히 함성을 지르며 성안으로 진입해 눈에 보이는 앗시리아 병사와 살
아 있는 모든 것을 닥치는 대로 살육했다. 무너진 제방을 막을 방법
이 없듯, 사방에서 성문이 부서지며 동맹군이 물밀듯이 입성하니 극
심한 혼란 가운데서 피의 살육전이 벌어졌다. 다시 한 번 선지자 나
훔의 표현을 빌려 보자.

강들의 수문이 열리고 왕궁이 소멸되며… 니느웨가 공허하였
고 황폐하였도다 주민이 낙담하여 그 무릎이 서로 부딪히며 모
든 허리가 아프게 되며 모든 낯이 빛을 잃도다(나 2:6, 10).

앗시리아 왕 신 샤르 이쉬쿤은 절규에 가까운 최후의 항전을 독
려했다.

나의 용사들이여 강하라. 두려워하지 말라. 그대들의 늙은 부모와 아내와 자식과 나라를 위해 힘써 싸워라. 이 반역의 무리들에게서 등을 돌리지 말라. 너희의 아들이 저들의 노예가 되게 하지 말지며, 너희의 사랑스런 딸과 아내가 저들의 노리개가 되게 하지 말라. 싸우다 죽어라. 고귀하게 장렬하게 죽어라. 신을 불러라! 신을 불러라! 나의 용맹한 병사들이여! 힘써 싸워라.[9]

동맹군과 앗시리아군이 혈전을 벌이고 있을 때 갑자기 성안의 모든 건물에서 불길이 솟았다. 산헤립 궁전에서 가장 인접한 신 문(Sin Gate)이 위험하자, 앗시리아의 신 샤르 이쉬쿤 왕이 모든 건물의 방화를 지시한 것이다. 그리고 자신과 그의 친족이 동맹군에게 능욕을 당하지 않도록 그들 모두를 죽이고 자신도 불길로 뛰어들어 자결했다. 산헤립 왕이 기초를 놓고 그의 아들 에사르하돈과 그의 손자 앗수르바니팔에 이르기까지 50년간을 공들여 축조한 앗시리아의 상징 '니느웨 성'은 이렇게 무너져 버렸다. 이날의 비극을 나훔은 이렇게 표현했다.

화 있을진저 피의 성이여 그 안에는 거짓이 가득하고 포악이 가득하며 탈취가 떠나지 아니하는도다 휙휙 하는 채찍 소리,

---

9 18세기 영국의 시인 에드윈 아서스톤(Edwin Artherstone,1788-1872)이 니느웨 성의 전투와 관련해 '니느웨의 멸망'(The Fall of Nineveh)이라는 시를 썼다. 본문에 인용된 구절은 그의 작품 중 5권째에 있는 내용의 일부분을 인용해 저자가 번역한 것이다. Edwin Artherstone, "The Fall of Nineveh," [on-line]; accessed 25 March 2016; available from http://www.poemhunter.com/poem/the-fall-of-nineveh-book-the-fifth; Internet.

윙윙 하는 병거 바퀴 소리, 뛰는 말, 달리는 병거, 충돌하는 기병, 번쩍이는 칼, 번개 같은 창, 죽임 당한 자의 떼, 주검의 큰 무더기, 무수한 시체여 사람이 그 시체에 걸려 넘어지니(나 3:1-3).[10]

동맹군의 보복은 가혹했다. 앗시리아군이 저지른 만행을 처절히 되갚기 위해 성안의 모든 살아 있는 것을 도륙했다. 이미 방화된 궁전과 민가에 또다시 방화해서 모든 건축물을 잿더미로 만들어 버렸다. 실로 바벨론의 신 마르둑(Marduk)이 앗시리아의 신 앗수르(Assur)를 쓰러뜨리는 순간이었다. 나훔은 니느웨의 마지막을 짧은 시로 표현했다.

니느웨가 황폐하였도다 누가 그것을 위하여 애곡하며 내가 어디서 너를 위로할 자를 구하리요(나 3:7).

결론적으로 니느웨 전투가 발발하기 10년 전, 선지자 나훔은 앗시리아의 멸망을 예고했다. 즉 하나님의 분노를 자극시킨 악인들을 철저하고도 분명하게 징계하시는 '질투하시며 보복하시는 하나님'의 속성을 앗시리아의 멸망을 통해 보여 준 것이다. 1세기 전, 여로보암 2세가 북이스라엘 왕국을 통치할 때, 선지자 요나(Jonah)는 당시 타락한 도시였던 니느웨에 하나님의 긍휼과 자애로움을 전하는

10　니느웨 전투가 발발하기 10년 전 선지자 나훔이 앗시리아 민족의 멸망을 예언한 내용이다.

사명을 받았다(욘 3:1-2). 그의 전도로 12만 명이 거주하던 큰 성읍 니느웨가 회개함으로 용서를 받아 멸망을 면하게 되었다(욘 3:5-10). 그러나 이후 니느웨는 피정복지로부터 갖은 보물과 노예를 약탈해 타락의 표상이 되었고, 끝없는 전쟁으로 권력자와 성직자의 욕망을 채워 주던 앗시리아군은 난폭과 무자비 그 자체였다. 이와 같은 앗시리아의 끝없는 탐욕은 근본이 다른 민족들을 강제로 합병하고 획일화해서 노예로 삼고 영원히 착취하려는 '제국화'로 발전했다. 이로 인해 온 세상에 공의는 사라지고 불의가 판치게 되었다.

나훔은 앗시리아의 심장 니느웨가 멸망이라는 징계를 받아야 하는 두 가지 이유를 제시한다. 첫째, 강대한 군사력으로 수많은 주변 민족을 파괴하고 수탈한 죄다. 이로 인해 근동 지역의 역사적인 도시가 사라졌으며, 민족이 멸절되었고, 좋은 관습과 제도가 사라져 버렸다. 특히 산헤립-에사르하돈-앗수르바니팔로 이어지는 70년간은 야만의 절정이었다. 피정복 민족을 강제 이주시키고, 저항하는 자는 가죽을 벗기고 말뚝에 박아 죽이며, 사람의 뼈로 무더기를 쌓았다. 전쟁포로들은 용병으로 삼거나, 본국의 귀족과 신관의 노예로 상납했으며, 가는 곳마다 금은을 모조리 약탈했다. 이러한 야만적인 앗시리아군의 행태에 대해 모든 열방의 민족을 대신해 나훔은 "만군의 여호와의 말씀에 네 치마를 걷어 올려 네 얼굴에 이르게 하고 네 벌거벗은 것을 나라들에게 보이며 네 부끄러운 곳을 뭇 민족에게 보일 것이요"(나 3:5)라고 선포했다.

둘째, 앗시리아의 부도덕성과 우상을 전파한 죄다. 지중해와 내륙을 연결하는 무역로를 확보한 앗시리아는 부를 축적할 상업을 독점하였으며, 특히 각종 우상을 조각한 세공품을 각국에 전파해 막대한 부를 창출했다. 그러나 이는 각 민족 고유의 토착신앙을 사라지게 만들었고, 종국에는 각 민족을 종교혼합주의에 빠지게 했다. 종교보다는 물질을 숭배한 앗시리아 백성들은 황금주의 사상으로 인해 점진적으로 정직성과 도덕성을 상실하였으며 물질의 풍요로움에서 오는 도덕적 타락은 제국의 분열과 멸망의 한 축이 되었다.

이와 같이 불의를 행한 앗시리아는 하나님의 공의를 위해 징계받아 마땅했다. 하나님의 징계를 받은 앗시리아는 향후 영원히 재기할 수 없을 정도로 나라의 근간마저 뿌리 뽑혀 역사 속에서 완전히 사라지고 말았다.

> 앗수르 왕이여 네 목자가 자고 네 귀족은 누워 쉬며 네 백성은 산들에 흩어지나 그들을 모을 사람이 없도다 네 상처는 고칠 수 없고 네 부상은 중하도다 네 소식을 듣는 자가 다 너를 보고 [앗시리아가 망하는 것을 보고] 손뼉을 치나니 이는 그들이 항상 네게 행패를 당하였음이 아니더냐(나 3:18-19).

45. 하란 전투
: 이집트의 패배, 앗시리아 잔존 세력의 멸망

기원전 612년 8월에 앗시리아의 철옹성 니느웨 성이 바벨론 동맹군에 의해 함락되었다. 앗시리아군의 폭압에 대한 보복으로, 동맹군은 성과 성안의 모든 시설을 초토화해 버렸다. 철저한 복수전은 말로 형언할 수 없는 만행으로 변질되었다. 이 참혹한 상황에서, 니느웨 성 서북쪽의 신 문(Sin Gate)이 동맹군에 의해 열리기 전, 앗시리아의 앗수르 우발리트 장군은 1만 명의 정예부대를 이끌고 동맹군의 포위망을 과감히 뚫고 콰이문(Quay Gate)을 통해 용케 니느웨 성 탈출에 성공했다. 그리고 필사적으로 유프라테스 강을 넘어 서쪽으로 500km 이상 떨어진 하란으로 도피하여, 스스로 앗시리아 왕

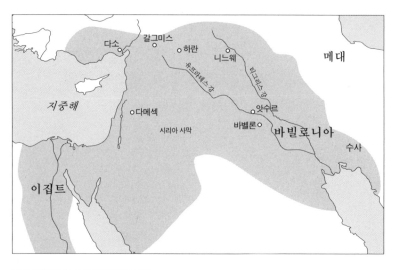

기원전 7세기 말 앗시리아 제국의 영토

지중해
이집트
다소
갈그미스
하란
니느웨
다메섹
시리아 사막
바벨론
앗수르
바빌로니아
메대
수사

기원전 7세기 말 앗시리아 제국의 영토

(Ashur-uballit II, 기원전 612-608년)임을 선포했다.[11] 그는 동맹군에 끝까지 결사항전의 의지를 불태우며, 그때까지 앗시리아의 속국이던 이집트에 긴급 특사를 보내 원군을 요청했다.

　이때 이집트 제26대 왕조는 앗수르바니팔이 세운 친(親)앗시리아 정권이었는데, 프삼티크 1세가 초대왕으로서 이집트 전역을 통치하고 있었다. 앗시리아가 바벨론 동맹군에 패배했다는 것과 앗시리아의 일부 잔류 세력이 하란에 도피해 동맹군의 추가 공격에 대비하고 있으며, 이를 위해 이집트군의 도움이 필요하다는 소식을 접한 프삼티크 1세는 이 기회에 팔레스타인과 아람 지역을 확보해 이

11　Pritchard, ed., *The Ancient Near East: An Anthology of Texts*, 273.

집트의 옛 영광을 회복하고 싶었다. 근동 지역의 헤게모니를 좌우할 중차대한 결정이기에, 프삼티크 1세는 하란으로 원군을 보내지 않고, 동맹군과 앗시리아 간의 사태를 관망하기로 했다. 어설프게 이 전쟁에 개입했다가 한편으로는 앗시리아가 재기함으로 이집트가 계속해서 앗시리아의 복속국으로 남을지 몰랐고, 또 한편으로는 앗시리아가 멸망할 경우 바빌로니아가 이집트의 또 다른 위협으로 부상할 수 있었다.

2년 후, 마침내 이집트 왕은 새로 급부상하는 바빌로니아를 견제할 필요가 있다고 판단하고 앗시리아를 돕기로 결정했다. 예전의 앗시리아와 같이 바벨론이 지중해 연안과 팔레스타인 일대를 장악하면 그들과 국경을 접하는 자국의 안전도 보장하지 못하기에, 어찌하든지 바벨론의 팽창을 막아야 했다. 만약 이집트의 도움으로 앗시리아가 재기에 성공하더라도, 승리에 대한 지분으로 팔레스타인 일대의 통제권을 요구할 계획이었다. 이러한 결론에 도달한 프삼티크 1세는 본인이 직접 출정하지 않고 자신의 세자인 느고 2세(Necho II, 기원전 610-595년)에게 1만 명으로 편성된 사단급 규모의 부대를 주어 하란으로 출정하도록 했다. 이때가 기원전 610년경이다.

같은 해 봄, 나보폴라사르가 이끄는 바벨론군은 앗시리아의 잔적들을 완전히 궤멸시키기 위해 하란으로 진격해 즉시 하란 성을 포위했다.[12] 동맹군은 장기간의 행군으로 지친 병사들을 재충전시키고 공성장비를 구축하기 위해 전면전은 피하고 일단 성안에 있는 앗시

---

[12] 동맹군의 하나였던 메대의 키악사레스 왕은 니느웨 전투 후 본국으로 철수했다고 승전비는 기록하고 있다. Pritchard, ed., *The Ancient Near East: An Anthology of Texts*, 273.

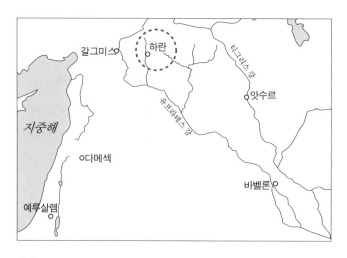

하란

리아 잔당들의 전투용 비축물자가 최대한 바닥날 때까지 기다리기로 했다. 그런 다음 적당한 때에 앗시리아군을 완전히 섬멸해 다시는 재기할 수 없도록 근간을 뿌리 뽑기로 했다. 한편, 앗시리아의 앗수르 우발리트 2세는 이집트의 원군을 고대하며 최후까지 바벨론에 항전하기로 결연한 의지를 다졌다.

마침내 이집트 원군이 하란까지 약 50km를 남겨 두고 있었다. 병사들은 하(上)이집트 아바리스(Avaris)에서 출발해 장장 1600km를 한 달 보름 동안 강행군한 터라 하란까지 아직 하룻길이 남았음에도 극도로 피로해 있었다. 이동 중 유다에 식량 조달을 요청했으나 요시야 왕의 거절로 행군에 차질을 빚기도 했다. 이래저래 병사들의 사기는 땅에 떨어져 있었다.

한편, 첩자를 통해 이집트군의 동향을 접한 바벨론의 나보폴라

세

사르 왕은 이집트 원군이 도착하기 전에 하란 성을 공략하기로 했다. 다음 날, 바벨론군은 하란 성을 선제공격하고 전방위적으로 무자비한 공격을 퍼부었다. 성 안쪽으로 진입로를 확보하기 위해 취약한 쪽의 성벽과 성문을 동시에 집중 공략했다. 앗시리아군도 필사적으로 대항해 치열한 공방전이 펼쳐진 가운데, 이집트군이 느린 속도로 하란 성을 향하고 있었다.

나보폴라사르 왕은 전투 경험이 풍부한 군사령관에게 앗시리아를 공략하게 하고, 자신은 별도로 준비해 둔 예비대를 인솔하여 이집트군과 일전을 치르기 위해 이집트군 쪽으로 진격했다. 이집트군의 전차부대, 기병부대, 궁수부대 그리고 보병부대는 전력상 바벨론군보다 월등했으나, 불행히도 이집트 병사들은 오랜 행군으로 전투력이 상당히 약화되어 있었다. 재충전의 시간도 없이 바벨론군과 맞닥뜨린 이집트군은 초전에 일방적으로 밀려 하란 전선에서 어이없이 후퇴하고 말았다. 동시에 하란 성을 거점으로 필사적으로 바벨론 동맹군에 저항하던 앗시리아 잔여군도 동맹군의 맹렬한 공격 앞에 마침내 무너져 버렸다. 이 와중에서도 앗시리아 왕 앗수르 우발리트 2세는 살아남은 병력을 이끌고, 이미 패하여 하란에서 150km 서쪽에 위치한 갈그미스로 철수하였던 이집트군과 합류하여 또다시 바벨론에 항전 채비를 갖추었다.

하란 성 전투에서 불의의 일격을 당한 이집트의 느고는 갈그미스에서 전력을 가다듬어 바벨론 동맹군을 기습할 기회를 노리고 있던 중 본국으로부터 뜻하지 않은 비보(悲報)를 받았다. 부왕 프삼티크 1세가 생을 마감했다는 것이다. 이에 느고는 바벨론군에 대한 설

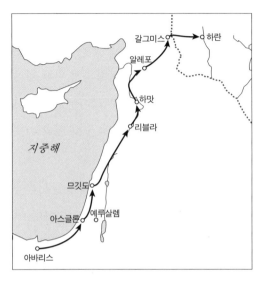

이집트군의 행군로

욕전을 포기하고, 차후작전을 위한 병력 일부를 갈그미스에 잔류시
켰다. 그리고 본대를 이끌고 급히 이집트로 철수하였다. 왕위 계승
은 순조로이 진행되어 느고는 느고 2세(Necho II, 기원전 610-595)로서
선왕의 위를 물려받았다.

46. 므깃도 전투
: 요시야 왕의 죽음
열왕기하 22:1-23:30; 역대하 34:1-35:27을 중심으로

해가 바뀌어 기원전 609년, 바벨론군에게 패하여 집권 초기에 정치적 위상이 상당히 위축되어 있던 이집트의 느고 2세는 다시금 군대를 일으키고자 계획했다. 이번에는 앗시리아의 원군 요청이 아니라 자발적인 군사 행동으로서, 이 기회에 이집트의 영토를 팔레스타인 북부까지 확대해 나라의 안전을 위한 완충지대를 반드시 확보하고 싶었다. 즉 명목상으로는 갈그미스에 주둔하고 있는 앗시리아의 잔존 세력을 돕는 것이나, 실상은 이집트의 막강한 군사력으로 새로 부상하는 바빌로니아를 제압하여 이집트의 영향력을 메소포타미아까지 확대하고자 하는 구상이었다. 그래서 전년 대비 군사력을 대폭 증강하고 보강하는 데 국가적 역량을 집중했다. 아울러 유다 왕국의 요시야 왕에게 파발을 띄워 이집트 군대가 안전하게 유다 땅

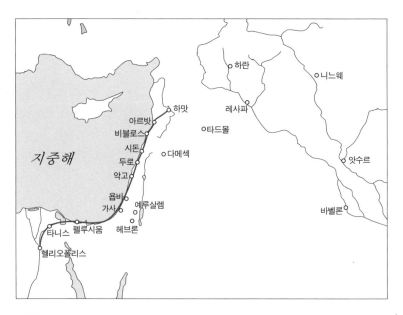

해안도로(The Via Maris)

을 종단할 수 있도록 이동로를 확보하는 것은 물론, 안내하고 전투
에 필요한 식량과 식수 등 보급품을 준비할 것을 강요했다.

　기원전 609년경 가을, 드디어 이집트의 느고 2세는 대(對)바벨론
전(戰)의 장정에 올랐다. 느고 2세는 보병 10만 명, 전차부대 4000승,
기병부대 1만 명 그리고 병참부대를 자신이 직접 지휘하여 해안도
로(Via Maris)를 따라 이스르엘 골짜기(Jezreel Valley)로 북상했다.

　한편, 지난 1세기 동안 지중해 동편에 위치한 대부분의 소왕국
이 앗시리아에게 점령되어 사라지거나 정치적으로 예속되었으나,
유다 왕국은 홀로 독립국으로서 명맥을 이어 가고 있었다. 아몬(기원
전 642-640년) 왕이 암살당한 뒤 그의 아들 요시야(Josiah, 기원전 640-609

년)가 8세의 어린 나이에 보위에 올랐다. 부왕과는 달리 요시야는 종교심이 신실했다. 비록 나라의 국력이 약하여 정치적으로는 당대의 강국 앗시리아에 예속되어 있었지만, 종교혼합정책으로 말미암아 왕국의 백성들이 영적으로 죽어 가는 것을 좌시할 수 없었다.

홀다 선지자가 요시야 왕 앞에서 율법서를 읽고 있다.

요시야 왕은 20세가 되자, 신실한 제사장들의 도움을 받아 국가적인 종교개혁을 단행했다. 왕국 내 모든 우상과 산당을 훼파하고, 여호와의 성전에 안치된 아세라 목상, 조각 신상, 주조 신상 등을 제거했으며, 백성들이 지켜야 할 '하나님의 언약'을 재확인시키고, 이스라엘 백성의 참 예배도 회복했다. 그러므로 성경은 요시야 왕을 "여호와 보시기에 정직히 행하여 그의 조상 다윗의 모든 길로 행하고 좌우로 치우치지 아니하였더라"(왕하 22:2)고 기록한다. 이는 유다 왕국 말기에 보기 드문 성군(聖君)으로 평가한 것이다. 6년여에 걸쳐 요시야 왕은 종교개혁을 성공적으로 마무리했다.

요시야 왕이 39세가 되던 기원전 609년경 가을, 그는 이집트의 느고 2세가 출병에 앞서 보낸 사신을 맞았다. 내용인즉, 바벨론과의 전투를 위해 이집트 대군이 유다 땅을 지나고자 하니 길을 안내할 병사들을 지원하고, 식량을 포함한 각종 전투보급품을 준비하라는 것이었다. 당시 요시야 왕은 지난 오랜 세월 동안 유다 왕국을 괴롭혀 온 앗시리아 세력이 약해지고 바빌로니아가 강해지자 친바벨론

정책을 견지하고 있었다. 그런데 이집트 왕이 자신의 왕국과 적대적 관계에 있는 앗시리아를 돕겠다 하니, 요시야 왕으로서는 이집트의 저의를 의심하지 않을 수 없었다. 게다가 유다 왕국의 영토를 종단하는 이집트군에 각종 전쟁물자를 거의 강제로 제공하라고 하니, 이집트의 외교적 결례가 아닐 수 없었다. 이 무렵, 이집트군은 이미 7일 전 부대이동을 개시해 현재 유다 왕국에 근접한 아스글론을 지나 므깃도 방향으로 북상 중이었다.

이에 이번에는 이집트의 청을 들어주어 양국 간의 갈등을 촉발하지 말 것을 조언하는 신하들과 예하 군지휘관의 만류에도 불구하고, 요시야 왕은 갈그미스로 가는 길목인 므깃도에서 이집트의 이동을 가로막고자 했다. 그리하여 국가에 총동원령을 선포하고 왕국의 변방 성읍에 배치한 모든 군관과 병사들을 소집해 자신이 총사령관이 되어 이집트군에 앞서 므깃도로 진군했다. 3일 꼬박 행군해서 므깃도에 도착한 뒤 이집트군의 진로를 통제할 수 있는 153m고지에 병력을 배치시켰다.

므깃도는 이집트와 레반트 지역 또는 메소포타미아 지역을 연결 또는 차단할 수 있는 군사적 요충지이자 중요한 상업 루트이기도 했다. 그러므로 앗시리아 포로에서 석방된 조부 므낫세 왕이 유다 왕으로 복권된 후, 왕국의 변방 성읍을 재건할 때, 유다로 남진하는 외부 세력을 이곳에서 사전에 차단하기 위해 심혈을 기울여 고지 일대에 견고한 바위 성(城)을 구축했다.[13] 그리고 군관과 병사들을 상시

---

13 솔로몬 왕 시대에 구축되었으며, 전투용 군마를 관리할 시설과 우물, 곡식저장 창고 등을 보유한 전략적으로 뛰어난 요새 성이었다.

배치시켜 주변 지역을 통제하고 유사시에 적의 침입을 방어 또는 최대한 지연하도록 했다.

요시야 왕이 결전의 준비를 마치고 대기하고 있던 중, 드디어 이집트 군이 해안도로에서 므깃도 방향으로 행군하고 있다는 첩보를 정찰병에게서 입수했다. 요시야 왕은 므깃도 성내에 대기하지 않고, 친히 군대를 이끌고 평원으로 나아가 이집트 군의 진출을 가로막았다. 이에 이집트 왕 느고 2세는 요시야 왕에게 전령을 보내 "유다 왕이여 내가 그대와 무슨 관계가 있느냐 내가 오늘 그대를 치려는 것이 아니요 나와 더불어 싸우는 족속을 치려는 것이라 하나님이 나에게 명령하사 속히 하라 하셨은즉 하나님이 나와 함께

므깃도

교통의 요충지 므깃도

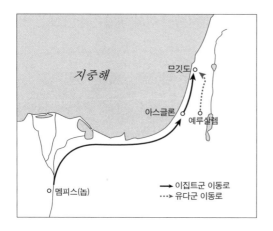

므깃도 전투

계시니 그대는 하나님을 거스르지 말라"(대하 35:21)고 일갈했다. 앗시리아의 재건을 원치 않던 요시야 왕은 느고 2세의 말을 무시하고 전투에 임했다.

이집트군은 예상외로 강했다. 무엇보다도 전차부대의 기동력과 궁병들의 화살 사거리가 유다군에 비해 월등히 길었다. 므깃도 평원에서 마주한 양군은 상호 접근전이 시작되기 전인데도 이집트군의 궁병부대가 쏘아대는 강궁에 유다군의 전방전선이 일시에 무너져 버렸다. 100~120m 거리에서 쏘는 활에 방패가 뚫리고 인마(人馬)에 적중되니 병사들이 맥없이 쓰러져 갔다. 이집트의 강궁에 대비하지 못한 유다군은 속수무책이었다. 접근전을 펼치고자 하나, 날아드는 화살에 한 발자국도 전진할 수 없었다. 이 와중에 친위부대의 호위를 받으며 진영 가운데에서 지휘하던 요시야 왕의 심장이 이집트군이 쏜 화살에 뚫렸다. 왕의 전차를 몰던 병사가 쓰러진 왕을 신속히 위장된 다른 전차로 옮기고 우회로를 이용해 긴급히 예루살렘으로 후송했다. 그러나 예루살렘에 도착했을 때 이미 요시야 왕은 숨을 거둔 상태였다.

요시야 왕 통치 13년째부터 왕국의 선지자로 활동하던 예레미야는 죽은 요시야를 위해 애가를 지을 정도로 그는 유다 왕국의 마지막 하나님의 대리자였다. 요시야 왕의 죽음을 유다의 온 백성이 슬퍼했다고 하니, 죽은 후에도 백성이 슬퍼하거나 분향하지 않았다고 하는 제5대 왕 여호람의 죽음과 대조적이었다. 백성들이 너무나도 슬퍼하므로, 하나님께서는 예레미야 선지자를 통해 "너희는 죽은 자를 위하여 울지 말며 그를 위하여 애통하지 말고 [오히려] 잡혀간 자를 위하여 슬피 울라"(렘 22:10)고 유다 백성에게 위로의 말씀을 내리셨다. 이는 요시야 왕의 죽음이 재앙이 아니라 오히려 후일에 다가올 유다 왕국의 멸망을 그에게 보이지 않으시려는 하나님의 자비로운 섭리였던 것이다. 여하튼 이 전투에서 승리한 이집트는 다시금 팔레스타인 지역의 주도권을 갖게 되었고 유다 왕국은 급속히 쇠락의 길로 들어서게 된다.

하란 전투와 므깃도 전투는 정확 무오한 하나님의 '섭리'를 보여주는 또 다른 사건이었다. 1세기 전, 선지자 이사야는 앗시리아의 멸망에 대해 예언했다.

> 내가 앗수르를 나의 땅에서 파하며 나의 산에서 그것을 짓밟으리니 그때에 그의 멍에가 이스라엘에게서 떠나고 그의 짐이 그들의 어깨에서 벗어질 것이라(사 14:25).

앗시리아가 제국으로 성장한 이후 당시 그 어떤 나라도 앗시리아를 막을 수 없었으며, 이로 인한 그들의 불법, 극악무도, 잔악성, 패륜, 우상 전파 등은 세상을 혼탁하게 만들었다. 시대정신을 따라(?) 유다 왕들도 하나님보다 앗시리아를 더욱 신뢰하고 의지했다. 이에 온 세상을 정한 이치로 경영하시는 하나님께서는 그분의 공의를 위해 이 상황을 방관하실 수 없었다. 앗시리아를 징계하기로 마음을 정하신 것이다. 이미 작정하셨으므로 세상 누구도 그 계획을 폐할 수 없었고, 이미 그 계획 가운데 바벨론을 세워 도구로 예비하였으므로 누구도 앗시리아의 멸망을 돌이킬 수 없었다.

안타까운 것은 요시야 왕의 죽음이다. 성경에는 그가 "하나님의 입에서 나온" 느고 2세의 말을 듣지 않았다고 기록하고 있다. 전쟁의 목표는 대(對)바벨론전에 있었기 때문에, 사실 이집트 왕은 요시야 왕과 싸울 의향이 없었다. 그런데 "하나님이 나와 함께 계시니 그대는 하나님을 거스르지 말라 그대를 멸하실까 하노라"(대하 35:21)고 하는 느고 2세의 충언에 귀 기울이지 않은 요시야 왕은 그의 말대로 므깃도에서 전사하고 말았다.

비록 적장(敵將) 느고 2세의 입을 빌려 하나님께서 말씀하셨지만, "그대는 하나님을 거스르지 말라"는 말씀을 이해하지 못한 요시야 왕은 하나님을 진실로 경외하는 자였음에도 불구하고, 죽음으로써 '하나님의 섭리'에 순응하여야 했다.

47. 제1차 갈그미스 전투
: 바벨론의 패배

갈그미스 전투는 기원전 609, 605년에 두 차례에 걸쳐 바빌로니아와 이집트 간에 치러진 국제전이다. 구체적으로 이집트의 느고 2세와 바벨론의 느부갓네살 2세(Nebuchadnezzar II, 604-562년) 간의 전투였는데, 1차 전투는 이집트-앗시리아 연합군이, 2차 전투는 바벨론의 완전한 승리로 종결되었다. 이 전투의 결과는 근동 지역의 질서를 근본적으로 변화시켜 앗시리아는 역사에서 영원히 사라지게 되었고, 이집트는 약소국가로 전락해 메소포타미아에 대한 영향력을 완전히 상실했으며, 바벨론은 고대 바빌로니아의 영광을 재현하게 될 발판을 마련하였다.

지정학적으로, 갈그미스는 지중해 부근 알레포에서 북동쪽으로 140km 떨어진 고대 미탄니(Mitanni)와 히타이트(Hittite)의 중요한 도

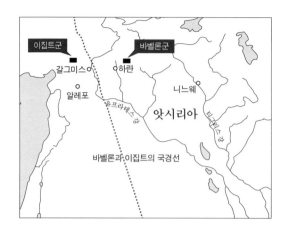

이집트군과 바벨론군의 대치 국면

시였고, 오늘날의 '제라불루스'(Jerablus)다. 이 성읍은 지중해 지역에서 유프라테스 지역으로 오고가는 관문으로서, 전략적 요충지이며 교역의 중심지였기 때문에, 수세기 동안 주인이 수시로 바뀌는 열강의 각축지가 되어 왔다.[14]

　　기원전 612년경 바벨론 동맹국에 의해 수도 니느웨 성이 함락된 후 사실상 앗시리아는 국가적으로 거의 몰락하였다. 그 결과, 수세기 동안 반앗시리아 전선을 구축하여 민족전쟁을 벌여 온 바벨론이 앗시리아의 빈자리를 차지함으로써, 근동 북방 지역과 레반트 일대에서 최대 강국으로 부상하게 되었다. 한편, 근동 남방의 또 다른 강대국인 이집트는 북방의 떠오른 별, 바벨론을 견제하기 위해 팔레

---

14 기원전 15세기경에는 이집트의 왕 투트모스 3세가 통제하였고, 기원전 14세기경에는 히타이트의 수필룰리우마스 1세(Supilluliuma I, 기원전 1344-1322년)가 갈그미스를 점령했다. 기원전 1178년경 히타이트 제국의 멸망과 함께 잠시 독립적인 도시로 해방되었다가, 기원전 717년경 사르곤 2세에 의해 갈그미스는 다시 앗시리아에 예속되었다.

스타인과 시리아 지역으로 세력을 확장하고자 했다.

이 두 강대국의 국가적 이익이 충돌한 장소가 바로 갈그미스였다. 이곳은 지난해(기원전 610년) 이집트의 느고 2세가 하란 전투에서 바벨론-메대 동맹군에 의해 패배한 후 앗시리아 잔존 세력과 후퇴하여 방어전선을 구축한 곳이다. 하란 재탈환을 준비하던 중, 부왕 프삼티크 1세가 갑작스럽게 서거함에 따라, 느고 2세는 일부 전투병력만을 갈그미스에 주둔시키고, 자신은 왕위 계승을 위해 본대를 이끌고 이집트 본토로 급히 귀국했었다.

한편, 하란 성 전투 이후 바벨론-메대 동맹군 사이에도 변화가 있었다. 바벨론-메대 동맹군은 하란 성에 바벨론 왕 나보폴라사르의 세자(世子) 느부갓네살 장군[15]만 주둔시키고 왕과 메대군은 주 병력과 함께 철수했다. 유프라테스 강을 사이에 두고 지루한 대치 끝에, 현지 지휘관 느부갓네살 장군은 갈그미스와 하란 사이에 형성된 이집트의 국경 방어선을 뚫고 갈그미스를 공격할 준비를 서서히 갖추고 있었다. 이때 유다 왕국의 요시야 왕과 므깃도에서 예상치도 않던 전투로 상당한 시간을 허비해 버린 이집트의 느고 2세는 부대를 재정비한 후, 갈그미스를 향해 급속 행군했다. 마침내 이집트 군이 갈그미스에 도착하자, 힘겹게 방어전선을 지키고 있던 앗시리아-이집트 동맹군의 사기가 한층 고양되었다.

첩자로부터 이집트의 원군이 갈그미스에 도착했다는 소식을 접한 느부갓네살 장군은 공격 시점을 놓친 것이 못내 아쉬웠다. 이집

---

15 느부갓네살 장군은 세자로 책봉된 후 부왕 나보폴라사르가 기원전 605년에 죽자, 느부갓네살 2세로 왕위에 올랐다.

트 원군이 도착하기 전에 선제공격했더라면, 팔레스타인 지역을 석권하기 위한 전략적 요충지인 갈그미스를 큰 희생 없이 선점할 수 있었을 것이라는 미련 때문이었다. 참모들과 작전 회의를 마친 느부갓네살 장군은 방금 도착한 이집트군이 대형을 갖추기 전에 선제공격하기로 결심하고, 그날 바로 갈그미스로 진군 명령을 내렸다. 3일을 꼬박 행군해서 갈그미스에 도착한 바벨론군은 지체 없이 이집트-앗시리아 동맹군을 맹렬히 공격했다. 하지만 이집트-앗시리아 동맹군이 구축한 요새들을 공략하기가 쉽지 않아 양군의 대치가 장기화되었다.

공격부대는 방어부대에 비해 3배 이상의 전력을 보유해야만 공격 작전의 성공을 보장할 수 있다. 그런데 바벨론군은 앗시리아-이집트 동맹군의 전투 능력을 과소평가한 나머지, 본대 병력을 철수시켜 버려 전투력이 오히려 방어하는 동맹군보다 열세였다. 기본 전투력이 약하다 보니, 전투 경험이 풍부했던 느부갓네살 장군도 이번 전투에서는 승기를 잡을 방법이 없었다. 그렇게 고전을 하는데 이집

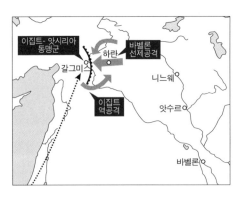

1차 갈그미스 전투(기원전 609년)

트의 느고 2세가 갑자기 방어에
서 공격으로 국면(Phase)을 전환
했다.

느고 2세의 지휘부 이동

　이집트는 병력 수(數)와 장비
성능 면에서 바벨론보다 월등했
다. 그리고 전차부대는 경량화되
어 근동 지역에서 가장 기동력이
우수한 것으로 정평이 나 있었다.
게다가 궁수부대가 보유한 강궁

(強弓)의 사거리는 당대 최고였다. 강궁으로 무장한 궁수부대를 제대
의 최전방에 배치하여 무수히 활을 쏘아대니 바벨론군의 최전방 공
격전선이 무너져 버렸다. 더 이상 버틸 여력이 없자, 자존심 강한 바
벨론의 느부갓네살 장군도 어쩔 수 없이 후퇴 명령을 내리게 된다.
이집트-앗시리아군의 승리였다.

　그러나 느고 2세는 하란으로 후퇴하는 바벨론군을 추격하지 않
았다. 유프라테스 강을 경계로 바벨론과 국경을 정한 후 팔레스타인
전 지역을 통제한다는 자신의 목표가 달성되었으므로, 그는 더 이상
확전을 원하지 않았다. 그리하여 예하 지휘관에게 이집트 일부 병력
과 앗시리아 잔여 세력을 위임하여 갈그미스를 지키는 국경 수비 임
무를 부여하고, 자신은 친위부대와 일부 기병부대를 인솔해 갈그미
스에서 300km 남쪽에 위치한 리블라(Riblah)로 이동해서 팔레스타인
일대를 본격적으로 통치할 지휘부를 설치했다.

48. 제2차 갈그미스 전투 1
: 이집트의 속국이 된 유다

열왕기하 23:31-25; 역대하 36:1-4을 중심으로

갈그미스 전선(戰線)을 떠나 리블라에 머물며 향후 대(對)바벨론 전과 팔레스타인 통제책을 구상하던 느고 2세는 친바빌로니아로 돌아선 유다 왕국의 태도를 엄중히 심판할 것임을 천명했다. 그 이유는 세 가지였다.

첫째, 작전적 측면이었다. 유다의 요시야 왕이 므깃도에서 방해하지 않았다면, 전투력을 온전히 유지한 가운데 앗시리아군와 연합하여 큰 희생 없이 바벨론군을 격파하고 옛 이집트의 영토를 쉽게 회복할 수 있었을 것이란 판단 때문이었다.

둘째, 팔레스타인 전역을 통제하기 위한 고도의 전략적 포석이었다. 유다 왕국과 같이 이집트를 방해하는 세력은 반드시 징벌을 받는다는 사실을 주변국에 본보기로 보여 줄 계획이었던 것이다. 즉

반이집트 세력을 일벌백계함으로써 팔레스타인 영토 내에 있는 군소국가들이 연합하여 친바빌로니아로 돌아서는 불상사를 미연에 방지할 수 있다는 정치 외교적 고려가 저변에 깔려 있었다.

셋째, 느고 2세의 개인적 자존심과 관련된 문제였다. 이집트를 출발하기 전 1년여를 준비한 자신의 군대가 왕이 아닌 세자 느부갓네살 장군이 지휘하는 소수 바벨론군과 싸워 간신히 승리했다는 사실은 이집트의 옛 영광을 꿈꾸는 느고 2세로서는 여간 자존심 상하는 일이 아니었다. 최초의 계획부터 어그러진 이 모든 것이 유다 왕국의 정치적 배신 때문이라 생각하니, 이에 대한 징벌은 불가피하다고 보았던 것이다.

그리하여 유다 왕국에 파발을 띄워 유다 왕을 리블라로 소환했다. 이때 유다 왕국은 요시야 왕이 므깃도 전투에서 전사한 후 그의 아들 여호아하스(Jehoahaz, 기원전 609년)가 약관 23세의 나이로 왕위를 승계한 지 3개월이 채 되지 않은 상황이었다. 느고 2세는 유다 왕국이 자신의 계획을 방해한 것에 대한 보복으로 여호아하스를 강제 폐위시키고, 은 100달란트와 금 1달란트 상당의 전쟁배상금을 물게 했다.[16] 그리고 예전 앗시리아 제국이 그런 것처럼 죽은 요시야 왕의 장남 엘리아김(Eliakim, 기원전 609-597년)[17]을 왕으로 앉혀 이집트의 봉신으로 만들고 여호아하스는 자신이 이집트로 귀환할 때 볼모로 데

---

16 당시 금 1달란트는 은 15달란트와 동일한 가치였다. 금 1달란트는 금 34kg에 상응하며, 원화 가치로는 10억 원에 해당한다. 은 100달란트는 60억 원에 가까운 금액이다.

17 느고 2세는 엘리아김을 여호야김(Jehoiakim)으로 개명시켰다(대하 36:4).

려가고자 구금해 버렸다.[18]

한편, 이집트군에게 불의의 일격을 당한 느부갓네살 장군은 하란으로 철수한 후 재침공의 기회를 엿보고 있었으나 여의치 않았다. 갈그미스 전투에서 패한 후 재무장을 위해선 병력, 장비 그리고 전투 유지에 필요한 보급품의 재투입이 필수였으나 본국까지 800km 이상 떨어져 있다는 것이 큰 장애가 되었다. 부득이 그는 선제공격 작전을 포기하고 방어 태세를 취하게 되는데, 이때부터 애초에 공격 의도가 없던 이집트군과 지루한 장기 대치를 하게 된다. 그는 첩자로부터 이집트의 느고 2세가 전선을 이탈해 리블라로 지휘부를 옮겼다는 소식을 듣고, 휘하 지휘관에 남은 병력에 대한 지휘권을 위임하고 자신은 앗시리아 멸망 이후 요동치고 있는 바빌로니아의 정치를 안정시키고자 바벨론으로 철수했다.

이집트군 사령부가 있던 리블라에서도 바벨론의 느부갓네살 장군이 본국으로 돌아갔다는 첩보를 입수했다. 전선을 확대하고 싶지 않았던 느고 2세는 갈그미스에 주둔하고 있는 사령관에게 국경 방어 임무의 전권을 부여하고 자신은 이집트로 돌아가리라 결심했다. 왕으로 즉위하자마자 대(對)바벨론전을 일으켰고, 국정을 파악하기도 전에 나라를 상당 기간 비워 국내 상황이 염려되었던 것이다. 그래서 그는 서둘러 귀국하면서 갈그미스와 이집트 사이의 모든 국가, 즉 팔레스타인 지역의 왕국들에 대한 통제와 영향력을 굳건히 하기

---

18 이집트의 볼모로 잡혀 간 여호아하스는 유다로 생환하지 못하고 이집트에서 죽고 만다. 예레미야를 통해 계시된 성경 기록, 즉 "그가 이곳으로 다시 돌아오지 못하고 잡혀 간 곳에서 그가 거기서 죽으리니 이 땅을 다시 보지 못하리라"(렘 22:11-12)는 하나님의 말씀이 성취된 사건이다.

위한 조치로서, 만일 어떤 국가라도 반이집트로 돌아선다면 이와 같은 징계가 있을 것임을 시범적으로 보이기 위해 유다 왕국의 여호아하스 왕을 인질로 데려갔다.

기원전 609년부터 606년 사이의 레반트와 메소포타미아는 비교적 평온한 나날을 보내고 있었다. 다시 말해, 앗시리아 제국의 멸망으로 메소포타미아와 팔레스타인 지역의 모든 나라가 매년 바치는 무거운 조공과 강제이주의 불안에서 해방되어 독립국으로서 기쁨을 누리고 있었다. 그러나 이러한 평화도 잠시, 1차 갈그미스 전투가 끝난 지 4년 뒤에 바벨론의 느부갓네살 장군이 이집트군에 대한 설욕과 팔레스타인 지역의 지배권을 회복하기 위해 다시금 군사를 일으켜 갈그미스 지역에 대한 대대적인 공격을 감행했다. 이것이 2차 갈

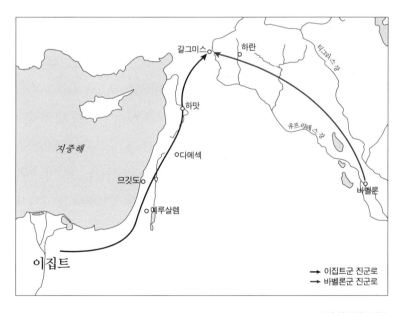

2차 갈그미스 전투

그미스 전투다.

4년 전 느고 2세에게 불의의 패배를 당한 느부갓네살 장군이 바벨론에서 한 달을 꼬박 행군하여 하란 성에 남겨 둔 잔류병과 합류했다. 이번 출정은 동맹군을 구성하지 않고, 대신 군사력을 대폭 증강하여 바벨론군 단독으로 출정했다. 일주일간 하란에서 휴식과 재정비를 마친 다음 갈그미스에 대한 총공격을 단행할 계획이었다. 지난번 전투처럼 정면 공격으로는 이집트군이 유프라테스 강 상류를 연하여 구축한 방어선을 무너뜨릴 수 없다는 사실을 느부갓네살 장군은 잘 알고 있었다.

정찰병을 풀어 이집트군의 지형을 분석한 바에 의하면, 갈그미스에서 약 15km 북쪽에 메스라(Mezra)라는 곳이 강폭이 좁고 수심도 얕아 도하하기에 최적지라는 걸 알았다. 이집트군이 이 약점을 모를 리 없었다. 최선의 용병술이란 일종의 기만술로 아군의 의도를 감추고 유리한 방향으로 작전을 능동적으로 주도하는 것이다. 그리하여 느부갓네살 2세는 이번 전투에서 양동작전(陽動作戰, feint operation)[19]을 구사하기로 한다. 즉 갈그미스에서 남쪽으로 3km 떨어진 탈릭(Talik)을 자신의 친위대장 느부사라단(Nebuzaradan)이 주공으로서 공격하는 것처럼 위장해 이집트군의 주력이 남쪽으로 전념할 때, 자신이 지휘하는 주공은 메스라를 도하해 갈그미스로 곧장 진격한다는 계획이었다.

---

19 적으로 하여금 아군의 작전 의도를 오인하게 만들거나 판단을 곤란하게 하기 위한 목적 또는 아군이 결정적인 작전을 수행하고 있는 지역으로부터 적의 관심과 행동을 다른 곳으로 돌릴 목적으로 수행하는 일종의 기만전술이다.

한편, 이집트의 느고 2세도 이미 바벨론군의 동향을 내간을 통해 인지하였기에 서둘러 군대를 소집했다. 이번 전투에서는 전차와 말을 잘 다루는 구스인(Ethiopians), 방패를 잡고 근접전투에 탁월한 붓 사람(Lybyans) 그리고 활을 잘 쏘는 루딤 사람(Lydians)과 동맹군을 형성했다(렘 46:9). 그리고 장장 1500km 거리를 37일간 행군하여 갈그미스에 간신히 도착했다. 갈그미스 주둔군 사령관이 느고 2세에게 일주일 전에 도착한 바벨론군이 하란 성에 머물며 휴식을 취하고 있다는 종합적인 판단을 보고했다. 느고 2세는 장거리 행군으로 지친 병사들의 상태를 고려해 초전(初戰)에는 공격 작전보다는 유프라테스 강 기슭에 이미 구축한 참호를 이용해 방어작전을 펼치기로 한다. 이후 바벨론군의 형편을 살펴 공세로 전환하기로 했다.

49. 제2차 갈그미스 전투 2
: 바벨론의 승리

열왕기하 24장; 예레미야 46장을 중심으로

이집트군이 갈그미스에 도착한 다음 날, 바벨론군이 탈릭(Talik)으로 이동했다. 그리고 나루터에 집결하여 허위로 도하할 듯이 위세를 떨쳤다. 경계병으로부터 바벨론의 이동과 도하 직전이라는 보고를 접수한 느고 2세는 바벨론의 주공이 탈릭이라 판단하고, 즉각 방어의 주력을 탈릭 방향으로 돌렸다.

그러자 느부사라단은 이집트군에 화살을 집중 퍼부으며 마치전 병력이 도하할 기세를 보였고, 이에 맞선 이집트군은 바벨론군의 도하를 필사적으로 저지했다.

한편, 갈그미스 북편에서는 느부갓네살 장군이 지휘하는 주력군이 이집트군의 저지 없이 유프라테스 강을 건너 갈그미스로 남진(南進)하고 있었다. 그 시각 이집트군은 갈그미스에 최소한의 방어병력

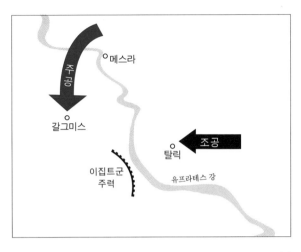

만 남긴 채 느고 2세의 지휘 아래 탈릭에서 바벨론군의 도하를 필사적으로 저지하고 있었다. 갈그미스에 진입한 느부갓네살 장군은 그야말로 거칠 것 없이 이집트군의 방어망을 순식간에 무너뜨리며 불과 수시간 만에 갈그미스 성 전체를 함락해 버렸다. 기세를 몰아 이집트의 주력이 집결해 있는 탈릭으로 진군해 느부사라단과 교전하고 있던 느고 2세의 배후를 강타했다. 이때 강 건너에서 양동작전으로 느고 2세의 주력을 붙들고 있던 느부사라단이 도하 명령을 내리자, 이집트군은 앞뒤로 포위되어 버렸다. 바벨론의 전후 압박에 이집트군의 전선은 완전히 와해되었으며, 병사들은 바벨론군의 전차와 말의 발굽 그리고 칼날에 추풍낙엽처럼 탈릭 평원 위에 쓰러져 갔다. 여호와의 계시를 받은 유다 왕국의 선지자 예레미야는 이 상황을 이렇게 묘사했다.

여호와의 말씀이니라 내가 본즉 그들이 놀라 물러가며 그들의
용사는 패하여 황급히 도망하며 뒤를 돌아보지 아니함은 어찜
이냐 두려움이 그들의 사방에 있음이로다 발이 빠른 자도 도망
하지 못하며 용사도 피하지 못하고 그들이 다 북쪽에서 유브라
데 강가에 넘어지며 엎드러지는도다(렘 46:5-6).

이집트의 느고 2세는 배후에서 바벨론군이 나타나자, 그제야 자
신의 오판을 인지하고 친위부대의 호위를 받아 전장을 이탈해 이집
트로 급거 철수했다. 바벨론 느부갓네살 장군의 대승리였다. 4년 전
의 패배를 설욕한 것이다. 이때가 기원전 605년 8월경이다. 승리에
한껏 도취된 느부갓네살 장군은 공격 기세를 유지하며 팔레스타인
지역의 반(反)바빌로니아 국가와 이집트를 공격, 완전히 평정하고자
했다. 그런데 본국으로부터 급히 귀국하라는 통지가 전달되었다. 부
왕 나보폴라사르가 급사(急死)했다는 비보(悲報)였다.[20] 아쉽지만 차
후를 기약하며 갈그미스에 최소한의 방어병력만 주둔시킨 채 본대
를 인솔하여 바벨론으로 급거 귀환했다.[21]

기원전 605년에 발생한 2차 갈그미스 전투는 세계 역사를 바꾸
어 놓은 중요한 전투였다. 이 전투의 결과로 앗시리아의 잔존 세력
은 역사에서 영원히 사라져 버렸고, 이집트는 향후 팔레스타인 지역
에 대한 주도권을 완전히 상실했을 뿐 아니라 역사에서 다시는 대국

---

20 기원전 605년 8월 16일에 서거한 것으로 기록되어 있다.

21 바벨론 문서에 의하면, 갈그미스 전투에서 승리한 느부갓네살 2세는 8월에 부왕 나보폴라
사르의 서거 소식을 접한 후 즉각 귀국하여 같은 해 9월에 바벨론에서 왕위를 계승했다고 한다.

으로서 일어설 수 없는 약소국가로 전락하게 되었다. 이에 반해 갈그미스 전투에서 승리한 느부갓네살 2세(기원전 605-562년)는 제2대 신바빌로니아 제국의 왕이 되었으며 바벨론은 한동안 세계를 제패하는 대국으로 발돋움했다.

바벨론은 갈그미스를 발판 삼아 차후 유다 왕국을 공격해 제18대, 제19대 유다 왕 여호야김과 여호야긴을 폐위시키고, 많은 유다 백성을 바벨론으로 포로로 끌고 갔다. 그리고 유다의 마지막 왕 시드기야를 왕위에 앉혀 바벨론 괴뢰 정권을 세우나, 기원전 586년 시드기야의 배신으로 유다 왕국은 멸망의 길로 들어서게 된다. 이후 바벨론은 이집트까지 점령해 앗시리아에 이은 또 다른 제국으로서 거듭난다. 따라서 기원전 605년은 구속사나 세계사적으로 매우 중요한 해로 여겨진다.

범죄한 민족에 대한 하나님의 징계가 갈그미스 전투와 같은 역사적 배경에서 시행되었다는 사실에서 인류 역사에 대한 하나님의 주재권을 발견하게 된다. 앗시리아의 마지막 세력과 이집트의 동맹군이 단독으로 전투에 임한 바벨론의 느부갓네살 장군을 상대했지만, 이미 하나님께서는 이스라엘을 징계하는 도구로서 바벨론을 이용하시고자 이집트가 패할 것을 계시하셨다. 여호와 하나님의 말씀을 받은 예레미야는 유다 왕국을 종단하여 갈그미스로 향하는 이집트군을 바라보면서 이집트의 패배를 다음과 같은 서사시로 표현했다.

그날은 주 만군의 여호와께서 그의 대적에게 원수 갚는 보복일이라 칼이 배부르게 삼키며 그들의 피를 넘치도록 마시리니 주 만군의 여호와께서 북쪽 유브라데 강가에서 희생제물을 받으실 것임이로다 처녀 딸 애굽이여 길르앗으로 올라가서 유향을 취하라 네가 치료를 많이 받아도 효력이 없어 낫지 못하리라 네 수치가 나라들에 들렸고 네 부르짖음은 땅에 가득하였나니 용사가 용사에게 걸려 넘어져 둘이 함께 엎드러졌음이라(렘 46:10-12).

　이집트의 패전은 역사의 주인되신 '하나님의 섭리'였다. 그리고 갈그미스 전투가 종료된 지 40년 후, 이집트는 또 한 번의 시련을 겪게 된다. 바벨론이 이집트 본토를 침공해 토착 왕조를 완전히 멸망시킨 것이다. 이후 이집트는 두 번 다시 본토 이집트인의 통치권을 세우지 못하고 다른 열강들의 속국으로 전전하게 된다. 즉 바벨론의 점령 이후 차례로 페르시아, 프톨레마이오스, 로마, 사라센, 오스만 투르크 그리고 영국의 식민지가 되었고, 1919년에 영국으로부터 독립한 후에도 현재까지 예전의 영화를 회복하지 못하고 있다. 성경은 이와 같은 역사적 사실에 대해 이집트가 갈그미스 전투 이후로 "다시는 그 나라에서 나오지 못하였으니"(왕하 24:7)라고 기록하고 있다. 갈그미스 전투는 성경에 계시된 하나님의 말씀이 참으로 정확 무오함을 예표하는 중요한 사건이 아닐 수 없다.

50. 바벨론 대 이집트 전쟁 1
: 폭풍전야, 1차 바벨론 포로
열왕기하 24장; 다니엘 1장; 예레미야 14, 49장을 중심으로

기원전 605년 8월, 갈그미스 전투에서 대(對)이집트전에 승리해 한껏 기쁨에 도취된 느부갓네살 장군은 부왕 나보폴라사르의 급작스런 서거 소식을 접했다. 패주하는 이집트군 추격을 포기하고, 대신 미처 도망하지 못한 수많은 이집트 포로를 사로잡아 바벨론으로 끌고 갔다. 그 해 9월에 성대한 왕위 즉위식을 마치고, 1개월을 체류한 뒤 10월에 다시 대규모 군사를 일으켜 지난번 보류해 둔 팔레스타인 지역에 대한 정복전쟁을 재개했다. 이 역사적 사건의 시기를 성경은 정확하게 기록하고 있다(단 1:1; 왕하 24:1 참고).

1차 갈그미스 전투 후, 유다 왕 여호야김(Jehoiakim, 기원전 609-598년)은 이집트의 느고 2세에 의해 왕위에 올랐으며 이후 이집트의 봉신이 되었다. 때문에 조정의 많은 대신들은 친이집트파가 득세하여

2차 갈그미스 전투 후 달라진 국제정세에 둔감했다. 그들은 이집트의 국제적 위상 약화와 바벨론의 부상이라는 시대적 흐름을 읽지 못하고, 여전히 이집트에 의존하는 외교정책을 폈다.

드디어 느부갓네살 2세가 중무장한 대군을 이끌고 1개월여 행군한 끝에 아람 지역에 이르러 수도인 다메섹을 점령했다. 다메섹은 앗시리아에 복속된 후 모진 시달림을 받아 오다가 앗시리아가 멸망하자 잠시 독립한 듯했으나, 기원전 605년에 또다시 바벨론에 지배를 받는 처지가 되었다. 바벨론의 침략과 약탈은 앗시리아의 그것과 맞먹을 정도로 잔혹했다. 바벨론군은 팔레스타인과 지중해 연안 부족국가뿐만 아니라 동부 지역 사막에 살던 게달(Kedar)과 하솔(Hazor) 왕국도 멸망시키고 페르시아 만에서 지중해 서안에 이르는 무역로를 완전히 장악했다(렘 49:28-33 참고).

이러한 상황에서 유다 왕국의 여호야김은 왕국의 안보를 굳건히 한다는 명목하에 이집트와의 군사동맹 관계를 일방적으로 파기해 버리고 친바벨론으로 돌아선다. 바벨론군에 의해 국가가 완전히 사라지는 것보다 차라리 봉신으로서 나라의 명맥을 유지하는 편이 낫다고 판단한 것이다. 그러나 과거 앗시리아가 그랬듯이, 느부갓네살 2세는 여호야김을 분봉왕으로 임명한 후 계속적인 충성을 확고히 담보하기 위해 인질정책을 폈다. 이때 유다 왕국의 다니엘을 비롯한 수많은 귀족들이 포로로 잡혀갔는데, 이 역사적 사건이 기원전 605년에 일어난 '1차 바벨론 유수'(幽囚)다.[22]

---

22 1차 포로 시기는 기원전 605년이며, 여호야김 4년(렘 46:2) 그리고 느부갓네살 원년이었다. 포로의 대상은 다니엘을 포함한 왕족과 귀족들이었다(단 1:3). 여호야김은 처음 3년은 바벨론

예레미야 선지자

그로부터 3년 후, 유다 전역에 혹독한 기근이 들었다. 이 가뭄에
대해 여호와께서는 선지자 예레미야를 통해 이미 7년 전에 유다 백
성들에게 다음과 같이 예고하셨다.

가뭄에 대하여 예레미야에게 임한 여호와의 말씀이라 유다가
슬퍼하며 성문의 무리가 피곤하여 땅 위에서 애통하니 예루살
렘의 부르짖음이 위로 오르도다 귀인들은 자기 사환들을 보내
어 물을 얻으려 하였으나 그들이 우물에 갔어도 물을 얻지 못
하여 빈 그릇으로 돌아오니 부끄럽고 근심하여 그들의 머리를
가리며 땅에 비가 없어 지면이 갈라지니 밭 가는 자가 부끄러
워서 그의 머리를 가리는도다 들의 암사슴은 새끼를 낳아도 풀

올 섬기다가 다시 이집트와 동맹하여 반(反)바벨론 정책을 펼친 관계로(왕하 24:1), 기원전 602년
경 쇠사슬로 결박당해 바벨론으로 끌려갔으며, 이때 많은 성전기구들도 몰수당했다(대하 36:6; 단
1:1-2, 5:2).

이 없으므로 내버리며 들 나귀들은 벗은 산 위에 서서 승냥이 같이 헐떡이며 풀이 없으므로 눈이 흐려지는도다(렘 14:1-6).

성경은 이 재앙이 유다의 종교적 타락에서 기인한다고 기록하고 있다. 이 시대의 선지자 예레미야의 증언을 들어 보자.

우리의 타락함이 많으니이다 우리가 주께 범죄하였나이다(렘 14:7).

이 충정 어린 고백에 대해 여호와는 유다 백성에 대한 징계의 당위성을 계속해서 선포하셨다.

너는 이 백성을 위하여 복을 구하지 말라 그들이 금식할지라도 내가 그 부르짖음을 듣지 아니하겠고 번제와 소제를 드릴지라도 내가 그것을 받지 아니할 뿐 아니라 칼과 기근과 전염병으로 내가 그들을 멸하리라(렘 14:11-12).

그로부터 2년 후, 기원전 601년경 바벨론의 느부갓네살 2세가 대(對)이집트 정벌을 위한 군사를 일으켰다. 야심 많은 느부갓네살 2세는 이집트를 정복하는 것이 비옥한 초승달 지역을 완전히 장악하여 옛 바빌로니아의 영광을 재현하는 최종 상태임을 알고 있었기에 오래전부터 대(對)이집트 정복전쟁을 계획하고 있었다. 현대 군(軍)의 5개 사단 규모인 십만 대군이 바벨론에서 이집트까지 무려

2100km 거리를 두 달간에 걸쳐 행군한다는 것은 많은 위험을 감수해야 하는 도전적인 시도였다. 더군다나 오랜 행군 후 육체적 피로를 완전히 회복하기 전에 이집트가 선제공격한다면, 패배도 각오해야 하는 무모한 전쟁일 수도 있었다. 그러나 느부갓네살 2세는 이 전쟁에서 승리할 경우, 이집트에서 약탈한 전리품으로 모든 병사에게 상응한 보상을 할 것이라는 것과, 포로를 잡아들여 그들로 하여금 복귀 시에 중장비를 수송하도록 하여 바벨론 병사들의 수고를 덜며, 귀족들과 신관들에게는 포로들을 노예로 헌납할 것임을 약속해 병사들의 사기를 북돋우고 귀족들의 전쟁분담금 지원을 확보했다.

바벨론의 군 편성은 주로 공성전에 대비한 장비와 전차부대를 보병부대에 배속시켜 편제화해 중량화되어 있었다. 효용 면에서는 전투 중에 적에게 결정적 타격을 가할 수 있으므로 단기전에는 효과를 발휘할 수 있으나, 속도와 기동 그리고 장거리 수송 면에서는 제약이 따랐다. 느부갓네살 2세와 예하 부대는 긴 행군 끝에 갈그미스에 도착하여 주둔군 사령관의 환영과 융숭한 접대를 받은 다음, 사흘 후 다시 출발하여 두로(Tyre)-악고(Acco)-돌(Dor)을 지나 이집트로 향해 마지막 속도를 내고 있었다.

한편, 이집트의 느고 2세는 '내간'을 통해 바벨론의 출정 소식을 이미 들어 알고 있었다. 해안도로를 따라 이동하더라도 바벨론에서 이집트까지 최소한 50일 이상 소요된다는 것을 알기에 자신도 바벨론과 같은 규모로 군사를 소집해 전투태세를 갖추었다. 그리고 예하 지휘관들과 전투 모의 훈련을 수차례 하기도 했다. 피해를 최소화하기 위해 방어태세를 취할 것인가, 아니면 전장의 주도권을 잡고

팔레스타인 지역의 가사 평원

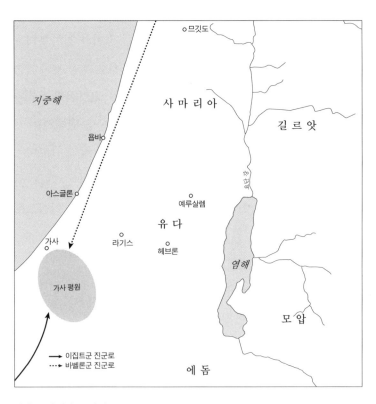

바벨론군과 이집트군의 진군로

공세적으로 바벨론과 결전을 치를 것인가를 두고 치열한 작전회의 끝에 느고 2세는 공격작전을 감행하기로 최종 결정했다. 다만, 이집트 본토에서 전투가 치러져 자국의 백성과 시설이 초토화되는 것을 피하고자, 이집트에서 북상해 유다 왕국 서편에 있는 가사 평원(The Plain of Gaza)에서 바벨론군을 차단하여 결전을 벌이기로 결정했다. 그리고 바벨론의 중무장된 보병의 가공할 위력을 갈그미스 전투에서 경험했기에 이번에는 새로운 작전을 구사하기로 한다. 지중해 연안에 위치한 가사 지역의 이점을 활용해 예비대를 배(船)로 이동시켜, 해안가에 대기시켰다가 신호와 동시에 바벨론군의 측면과 배후를 타격하도록 계획했다. 이 지역의 지형에 정통한 이집트로서는 지리적 이점을 살린 회심의 카드였다.

행군 중인 느부갓네살 2세는 첩자를 통해 이집트군이 가사로 이동해 방어전선을 구축하고 있다는 첩보를 입수했다. 그는 방어에 필요한 요새도 없는 평원에서 전투를 치르고자 하는 이집트의 작전 계획을 반신반의했다. 지난번 요새화된 갈그미스 전투에서도 패한 이집트군이 평원에서 자신의 중전차부대의 공격을 어떻게 방어할 수 있을까 싶었기 때문이다.

51. 바벨론 대 이집트 전쟁 2
: 이집트의 패배, 1차 바벨론 유다 침공
열왕기하 24:1-7; 역대하 36:5-7; 예레미야 22, 27장을 중심으로

바벨론군은 사흘 길을 더 행군하여 마침내 가사 평원에 도착했다. 육안으로 식별 가능한 거리에 이집트군의 진영이 보였다. 느부 갓네살 2세는 전군을 정지시키고, 전투 대형을 갖추도록 명령했다. 전차가 기동하기에 더없이 좋은 평원이라 전차부대를 최선두에 배치하여 이집트군의 정면에서 충격을 줘서 선형전선(線型戰線)을 와해한 다음, 사분오열된 적을 각개격파 하겠다는 계획이었다. 이에 반해, 이집트군은 최대한 방어태세를 유지하여 바벨론군의 공격을 막아 내다가 적당한 시기에 해안가에 대기 중인 예비대를 움직여 바벨론군의 배후와 측면을 공격하고, 이어서 공세로 작전을 전환하겠다는 복안이었다.

바벨론군의 전차부대가 선제공격을 개시하고 이집트의 최전

선을 향해 돌격했다. 이에 대항해, 이집트의 강궁부대가 무수한 활을 바벨론 전차부대를 향해 쏘아댔다. 이집트군의 대응에도 불구하고, 바벨론군의 기병 1개 제대와 보병 3개 제대가 동시에 전차부대를 후속하여 기세 좋게 공격했다. 바벨론군의 공격력은 당대 최고를 자랑했다. 현재 방어선에서 하루는 버틸 것이라 판단했는데, 반나절이 못 되어 주력 방어부대가 심한 타격을 입게 되자, 이집트의 느고 2세는 곧장 신호를 보내 예비대의 투입을 지시했다. 그리고 방어 주력군은 예비대가 도착할 때까지 최대한 바벨론 기동부대를 전선에 묶어 두어 바벨론군의 주의력을 분산하는 데 역량을 집중하도록 독려했다.

바벨론군은 맹렬한 공격으로 전방 전투에 전념하는 중에 느닷없이 측면과 후방에서 이집트군이 나타나자 순간 당황했다. 자칫 공격부대의 배후가 이집트군에 노출당하면 마치 뒤통수를 망치로 타격당하는 것과 같은 충격을 받아 몰살당할 것이었다. 그렇다고 이미 전선이 복수화되어 전차부대를 돌이킬 수도 없었다. 할 수 없이 대안으로서, 자신의 친위부대를 투입하여 공격부대가 포위되지 않도록 측면과 배후를 방어하도록 명령했다.

이때 전방전선에서는 바벨론군 전차부대의 활약에 힘입어 이집트의 방어주력군이 무너져 버렸다. 바벨론의 맹렬한 공격을 견디지 못한 느고 2세는 단계적 철수(phaseout)를 지시하고 예비대를 남겨 둔 채 자신은 친위부대의 호위를 받아 이집트로 철수했다. 한편, 이집트의 예비대는 상대적으로 약한 바벨론의 보병부대를 집중 공격하여 바벨론군에 상당한 타격을 입히고 있었다. 치명적인 허점인 측면과 배후를 공격당한 바벨론군은 친위부대의 결사적인 방어에도 불구하고 이집트의 경전차부대의 기동력에 속수무책으로 당하여 수많은 보병전사들을 잃어버렸다.

　때마침 이집트군의 주력부대가 전장을 이탈하여 철수하였기에, 바벨론군의 전차부대가 공격 목표를 바꾸어 이집트군의 경전차부대를 상대할 수 있게 되었다. 쫓고 쫓기는 치열한 기동전 끝에 기동력에서는 다소 떨어지나 타격력이 월등한 바벨론군이 마침내 이집트군을 완전히 제압했다. 우수한 기동력을 보유한 이집트군도 선방하였으나, 전차대 수의 열세와 바벨론의 가공할 공격력 앞에 무릎을 꿇고 말았다. 블레셋 땅인 가사 평원에서 벌어진 바벨론-이집트 전투는, 현대전 개념에서 2차 세계대전 때의 독일군 롬멜(Erwin Rommel)과 영국군 몽고메리(Bernard Montgomery)가 겨룬 기갑전과 맞먹을 정도로 치열했다.

　이 전투는 단순한 국지전이 아니라 승리하는 편이 근동의 패권을 차지하고 패하는 편이 군소국으로 전락할 위험이 있는 국가의 명

포로로 잡혀가는 이집트군들

운이 걸린 전투였다. 불행히도, 이집트군은 4년 전에 치른 갈그미스 전투에 이어 또 한 번의 패배를 맛보아야 했다. 한편, 이 전투에서 바벨론군은 패주하는 이집트군의 추격을 포기할 정도로 엄청난 손실을 입었다. 이집트의 느고 2세가 운용한 예비대의 기습공격에 대비하지 못한 것이 치명적이어서, 오히려 사상자가 이집트군보다 많았다. 전차부대와 후방부대에 속한 치중대의 피해도 심각해 더 이상 전투를 치를 수 없을 정도였다. 참모들과 지휘관들에게서 군의 모든 피해 현황을 보고받은 느부갓네살 2세는 이집트 점령을 목전에 두고 철수 명령을 내릴 수밖에 없었다. 그리고 살아남은 이집트군 병사들을 모조리 포로로 끌고 갔다. 이때가 기원전 601년경이다.

한편, 유다 왕 여호야김은 전투 현장에 잠입시킨 자국의 첩자를 통해 전쟁 결과를 전해 들었다. 비록 바벨론이 승리는 하였으나 심각한 피해를 입어 당분간 군사적 도발을 하지 못할 것이라는 보고였다. 4년 전 수많은 백성을 포로로 잡아 간 일로, 바벨론에 대해 악(惡)감정을 가지고 있던 여호야김은 이 기회에 바벨론에 반기를 들어 속국 신분에서 탈피하고자 했다. 이에 대한 조치로서, 이집트에 사신을 보내 양국의 동맹관계를 복원시킴으로써 친이집트, 반바벨론 외교정책을 감행했다. 바벨론의 느부갓네살 2세는 이 소식을 듣고도 이집트와의 전쟁에서 입은 피해 규모가 예상보다 커서 유다에 대해 어떤 군사적 제재도 가하지 못했다. 그는 1년 이상 바벨론궁에 머물며, 국가의 최우선 정책을 군사력 재구축에 두고 모든 역량을 이에 집중했다.

이 무렵 바벨론-이집트 간 가사 전투(Battel of Gaza, 기원전 601년) 이후 레반트-팔레스타인 지역에 힘의 공백이 생겼다. 앗시리아는 수년 전에 멸망했고, 이집트는 바벨론에 의해서 완전히 이 지역에서 쫓겨났으며, 바벨론은 대(對)이집트전에서 입은 엄청난 전투력 손실로 인해 군소 왕국을 물리적으로 통제할 여력이 없었다.

이 기회를 놓칠세라 기원전 598년, 여호야김은 이집트와의 정치·군사적 동맹을 더욱더 노골화하고, 기원전 601년 이래 3년 동안 바벨론에 바치던 조공을 중단해 버렸다(왕하 24:1). 7년 전부터 예레미야는 바벨론에게 복종하는 것이 하나님의 뜻이므로, 애굽을 좇지 말고 바벨론에게 계속 조공을 바치라고 줄기차게 충언하였으나 여호야김은 이를 듣지 않았다(렘 27:7-11). 바벨론에서 이 소식을 전해 들은 느부갓네살 2세는 더 이상 유다 왕국의 정치 행태를 두고 볼 수 없어, 그의 본향 족속인 갈대아인으로 하여금, 유다 왕국의 오랜 적대국인 아람족, 암몬족, 모압족과 동맹하여 유다 왕국을 징벌하도록 조치했다.

같은 해 가을 무렵, 갈대아 동맹군이 일시에 유다 왕국을 침략했다(왕하 24:2 참고). 성경은 이때의 침공을 하나님 앞에 불의를 행하는 유다 왕국에 대한 징계로 규정하고 있다(렘 22:13-19 참고). 실제로 여호야김은 선지자를 죽였으며 하나님의 말씀이 적힌 두루마리를 불태우는 등 여호와 보시기에 악을 행했다. 이에 하나님은 유다 왕과 왕국을 징계하기 위한 모든 계획을 주관하시어, 결국 느부갓네살 2세의 마음을 움직여 유다 왕국의 심판을 직접 명하신 것이다.

이 일이 유다에 임함은 곧 여호와의 말씀대로 그들을 자기 앞에서 물리치고자 하심이니 이는 므낫세의 지은 모든 죄 때문이며 또 그가 무죄한 자의 피를 흘려 그의 피가 예루살렘에 가득하게 하였음이라(왕하 24:3-4).

성경에 기록되어 있지는 않지만, 4개국 동맹군은 군사적으로 약한 유다 왕국을 마음껏 노략하고 약탈했을 것이다. 12월 초 무렵, 끝까지 저항하던 여호야김은 동맹군에 잡혀 예루살렘 성 밖으로 끌려나가 무참히 살해당한 후, 그 시체는 마치 짐승처럼 벽에 던져졌다. 유다군과 백성들은 서슬 퍼런 동맹군의 살육이 두려워 그 누구도 왕의 시신을 수습할 엄두를 내지 못했다. 유다 왕국의 제18대 왕 여호야김은 그의 나이 36세에 그렇게 죽었으며 열조의 무덤에 묻히지 못한 채 야지에서 들짐승의 밥이 되었다. 선지자 예레미야의 예언이 이루어진 것이다.

그에게 다윗의 왕위에 앉을 자가 없게 될 것이요 그의 시체는 버림을 당하여 낮에는 더위, 밤에는 추위를 당하리라(렘 36:30).

예레미야는 반복해서 여호야김의 비참한 죽음을 예언했다.

그가 끌려 예루살렘 문 밖에 던져지고 나귀같이 매장함을 당하리라(렘 22:19)

여호야긴(기원전 597년)이 18세에 선왕 여호야김의 위(位)를 계승하였으나, 예레미야는 그와 유다의 비극적인 운명, 즉 그가 포로로 잡혀 갈 것과 유다의 멸망을 예고했다. 유다 왕국은 문자 그대로 '중한 창상'을 입어 회생이 불가한 그리고 전쟁터에 홀로 남겨진 병사와 같았다. 그리하여 예레미야는 여호야긴의 비극적인 운명을 다음과 같은 애가로 읊었다.

> 네가 어려서부터 내 목소리를 청종하지 아니함이 네 습관이라 네 목자들은 다 바람에 삼켜질 것이요 너를 사랑하는 자들은 사로잡혀 가리니 그때에 네가 반드시 네 모든 악 때문에 수치와 욕을 당하리라 … 유다 왕 여호야김의 아들 고니야가 나의 오른손의 인장반지라 할지라도 내가 빼어 네 생명을 찾는 자의 손과 네가 두려워하는 자의 손 곧 바벨론의 왕 느부갓네살의 손과 갈대아인의 손에 줄 것이라 내가 너와 너를 낳은 어머니를 너희가 나지 아니한 다른 지방으로 쫓아내리니 너희가 거기에서 죽으리라 그들이 그들의 마음에 돌아오기를 사모하는 땅에 돌아오지 못하리라(렘 22:21-22, 24-27).

여호야긴이 결코 돌아오지 못할 것이라는 사실과 그의 자손 가운데 어느 누구도 결코 다윗의 보좌를 계승하지 못하리라는 사실을 고지한 것이다. 유다 왕국에 대한 하나님의 형벌, 즉, 일시적 유기라는 징계는 이스라엘 백성들이 원하여 세웠던 왕의 폐위라는 형태로 실현된다.

52. 바벨론의 2차 유다 침공
: 2차 바벨론 포로, 시드기야의 오판

열왕기상 24:7-17; 역대하 36:9-10; 에스겔 1:1-3;
예레미야 24, 28, 29장을 중심으로

기원전 598년 여름이 될 무렵, 느부갓네살 2세가 3년여에 걸쳐 대(對)이집트전에서 손실된 군사력을 완전히 회복했다. 출정 준비를 마친 느부갓네살 2세는 이번 전쟁의 목표를 유다 왕국에만 맞추었다. 3년 전 대(對)이집트전 이래 바쳐 오던 조공을 거부하고, 이집트와 공모하여 반바벨론 전선(戰線)을 주도한 죄를 철저히 물어 타국가에 본보기로 삼고자 한 것이다.

기원전 597년 1월, 느부갓네살 2세는 자신이 가장 신뢰하는 느부사라단을 총사령관으로 임명하고 예루살렘으로 출정하도록 지시했다. 자신은 차후에 병력을 증원해 후속할 계획이었다. 2월경, 느부사라단이 긴 행군 끝에 예루살렘에 도착, 지체 없이 성 전체를 에워쌌다. 한 달 후에 계획대로 느부갓네살 2세가 증원부대를 대동하고 예루살렘에 도착하자, 전력을 증강한 바벨론은 이내 총공격을 감행하여 열흘 만에 예루살렘 성을 함락시켰다.

느부갓네살 2세는 예루살렘의 여호와의 성전에 있는 모든 보물과 왕궁의 보물을 약탈하였을 뿐만 아니라, 여호야긴 왕과 그의 모친 느후스다(Nehushta), 그의 아내, 내시 그리고 나라의 권세 있는 자들을 포박하여 심한 모욕과 갖은 고문을 가했다. 여호야긴의 충성 맹세에도 불구하고, 여호야긴의 부왕(父王) 야호야김의 일로 이를 믿지 못한 느부갓네살 2세는 왕과 왕족, 모든 예루살렘 거주민과 방백들, 전투에 능한 용사 7000명, 바벨론 성 건축에 필요한 기술자 1000여 명을 사로잡아 바벨론으로 압송했다. 이것이 2차 포로이며, 이때 함께 끌려간 사람이 에스겔 선지자로서 그의 나이 25세 때였다.[23]

4월경, 느부갓네살 2세는 여호야긴을 강제로 폐위시키고, 대신에 여호야긴의 숙부이자 요시야의 아들인 맛다니야(Mattaniah)를 시드기야(Zedekiah, 기원전 597-586년)라는 이름으로 개명시켜 왕위에 앉혔다. 그간 유다가 보인 행적에 대해 철저히 응징한 느부갓네살 2세는 여호야긴 왕, 그리고 고위관리였던 에스겔을 포함한 수많은 포로들을 인질로 삼아 바벨론으로 돌아갔다.

나라에 큰 변란이 있은 직후, 유다 왕국의 선지자 예레미야는 이

---

23 2차 포로 시기는 기원전 597년경 여호야긴 왕의 즉위 초였으며, 느부갓네살 2세 재위 8년이었다. 여호야긴은 기원전 597년에 왕위에 올라 3개월 10일을 통치하고 바벨론에 포로로 끌려갔다(왕하 24:8-12; 대하 36:9-10). 포로 대상은 주로 왕국의 주요 계층을 이루는 세력이었는데, 이는 반란의 구심점이 될 소지가 있는 최고 지도자들과 탁월한 인물들을 모두 뽑아서 끌고 감으로써, '빈천한 자' 외에는 그 땅에 남은 자가 없도록 하여 남유다를 철저히 무력화시키는 바벨론 정복정책의 일환이었다. 여기에 에스겔(Ezekiel) 선지자와 에스더의 사촌 모르드개의 조상도 포함되어 있었고(겔 1:1-3; 에 2:5-6), 귀족 신분이던 에스겔은 유프라테스 강의 지류인 그발(Chebar) 강가에 델아빕(Tel Abib)이라 불리는 니푸르(Nippur) 근처에서 다른 포로들과 함께 거주했다. 그는 포로된 지 5년 차 되는 해인 기원전 593년에 선지자의 소명을 받았다.

상(理想, vision) 중에 무화과가 담긴 광주리 두 개를 보았다. 그중 한 광주리는 좋은 무화과가 담겨 있었는데, 이는 바벨론에 포로로 잡혀 간 자를 비유적으로 상징하였으며, 하나님께서는 그들이 바벨론에 거주하는 동안 "내가 여호와인 줄 아는 마음을 그들에게 주어서 그들이 전심으로 내게 돌아오게"(렘 24:7) 하여 유다 땅으로 다시 돌아오게 하겠다는 희망의 메시지를 주셨다. 즉 유다 백성이 포로생활이라는 '고난'의 시간을 통해 그들의 죄에 대해 참된 회개(悔改)를 하고 거룩함을 회복하기를 원하신다는, 이 같은 징계에 담긴 하나님의 진정한 뜻을 보이신 것이다. 반면에, 나머지 한 광주리는 썩은 무화과가 담겼는데, 시드기야를 포함한 위정자와 유다 땅에 남은 자, 그리고 살기 위해 이집트로 망명한 자에게는 그들의 교만함에 대해 향후 더욱더 가혹한 징벌이 임할 것임을 예고했다(렘 24:1-10 참고).

그러나 예레미야는 시드기야 왕이 느부갓네살 2세에게 보내는 사신(使臣) 엘라사(Elasah)와 그마랴(Gemariah)의 손에 포로된 동족을 위한 위로의 편지를 보냈다. 포로된 자에게는 가혹하게 들릴지라도, 유다 백성들은 자기들의 죄악으로 인하여 여호와께서 정하신 70년이 지나야 귀환하게 될 것이므로, 바벨론에 적응하여 정상적인 삶을 유지하라고 권면하는 내용이었다. 그리고 포로생활은 "평안이요 재앙이 아니니라 너희에게 미래와 희망을 주는 것이니라"(렘 29:11)면서 전심으로 여호와를 찾고 찾으면 포로된 중에서 다시 본향으로 돌아오게 하겠다는 여호와의 희망적인 메시지를 전했다(렘 28:1-17, 29:3-11 참고).

약관 21세에 왕위에 오른 시드기야는 정치·외교·종교 등의 국가정책 시행 과정에서 여러 가지 문제를 드러내기 시작했다. 기원전 594년경, 시드기야가 왕위에 오른 지 4년째 되던 해에, 당시의 대세인 바벨론에 순종해야 한다는 예레미야의 말을 듣지 않고, 독단으로 주변 국가인 에돔, 모압, 암몬, 두로, 시돈 등과 동맹하여 반바벨론 전선을 구축하려 시도한 것이다. 그 이유는, 바벨론 침공의 여진(餘 震)으로 정치 사회가 어지러운 가운데, 하나냐(Hananiah)와 같은 거짓 선지자가 바벨론은 곧 멸망할 것이며, 포로된 자들이 곧 돌아올 것이라고 선동했기 때문이다. 게다가 조정의 많은 강경파들이 왕국의 독립을 위해 이집트의 협조 아래 바벨론과의 결전을 불사해야 한다고 목소리를 높였던 것도 한몫했다.

내간을 통해 이를 간파한 느부갓네살 2세는 시드기야를 바벨론으로 소환했다. 이때 시종장(現 비서실장)이던 스라야(Seraiah)가 왕을 수행했다. 바벨론에 도착한 시드기야는 느부갓네살 2세에게 재발 방지의 약속과 재충성을 맹세하며 동곳을 뺐다. 이에 대한 보상으로 느부갓네살 2세는 시드기야로 하여금 포로로 잡혀간 유다 백성을 만나 보게 하여, 비록 유다 백성이 포로라 할지라도 유다 왕국보다 수준 높은 삶을 영위하고 있음을 과시했다. 이 무렵 여호야긴과 에스겔 선지자는 포로된 지 햇수로 5년째였고, 다니엘은 12년째로 그의 나이 34세가 되었다.

바벨론에서 돌아온 시드기야는 유다 왕국의 장래를 위해 어떠한 외교정책을 펴야 할지 막막했다. 조정 내에는 바벨론에 대항하자는 매파가 득세했으나, 현실적으로는 바벨론에 복종해야 한다는 예레미야의 말도 일리가 있었다. 사실 바벨론에서 포로생활을 하고 있는 동포들을 만난 뒤 시드기야의 마음은 유다 왕국의 독립으로 기울고 있었다. 그러나 바벨론의 속국 신분에서 벗어나기 위해선 어떻게 해야 하는가 하는 국가적 난제 앞에서 결단을 내리지 못한 채 갈팡질팡하고 있었다. 그때 마침 이집트에서 정권 이양이 있었다. 바로 느고 2세의 손자 아프리에스(Apries, 기원전 589-570년, 성경에서는 호브라Hophra라고 부른다)가 부왕 프삼티크 2세(기원전 595-589년)를 이어 보위에 오른 것이다. 이에 유다 왕 시드기야는 경축사절을 보냄과 동시에 이 기회를 이용해 대(對)바벨론전을 위한 군사동맹을 제의한다. 그러나 이집트 왕 호브라는 자국의 국내 사정을 들어 즉답을 주지 않고 후일을 기약했다.

그로부터 얼마 되지 않아 이집트에서 전갈이 왔다. 유다 왕국이 대(對)바벨론전에 나설 경우 군사적으로 원조하겠다는 내용이었다. 이집트의 경우 어쩔 수 없는 선택이었다. 갈그미스와 가사 전투에서 바벨론에게 연이은 패배로 내정이 불안정하였고, 경제의 기반이었던 조공국마저 바벨론에 모두 빼앗겼으므로 경제적으로도 상당한 압박을 받아 오던 터에 유다 왕국의 제의는 희소식이었던 것이다. 이에 시드기야는 에돔-모압-암몬-두로-시돈에 이집트의 동참 소식을 전하고 군사동맹을 결성했다. 그리고 선지자 예레미야의 반대에도 불구하고 본격적인 반바벨론 항전을 준비했다.

53. 바벨론 대 이집트의 재격돌
: 이집트의 패배

열왕기하 24:17-20, 25:1-2; 역대하 36:11-14; 에스겔 29-32장;
예레미야 34, 37장을 중심으로

이듬해 기원전 588년 1월경, 유다의 배반과 주변 국가와 반(反)
바벨론 동맹을 맺었다는 첩보를 입수한 느부갓네살 2세는 자신이
직접 전군을 지휘하여 유다 정벌에 나섰다. 9년 전 느부갓네살 2세
가 처음 유다를 침공했을 때, 바벨론군은 유다의 주요 요새 성을 수
없이 파괴했다. 이제 남은 성은 예루살렘 서쪽 방어를 목적으로 세
워진 쉐펠라(Shephelah) 지역의 라기스 성(Lachish)과 아세가(Azekah)밖
에 없었다. 느부갓네살 2세는 유다를 완전히 파괴하기로 작정이나
한 듯, 해안도로를 따라 남진하다가 군대를 3제대로 나누어 제1제
대는 느부사라단에게 지휘권을 위임하고 예루살렘 성을, 제2제대는
아세가를, 제3제대는 라기스를 함락하도록 각각 임무를 부여했다.

계획대로 느부사라단은 예루살렘으로 진군해 성 전체를 포위하

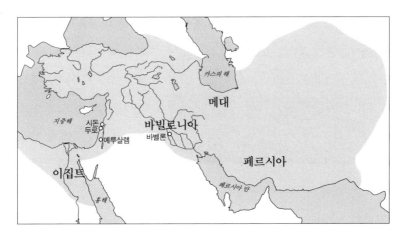

바벨론 제국의 영토(기원전 609-539년)

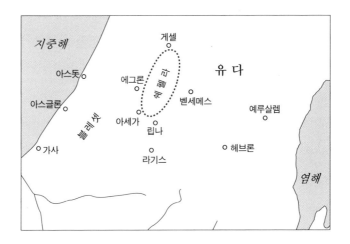

유다 왕국의 서쪽 쉐펠라 지역

고, 본격적인 공성전을 개시하기 전에 성안의 모든 생물(生物)들을 고사시키고자 장기전에 들어갔다. 그 사이 라기스 성과 아세가 성이 차례로 바벨론에 함락되었고, 느부갓네살 2세는 각 성에 일부 병력만 주둔시키고, 나머지 병력은 즉각 예루살렘에 투입시켰다.

라기스 성

한편, 유다의 시드기야 왕은 예루살렘 성에 있는 모든 노예에게 자유를 선포했다(렘 34:8-10 참고). 이에 호응해 이스라엘 지도자급 인사들도 율법에 따라 그들의 노예를 해방시켜 주었고, 대신 이들이 군인으로서 복무하도록 조치하여 방어전력을 보강했다. 그런데 바벨론에 포로 신분으로 있던 선지자 에스겔이 하나님께서 이집트에게 패배를 안길 것이므로 유다 왕국은 더 이상 이집트의 미약한 힘을 의지하지 말 것을 권고했다. 그럼에도 불구하고, 시드기야 왕은 비밀리에 이집트에 특사를 보내 바벨론 포위망을 공격할 원군을 요청했다(겔 29-32장 참고).

바벨론에 대한 설욕과 재기를 꿈꾸어 오던 이집트의 호브라 왕은 시드기야의 요청을 수락하여 멤피스에서 예루살렘으로 출정했다. 이집트군의 움직임을 간파한 느부갓네살 왕은 이내 예루살렘 성 포위망을 풀고, 일부 병력만 남겨 놓은 채 주(主)병력을 예루살렘 서남쪽에 위치한 하타말(Hatamar), 하다스(Hadas), 하데켈(Hadekel) 그리고 나하린(Nahalin)에 매복시켜 대(對)이집트전에 대비토록 조치했다. 기원전 601년의 가사 전투 이후 14년 만에 두 국가가 팔레스타인 지역의 이해관계를 두고 충돌하게 된 것이다.

바벨론군은 그동안 속국에게 받은 조공으로 상당한 부(富)를 축적하여, 이를 바탕으로 막강한 군사력을 건설하는 데 성공했다. 이집트의 강·약점도 이미 파악하고 있었다. 이집트군의 강궁과 기동력은 자타가 공인하리만큼 최상이었지만, 한편으로는 전투 지속을 보장할 보급품 조달에 곤란을 겪을 정도로 경제력이 취약했다. 따라서 바벨론의 느부갓네살 2세는 초기에 방어태세를 유지하다가 적의 식량과 화살이 바닥날 무렵, 공세로 전환하여 전차부대로 양 측면을 공세할 계획이었다.

한편, 영활한 유다 왕 시드기야는 바벨론이 이집트군과 겨루기 위해 포위망을 풀자, 이집트의 승리를 예측하고 얼마 전 해방시켰던 모든 노예들을 다시 노예 신분으로 전환했다. 그리고 시드기야는 여후갈(Jehucal)과 스바냐(Zephaniah)를 선지자 예레미야에게 보내 향후 이집트와 바벨론의 향방과 유다 왕국의 운명을 물었다. 이에 대해, 예레미야는 이집트군이 패할 것이며, 바벨론군이 다시 와서 예루살렘 성을 점령하고 유다를 멸망시킬 것이라고 예언했다. 이를 들은 유다 방백들이 예레미야에게 체벌을 가한 후 서기관 요나단(Jonathan) 집에 구금하는 사태가 발생했다(렘 37:3-21 참고). 기원전 587년의 일이다.

느부갓네살 2세의 작전 계획은 적중했다. 이집트군이 아무리 공격해도 바벨론군은 고지에 은폐한 채 꿈쩍하지 않았다. 이집트군의 공격이 뜸해지자, 이때를 노려 느부갓네살 2세는 총공격 명령을 내렸다. 고지 후사면에 대기하고 있던 전차부대가 2대로 나뉘어 이집트군의 측면으로 돌진했다. 강궁과 경전차부대에 의지하던 이집트군은 중무장한 전차부대의 충격에 속수무책이었다. 수많은 병사들이 바벨론의 활과 칼날과 말발굽에 죽어 갔다. 이집트군은 모든 것을 내팽개친 채, 왕을 필두로 앞다투어 도망했다. 이집트군은 바벨론군을 견디지 못하고 그렇게 괴멸되고 말았다. 이 전쟁에서 패한 이집트의 미래를 에스겔 선지자의 입을 통해 들어 보자.

> [이집트는] 나라 가운데에 지극히 미약한 나라가 되어 다시는 나라들 위에 스스로 높이지 못하리니 내가 그들을 감하여 다시는 나라들을 다스리지 못하게 할 것임이라 그들이 다시는 이스라엘 족속의 의지가 되지 못할 것이요(겔 29:15-16).

54. 샤론의 꽃 지다
: 바벨론의 3차 유다 왕국 침공, 3차 바벨론 포로
열왕기하 25:4-30; 역대하 36:15-20; 에스겔 5, 12장을 중심으로

이집트를 격파한 느부갓네살 2세는 예레미야의 예언대로 다시 예루살렘으로 돌아와 성을 에워쌌다. 그리고 친위대장 느부사라단 (Nebuzaradan), 네르갈사레셀(Nergalsarezer), 삼갈네부(Samgarnebu), 환관장 살스김(Sarsekim), 박수장 네르갈사레셀(Nergalsarezer)을 남겨 두고, 자신은 하맛에 있는 립나(히 Libnah, 영 Riblah)로 이동하여 차후 계획을 구상했다. 이때는 바벨론이 유다 왕국을 공격하기 위해 바벨론을 떠난 지 3년째 되던 해, 즉 기원전 586년경이다. 한편, 거의 2년 반째, 포위된 성 안에 갇힌 유다 백성들은 밀, 보리, 콩, 팥, 조(millet), 그리고 귀리(Fitches) 등을 1일 230g(20세겔)씩 배급받아 연명했으며, 물도 하루 0.6ℓ만 마시도록 해서 겨우 생명을 유지하고 있었다. 마침내 1월부터 모든 식량이 바닥났다.

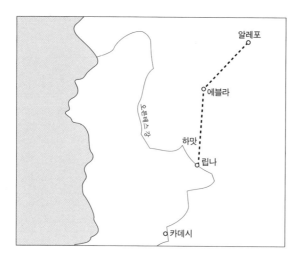

하맛에 있는 립나

2월에 접어드니, 노약자부터 아사자(餓死者)가 나날이 부지기수로 발생했다. 살아남은 자들은 극도로 굶주린 상태에서 마침내 인간의 이성을 잃고 죽은 자의 인육을 먹기에 이르렀다. 이러한 비극적인 상황은 바벨론에 끌려온 지 5년 차부터 선지자의 소명을 받은 에스겔이 유다의 죄로 인한 심판과 멸망 전 상태를 예언하였던 바, 성경에 자세히 기록되어 있다.

> 이것이 곧 예루살렘이라 … 그가 내 규례를 거슬러서 이방인보다 악을 더 행하며 내 율례도 그리함이 그를 둘러 있는 나라들보다 더하니 … 그러므로 … 나 곧 내가 너를 치며 이방인의 목전에서 너에게 벌을 내리되 네 모든 가증한 일로 말미암아 내가 전무후무하게 네게 내릴지라 그리한즉 네 가운데에서 아

버지가 아들을 잡아먹고 아들이 그 아버지를 잡아먹으리라(겔
5:5-6, 8-10).

이렇듯 선지자 에스겔이 예루살렘 성안의 유다 백성 1/3은 기근
으로, 1/3은 칼로, 그리고 나머지 1/3은 포로로 잡혀갈 것이라고 예
언한 내용이 현실화되어 갔다(겔 5:12). 4월경, 예루살렘 성은 시체가
우상들 사이에, 제단 사방에, 각 높은 산당에, 나무 아래에 아무렇게
나 버려져 산 사람들의 '지옥'으로 변해 갔다. 성의 내부 사정을 파
악한 느부사라단은 4월 6일경, 공성장비를 이용해 성을 파괴하기 시
작했다. 사흘을 서쪽 벽을 집중 공략한 끝에 드디어 진입할 공간을
확보했다. 일시에 바벨론군은 성안으로 쏟아져 들어가 닥치는 대로
죽이고, 모든 건물과 시설물을 방화했다. 결국 시드기야 11년, 그러
니까 기원전 586년 4월 9일 예루살렘 성전은 함락되었으며 철저히
훼파되었다. 이 와중에 시드기야 왕은 일부 군사들의 호위를 받아
'왕의 동산길'을 이용해 예루살렘 성읍을 탈출했다(왕하 25:4-5 참고).[24]

이에, 느부사라단이 시드기야를 즉각 생포할 것을 명령하자, 바
벨론 기마부대는 그를 추적하여 여리고 평원에서 시드기야를 생포
했다. 포박된 유다 왕 시드기야는 그의 아들을 포함한 왕국의 고위
관리들과 함께 바벨론 왕 느부갓네살 2세의 본영이 있는 하맛 땅(현
시리아) 립나에 압송되어 심문을 당하는 처지가 되었다. 시드기야의
배신과 반란 그리고 교활한 처신에 화가 단단히 난 느부갓네살 2세

---

24 시드기야 왕이 굴욕적으로 예루살렘을 도망할 것임을 에스겔 선지자가 예언했다. 에스겔
12:10-13 참고.

불타는 예루살렘 성

는 시드기야의 목전에서 그의 아들들을 참살하고, 향후 그 배반의
씨앗을 말살하기 위해 왕국의 유력자들을 모조리 살해했다.[25] 이러
한 조치에도 화가 풀리지 않았던지, 느부갓네살 2세는 시드기야의
양 눈을 뽑고 쇠사슬로 결박해 바벨론으로 데려갔다(왕하 25:7).

느부갓네살 2세로부터 유다 왕국에 대한 후속 조치를 위임받은
친위대장 느부사라단은 전승(戰勝)에 대한 포상으로 바벨론 각개 병
사들에게 마음껏 약탈하도록 하고, 금·은·동·놋 등 국가적 전리품
은 별도로 국고용(國庫用)으로 수집했다. 그리하여 예루살렘은 400여
년을 이어 오던 솔로몬 성전, 왕궁 그리고 민간 백성들의 주거지가
철저히 약탈되고 불태워졌으며, 사면 성벽은 허물어져 에스겔의 표
현대로 예루살렘은 그야말로 '황폐하며 땅이 황무'하게 되었다.

다윗이 세운 통일 이스라엘의 행정 중심지 그리고 여호와의 성

---

25 대제사장 스라야(Seraiah), 부제사장 스바냐(Zephaniah), 군대장관(내시), 군대 소집 서기관, 왕
의 시종 7명 등이 립나로 끌려가 죽임을 당했다. 예레미야 52:24-27 참고.

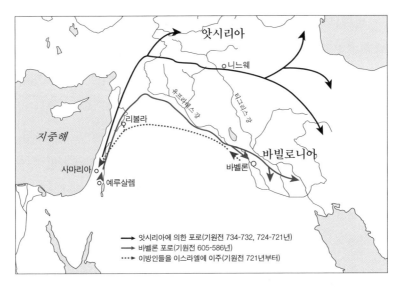

앗시리아-바벨론 시기의 이스라엘 포로 이동경로

전이 있던 예루살렘은 이렇게 바벨론 제국에 의해 무참히 파괴되어 버렸다. 약탈과 파괴에만 그치지 않고, 느부사라단은 빈민(貧民)을 제외한 모든 이스라엘 백성을 바벨론으로 강제 압송할 것을 명했다. 이들은 후일 바벨론 성을 축조하는 데 투입될 것이며, 바벨론 고위 관리와 신관들에게 승리의 전리품으로 헌납될 것이다.

이스라엘에 대한 심판의 예언을 들었음에도 불구하고, 자신의 세대에는 결코 그러한 일이 일어나지 않을 것이라 믿었던 유다 백성들, 그리고 이스라엘은 결코 망하지 않을 것이라고 확신하며 여전히 교만한 마음으로 바벨론에 살고 있는 유다인들은, 그들의 수호자 여호와의 말씀은 반드시 성취된다는 진리를 깨닫지 못함으로 패역한 족속이 되고 말았다.

바벨론과 이집트 사이에서 정치·외교적으로 갈팡지팡하던 유다의 마지막 왕 시드기야는 바벨론의 3년간에 걸친 집요한 포위와 공격을 견디지 못하고 왕국의 정치·종교의 핵심 그리고 영적 버팀목인 예루살렘 성전이 이방인 바벨론군에 의해 철저히 파괴당하는 비극적인 말로를 겪어야 했다. 이렇게 해서 기원전 1446년경, 모세의 영도하에 이집트를 탈출해 가나안 땅에 정착한 이래 860년 만에 북이스라엘에 이어 유다 왕국 지중해 연안에 아름답게 자라던 '샤론의 꽃'은 주인의 외면을 받은 채 지고 말았다.

광야에 핀 샤론의 꽃

선지자 이사야는 섭리란 [하나님이] "생각한 것이 반드시 되며" [하나님이] "경영한 것이 반드시 이루어지"며, 이는 "온 세계를 향하여 정한 [하나님의] 경영"이라고 선포했다(사 14:24, 26). 하위개념으로서 전쟁은 하나님께서 '자신의 뜻'을 구현하기 위해 현실 세계에서 사용하시는 물리적 수단이라 볼 수 있다. 이런 맥락에서 볼 때, 구약성경에 나타난 부족 간 또는 국가 간 대소 전쟁은 우발적인 분쟁이 아니라, 그릇된 길을 행하는 인생들에 대한 하나님의 징계였으며, 징벌적 수단이라기보다는 오히려 하나님의 사랑과 자애로움의 표현이었다.

전쟁에 관한 한, 하나님의 사랑과 자애로우심은 구약성경에 세 가지 형태로 나타났다. 인내하심, 언약을 지키심 그리고 존재 계시가 그것이다.

첫째, 하나님은 이스라엘 백성에 대해 무던히 인내하셨다. 단순히 몇 번의 불순종만으로 택한 백성인 이스라엘 자손들을 벌하지 않으셨다. 대언자를 통해 그들의 잘못을 고지하셨으며, 회개하고 돌이킬 충분한 여지를 주셨다. 이 사실은 구약성경 전반에 잘 묘사되어 있다. 이집트 탈출 후, 광야에서 보인 이스라엘 백성들의 성숙하지 못한 태도와 지도자 모세에 대한 잦은 모욕에도 불구하고, 하나님은 그들을 멸하지 않으시고, 그들의 2세대는 약속대로 가나안 땅으로 인도하셨다.

왕을 세운 이후, 주변국과 끝없는 분쟁에 시달리는 이스라엘 민족이 하나님을 의지하기보다는 이방 국가와 정치·외교·종교적 타협을 시도함으로써 변질되어 갈지라도 돌이킬 기회를 주셨다. 그들의 마음속에 율법이 사라지고, 거룩성이 상실되며, 공의가 무너져 버릴지라도 회복되기를 기다리셨다. 이스라엘 백성이 이방인들과 스스럼없는 교제를 통해 그들의 풍습과 제례, 신들을 받아들여 거룩함의 그릇에 더러움을 채웠을지라도 하나님께서는 그들이 마음으로 깨닫고 자신에게 돌아오기를 오래 참으심으로 기다리셨다(출 24:1-8).

둘째, 이스라엘 백성을 향한 하나님의 사랑은 그분의 언약(言約, covenant)에 기반을 두셨다. 즉 하나님께서 아브라함과 맺은 언약은 구속(救贖, redemption)의 시작이었고, 다윗에 이르러 그 절정에 달했다. 그러나 언약의 계약적 속성을 도외시하고, 먼저 여호와를 배반한 이스라엘 백성은 그들의 마음이 여호와에게서 떠남과 동시에 비극적이고 굴욕적인 역사를 맞게 되었다.

하나님과의 언약을 망각한 이스라엘 백성은 약속의 땅에 입성한 후 이방인들과 잘 융화되어 갔다. 이방 여인들과 혼인관계를 맺은 후 시작된 우상숭배는 이스라엘 전역에 만연했으며, 여호와 유일 사상은 희석되고 말았다. 특히 북이스라엘은 초대왕 여로보암 때부터 여호와 제단을 금송아지로 대체한 후, 마지막 왕인 호세아까지 금송아지상을 제거하지 못함으로 왕국 전체가 타락하고 말았다.

남유다도 여호사밧, 웃시야, 히스기야, 요시야 등 몇몇 신심 있는 왕들이 왕국의 종교개혁을 시도했으나 요시야 왕 외에는 이방인들이 왕국에 들여놓은 산당(山堂)을 완전히 제거하지는 못했다. 왕국 후반기에는 북이스라엘과 마찬가지로 도덕적, 종교적으로 극도로 타락함을 보였음에도, 하나님은 남유다의 직계왕인 다윗과 맺은 언약(삼하 7:12-13)에 근거하여, 유다의 수명을 북이스라엘에 비해 136년 더 연장시켜 주셨다. 결국 유다는 죄에서 돌이키지 못하고 멸망당했지만, 그들의 포로된 자들이 돌아와 유다 왕국이 재건될 것이라는 희망을 주심으로, 다윗과 맺은 언약은 폐기되지 않고 유효하게 되었다.

셋째, 하나님은 이스라엘 자손들에게 '여호와의 존재'를 부단히 알리고자 하셨다. 주변국의 이방신과 참 하나님을 분별하지 못한 그들에게 부지런히 선지자를 보내 여호와만이 참 하나님이심을 애절하게 알리셨다. 이 사실은 에스겔 선지자가 이스라엘 백성에게 미치는 모든 재앙, 고통, 전쟁, 심판, 회복 등이 하나님의 주권에 달렸으니, "내가 여호와인 줄을 알라"[1]고 47회에 걸쳐 선포한 것에서 잘 증명되고 있다.

또한 주변의 군사강국이 침공했을 때 전쟁의 승패 여부를 미리 알려 주심으로, 전쟁은 하나님께 달려 있다는 것과 하나님이 그분의

---

[1] 열왕기상 20:13; 에스겔 6:10, 13, 14; 7:27; 11:10, 12; 12:15; 16:20; 13:9, 14, 21, 23; 14:8; 15:7; 20:38, 44; 22:16; 23:49; 24:24, 27; 25:5, 7, 11, 17; 26:6; 28:24, 26; 29:6, 9, 16, 21; 30:8, 19, 26; 33:29; 35:4, 9, 15; 36:11, 23, 38; 37:6, 13, 28; 38:23; 39:6.

백성과 함께하시며 돌볼 것임을 계시하셨다. 그러나 특히 주목해야 할 대목은, 이스라엘이 강성할 때는 하나님의 존재를 스스로 언급하지 않으셨고, 그들이 극도로 약해져 적국에 대항할 여력이 없을 때는, 적극 개입하셔서 "내가 이 큰 군대를 다 네 손에 넘기리니 너희는 내가 여호와인 줄을 알리라"(왕상 20:28)고 말씀하셨다는 것이다. 이것은 그분의 능력을 이스라엘 백성에게 보임으로써, 여호와께서 그분의 뜻대로 이 세상을 통치하고 계시다는 것과 자신이 참 하나님이심을 증거하고자 의도하신 것이라 볼 수 있다.

북이스라엘과 남유다는 그들의 '자유의지가 전적으로 부패함'으로 도덕적·종교적으로 타락해 하나님의 판결을 받은 것이다. 하나님은 앗시리아와 바벨론을 도구로 사용하셔서 거룩성을 상실한 이스라엘 백성에게 "그들의 행위와 그들의 손이 행한 대로"(렘 25:14) 보응하시는 '진노의 술잔'(렘 25:15), 즉 '전쟁'이라는 수단으로 징계를 하셨다. 북이스라엘 왕국의 심판의 도구로 쓰였던 앗시리아는 그 잔인함으로 인해 죄를 추궁당하여 민족이 역사에서 사라지는 비운을 맞이하였고, 유다의 심판 도구로 쓰임 받은 바벨론 제국은 '교만'과 하나님의 선민을 상하게 한 죄로 향후 하나님의 징계를 받게 된다.

북이스라엘과 남유다는 비극적인 말로를 맞이했지만, 예레미야 선지자는 두 왕국의 멸망이 하나님 나라의 완전한 멸망을 의미하는 것은 아니라는 사실을 고지했다. 그 이유는, 이스라엘 역사는 하나님께서 언약에 입각하여 어떤 목표를 향하여 줄기차게 이끌고 나가시는 구속사(救贖史)이기 때문이다. 비록 북이스라엘 왕국과 남유다 왕국이 종교적 타락과 불순종의 대가를 지고 멸망했지만, 하나님은 이스라엘 자손에게 '너희는 영원한 나의 자녀'라고 분명하게 하신 그 약속을 끝까지 지키시기에 조만간 당신의 나라를 새롭게 이 땅에 출현시킬 것을 예고하셨다.

따라서 유다 왕국의 멸망과 포로됨은 끝이 난 결론이 아님을 알 수 있다. 여호야긴 왕이 바벨론 땅에서 다시금 왕의 지위를 되찾게 된 것은 회복이 이뤄질 것임을 보여 주는 징조다. 비록 지금은 여호와께서 이스라엘에게 고난을 허락하셨지만, 그것은 언약의 부정적인 측면이 성취된 것일 뿐, 궁극적으로 하나님은 이스라엘에 대해 사랑과 긍휼로 이들을 다시금 회복시키시겠다는 긍정적 약속이다. 이 사실은 예레미야가 선포한 저 유명한 '새 언약'의 메시지에 잘 묘사되어 있다.

> 보라 날이 이르리니 내가 이스라엘 집과 유다 집에 새 언약을 맺으리라 이 언약은 내가 그들의 조상들의 손을 잡고 애굽 땅에서 인도하여 내던 날에 맺은 것과 같지 아니할 것은 내가 그들의 남편이 되었어도 그들이 내 언약을 깨뜨렸음이라 여호와의 말씀이니라 그러나 그날 후에 내가 이스라엘 집과 맺을 언약은 이러하니 곧 내가 나의 법을 그들의 속에 두며 그들의 마음에 기록하여 나는 그들의 하나님이 되고 그들은 내 백성이 될 것이라 여호와의 말씀이니라(렘 31:31-34).

예레미야는 이스라엘 자손이 그들의 불순종으로 말미암아 스스로 나라의 운명을 절단시킬 때, 변치 않는 '하나님의 사랑'을 보았다.

마찬가지로 에스겔도 하나님과 그분의 백성 사이에 새롭게 세워진 언약관계를 "화평의 언약"(A Covenant of Peace, 겔 34:25, 37:26)으로 명명하며 하나님께서 작정하신 계획은 다윗의 자손을 통해 변함없이 지속적으로 수행된다고 설파했다. 즉 하나님께서 다윗에게 약속하신 "나는 그의 나라 왕위를 영원히 견고하게 하리라"(삼하 7:13)는 불변의 언약은 역사적으로 연속성(continuity)을 유지할 것이라는 것이다.

결론적으로, 이 약속에 근거하여 하나님은 이스라엘 백성과 함께하실 것이므로 앗시리아에 의해 강제 이주된 이스라엘 백성들 그리고 바벨론에 포로로 잡혀간 무수한 유다 백성들은 향후 '약속의 땅'으로 귀환하여 그들의 왕국을 세울 것이다.

이미지 출처

Part 1

싯딤 골짜기 by 이재호

소돔과 고모라의 멸망 by Jules-Joseph-Augustin Laurens

왕의 대로 by 이재호

모세를 발견한 하트셉수트 공주 by Sir Lawrence Alma-Tadema, The Finding of Moses

투트모세 3세 Tuthmosis III basalt statue in Luxor Museum

갈라진 홍해를 건너는 이스라엘 백성 by Ivan Aivazovsky, Passage of the Jews through the Red Sea

모세의 양손을 들고 있는 아론과 훌 by John Everett Millais, Victory O Lord!

백성들의 송사를 듣고 있는 모세 by Tissot, Moses Forbids the_People to Follow Him

여리고 성 주위를 행군하는 이스라엘 군사와 나팔 부는 제사장들 by Tissot, The Seven Trumpets
   of Jericho

느보 산에서 바라본 약속의 땅 by vvoe, www.shutterstock.com

무너지는 여리고 by Irmhild B, www.shutterstock.com

이집트가 제작한 칼(일명 코페쉬) www.shutterstock.com

히타이트군의 포위망을 뚫고 있는 이집트 람세스 왕 by Nordisk familjebok, Ramesses II's victory
   over the Cheta people and the Siege of Dapur

다볼 산과 모레 산 앞 이스르엘 평야 by Eunika Sopotnicka, www.shutterstock.com

기드온과 300용사 by Gilliam van der Gouwen, Gideon and the 300 Israelites defeat the Midianites

마르둑을 존치한 지구라트 by Robert Koldewey, (Schriftleiter: Friedrich Schultze und Richard
   Bergius) [Public domain], via Wikimedia Commons

Part 2

Part 3

이스라엘의 립나 by Joeuziel, Aerial view of Tel Burna

창밖으로 던져지는 이세벨 여왕 by Gustave Doré, The Death of Jezebel

북이스라엘의 금송아지 제사 by Jean Honoré Fragonard, Jeroboam Offering Sacrifice for the Idol

투석기 by Azuzl, www.shutterstock.com

쇠뇌 by Dn Br, www.shutterstock.com

실로암 연못 by Robert Hoetink, www.shutterstock.com

보물을 보여주는 히스기야 by Vicente Lopez y Portana, King Hezekiah Flaunting his Wealth

Part 4

니느웨 성 전경 by Henry_Layard, image_of_Nineveh

훌다 선지자가 요시야 왕 앞에서 율법서를 읽고 있다 King Josiah is shown the Holy Scriptures by
    the prophetess Hulda(engraving, 1897)

예레미야 선지자 by Gustave Doré, Jeremiah the Prophet

팔레스타인 지역의 가사 평원 by Carline, Richard C, Gaza Seen From the Air

포로로 잡혀 가는 이집트군들 by LexyK, www.shutterstock.com

라기스 성 by עדירל, Tel Lachish

불타는 예루살렘 성 by Francesco Hayez, destruction of the temple of jerusalem

광야에 핀 샤론의 꽃 by alexilena, www.shutterstock.com

지은이 **이재호**

저자는 성경에 나타난 전쟁의 역사적 사실성을 재조명하기 위해 수년 동안 광범위한 자료를 수집, 연대 고증, 이스라엘 답사를 통하여 지식을 확증했으며, 정통개혁교회의 핵심교리 중 하나인 '하나님의 섭리'와 인류의 역사 속에 수반된 '전쟁'과의 상관관계를 성경적 관점에서 연구하였다. 그리고 인류의 역사는 구원의 역사이며 전쟁은 하나님께서 자신의 속성인 '공의'와 '자비'를 이행하는 도구적 역할을 하였다는 결론을 내놓았다. 저자는 당대 근동 지역의 정치적 역학관계, 종교적 세계관, 문화적 정체성에 근거하여 성경에 기록된 전쟁이 '하나님의 섭리' 가운데 진행되었음을 강조하였다. '섭리'라는 전체적인 숲을 기초로 시대별로 일어난 '전쟁'이라는 각각의 나무를 분석하여, 성경 속의 전쟁을 생동감 있게 내러티브(narrative) 형식으로 전개했다.

저자는 육군 장교로 임관한 후 육군대학, 국방대학원을 졸업하고 전·후방 각지에서 참모·지휘관으로 복무했다. 그 후 도미하여 서남침례신학대학원(Southwestern Baptist Theological Seminary)에서 신학석사(M.Div)를 마치고 교회사를 전공, 영국의 침례교 선구자인 벤자민 키치(1640-1704)의 신학적 스펙트럼을 연구해 철학박사 학위(Ph. D.)를 받았다.

'전쟁과 섭리'는 달라스 소재 〈뉴스코리아〉와 뉴욕 소재 〈기독저널〉에 '전쟁과 종교'란 주제로 절찬리에 연재되었던 것으로 독자들의 뜨거운 사랑을 받았다. 현재 미국 침례신문과 〈기독저널〉의 칼럼니스트로 활동하고 있고 '전쟁과 섭리'를 연재 중이다.

저자 이메일 Jhlee0628@hotmail.com